Temas Criminais

A CIÊNCIA DO DIREITO PENAL EM DISCUSSÃO

Conselho Editorial
André Luís Callegari
Carlos Alberto Alvaro de Oliveira
Carlos Alberto Molinaro
Daniel Francisco Mitidiero
Darci Guimarães Ribeiro
Draiton Gonzaga de Souza
Elaine Harzheim Macedo
Eugênio Facchini Neto
Giovani Agostini Saavedra
Ingo Wolfgang Sarlet
Jose Luis Bolzan de Morais
José Maria Rosa Tesheiner
Leandro Paulsen
Lenio Luiz Streck
Paulo Antônio Caliendo Velloso da Silveira
Rodrigo Wasem Galia

T278   Temas criminais: a ciência do direito penal em discussão / Denis Sampaio, Orlando Faccini Neto (organizadores); Álvaro Roberto Antanavicius Fernandes ... [et al.] (colaboradores). – Porto Alegre: Livraria do Advogado Editora, 2014.
279 p.; 25 cm.
ISBN 978-85-7348-904-0

1. Direito penal. 2. Legítima defesa (Direito). 3. Crime. 4. Emoções. 5. Pena (Direito). I. Sampaio, Denis. II. Faccini Neto, Orlando. III. Fernandes, Álvaro Roberto Antanavicius.

CDU 343.2/.7
CDD 345

Índice para catálogo sistemático:
1. Direito penal   343.2/.7

(Bibliotecária responsável: Sabrina Leal Araujo – CRB 10/1507)

Denis Sampaio
Orlando Faccini Neto

(Organizadores)

Temas Criminais
A CIÊNCIA DO DIREITO PENAL EM DISCUSSÃO

Álvaro Roberto Antanavicius Fernandes
André Mauro Lacerda Azevedo
Gabriel Habib
Leonardo Rosa Melo da Cunha
Márcio Schlee Gomes

(Colaboradores)

Porto Alegre, 2014

©
Álvaro Roberto Antanavicius Fernandes
André Mauro Lacerda Azevedo
Denis Sampaio
Gabriel Habib
Leonardo Rosa Melo da Cunha
Márcio Schlee Gomes
Orlando Faccini Neto
2014

Capa, projeto gráfico e diagramação
Livraria do Advogado Editora

Revisão
Rosane Marques Borba

Direitos desta edição reservados por
Livraria do Advogado Editora Ltda.
Rua Riachuelo, 1300
90010-273 Porto Alegre RS
Fone/fax: 0800-51-7522
editora@livrariadoadvogado.com.br
www.doadvogado.com.br

Impresso no Brasil / Printed in Brazil

Organizadores

Denis Sampaio: Defensor Público, Doutorando em Ciências Jurídico-Criminais pela Universidade de Lisboa/Portugal, Mestre em Ciências Criminais pela Universidade Cândido Mendes, Professor de Direito Processual Penal da Escola da Magistratura/RJ, Escola Superior da Defensoria Pública/RJ, Pós-Graduação na Universidade Cândido Mendes, Membro Honorário do Instituto dos Advogados do Brasil/ IAB e da Comissão Penal do IAB.

Orlando Faccini Neto: Doutorando em Ciências Jurídico-Criminais pela Faculdade de Direito da Universidade de Lisboa; Mestre em Direito Público pela Unisinos/RS; Especialista em Direito Constitucional pela Ulbra/RS; Professor de Direito Penal e de Processo Penal da Escola Superior da Magistratura/RS; Professor de Processo Penal na Universidade de Passo Fundo/RS; Juiz de Direito no Rio Grande do Sul.

Colaboradores

Álvaro Roberto Antanavicius Fernandes: Defensor Público do Estado do Rio Grande do Sul. Doutorando pela Universidade Clássica de Lisboa/Portugal. Mestre em Ciências Criminais pela Pontifícia Universidade Católica do Rio Grande do Sul.

André Mauro Lacerda Azevedo: Doutorando em Ciências Jurídico-Criminais pela Faculdade de Direito da Universidade de Lisboa. Mestre em Direito Constitucional pela Universidade Federal do Rio Grande do Norte. Especialista em Direito Penal e Criminologia pela Universidade Potiguar. Professor do Curso de Especialização em Direito Penal e Criminologia da Universidade Potiguar – UNP. Professor conteudista do sítio jurídico "Atualidades do Direito".

Gabriel Habib: Defensor Público Federal no Rio de Janeiro. Mestrando em Ciências Jurídico-Criminais pela Faculdade de Direito da Universidade de Lisboa, Portugal. Pós-graduado em Direito Penal Econômico pelo Instituto de Direito Penal Econômico e Europeu da Universidade de Coimbra, Portugal. Professor no CURSO FORUM/RJ. Professor na EMERJ– Escola da Magistratura do Rio de Janeiro. Professor na ESMAFE – Escola da Magistratura Federal do Paraná/PR. Professor na FESUDEPERJ – Fundação Escola da Defensoria Pública do Rio de Janeiro. Professor no Curso SUPREMO/MG. Professor no Curso CEJUS – Centro de Estudos Jurídicos de Salvador/BA. Professor no Curso IDEIA/RJ. Professor no Curso Jurídico/PR.

Leonardo Rosa Melo da Cunha: Defensor Público do Estado do Rio de Janeiro, Professor de Direito de Execução Penal da Fundação Escola Superior da Defensoria Pública do Estado do Rio de Janeiro (FESUDEPERJ), Professor de Direito de Execução Penal da Escola da Magistratura do Estado do Rio de Janeiro (EMERJ), Membro do Conselho Penitenciário do Estado do Rio de Janeiro (2003-2007 e 2008-2011), Mestre em Ciências Criminais pela Universidade Cândido Mendes/RJ, Doutorando em Ciências Jurídico-Criminais pela Faculdade de Direito da Universidade de Lisboa.

Márcio Schlee Gomes: Promotor de Justiça do Ministério Público do Rio Grande do Sul, desde 1998. Mestrando em Ciências Jurídico-Criminais na Faculdade de Direito da Universidade de Lisboa. Especialista em Direito Constitucional pela Fundação Escola Superior do Ministério Público do Rio Grande do Sul. Professor de Direito Penal na Faculdade Anhanguera de Rio Grande (RS). Foi membro auxiliar do Conselho Nacional do Ministério Público/Brasil (2010).

Sumário

Apresentação..9

1 – "Battered women's defense doctrine": uma interpretação conforme o princípio constitucional da igualdade
Álvaro Roberto Antanavicius Fernandes..11

2 – Direito Penal e emoções: uma análise da culpa jurídico-penal a partir da personalidade do agente materializada no fato criminoso
André Mauro Lacerda Azevedo..41

3 – A "jurisdificação" da expansão do Direito Penal. Redução da carga probatória do injusto pelo moderno modelo incriminador
Denis Sampaio..87

4 – Emoções e medo no excesso de legítima defesa
Gabriel Habib..123

5 – Humanidade das penas: uma relação com o tempo
Leonardo Rosa Melo da Cunha..157

6 – Ciúme e Direito Penal
Márcio Schlee Gomes..191

7 – Reflexões sobre a *indiferença* e o *indiferente* no Direito Penal
Orlando Faccini Neto..225

Apresentação

A publicação dessa obra tem como pretensão realizar dois objetivos. Tratemos do primeiro deles, para logo dizendo consistir na perenização de um vínculo afetivo. É que todos os autores aqui presentes, durante parte dos anos de 2011 e 2012, compartilharam da rica experiência de deixarem os seus afazeres comuns, para viverem um período em Portugal, em vista de estudos de Mestrado ou Doutorado. Não será difícil perceber que à multiplicidade de novos conhecimentos, ao desvendar de um novo mundo, embora no *velho* continente europeu, associavam-se sempre alguma angústia, dada a intensidade dos novos compromissos acadêmicos assumidos, e, por que não dizer, alguma saudade da rotina deixada para trás.

Fossem os sucessos obtidos por cada um nessa nova trilha, fossem as inerentes dificuldades encontradas para o seu percurso, nenhum deles haveria de dispensar, como seu inexcedível complemento, a formação de fortes laços de amizade. De um modo ou de outro, portanto, o surgimento deste livro faz-nos lembrar das conversas tidas na lanchonete da Faculdade de Direito de Lisboa, os debates havidos nos seminários, os almoços e os jantares em que, cada qual por culpa do outro, não nos sentíamos sozinhos.

Que nosso leitor, entretanto, não seja conosco condescendente pela razão de ser tal obra uma expressão de afeto. E já agora é caso de dar conta do segundo objetivo dessa publicação. Os cursos de Mestrado e Doutoramento da Faculdade de Direito da Universidade de Lisboa requerem, antes da apresentação formal das dissertações e teses, a frequência às disciplinas componentes da chamada parte escolar. Para cada uma delas, há o aluno de elaborar um texto, de extensão variável, cuja avaliação se expressa em notas, de que depende o ingresso na próxima fase. Justamente de alguns dos textos por nós elaborados neste ensejo é de que se compõe essa compilação.

E o repertório é variadíssimo. Aliás, não poderia deixar de sê-lo, visto que entre cada um dos autores as idiossincrasias são notáveis, como faz crer mencionarmos, por exemplo, a presença de Defensores Públicos, Promotores de Justiça e um Juiz de Direito; de pontos tão diversos do país, pois somos do Rio Grande do Norte, do Rio Grande do Sul e do Rio de Janeiro, o que faz ver como são diversos os modos de ser-se brasileiro.

No primeiro texto deste trabalho, o leitor vai se deparar com a relevante discussão a respeito da doutrina da *battered women´s defense* à luz do princípio da igualdade. O tema, pouco explorado em nossa doutrina, revela a investigação de Álvaro Roberto Antanavicius Fernandes sobre os casos em que mulheres sistematicamente agredidas por seus parceiros rompem, num dado momento, o véu da inércia, e eliminam o seu algoz. As discussões a propósito da possibilidade ou não de invocação da legítima defesa em casos assim só por si torna manifesta a pertinência do assunto. André Mauro Lacerda, por sua vez, esquadrinha as diversas concepções elaboradas no nível da culpabilidade sobre o caráter do agente criminoso, e examina, em profundidade, a viabilidade ou não de acatamento deste ponto de vista à luz do nosso Direito.

As diversas implicações de uma compreensão que não isole o Direito Penal do Processo Penal podem ser alcançadas a partir do texto de Denis Sampaio; nele, o autor reflete sobre de que maneira certas categorias dogmáticas podem repercutir nas estreitezas da atividade probatória, e de como isto há de ser feito sem se afrontarem os direitos do acusado. Gabriel Habib e Márcio Schlee Gomes, por sua vez, dão inestimável contributo à temática, de resto pouco desenvolvida no Brasil, da influência das emoções e dos estados afetivos nos modelos de responsabilização penal. O primeiro deles, com efeito, cuidando especificamente da experiência cediça do *medo*, procura dar respostas ao modo como, no âmbito da legítima defesa, cogitar-se-á de seu efeito, a fim de que o Direito, e particularmente o Direito Penal, não incida numa pretensão de racionalidade que o faça olvidar tratar-se de ordem normativa direcionada a pessoas. Márcio Schlee, de sua parte, trabalha detalhadamente com o *ciúme*, suscitando indagações sempre muito interessantes no modo como devem, se é que devem, ser punidos os agentes que atuarem sob o seu influxo.

Afigurando-se como uma proclamação em favor da humanidade das penas, o estudo de Leonardo Rosa Melo da Cunha procura situar a sanção privativa de liberdade num patamar mais elevado do que a pura dogmática, e que leve em conta as múltiplas dimensões da temporalidade. Diante da inexorabilidade dos resultados causados pelos crimes, como quer que seja diante da impossibilidade de se voltar atrás, serão sempre árduos os argumentos tendentes a quantificar em medida temporal qual há de ser o nível adequado para a resposta estatal. Por fim, Orlando Faccini Neto, em suas Reflexões sobre a *indiferença* e o *indiferente* no Direito Penal, procura articular em termos filosóficos a questão relativa às emoções e seus corolários para a teoria do crime, utilizando-se como parâmetro, entretanto, ao invés de um estado afetivo como tal manifestado, da situação oposta, em que se alvitra a sua ausência. Que daí se caminhe para um tratamento mais focado nos denominados *sujeitos indiferentes*, é o que se notará com uma leitura desarmada do texto.

O leitor atento não deixará de perceber que, em alguns momentos, os pontos de vista dos autores são mesmo divergentes no que tange a determinados assuntos; mas verá, demais disso, formulações bem acabadas em defesa de cada uma das posições, fundamentadas, é bom que se diga, sempre à luz da melhor doutrina nacional e estrangeira. O dissenso é, pois, natural, e não confrange. Ele tanto amplia o horizonte do leitor como de quem escreve.

Aliás, entre amigos, que em comum têm o amor pelo Direito, não há constrangimento mesmo diante de certos antagonismos. O que há é afeto, que compartilhamos, agora, com quem nos lê.

Os organizadores

— 1 —

"Battered women's defense doctrine": uma interpretação conforme o princípio constitucional da igualdade

ÁLVARO ROBERTO ANTANAVICIUS FERNANDES

Sumário: 1. Considerações preliminares; 2. O problema das "mulheres maltratadas"; 2.1. A dimensão do problema: alguns casos e dados estatísticos; 2.2. Para uma delimitação de conceitos básicos e indispensáveis; 2.3. A questão da (des)igualdade material de gêneros; 3. O princípio da igualdade e a legítima defesa das mulheres maltratadas; 3.1. O significado jurídico do princípio da igualdade; 3.2. A legítima defesa e seus contornos no ordenamento jurídico de Portugal; 3.2.1. Os requisitos da causa justificadora em questão; 3.2.2. Agressão atual e ilícita de interesses juridicamente protegidos do agente ou de terceiros; 3.2.3. Necessidade do meio para repelir a agressão; 3.3. A "Battered woman's defense doctrine"; 3.3.1. Brevíssimo histórico; 3.3.2. A "battered woman's defense" e o princípio da igualdade; 4. Conclusão; Bibliografia.

> "(...) no dia anterior à noite ele tinha-me batido (...) ele queria que eu saísse do emprego mas eu não quis (só lá havia mulheres). Mas acabei por dizer ao meu patrão que era o último dia que ia trabalhar. Trabalhava no escritório e levava sempre a minha filha comigo (...) pois tinha ciúmes de toda a gente (...) tive de me despedir. No sábado ele deu-me uma tareia, no domingo voltou-me a bater (...) eu continuei a fazer o almoço (...) fiquei com as costas negras de pontapés, deu-me murros e bateu-me com um pau. Na 2ª feira ele foi trabalhar, mas depois voltou para trás. Agarra a espingarda e coloca-a em cima da cama. Dormia com ela à cabeceira. Chegou também a comprar uma pistola. Disse-me: estás a vê-la, está ali, é para ti (...). Eu vou para o quarto e sento-me em cima da cama a chorar. Não sei o que me passou pela cabeça, peguei na pistola e disparei (...) foi fatal. Tentei suicidar-me várias vezes. Fizeram-me sete lavagens ao estômago. Ele andava a dizer que me matava. Eu ainda lhe disse: querias-me matar, não querias, olha, agora mata-me também (...) ou era eu ou era ele".
>
> (Depoimento de uma empregada, extraído do livro PAIS, Elza. *Homicídio Conjugal em Portugal* – Rupturas violenta da conjugalidade. Lisboa: Imprensa Nacional – Casa da Moeda, 2010)

1. Considerações preliminares

John Norman maltratava constantemente sua esposa Judy, com quem casou quando esta contava com apenas quatorze anos de idade. Ele costumava embriagar-se e, após, agredir-lhe, lançando vasos e garrafas em sua direção, apagando cigarros em seu corpo e atirando comida em direção ao seu rosto. Ele a obrigava ao exercício da prostituição para ganhar dinheiro. Diante de seus familiares e amigos, em plena rua, dela zombava. Quando insatisfeito por sua ganância, aplicava-lhe surras e a chamava de "cachorra" e "puta". Por vezes a obrigava a comer comida de cachorro e a dormir no chão, humilhações a que Judy, temendo levar o caso ao conhecimento das autoridades, se submeteu durante aproximadamente vinte anos, de modo ininterrupto. Em um determinado dia, aproveitando-se de que seu marido, após aplicar-lhe mais uma surra, dormia, ela disparou um tiro em sua nuca, utilizando-se, para tanto, de uma pistola que ele guardava na gaveta do criado-mudo. Com base neste fato, Judy Norman foi acusada do cometimento do delito de assassinato, pois teria causado intencionalmente a morte de um homem. Os advogados, na oportunidade, sustentaram legítima defesa, argumentando que teria matado seu esposo sob a crença razoável de que isto era necessário. Apresentaram, como prova, o testemunho de um perito que confirmou que ela sofria da síndrome da mulher maltratada. Ao fim, o júri a absolveu do delito do qual fora acusada, mas a condenou por homicídio voluntário, reconhecendo que o fato teria sido praticado em momento de cólera. Inconformados, os advogados apresentaram recurso à Corte Suprema do Estado da Carolina do Norte, postulando a absolvição por ter ela atuado em legítima defesa de sua pessoa. Os julgadores rechaçaram sua pretensão sob o argumento de que não é possível falar em legítima defesa quando não existe um ataque iminente do qual haja necessidade de defender-se.

Pois bem. Este brevíssimo relato, tanto do episódio, quanto do desenrolar do processo, revela uma hipótese real de violência doméstica na qual envolvida uma "mulher maltratada", expressão que adiante procuraremos definir. Das consequências deste caso não nos ocuparemos agora, postergando a análise da decisão para o momento oportuno, na medida em que for avançando a nossa investigação e estivermos aptos a externar uma (proposta de) conclusão. Basta, por ora, que apresentemos o problema que buscamos solucionar a partir do caso apresentado, e que consiste em responder à seguinte indagação: é possível, a partir do princípio da igualdade, sustentar uma interpretação da legítima defesa da mulher maltratada que mata o marido enquanto dorme?

Buscar uma solução para esta pergunta, a partir das premissas já apontadas e ciente da inexistência de muitos precedentes para um estudo comparativo, é o que tentaremos fazer nas linhas que seguem. A pretensão em obter uma resposta (ou uma proposta de conclusão ou discussão), superada uma necessária apresentação do problema, inicia-se com uma delimitação de significado para as expressões *violência doméstica* e *mulheres maltratadas*, e igualmente com apontamentos que permitam compreender em que consiste, na sua essência, a síndrome por estas experimentada. A simplicidade das referências decorrem de que, para além de tornarem a ser examinadas ao final, a análise da questão irá centrar-se basicamente no problema da necessidade e da iminência ou atualidade da agressão e (eventual) aplicabilidade, ao caso, do princípio da igualdade para dar substrato à alegação da legítima defesa.

Isto feito, no terceiro capítulo, partimos em direção à busca de uma resposta para o problema, sem prejuízo de uma sistematização final das nossas conclusões. Para tanto, começamos por estabelecer um significado para o princípio da igualdade e sua função no Direito Penal. Em seguida, um esboço sobre os requisitos da legítima defesa – utilizamos para análise os requisitos previstos na legislação portuguesa – e sobre seu fundamento para, finalmente, tratarmos da possibilidade de sua configuração, na hipótese tratada, a partir do princípio constitucional acima mencionado.

Trata-se de uma proposta, repetimos, despida de uma pretensão de busca da solução definitiva à hipótese, mesmo porque, tal como já disse POPPER, toda teoria científica é sempre provisória, já que destinada a ser superada e retificada. Esperamos, contudo, que as ideias desenvolvidas tenham o condão de, no mínimo, fomentar o debate acadêmico, dar um contributo para reflexão de questões que, muitas vezes, "passam em branco" e que podem influenciar sobremaneira na compreensão do tema.

2. O problema das "mulheres maltratadas"

2.1. A dimensão do problema: alguns casos e dados estatísticos

O caso que descrevemos na introdução é apenas um exemplo extraído de uma imensidão de outros similares que ocorrem em todos os lugares do planeta.[1] A partir de dados seguros coletados pela Organização das Nações Unidas (ONU), uma em cada três mulheres é vítima de violência doméstica em todo o mundo. Quando restringimos a pesquisa à América Latina, a proporção é de 40%, conforme a Comissão Econômica para América Latina e Caribe (CEPAL). No Brasil, por exemplo, no período compreendido entre maio e junho de 2010, 82% dos casos de violência doméstica envolveram (atuais ou anteriores) cônjuges ou companheiros(as) (gráfico n° 1), sendo pertinente sublinhar que na grande maioria dos casos observados (40%) os atos de violência física ou moral ocorreram desde o início da relação (gráfico n° 2). Esta última informação demonstra a natureza permanente deste tipo de violência, fator extremante importante para o estudo que pretendemos desenvolver.

Os gráficos a seguir permitem uma noção acerca das características dos delitos de violência doméstica no Brasil:[2]

---

[1] Segundo LUIS ERNESTO CHIESA, possivelmente seja este o que melhor ilustra os problemas jurídico-penais que surgem quando uma mulher que padece da síndrome da mulher maltratada mata seu marido sem que esteja configurada uma situação de confronto. (CHIESA, Luis Ernesto. *Mujeres maltratadas y legítima defensa: La experiencia anglosajona*. Revista Penal, n° 20, Julho 2007, p. 50)

[2] Os dados foram obtidos por meio de denúncias feitas pelo telefone 180, referem-se ao período maio/junho de 2010 e estão disponíveis em <http://www.observatoriodegenero.gov.br/menu/areas-tematicas/violencia> ("site" do Observatório Brasil da Igualdade de Gênero)

Gráfico nº 1 – Relação com o Agressor

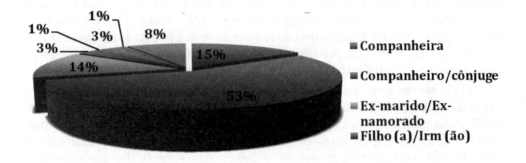

Gráfico nº 2 – Tempo que ocorre a violência

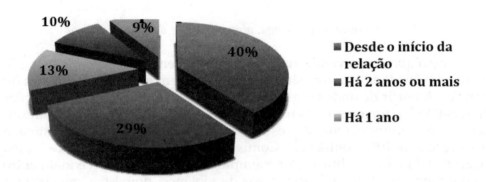

Se nos debruçarmos em uma análise sobre a situação portuguesa, a partir de dados constantes do Relatório Anual de 2011 elaborado pela Associação Portuguesa de Apoio à Vítima (APAV), observamos que a situação vem igualmente revestida de extrema gravidade. Percebemos, com efeito, que dezenove mulheres por dia foram, neste ano, submetidas a algum tipo de violência doméstica[3] – constatou-se, pois, que em 83% dos casos (15.724) a vítima era do sexo feminino e que em 59% dos casos a violência física ou moral era permanente (gráficos nº 3 e nº 4). Para além disso, em 85% dos casos os delitos apurados envolviam violência doméstica (gráfico nº 5) Para facilitar uma adequada compreensão do que atualmente está a ocorrer, cumpre que observemos atentamente os gráficos que seguem, os quais tratam sobre o total dos crimes apurados:

---
[3] Informação disponível em <http://www.apav.pt/portal/index.php?option=com_content&view=article&id=566:19-mulheres-por-dia-foram-vitimas-de-violencia-domestica&catid=51:noticias-apav&Itemid=1>, acesso em 29 de maio de 2012.

Gráfico n° 3 – Sexo da Vítima

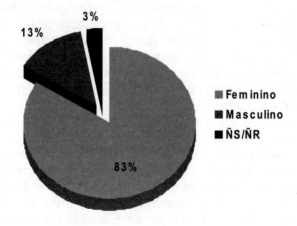

Gráfico n° 4 – Tipo de Vitimação

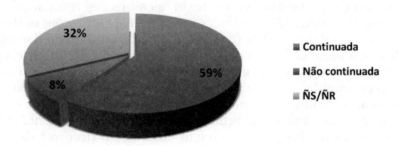

Gráfico n° 5 – Categorias de Crimes

Persistindo na citação de casos concretos, deixando-se por ora à margem, de modo proposital, os casos brasileiro e português para com isto demonstrar que de fato se está a tratar de um problema universal,[4] supomos pertinente mencionar um caso tratado junto ao Committee on the Elimination of Discrimination Against Women – CEDAW –, entidade que trata de fiscalizar a efetiva aplicação da Convenção para a eliminação de todas as formas de discriminação contra as mulheres. Consta, pois, que em maio de 2007, uma mulher paquistanesa, precariamente residindo no Reino Unido, sustentava o perigo de vir a ser maltratada, torturada e morta pelo ex-marido e sua família caso retornasse ao país de origem. Pedia, portanto, que o Reino Unido aceitasse a sua residência, senão pela condição de asilada, por razões de ordem humanitária. O Comitê, analisando a hipótese, reconheceu que se tratava, muito provavelmente, de uma situação envolvendo uma mulher vítima de violência familiar (doméstica), admitindo, em decorrência, a legitimidade do pedido deduzido na queixa. Considerou-se, na oportunidade, que a sociedade patriarcal paquistanesa acarretaria uma dificuldade de sobrevivência e defesa da então requerente.[5]

Posta, assim, a partir dos gráficos acima e igualmente dos exemplos que citamos – sobretudo o referido na introdução –, uma ideia preliminar sobre a dimensão do problema. No contexto, as situações retratadas e os dados apontados bem demonstram uma disparidade de situações entre homens e mulheres no âmbito do Direito Penal, em geral, e no plano das relações domésticas, em particular. Esta disparidade decorre da circunstância percebida de que as mulheres se encontram, em especial no plano familiar, em uma situação de singular vulnerabilidade que está, entendemos, a exigir do Estado a adoção de políticas afirmativas de regras de proteção que efetivamente às coloquem num âmbito de igualdade material relativamente aos homens. É, pois, pertinente questionar – e isto faremos no decorrer deste trabalho, almejando igualmente responder de modo satisfatório – se, na medida em que se adotam medidas protetivas da mulher, em diversos textos legais, não poderiam restar ampliadas também as hipóteses de causas justificadoras previstas na legislação penal com a finalidade de salvaguardar uma efetiva igualdade dos gêneros.

A busca pela resposta – superada uma primeira demonstração acerca da gravidade do problema e igualmente da desigualdade constatada – prosseguirá no item seguinte com a delimitação de algumas definições importantes para o desenvolvimento do tema.

2.2. Para uma delimitação de conceitos básicos e indispensáveis

Partindo para uma delimitação de conceitos de forma a possibilitar o firme desenvolvimento do tema e decorrente busca de uma solução ao problema inicialmente apresentado, cremos ser necessário, em primeiro, delimi-

---

[4] Certamente por isto esteja a UNESCO a propagar a ideia de que se trata de uma "epidemia mundial".
[5] BELEZA, Teresa Pizarro. *Direito das mulheres e da igualdade social*. Coimbra: Almedina, 2010, p. 43.

tar e compreender o preciso significado da expressão "violência doméstica". Assim é que, de modo bastante singelo mas suficiente aos nossos propósitos, entendemos possa ser concebida como aquele comportamento abusivo de um cônjuge ou companheiro, com ou sem coabitação, com a finalidade de exercício de controle ou poder sobre o outro.[6] Tais abusos, importante sublinhar e entender, não se restringem unicamente àquelas agressões físicas, frequentes, como vimos a partir dos casos e dados estatísticos elencados no item precedente, mas podem também se traduzir em ofensas sexuais, emocionais, econômicas e psicológicas. Podem, enfim, ser cometidos mediante a adoção de diversas práticas com as mais variadas finalidades, o que, aliás, é bem retratado pelos gráficos que acima fizemos inserir.[7]

É, pois, precisamente neste cenário da violência doméstica que ganha importância o exame da questão das mulheres maltratadas e seu tratamento no âmbito do Direito Penal. Estas, numa definição inicial, podem ser consideradas como aquelas (mulheres) repetidamente submetidas a episódios de abusos físicos ou psicológicos por um homem, com o propósito de coagi-la a fazer algo que ele deseja.[8] A violência, nestas hipóteses, ocorre por ciclos compostos, cada um, de três fases: (a) uma primeira fase na qual há um aumento da tensão, caracterizada pela existência de episódios abusivos nos quais a mulher tenta, com sua passividade, evitar o incremento da violência – porta-se da maneira mais submissa possível com a finalidade de evitar novas agressões; (b) uma segunda fase em que se tem o episódio da agressão, no decorrer da qual a tensão entre a mulher e seu companheiro aumenta consideravelmente. A agressão é comumente motivada por algum evento como, por exemplo, a ingestão de álcool; c) finalmente, há uma terceira fase caracterizada por atos de arrependimento, pedidos de perdão e promessas de busca da ajuda externa, os quais fazem crer à mulher, sinceramente, que tudo ficará bem. Este último período pode durar vários meses, mas, na maior parte das vezes, o ciclo de violência torna a ocorrer.[9]

Cumpre-nos ressaltar, entretanto, a partir dos já citados estudos realizados por Lenore Walker,[10] que uma mulher submetida a um ciclo de violência isolado não pode ainda ser tida como uma "mulher maltratada", na concepção técnica da expressão. No entanto, em havendo uma segunda vez, ou percorrido novamente o ciclo apresentado, e persistindo a situação, passa a assim ser considerada, examinando-se cada caso, então, a partir das respectivas particularidades. Para sermos exatos, a partir deste momento a mulher passa a sofrer, de acordo com a teoria defendida por Walker, da síndrome da mulher maltratada, e com base nisto deverá ser tratado o caso concreto.

---

[6] MALO, Albert Azagra e AMORÓS, Esther Farnós. *La violência doméstica en los derechos estatales y federal de los EE.UU.* Revista para <www.indret.com>. Acesso em 11 de junho de 2012. Barcelona, outubro de 2006.

[7] Para reexame dos gráficos, observar item 1.1.

[8] WALKER, Lenore E. A. *The Battered Woman*. New York, Harper & Row, 1979, p. 110.

[9] WALKER, Lenore E. A. *The Battered Woman*. Op. cit., p. 112.

[10] WALKER, Lenore E. A., *The battered woman syndrome is a psychological consequence of abuse*. In: Richard J. Gelles; Donileen R. Loseke (eds.), *Current Controversies on Family Violence*, Newbury Park, Sage Publications, 1993, p. 135.

Tal síndrome podemos conceber como um conjunto de sintomas psicológicos, normalmente transitórios, frequentemente observados, num padrão reconhecível e específico, em mulheres que noticiam terem sido física, sexual e/ou psicologicamente maltratadas de uma forma grave e frequente pelos seus parceiros masculinos (e, por vezes, femininos). No dizer de Pizarro Beleza,[11] a síndrome da mulher maltratada consiste em uma série de traços comuns às mulheres que são vítimas de agressões conjugais continuadas e que se mostram incapazes de abandonar essa relação violenta, por dificuldades financeiras, por medo ou por interiorização de bloqueios psicossociais.

A teoria desenvolvida por Walker parte do pressuposto de que as pessoas que experimentam processos violentos desenvolvem um sentimento de que nada do que façam será suficiente. Para ela, as mulheres não tentam obstar os atos de violência, ainda que admitam a existência de meios para tanto. Isto, aliado a outros fatores que mencionaremos em momento posterior – medo, dependência econômica, dentre outros fatores –, pode explicar porque a mulher maltratada permanece na companhia de seu marido ou companheiro.

Mas isto melhor veremos adiante. Por ora, com tais ponderações, pressupomos estabelecidas as definições indispensáveis ao prosseguimento. Contudo, ainda antes de nos dirigirmos ao enfrentamento direto do problema proposto, conveniente dispensarmos alguma atenção à questão da desigualdade material dos gêneros, com o que poderemos, enfim, terminar este primeiro capítulo.

2.3. A questão da (des)igualdade material de gêneros

Qualquer pretensão quanto a analisar os direitos da mulher importa pressupor que estas (ainda) são social e juridicamente desfavorecidas em uma comparação com os homens. É uma circunstância que, por ora, somos obrigados a (lamentavelmente) aceitar para discutir o problema com seriedade e comprometimento. O Direito, importante realçar, não obstante a igualdade (formal) prevista nas Leis Fundamentais de todos os países ditos democráticos, em muito contribuiu para a construção desta divisão assimétrica, a partir da criação de um sistema lastreado em uma hierarquia em função do gênero, dentre variáveis outras. O que estamos a dizer é que, para além de uma ainda persistente desigualdade social, faz-se indispensável lembrar que o ordenamento jurídico, quando trata dos "homens" e das "mulheres", em verdade não os discrimina, mas insiste em colocá-los em uma situação de hierarquia, o que confere um sentido de diferenciação vertical e não horizontal às relações que se estabelecem. E isto é particularmente curioso porque os princípios do Estado de Direito democrático a tais discriminações evidentemente opõem-se, como todos sabemos, assim como

---

[11] BELEZA, Teresa Pizarro. *Legítima defesa e gênero feminino*. Separata de Jornadas em Homenagem ao Professor Cavaleiro de Ferreira. Lisboa, 1995, p. 298.

a várias outras, exatamente a partir de uma exigida igualdade ainda inexistente na maioria dos casos.

É exatamente aqui que ganha alguma importância o feminismo, que pode ser definido como um movimento e um conjunto de teorias que buscam a libertação da mulher.[12] O termo teve sua origem na França, por volta do século XIX, com o propósito de nominar os diferentes grupos que, de alguma forma, buscaram melhorar a situação das mulheres.[13] É a partir da Revolução Francesa que se lhe veio a conferir contornos mais sólidos, mais especificamente a partir da edição da Declaração dos Direitos da Mulher e da Cidadã, na qual fez-se consignar que a mulher possuía, assim como o homem, direitos naturais e que deveria participar da vida política.[14] Este documento possuía como substrato a igualdade material – desta igualdade material nos ocuparemos adiante – entre a mulher e o homem, em especial quanto aos direitos à liberdade, à propriedade, à segurança, à resistência à opressão, o acesso ao poder e à justiça tributária.

O feminismo e a luta pelo reconhecimento dos direitos da mulher conduziram, assim, a questionamentos sobre a relevância do gênero no Direito e na sua atual afirmação, nos Estados Unidos da América, a partir da construção de uma teoria feminista do Direito – "Feminism Jurisprudence" – de forma a possibilitar a superação das barreiras multidisciplinares dentro e fora da ciência jurídica para realçar a importância do gênero. Como acentua Teresa Pizarro Beleza,[15] deve-se, a partir desta teoria, conceder a atenção devida à questão do gênero e igualmente à melhoria das condições sociais e jurídicas das mulheres, não se podendo desprezar a conhecida crítica de que o Direito Penal é, para muitos, efetivamente "sexista", composto de muitas normas discriminatórias entre homens e mulheres e, ainda, com aplicação efetivamente desigual.[16]

Pois bem. A partir desta desigualdade de gêneros, o que se pretende (ou se pretendeu) com a teoria feminista do Direito é (ou foi) simplesmente atingir um ideal de igualdade, justiça e liberdade.[17] E é em grande parte a partir dos seus postulados, em qualquer de suas fases, ou pelo me-

---

[12] ODORISIO, Ginevra Conti. *Feminismo*. In: BOBBIO, Norberto.; MATTEUCCI, Nicola; PASQUINO, Gianfranco. *Dicionário de política*. Brasília: Universidade de Brasília, 1997, p. 486.

[13] DAHL, Tove Stang. *O direito das mulheres: uma introdução à teoria do direito feminista*. Lisboa: Fundação Calouste Gulbenkian, 1993, p. 13. Hoje o termo é empregado tanto para designar movimentos sociais das mulheres, mas igualmente o conjunto de teorias que confere sustentação epistemológica a estes movimentos (PINHO, Leda de Oliveira. *Princípio da Igualdade – Investigação na perspectiva de gênero*. Porto Alegre: SAFE, 2005, p. 26)

[14] PINHO, Leda de Oliveira. *Princípio da Igualdade – Investigação na perspectiva de gênero*. Porto Alegre: SAFE, 2005, p. 28.

[15] BELEZA, Teresa Pizarro. *Legítima defesa e gênero feminino*. Op. cit., p. 290.

[16] LARRAURI, Elena. *Mujeres y Sistema Penal. Violencia domestica*. Buenos Aires: BdeF, 2008, p. 41. Contudo, a partir desta primeira crítica, surge uma outra, que, em seguimento, assim vem sintetizada por LARRAURI: "A consecuencia de las criticas de que el direito penal es sexista, se ha producido la reformulación y/o promulgación de leyes que han passado a ser expressadas de forma neutral respecto del género. Con ello, sin embargo, se ha podi constatar que estas leyes, formuladas de forma neutral, se aplican de acuerdo a una perspectiva masculina y toman como medida de referencia a los hombres (blancos de classe media). Esta constatación es lo que permite afirmar "el derecho penal es masculino."

[17] DAHL, Tove Stang. Op. cit., p. 16.

nos tomando-se-os em consideração, que procuraremos responder a alguns questionamentos. Desde já, especificamente quanto à defesa baseada na síndrome da mulher maltratada, importa perceber uma tentativa de modificar, em termos, o preconceito do gênero da "lei da legítima defesa" para reconhecer a verdadeira experiência por aquela experimentada. No capítulo seguinte, após superadas as considerações aqui expendidas, tentaremos buscar resposta para as seguintes questões: qual a justa solução a ser dada à hipótese mencionada na introdução? Seria caso de impor censura penal? Poder-se-ia aventar hipótese de legítima defesa tal qual posta em nossa proposição inicial? Eventualmente deveríamos cogitar de hipótese de exclusão da culpabilidade?[18] Prossigamos, então.

3. O princípio da igualdade e a legítima defesa das mulheres maltratadas

Superado um primeiro capítulo no qual buscamos estabelecer alguns conceitos indispensáveis à compreensão do tema proposto e seu posterior enfrentamento nos termos inicialmente colocados, cumpre-nos agora buscar um significado para o princípio constitucional da igualdade e sua aplicação no Direito Penal. Procederemos, na sequência, a um breve, mas necessário, estudo sobre os requisitos da legítima defesa – usaremos, para tanto, os dispositivos constantes da legislação portuguesa, em regra –, após o que trataremos sobre referida causa justificadora em sua relação com o problema proposto (legítima defesa das mulheres maltratadas). Abordaremos, enfim, a evolução histórica no tratamento da matéria e os pressupostos de aplicabilidade, assim como a (eventual) caracterização possível a partir de uma interpretação sedimentada no princípio constitucional da igualdade. Avancemos.

3.1. O significado jurídico do princípio da igualdade

O princípio da igualdade foi suscitado pela primeira vez na sequência da Revolução Francesa, e tinha por escopo coibir privilégios, tais como, por exemplo, a isenção de pagar impostos, de que se beneficiavam muitas pessoas, e a instituição de tribunais especiais para certas categorias sociais.[19] No campo legal, consta da Declaração Universal dos Direitos do Homem – que,

---

[18] O art. 35 do Código Penal Português, ao tratar do estado de necessidade exculpante, estabelece que "age sem culpa quem praticar um facto ilícito adequado a afastar um perigo atual, e não removível de outro modo, que ameace a vida, a integridade física, a honra ou a liberdade do agente ou de terceiro, quando não for razoável exigir-lhe, segundo as circunstâncias do caso, comportamento diferente. No Código Penal alemão, a matéria está tratada no Título IV. No Brasil, trata-se a questão da inexigibilidade de comportamento humano diverso como uma causa supralegal de exclusão da culpabilidade. A jurisprudência e a doutrina trilham este caminho, com o qual não concordamos plenamente, mas sobre o que não iremos debater no âmbito do presente estudo. O que queremos deixar clara aqui é a possibilidade de que o caso tratado possa ter sua solução, talvez, a partir da exclusão da culpa e, portanto, do crime.
[19] HOMEM, António Pedro Barbas. *O que é Direito?* Cascais: Principia, 2007, p. 29.

em seu art. I, prevê que "todas as pessoas nascem livres e iguais em dignidade e direitos. São dotadas de razão e consciência e devem agir em relação umas às outras com espírito de fraternidade" – e está previsto em todas as Constituições consideradas "democráticas".[20] Em Portugal, por exemplo, o art. 13°, n° "1", da Lei Fundamental, estabelece que "todos os cidadãos têm a mesma dignidade social e são iguais perante a lei". Especificamente quanto à igualdade entre homens e mulheres, dispõe, no art. 9°, h), ser uma das tarefas fundamentais do Estado "promover a igualdade entre homens e mulheres",[21] pelo que posta está a vigência do princípio da igualdade no Estado português.[22] Já no Brasil, como sabemos, o art. 5° da Constituição Federal dispõe que "todos são iguais perante a lei, sem distinção de qualquer natureza, garantindo-se aos brasileiros e aos estrangeiros residentes no País a inviolabilidade do direito à vida, à liberdade, à igualdade, à segurança e à propriedade, nos termos seguintes", acrescentando-se, no inciso I, que "homens e mulheres são iguais em direitos e obrigações, nos termos desta Constituição". Mas qual seria o verdadeiro significado de tal princípio e sua real importância, em especial, para a solução do problema investigado?

Antes de adentrar na busca por uma resposta satisfatória, deve-se recordar que o princípio em exame possivelmente venha a ser, na expressão de José Melo Alexandrino,[23] o "principal eixo estruturante do sistema de direitos fundamentais", ou o "valor supremo do ordenamento", conforme estabelecido no acórdão n°231/94, do Tribunal Constitucional português.[24]

---

[20] A Constituição brasileira, por exemplo, estabelece, em seu art. 5°, que "todos são iguais perante a lei, sem distinção de qualquer natureza, garantindo-se aos brasileiros e aos estrangeiros residentes no País a inviolabilidade do direito à vida, à liberdade, à igualdade, à segurança e à propriedade (...)", acrescentando, no inciso I do referido artigo, que "homens e mulheres são iguais em direitos e obrigações, nos termos desta Constituição."

[21] A respeito vale conferir lição de José Manuel Merea Pizarro Beleza: "(...) Bem diferente é (ou devia ser...) a situação presente: ao enunciado constitucional da igualdade dos sexos é necessário dar um verdadeiro conteúdo positivo que inspire a revisão crítica de toda a gramática social e aponte, sem hesitações, os desajustamentos revelados por regulamentações jurídicas nascidas à sombra de outras coordenadas de organização política. Daí que se peça à nossa jurisprudência o especial cuidado de apreciação do direito punitivo (e, desde logo, do anterior à Constituição) que, de alguma forma, tenha a ver com a validade efectiva do art. 13° da lei fundamental. Precisamente porque a 'igualdade perante a lei' é princípio que tanto obriga o legislador como a autoridade que a aplica, o não-afastamento pelo tribunal de um qualquer preceito incriminador tem forçosamente que ser interpretado como juízo de concordância constitucional do conteúdo da norma e, implicitamente, como reafirmação dos interesses que a esta subjazem. E se assim se há-de entender relativamente a todas as zonas de regulamentação jurídico-criminal, julgo que a afirmação tem especial razão de ser quando o direito 'dito' se refere à sexualidade, por ser este um domínio onde se reflectem, com particular relevo, os problemas ligados à realização de um princípio da igualdade e de dignidade social de todos os cidadãos". (BELEZA, José Manuel Merêa Pizarro. *O princípio da igualdade e a lei penal. O crime de estupro voluntário simples e a discriminação em razão do sexo.* Coimbra: Coimbra Editora, 1982, p. 113-114)

[22] Havendo previsão constitucional da igualdade, nos termos apontados, há incompatibilidade manifesta com uma diferenciação hierarquizada entre pessoas, tal como se observa em alguns aspectos. (BELEZA, Teresa Pizarro. *Direito das mulheres e da igualdade social.* Op. cit., p. 38)

[23] ALEXANDRINO, José Melo. *Direitos Fundamentais – Introdução Geral.* Cascais: Princípia, 2011, p. 75.

[24] Consta do voto proferido pelo Conselheiro António Vitorino: "(...) Enquanto conceito relacional, a medida do que é igual e deva ser tratado como igual depende da matéria a tratar e do ponto de vista de quem estabelece a comparação, em termos de determinar quais são os elementos essenciais e os não essenciais num juízo acerca da admissibilidade ou inadmissibilidade de soluções jurídicas dissemelhantes e eventualmente mesmo discriminatórias. Ou seja, quando é que duas situações reais da vida são equiparáveis, quando as similitudes entre elas sobrelevam das diferenças e, por isso, o juízo de valor sobre

Partindo destas considerações, parece difícil que se pense um tal sistema de direitos fundamentais sem que tenha por pressuposto um primado da isonomia, de forma tal que a todos seja dispensado um tratamento igualitário para que venham a ter as mesmas prerrogativas e oportunidades. Se não for assim, decorre uma imensa dificuldade, ou até mesmo uma evidente impossibilidade, em pensar-se o Estado de Direito democrático.

Feita esta advertência, retomamos nossa missão de buscar o real significado do princípio da igualdade, começando por dizer, a partir da doutrina de Arthur Kaufmann,[25] que ao estudarmos referido princípio deveríamos ter presente uma ideia de que os iguais devem ser igualmente tratados e os diferentes de modo (proporcionalmente) diferente. O princípio da igualdade parece ser, portanto, em sua visão, meramente formal, pois se limitaria à afirmação acima, não permitindo aferir, entretanto, o que seria igual e o que seria diferente, algo certamente importante para as previsões legais. E tampouco expressa de que forma devem ser tratados os iguais e qual o tratamento deveria ser dispensado aos diferentes, relevante para a delimitação das consequências jurídicas.[26]

Tal entendimento, todavia, evidentemente não satisfaz. Neste ponto, com o escopo de aprofundarmos um pouco a discussão, cumpre lembrarmos a existência de duas correntes sobre a igualdade e seu respectivo conteúdo. Uma primeira, denominada paritária, defende que a lei dever ser genérica, impessoal, não podendo comportar diferenciações. Esta, vigente ao tempo da Revolução Francesa, supunha uma igualdade meramente legal, descritiva, ou uma igualdade puramente formal. Esta, como dissemos, parece ser a corrente a que se filia Kaufmann, em relação à qual já manifestamos discordância. Um segunda corrente, concebida como valorativa, à qual nos vinculamos, autoriza a existência de distinções no plano descritivo, condicionadas tais distinções a uma justificação relativamente à diferença de tratamento. Decisivo é perquirir o fundamento da diferenciação, assim como sua finalidade.[27]

Acreditamos, assim, que não se pode aceitar qualquer busca por uma igualdade que não aquela efetivamente material,[28] de forma a eliminar as

---

a materialidade que lhes serve de suporte conduz à necessidade de um igual tratamento jurídico. Daqui resulta que a essência da aplicação do princípio da igualdade encontra o seu ponto de apoio na determinação dos fundamentos fáticos e valorativos da diferenciação jurídica consagrada no ordenamento. O que significa que a prevalência da igualdade como valor supremo do ordenamento tem que ser caso a caso compaginada com a liberdade que assiste ao legislador de ponderar os diversos interesses em jogo e diferenciar o seu tratamento no caso de entender que tal se justifica. Pelo que se pode afirmar que dentro do princípio da igualdade cabem diferenças de tratamento, ainda que não a pura e simples diferença de tratamento, a diferença de tratamento pela pura diferença a que também se tem chamado "naked preferences" (cfr. SUNSTEIN, "Naked Preferences and the Constitution", in *Columbia Law Review*, Novembro de 1984, p. 1689 e ss.)."

[25] KAUFMANN, Arthur. *Filosofia do Direito*. Tradução de Antonio Ulisses Cortês. Lisboa: Fundação Calouste Gulbenkian, 2010, p. 226.

[26] KAUFMANN, Arthur. Op. cit., p. 230.

[27] PABLOS DE MOLINA, Antonio García; GOMES, Luiz Flávio. *Direito Penal. Fundamentos e Limites do Direito Penal*. São Paulo: Revista dos Tribunais, 2012, p. 461.

[28] Como afirma AMÉRICO TAIPA DE CARVALHO, "à proclamação de uma igualdade formal e legal sucede a procura de uma igualdade material, a qual permita e imponha a diferença de tratamento de

naturais diferenças existentes entre os indivíduos. Claro, temos de admitir que por uma determinada perspectiva pode ser correto dizer que ela, a igualdade, é um valor eminentemente humano, integrando, em decorrência, uma natureza inacabada e em aberto que caracteriza o homem;[29] contudo, também é certo que seu conteúdo deve ser precisado (construído) e buscada uma situação de isonomia entre os indivíduos de forma a propiciar a sua real observância, nos termos em que acima realçamos.[30]

Isto, todavia, só pode ser alcançado se não desprezarmos as naturais diferenças de um indivíduo em relação aos seus semelhantes. São exatamente elas que justificam a instituição de um princípio de igualdade; se, ao contrário, fôssemos todos naturalmente iguais seria efetivamente desnecessária a instituição do princípio e a previsão de meios para salvaguarda respectiva. Neste caso, o princípio da igualdade não faria mais do que promover desigualdades entre os indivíduos. Então, são as condições particulares de cada um que estão a exigir um tratamento particular, diferenciado, sem o que se estará a contribuir para a criação de diferenças sociais de indisfarçável injustiça, tal como já acima assinalamos.[31]

Feitas tais considerações, é evidente que a construção desta igualdade (material) somente se pode efetuar a partir de um particular conhecimento de uma realidade cultural e social, que não somente molda o critério uniformizador, como igualmente auxilia na análise comparativa do fatos e situações postos à análise. Neste ponto, partindo-se do pressuposto de que nada (em especial no Direito) pode ser considerado como absoluto, a igualdade deve ser tida como relativa, extraindo-se o seu conteúdo da cultura presente em uma determinada sociedade em um particular momento histórico.[32]

Prosseguindo em nosso raciocínio, quando falamos no princípio da igualdade (e na sua respectiva observância a partir de uma adequada in-

---

situações concretamente diferentes." (CARVALHO, Américo Taipa. *Direito Penal. Parte Geral. Questões fundamentais e teoria geral do crime*. Coimbra: Coimbra Editora: 2011, p. 353).

[29] GARCIA, Maria da Glória F, p. D. *Estudos sobre o princípio da igualdade*. Coimbra: Almedina, 2005, p. 8.

[30] Conforme assinala MARIA DA GLÓRIA F, p. D. GARCIA, as Declarações de Direitos, as Constituições escritas e as leis em geral são construídas como uma garantia de que a igualdade (e também a liberdade, em sua lição) se irá concretizar materialmente, tornando-se uma condição de legitimação de um determinado poder e de uma específica ordem social. (GARCIA, Maria da Glória F, p. D. Op. cit., p. 8).

[31] GARCIA, Maria da Glória F, p. D. Op. cit., p. 12.

[32] GARCIA, Maria da Glória F, p. D. Op. cit., p. 19. Consigna a autora: "Defende-se, por isso, com base numa liberdade consciente e responsável, que tem o seu espaço de eleição no diálogo do homem consigo mesmo por intermédio do outro ou dos outros, a existência, por sobre a diversidade de culturas, estimulante e enriquecedora, de um núcleo humano irredutível, que não admite relativismos valorativos. É a sua garantia que, desde logo, torna ilegítimo um conjunto de critérios de discriminação de tratamento jurídico, como a raça, o sexo, a religião, a língua..., odiosos em si mesmos porque contrários à dignidade humana. E este é outro aspecto a evidenciar no desenvolvimento do princípio da igualdade da uniformidade para a diferenciação: no quadro da igualdade relativa em que o princípio da igualdade é compreendido, aberto à evolução e à diversidade culturais, numa permanente dialéctica com o princípio da liberdade, a verificação de que existe um núcleo essencial sobre o sentido do 'humano' e sua inerente dignidade, torna ilegítima as diferenciações de tratamento jurídico de cidadãos, baseadas em categorias meramente subjectivas, elencadas constitucionalmente de modo enunciativo como as que, na História passada ou recente, fundaram discriminações odiosas. Pode, em conclusão, dizer-se que o princípio da igualdade proíbe tratamentos diferenciados repousando não só em ações arbitrárias, porque insuficientes e desrazoáveis, mas ainda sobre razões contrárias à dignidade humana".

terpretação da lei), cumpre-nos realçar a existência de duas dimensões a serem observadas: uma "dimensão negativa" e uma "dimensão positiva". A primeira, em síntese, estaria a consagrar a igualdade de todos perante a lei; a segunda viria a impor o tratamento desigual para as hipóteses desiguais, para propiciar a efetiva igualdade material. Em outras palavras, buscando substrato em lição de Alexandrino,[33] havendo, como vimos, uma dimensão negativa e uma positiva, a primeira estaria a afirmar a "igualdade de todos perante a lei", pressupondo o princípio da legalidade a tendencial universalidade da lei e a projeção da dimensão temporal do Direito; já a segunda, por sua vez, estaria a exigir um tratamento desigual para aquilo que é desigual, na medida da diferença, pressupondo, assim a introdução de compensações para atenuar as desigualdades.[34]

Pertinente a esta segunda dimensão, foco maior de discussão, a igualdade que se almeja está a impor ao poder político a obrigação de formalmente diferenciar para materialmente igualar, natural e socialmente, algo realizável a partir da instituição das discriminações positivas.[35] Tal, entretanto, obviamente não constitui uma tarefa simples, de fácil concretização, conquanto seja absolutamente necessária. Basta, para tal conclusão, perceber que não podem ser instituídas na ausência de um critério razoável, sem um sentido de justiça social, sob pena de ilegitimidade e violação do princípio da igualdade que as teria legitimado.[36] Como bem sublinha Maria da Glória Garcia,[37] ao tratarmos do problema de imposição de um tratamento jurídico diferenciado, devemos ponderar a intensidade da lesão de bens ou de valores decorrentes da imposição deste regramento diverso, com a intensidade da lesão de bens ou de valores decorrentes de sua não imposição. Em síntese, quando se fala em discriminações positivas, deve-se ter presente que são destinadas a favorecer a um grupo de pessoas que sofrem alguma desigualdade injusta, com a finalidade única de eliminar os efeitos desta diferenciação.

É a partir destas noções que supomos possa já ser analisado o problema proposto, questionando se há legitimidade em interpretar de forma ampliativa (ou interpretar conforme a Constituição) a causa justificante da legítima defesa nas hipóteses das mulheres maltratadas, a partir do princípio da igualdade, se devemos adotar alguma outra solução justificadora ou des-

---

[33] ALEXANDRINO, José Melo. Op. cit., p. 84.

[34] Como assinala LETIZIA GIANFORMAGGIO, especificamente neste segundo aspecto, trata-se de verificar a motivação pela qual deve-se aceitar uma interpretação desigual quanto a dispositivos que versem sobre direitos fundamentais, uma violação da igualdade formal – não pelo seu conteúdo normativo, mas pela finalidade proposta, para favorecer a realização de uma paridade não apenas formal, mas também substancial. (GIANFORMAGGIO, Letizia. *Eguaglianza, donne e diritto*. Bologna: Il Mulino, 2005, p. 236)

[35] De discriminações negativas falamos naquelas hipóteses em que não se pode discriminar.

[36] Lembre-se, tal como o faz ROBERT ALEXY, que o princípio da igualdade não impõe que todos sejam tratados da mesma forma ou que todos necessitem ser iguais em todos os aspectos. Por outro lado, prossegue ele, para ter algum conteúdo ele não pode permitir toda e qualquer distinção, senão que se faz necessário perquirir se e como é possível encontrar um meio-termo entre os extremos. (ALEXY, Robert. *Teoria dos Direitos Fundamentais*. Tradução de Virgílio Afonso da Silva. São Paulo: Malheiros Editores, 2011, p. 397)

[37] GARCIA, Maria da Glória F, p. D. Op. cit., p. 27

culpante ou ainda se devemos refutar quaisquer hipóteses que rechacem a reprovabilidade penal da conduta. Note-se, por importante, caso venhamos a concluir pela possibilidade da legítima defesa, ser desnecessária qualquer modificação legislativa, bastando a mera interpretação ampliativa autorizada, em tese, pelo princípio constitucional da igualdade.

3.2. A legítima defesa e seus contornos no ordenamento jurídico de Portugal

Feito este breve excurso sobre o significado jurídico do princípio da igualdade, faz-se agora indispensável uma breve verificação acerca do instituto da legítima defesa para, após, verificarmos sobre a possibilidade de atuação justificada das mulheres maltratadas que matam seus maridos – ou companheiros – enquanto estes dormem.

Antes, porém, de adentrarmos no exame do disposto na Constituição da República e no Código Penal português – cuja redação adotaremos para o efeito de análise da matéria, o que de modo algum prejudica uma compreensão para além do ordenamento jurídico de Portugal –, algumas considerações são imprescindíveis neste momento. Assim, como pressuposto, deve-se ter presente que a legítima defesa enquanto causa de exclusão da ilicitude acha-se fundada em uma relativa "distribuição de competências" entre o Estado e o indivíduo. Com isto estamos a dizer que este tem a si resguardado o direito a usar a força para defender-se sempre que o Estado não pode (ou não quer) fornecer uma adequada proteção em relação ao seu agressor. Mas qual o seu fundamento? Em que ela se assenta? Para tanto, duas teorias existem.[38]

A teoria da iminência defende a necessidade de que o sujeito esteja a se defender de uma agressão iminente, ou seja, o ataque ou a ameaça deve estar ocorrendo, não se aceitando defesa de um evento futuro. O requisito da iminência da agressão estaria a permitir uma distinção entre duas espécies de ataques que não se deveriam ter por justificados: as agressões preventivas e as agressões em represália. Quem decida atacar preventivamente atua antes de que isto seja necessário, pois na maior na parte dos casos possível seria, em tese, buscar a proteção das autoridades. Já quem age contra alguém após ter cessado a agressão experimentada atua por vingança, afastada, portanto, a legítima defesa. A teoria da iminência é criticada pelo fato de que muitas vezes o Estado, detentor do monopólio da violência, não cumpre com sua parte, deixando o indivíduo desprotegido contra ataques injustificados futuros.

A teoria da necessidade[39] justifica a situação de legítima defesa a partir da imprescindibilidade da atuação. Em outras palavras, deve-se perquirir se

---
[38] CHIESA, Luis Ernesto. Op. cit., p. 53-56.
[39] A teoria da necessidade é tratada de forma pouco diversa no direito anglo-saxônico e no direito continental e, neste sentido, possivelmente a diferença mais sensível consiste na diversa ponderação de interesses que deve ocorrer para que seja viável invocar-se a legítima defesa. A partir do enfoque

a ação defensiva era necessária para repelir o perigo e não se ocorreu como resposta a uma agressão iminente. Para darmos um exemplo, considere-se que um indivíduo "A" vem a saber que um indivíduo "B" está a fabricar uma bomba, e que levará dez dias para terminar sua tarefa. Sabe-se que este irá detonar a bomba dentro de uma escola primária e que a polícia não está em condições de intervir. Neste quadro, diante da necessidade constatada, admite-se que "A" ingresse na residência de "B", sem seu consentimento, e destrua o artefato. A conduta estaria justificada mesmo que ingressasse no primeiro dos dez dias, quando seu ato constituiria uma maneira menos lesiva de obstar a detonação da bomba. Exigir que "A" somente intervenha diante da existência da ameaça iminente significaria exigir que esperasse até o último dia, e aí já poderia ser tarde demais. A crítica comumente feita aos defensores desta teoria consiste no fato de que desprezar o requisito de iminência poderia acarretar um aumento considerável dos riscos, obstando a adoção de soluções eventualmente menos danosas.

Bem. Expostas as teorias nas quais pode-se fundamentar a legítima defesa, podemos prosseguir na sequência com o exame dos requisitos legais da referida causa justificante tal como prevista no ordenamento jurídico português, tomados aqui para o efeito de análise, somente. Após isto, finalmente ingressaremos na análise da "battered women's defense doctrine" e o princípio da igualdade, buscando uma solução para o problema inicial.

3.2.1 Os requisitos da causa justificadora em questão

Segundo o art. 32° do Código Penal, "constitui legítima defesa o facto praticado como meio necessário para repelir a agressão actual e ilícita de interesses juridicamente protegidos do agente ou de terceiro",[40] causa justificante que tem como fundamentos a indispensável defesa da ordem jurídica e a necessária proteção dos bens jurídicos ameaçados pela agressão.[41] Seria em última análise, uma "preservação do Direito na pessoa do agredido".[42]

Figueiredo Dias,[43] examinando o instituto a partir do texto legal, sustenta que para caracterização do que denomina "situação de legítima defe-

---

anglo-saxônico a ação preventiva do indivíduo deve ser considerada justificada sempre que o dano causado não seja grandemente desproporcional ao dano evitado. Esta é a norma de proporcionalidade que condiciona a causa justificante da legítima defesa. Já com base no enfoque continental, a ação preventiva só estaria justificada quando o dano causado é menor do que o evitado, nisso residindo a divergência fundamental. (CHIESA, Luis Ernesto. Op. Cit., p. 54-55)

[40] Constitui, então a defesa necessária do bem jurídico agredido.

[41] DIAS, Jorge de. *Direito Penal. Questões fundamentais. A doutrina geral do crime. Parte geral.* Tomo I. Coimbra: Coimbra Editora, 2011, p. 405.

[42] No Direito brasileiro, em redação sensivelmente diversa, estabelece o art. 25 que "entende-se em legítima defesa quem, usando moderadamente dos meios necessários, repele injusta agressão, atual ou iminente, a direito seu ou de outrem".

[43] DIAS, Jorge de. *Direito Penal.* Op. cit., p. 408-433. A mera referencia aos requisitos da legítima defesa, sem uma análise pormenorizada de cada um deles, é algo proposital. É que escapa aos limites estabelecidos para este relatório uma abordagem ampla e crítica acerca dos pressupostos necessários para caracterização da causa justificante. O objetivo é compreender a possibilidade de caracterização na hipótese apontada na introdução a partir do princípio constitucional da igualdade. Só.

sa" faz-se indispensável a presença de dois requisitos, que seriam (a) uma agressão atual e ilícita de interesses juridicamente protegidos do agente ou de terceiros, e a (b) necessidade do meio para repelir a agressão. Estes são, de fato, os únicos requisitos que se poderiam depreender da leitura do tipo permissivo, cumprindo-nos ressalvar a impropriedade em estender-se as exigências legais em se tratando de uma norma que exclui a natureza criminosa do ato praticado. Assim, não obstante deva haver conhecimento da situação de legítima defesa, deve-se sustentar que não é razoável, já existente o conhecimento a que acima se fez alusão, a "exigência adicional de um comotivação de defesa".

Transportando a análise ao âmbito da jurisprudência, pertinente citarmos parte do acórdão nº 02P854, de 18 de abril de 2002, do Supremo Tribunal de Justiça de Portugal, quando se afirmou que "a legítima defesa, como causa exclusória da ilicitude, constitui o exercício de um direito: o direito de legítima defesa que tem, entre nós, assento na Constituição, no Código Civil e está previsto para efeitos penais no art. 32º do C. Penal, estando dependente a sua capacidade exclusória da ilicitude da verificação dos seguintes requisitos: – agressão atual e ilícita –; defesa necessária e com intenção defensiva".

Ainda para ilustrar, mencionamos igualmente a hipótese tratada no acórdão nº 046630, de 26 de maio de 1994, pelo mesmo Supremo Tribunal de Justiça, quando houve pronunciamento no sentido de que "constitui legítima defesa o facto praticado como meio necessário para repelir a agressão atual e ilícita de quaisquer interesses juridicamente protegidos do agente ou de terceiro" estando a atuar "em legítima defesa de interesses patrimoniais juridicamente protegidos, aquele que, ao serem apedrejados e gravemente danificados um seu café e seu automóvel, também pertencentes à sua companheira, lança mão de um revólver de 6,35 mm e dispara alguns tiros em direção dos autores da lapadição pondo estes em retirada".

Estabelecidas estas primeiras premissas, buscaremos, nos itens seguintes, realizar uma análise dos aludidos requisitos para verificação da eventual adequação da hipótese concreta apontada na introdução – e ao longo do texto – à causa justificadora em questão.

3.2.2. Agressão atual e ilícita de interesses juridicamente protegidos do agente ou de terceiros

A agressão é uma ameaça a um bem jurídico por uma conduta humana[44] ou, uma ameaça que decorre de um comportamento humano em relação a um bem jurídico que a lei protege.[45] Esta afirmação, por si só, já torna possível uma série de conclusões como, dentre outras várias, a impossibilidade de se considerar como ofensa física um ataque realizado por um animal – salvo,

---

[44] ROXIN, Claus. *Derecho Penal*: Parte General. Tomo I. Trad. Diego-Manuel Luzón Peña, Miguel Diáz y García Conlledo e Javier de Vicente Remesal. 2. ed. Madrid: Civitas, 2008, p. 611.

[45] DIAS, Jorge de. *Direito Penal*. Op. cit., p. 408.

evidentemente, se este for usado pelo ser humano como instrumento para o ataque. Sobre tais pormenores, porém, não se mostram necessárias maiores considerações. Basta, pois, que se tenha por pressuposta a indispensabilidade da agressão, seja esta praticada por ação (consistente em um soco ou disparo de arma, por exemplo), seja por omissão imprópria ou impura (aceita-se justificada por legítima defesa as ameaças ou agressões sobre a mãe que se recusa a amamentar o filho recém-nascido, por exemplo), ou ainda por omissão própria ou pura (ameaça ou agressão ao motorista para forçá-lo a transportar o doente ao hospital),[46] sendo esta última, embora passível de discussão, majoritariamente aceita pela doutrina.

Para além da agressão, exige a lei, para configuração da legítima defesa, seja ela praticada em relação a agressões "atuais",[47] assim consideradas aquelas que já estão em curso, ou "iminentes", caso em que o bem jurídico já se encontra ameaçado, cabível aqui a referência a hipóteses em que, ainda que não se possa dizer iminente a agressão, já se sabe antecipadamente, com certeza ou grau elevado de segurança, que ela irá ocorrer – questão que será retomada adiante. A exigência da atualidade ou iminência da agressão tem por fim estabelecer uma delimitação entre a legítima defesa e a vingança ou qualquer outra forma de tutela privada, o que estaria a contrariar o monopólio estatal da força.[48]

Exige a legislação, ainda, tal como tivemos a oportunidade de verificar, que a agressão que se está a experimentar, além de atual ou iminente, seja ilícita. É isto, aliás, que vem a diferenciar a legítima defesa de outras formas de exclusão da ilicitude, e a permitir que, em determinadas hipóteses, venha o defendente a sacrificar interesses superiores aos ameaçados pela agressão.[49] Por agressão ilícita deve-se entender, em breves linhas, aquela perpetrada em desconformidade ao Direito. Neste ponto, como já decidiu o Supremo Tribunal de Justiça, "não estando o réu-recorrente a sofrer qualquer agressão ilícita, ou sequer na iminência de a sofrer, não se verifica o condicionalismo do artigo 32 do Código Penal, definidor da legítima defesa, nem tão pouco a do artigo 33, do mesmo diploma, definidor do excesso de legítima defesa, onde se exigem todos os pressupostos da legítima defesa, respondendo, porém, o dependente com o uso de meios excessivos".[50]

Para exemplificar, podemos registrar a impossibilidade de se ver praticada uma ação para defender-se de alguém que já está a atuar em legítima defesa. Em outras palavras, alguém que está a ameaçar ou a agredir outrem

---

[46] Os exemplos são de FIGUEIREDO DIAS. Op. cit., p. 409.

[47] Como pronuncia STRATENWERTH, o ataque há de ser atual, ou seja, iminente ou subsistente. Para ele, a defesa, para ser legítima, deverá se iniciar no último momento possível, ou no instante em que a atuação seja necessária para obtenção do êxito defensivo. Desta forma, pode-se excluir com segurança o risco de que a defesa possa ser desnecessária. (STRATENWERTH, Günter. *Derecho Penal*. Parte General. El hecho punible. Tradução de Manuel Cancio Meliá e Marcelo Sancinetti. Navarra: Civitas, 2005, p. 196)

[48] PALMA, Maria Fernanda. *A justificação por legítima defesa como problema de delimitação de direitos*. Lisboa: Associação Acadêmica da Faculdade de Direito de Lisboa, 1990, p. 299.

[49] DIAS, Jorge de. *Direito Penal*. Op. cit., p. 415.

[50] Processo n° 040219, Relatora Conselheira Maia Gonçalves, acórdão de 11 de outubro de 1989.

não pode sustentar em seu favor uma legitimidade da "reação à reação", ou uma reação em relação à alguém que atua para se defender de um ato praticado por quem tenta reagir. Não existe, conforme pondera ROXIN,[51] "legítima defesa contra legítima defesa", pois não se pode falar em ilicitude de uma agressão quando o agressor está amparado por uma causa de justificação. Da mesma forma, também não há que se falar em defesa justificada, por exemplo, no direito de necessidade ou na detenção em flagrante delito, exatamente por faltar o requisito da ilicitude da agressão.[52]

3.2.3. Necessidade do meio para repelir a agressão

Prosseguindo, não há defesa legítima se ela for desnecessária – há, em outras palavras, de estar presente o requisito da necessidade –, pressupondo-se que na ação defensiva sejam usados os meios necessários para repelir a agressão. A necessidade de defesa e, pois, dos meios é, assim, um dos requisitos essenciais da causa justificadora em análise. E, como meio necessário, entende-se o meio idôneo para deter a agressão, impondo-se que, na medida em que isto seja possível, se venha a optar por aquele que for o menos gravoso para o ofensor. Em outras palavras, partindo-se do pressuposto de que a atuação ao amparo da legítima defesa tem como escopo impedir ou repelir uma agressão, resta evidente que, em sua defesa necessária, o sujeito que está a se defender deve utilizar-se do meio adequado para garantir a eficaz busca de seu objetivo. E, como já dissemos, existindo vários meios idôneos à sua disposição, impõe-se que venha a fazer uso daquele que menor dano cause ao ofensor, mas que permita repelir ou impedir a agressão.[53]

Tal afirmação não significa, de modo algum, sustentar que o sujeito que esteja a se defender venha a eleger matematicamente o meio a utilizar para sua defesa necessária. Para ilustrar o que acabamos de dizer, referimos decisão do Supremo Tribunal alemão,[54] ao julgar hipótese em que o réu, após haver colidido seu veículo com o da vítima, foi por ela perseguido e alcançado, tendo esta proferido ameaças e perpetrado agressão. Aquele, então, apanhou uma faca e feriu mortalmente a vítima. Neste caso, ficou assentado o entendimento de que a pessoa que se defende não está obrigada a utilizar o meio menos perigoso se a sua eficácia dor duvidosa, caso em que está autorizado a escolher um meio possível e idôneo no sentido de permitir o afastamento imediato e definitivo do perigo.

No mesmo sentido do precedente que citamos, sustenta Taipa de Carvalho,[55] que se exigir o uso do meio menos gravoso não pode jamais significar uma exigência ao agredido no sentido de que venha a suportar riscos à sua vida ou integridade física. Desta forma, prossegue, conquanto seja possí-

---

[51] ROXIN, Claus. Op. cit., p. 615.
[52] CARVALHO, Américo Taipa de. Op. cit., p. 363.
[53] CARVALHO, Américo Taipa de. Op. cit., p. 371.
[54] PALMA, Maria Fernanda. Op. cit., p. 359.
[55] CARVALHO, Américo Taipa de. Op. cit., p. 372.

vel falar-se numa "gradualidade" da ação de defesa, esta não pode implicar jamais em riscos para bens pessoais essenciais, nem mesmo a bens patrimoniais de alto valor, traduzindo-se, na prática, em uma renúncia à utilização deste meio indispensável ao direito de defesa.[56]

Com tais ponderações ultimamos a análise da legítima defesa e seus requisitos no ordenamento jurídico português. Agora, partimos, enfim, já examinadas questões indispensáveis, para o enfrentamento direto da questão, com um brevíssimo histórico acerca da aceitação da teoria e, após, apresentando suas possibilidades de aceitação com base no que estabelece, em particular, o Código Penal português, sempre observado o princípio constitucional da igualdade.

3.3. A "Battered woman's defense doctrine"

3.3.1. Brevíssimo histórico

A tese da legítima defesa com base na síndrome da mulher maltratada foi suscitada pela primeira vez, ao que se tem notícia, no Canadá, em 16 de abril de 1911.[57] Na época, Angelina Napolitano, com 28 anos, italiana, mãe de quatro filhos, residente em Sault Ste. Marie, Ontário, teria matado o marido enquanto este dormia. Ela confessou que assim agiu como forma retaliação aos frequentes abusos físicos que lhe eram infligidos e igualmente em face de uma insistência para que viesse a se prostituir. Angelina foi apresentada, então, como a verdadeira vítima, imigrante pobre que com frequência era abusada, de forma grave, pelo cônjuge. A defesa técnica afirmou que se ela não agisse daquela forma, persistiriam as agressões e a insistência para que se dedicasse à prostituição. Ao final das alegações da acusação e da defesa, o juiz sugeriu aos membros do júri que eles deveriam ter em mente, antes de tudo, que a ré havia cometido adultério e, diante disso, seu testemunho poderia ser considerado como prestado por uma mulher de "caráter duvidoso". Angelina foi condenada pelo assassinato, decisão que foi aplaudida pela imprensa. O público, todavia, não manifestou concordância quanto à decisão. Uma campanha internacional buscou apresentá-la como uma imigrante pobre e analfabeta que não poderia sustentar um padrão de vida de outras mulheres naquela ocasião. A Corte, assim, considerou-a como uma assassina, mas a opinião pública entendeu que agiu como uma heroína, libertando-se de uma "prisão sexual". Assim, enquanto o público acreditou que o medo experimentado por uma mulher maltratada pode servir de base justificadora para o assassinato, os jurados acharam que não.

---

[56] A questão da igualdade merece ser reconhecida inclusive no âmbito do valor dos bens em conflito. Neste ponto, como adverte MARIA FERNANDA PALMA, "o princípio da igualdade explica que o defendente possa lesar bens de valor superior ao dos que assegura: os sujeitos jurídicos devem se beneficiar, obviamente, de uma proteção proporcionada ao merecimento das suas condutas, não se podendo esquecer que um deles praticou um fato ilícito." (PALMA, Maria Fernanda. Op. cit., p. 14)

[57] Possivelmente estes exemplos não tratem exatamente de casos envolvendo aquelas que hoje doutrinariamente se consideram as "mulheres maltratadas", em seu preciso significado. Contudo, são tratados por muitos como os precedentes que permitiram o desenvolvimento doutrinário do tema.

Foi somente em 1990, no caso *Rust vs Lavallee*, que restou firmada a jurisprudência na Suprema Corte Canadense a respeito da matéria. Na hipótese, Lavallee, então com vinte e dois anos, vivia há cerca de quatro com Rust. Depois de uma festa, discutiram, quando ele, armado com um revólver, teria dito que a mataria, a não ser que ela o fizesse antes. Lavallee disparou um tiro de rifle, matando-o. Na época, um psiquiatra atestou que ela estava aterrorizada e sentindo-se vulnerável, sem valor e incapaz para escapar da relação. Para ela, o tiro consistiu em uma atitude desesperada de uma mulher que acreditava que seria morta naquela noite. Lavallee foi inocentada no julgamento original. Contudo, foi condenada pela Suprema Corte de Monitoba no julgamento do recurso de apelação. Levado o caso à apreciação da Suprema Corte do Canadá, foi revista esta última decisão, restabelecendo-se o juízo absolutório.

Assim, com o surgimento destes precedentes, a matéria ganhou importância e passou a ocupar um maior espaço de discussão a fim de verificar qual causa justificadora estaria a merecer reconhecimento, e se isto efetivamente mereceria acontecer no âmbito do Direito Penal. Inicialmente, a tese defensiva consistia em combinar as justificadoras da legítima defesa juntamente com a da inimputabilidade (*insanity*), recorrendo-se, para tanto, à síndrome da mulher maltratada, nos termos em que esta foi desenvolvida por Lenore Walker, já acima examinada (item 1.2). Posteriormente, passou-se, então, a sustentar que uma mulher que estivesse a padecer da síndrome da mulher maltratada poderia, em tese, ter sua conduta justificada pela legítima defesa, somente, questão com a qual nos ocuparemos no item seguinte, numa interpretação conforme o princípio constitucional da igualdade.

3.3.2. A "battered woman's defense" e o princípio da igualdade

Como assinala Elena Larrauri,[58] no plano da moral, o direito de matar jamais estaria justificado. Contudo, conforme ela própria realça, esta assertiva não prepondera no campo penal, admitindo-se aqui que o fato de se vir a eliminar uma vida humana estaria justificado se o agente está a atuar em legítima defesa, nos termos definidos na legislação.[59] Partindo-se deste pressuposto, ainda antes de realizarmos uma análise – tanto quanto possível – precisa e detalhada da questão, nos termos da proposta inicial, algumas questões (só) aparentemente periféricas merecem atenção.

Neste sentido, a análise dos casos concretos permite perceber que as "mulheres maltratadas", quando matam seus maridos ou companheiros, em geral não o fazem no decorrer da agressão experimentada. Diversamente, devido a fatores diversos – tais como o maior medo que, em regra, é experimentado pelas mulheres em relação aos homens do que o contrário,[60] a

---

[58] LARRAURI, Elena. Op. cit., p. 53.
[59] Remetemos o leitor, aqui, ao item 2.2., se necessário.
[60] Isto porque os homens, ensina CATHERINE MACKINNON, compõem uma espécie naturalmente mais agressiva, predadora, ao passo que as mulheres seriam mais vitimáveis, vulneráveis, violáveis (MA-

situação abusiva de violência prévia, o temor pelos filhos e a notória desvantagem física em relação ao agressor –, não adotam qualquer postura ou gesto de defesa no instante em que a agressão se está a concretizar. E isto, cabe dizer, ocorre especialmente nas hipóteses de agressões físicas ou sexuais, constituindo uma circunstância, ademais, facilmente perceptível no mundo real. As mulheres maltratadas, então, quando agem, já incorporadas do trauma decorrente das experiências vividas, elegem uma "única" forma para matar os maridos, como modo de proteção: quando eles dormem ou estão em estado de embriaguez.[61]

Em meio a toda esta discussão e ainda antes de enfrentar o ponto central, surge um aspecto importante a considerar, tendo em vista a sua pertinência a partir do senso comum: por qual motivo a mulher maltratada por seu companheiro em muitos casos permanece a com ele manter contato? Qual seria a razão disso, já que caso providenciasse na ruptura da vida comum poderia, em tese, fazer com que cessassem as agressões, evitando que tivesse, eventualmente, que tirar a vida do agressor? Por que, enfim, não opta por soluções diversas, tais como, por exemplo, comunicar o fato às autoridades policiais ou pedir a decretação do divórcio?[62]

Respondendo particularmente a esta última indagação – e com isto, implicitamente, às duas primeiras –, em especial quanto à primeira hipótese, parece óbvio que a falta de uma efetiva rede de proteção faz com que a mulher, há muito maltratada, tema pelo mal maior após a ciência, pelo contumaz agressor, do seu ato de comunicação – tal como ocorreu com Judy Norman, conforme relato introdutório. De fato, especificamente nas hipóteses das mulheres maltratadas, importante lembrarmos a circunstância de que se encontram materialmente desprotegidas, porquanto, embora a lei as ampare (proteção formal), não há efetiva reação das autoridades, que não chegam a infligir aos agressores a repressão penal prevista, no tempo e modo devidos. Como assinalam Francisco Muñoz Conde e Winfried Hassemer,[63] confirmando o que ora acabamos de sustentar, o fato de as mulheres maltratadas permanecerem junto aos seus maridos (ou companheiros), apesar de tudo, seguramente tem como fundamento uma ineficácia dos serviços de assistência social e de ajuda psicológica que a elas é dispensado, e igualmente uma certa fragilidade da autoridade pública – policial e judicial –, que raramente realiza uma intervenção para proteger a mulher submetida a maus-tratos contínuos. E, para além disso, haveria, segundo sustentam, uma relativa conivência da sociedade, que há muito vem tolerando silenciosamente esta espécie de violência, partindo de um pressuposto (evidentemen-

---

CKINNON, Catherine. *Feminism, Marxism, Method and the State: Toward Feminism jurisprudence*. In: *Signs*, vol. 8, n° 4, 1987).

[61] CARDOSO, Rogério Göttert. *Defesa baseada na síndrome da mulher espancada*. Revista Multijuris – Primeiro Grau em Ação, Porto Alegre, ano 1, n. 2, p. 46-51, dez. 2006.

[62] Providências possíveis de serem adotadas e que serviriam, em tese, de fundamento teórico para os adeptos da teoria da iminência, nos termos em que a expusemos no item 2.2, supra.

[63] MUÑOZ CONDE, Francisco e HASSEMER Winfried. *Introdução à Criminologia*. Tradução de Cíntia Toledo Miranda Chaves. Rio de Janeiro: Lumen Juris, 2011, p. 21

te falso) de que se trata de um problema familiar, que deve ser resolvido no âmbito doméstico.

Veja-se, após tais considerações, que no próprio caso narrado na introdução, há notícia de que, um dia antes do fato, Judy Norman teria chamado os policiais, que lhe disseram nada poder fazer, salvo se viesse a formalizar uma acusação, algo que Judy se negou a fazer, temendo a reação de seu marido no momento em que soubesse o que havia feito. Quando os policiais foram embora, ela tentou o suicídio, evitada a morte por intervenção médica. Durante o atendimento, John Norman buscou impedir que a salvassem, sendo (meramente) advertido de que não deveria obstruir o auxílio médico. Porém, não foi preso. Na manhã seguinte, Judy Norman dirigiu-se a um centro de tratamento psiquiátrico com a finalidade de discutir com os médicos acerca da possibilidade de internar seu marido. Mais tarde, ao explicar o que havia feito, seu marido reagiu com ira extremada, ameaçando-a de cortar seu pescoço antes que conseguissem lhe internar em um manicômio. Nesta mesma tarde, Judy Norman foi até uma competente repartição pública com a finalidade de buscar ajuda financeira de modo a possibilitar que deixasse de exercer a atividade de prostituição. Foi seguida por seu marido, que lhe forçou a terminar a entrevista e a levou para casa. Ao chegarem, ele a agrediu e queimou seu corpo com cigarros, negando-lhe, após, comida e obrigando-a a dormir no chão. O final da história tomos sabemos.

Já quanto à segunda possível providência que aventamos, o divórcio, realçando que tal hipótese somente vem a ser admitida por mulheres mais jovens e que habitam o meio urbano, cabe salientar que não são poucos os casos em que as mulheres são desencorajadas por familiares e não raras são as vezes em que são impedidas pelo próprio marido-agressor.[64] Ademais, já se disse que o fenômeno – permanência da mulher junto ao agressor – tem como uma de suas origens a questão econômica, não tendo a mulher, ainda e em regra, meios suficientes para ter uma vida independente. Há, outrossim, uma questão sociocultural que não pode ser desprezada, e que se explica pela educação recebida, podendo-se citar, ainda, razões de ordem jurídico--legal, não acreditando a mulher que vá ter o devido respaldo pelos sistemas jurídicos e assistenciais, tal como já mencionamos. E, por fim, podem ser in-

---

[64] Ver, a respeito, lição de ELZA PAIS a partir de sólidas pesquisas que realizou: "Quando confrontadas com a pergunta 'porque é que não se separou ou divorciou?, registaram-se dois tipos distintos de reações que refletem os universos simbólicos e culturais que orientaram e produziram as práticas destes actores sociais: as mulheres mais velhas e dos meios rurais dizem 'nunca em tal ter pensado', registando-se ainda hoje uma inibição na utilização discursiva da palavra 'divórcio', pelo que o recusam até no plano simbólico, pois o universo dos seus valores orientou-as no sentido da aceitação da conjugalidade como um valor supremo de realização e concretização do papel de mulher. Trair a conjugalidade era trair e negar a sua condição de mulher. As mulheres mais novas e dos meios urbanos, orientadas já por novos valores no sentido da redefinição do papel social da mulher, não só verbalizaram o desejo do divórcio, como algumas fizeram tentativas diversas para o concretizar, desde pedidos de ajuda à família até fugas de casa. Estas, foram sempre inviabilizadas por falta de apoio dos familiares que desenvolviam atitudes de resignação e adaptação, os quais lhes diziam frequentemente 'o lugar de uma mulher é em sua casa'; ou ainda por impedimentos do marido/companheiro com quem viviam, do qual, apesar de tentativas diversas, nunca se conseguiram libertar, dizendo-lhes, alguns deles, que o 'casamento era sagrado, e que nada nem ninguém os iria conseguir separar'." (PAIS, Elza. *Homicídio Conjugal em Portugal – Rupturas violenta da conjugalidade*. Lisboa: Imprensa Nacional – Casa da Moeda, 2010, p. 198-199)

vocadas razões de natureza psicológica, consistente nos eventuais traumas decorrentes dos abusos experimentados.[65]

Por tudo, as efetivas "diferenciações de gênero" (ou, em outras palavras, uma já apontada desigualdade material entre homens e mulheres) aconselham uma maior reflexão acerca da relevância do "feminino" no estudo do instituto da legítima defesa, em especial naqueles casos de delitos perpetrados pelas mulheres maltratadas – considerando-se que, em nossa opinião, a questão aqui vem revestida de uma complexidade bem mais intensa.

Ingressando diretamente na análise desta questão, iniciamos por apontar, com base nos já superficialmente referidos fundamentos da teoria feminista do Direito, que a constante submissão a toda espécie de violência vem há algum tempo sendo invocada, nas hipóteses de lesões corporais ou homicídios praticados por mulheres maltratadas, para justificar uma situação de legítima defesa.[66] Para adequar o fato à situação da causa justificadora em exame tem-se utilizado como substrato a relativa incapacidade física, social e moral de reação por parte destas mulheres, em relação aos agressores,[67] de forma a, com discriminações positivas, preservar o princípio constitucional da igualdade. Tal constituiria mais um fator de distinção a justificar a análise da questão a partir do princípio da igualdade, diferenciando (a partir de uma teórica ampliação dos limites da causa justificante nestas hipóteses) para igualar, cumprindo ponderar, por importante, que não se está a tratar de uma análise de possibilidade de reconhecimento da legítima defesa naqueles casos em que se busca, por exemplo, a defesa da propriedade, mas da própria vida ou integridade física, o que aconselha seja a questão vista de uma forma particularizada.[68]

Esta necessidade, para além de já apontados fatores de natureza biopsicossocial, decorre da fácil constatação de que a reação a agressões no momento em que estas estão por acontecer imediatamente ou já acontecendo é algo que se mostra, senão impossível, pelos menos improvável no mundo fático. Tal conclusão decorre inequívoca a partir das considerações já até aqui expendidas, no sentido da relação de superioridade física existente – isto para além da já aventada característica da passividade que é inerente ao feminino. Fica, então, clara esta primeira premissa: aos homens, de modo invariável, ficaria aberta a possibilidade de reação legítima diante de uma

---

[65] FERNÁNDEZ, Raquel Montáner. *El quebrantamiento de penas o medidas de protección a las víctimas de la violencia doméstica – Responsabilidad penal de la mujer que colabora o provoca el quebrantamiento*. In: InDret – Revista para el annálisis del Derecho. Barcelona: Outubro de 1987.

[66] BELEZA, Teresa Pizarro. *Legítima defesa e gênero feminino*. Op. cit., p. 289.

[67] BELEZA, Teresa Pizarro. *Legítima defesa e gênero feminino*. Op. cit., p. 292. Conforme acentua a autora, "nos numerosos casos em que se invoca a tomada em consideração pelo tribunal criminal da forma especial, retardada, que a reação homicida das mulheres sujeitas a maus tratos continuados e repetidos assume, põe-se em relevo a variável 'gênero' de uma forma totalmente (aparentemente) oposta a uma perspectiva abolicionista de erradicação desta divisória, dessa variável na identificação das pessoas".

[68] Consoante sustentam os defensores da teoria feminista do Direito, deveriam ser considerados todos estes fatores para caracterização dos pressupostos e requisitos da legítima defesa – e em especial nos casos de julgamentos por homicídios originários de situações de violência doméstica. Mas, mais do que isto, também deveria ter-se em consideração a tendência dos homens para a agressividade e das mulheres para a passividade, fato que pode ser decisivo para que se chegue a uma conclusão adequada.

agressão (quase nunca existente) por parte da mulher, ao passo que a esta, com base no que ponderamos acima, restaria, na quase totalidade dos casos, inviável atuar legitimamente em sua defesa, ao menos a uma interpretação literal dos requisitos previstos na legislação e já referidos no decorrer deste estudo. Mas seria isto justo, a partir de uma igualdade (que sustentamos material) prevista na Lei Fundamental? Ou, em outras palavras, a inconstitucionalidade estaria presente por violação ao princípio da igualdade, tratando-se de norma discriminatória e de aplicação desigual caso não se dê uma aplicação conforme à Constituição Federal?

Cabe aqui retomarmos lição de Larrauri,[69] quando afirma que pretender o reconhecimento da causa justificadora da legítima defesa aos homicídios praticados pelas "mulheres maltratadas" não significa, em verdade, uma ampliação da excludente, senão que implica uma aplicação igualitária da doutrina da autodefesa. Assim procedendo, temos convicção, não se estaria realizando nada além de uma interpretação conforme a Constituição. A este respeito, aliás, já referiu Lothar Kuhlen,[70] examinando exatamente esta questão pertinente à interpretação da lei, uma norma pode ser interpretada conforme a Constituição naqueles casos em que, ainda que existam várias hipóteses de interpretação, se venha a optar por aquela que permita uma compatibilidade com o que a Constituição estabelece. Assim, prossegue, não se deve escolher nenhuma das variantes interpretativas inconstitucionais, mas aquela que em consonância com a Constituição estiver. Para Kuhlen,[71] um dever judicial de interpretação conforme a Constituição teria como fundamento dois argumentos, que ele enumera: (a) a unidade do ordenamento jurídico, ou mais exatamente a supremacia dos princípios e normas constitucionais sobre as leis ordinárias, a qual estaria a excluir qualquer possibilidade de que uma sentença pudesse estar embasada em uma norma contrária à Lei Fundamental; e (b) as leis ordinárias merecem ter sua interpretação a partir do que estabelece a Constituição ao invés de terem sua inconstitucionalidade declarada, quando isto se mostre possível, obstaculizando-se, com isto, que em muitos casos se tenha de recorrer a um novo processo legislativo.

Não se pode, então, deixar de questionar, a partir de tudo isto que expusemos, como devem ser julgadas as mulheres que um dia reagem e matam seus agressores após anos de sofrimento silencioso ou "consentido", enquanto estes dormem. Pois bem. Em nosso entender, não está a incorrer em equívoco quem vier a sustentar que uma mulher permanentemente submetida a maus tratos por parte de seu agressor pode vir a acreditar (ou realmente estar) que está em permanente situação de perigo iminente, fato que, aliado à crença na ineficácia das redes de proteção, poderia legitimar a agressão cometida.[72]

---

[69] LARRAURI, Elena. Op. cit., p. 55.
[70] KUHLEN, Lothar. *La interpretación conforme a la Constituición de las leyes penales*. Tradução de Nuria Pastor Muñoz. Madri: Marcial Ponz, 2012, p. 24.
[71] KUHLEN, Lothar. Op. cit., p. 33-34.
[72] BELEZA, Teresa Pizarro. *Legítima defesa e gênero feminino*. Op. cit., p. 296.

É exatamente aqui que merece ser tratada a teoria da defesa mais eficaz – ou legítima defesa preventiva. Para aqueles que a defendem, deve-se ter em consideração situações nas quais, não obstante não exista ainda efetiva agressão atual ou iminente, já há ciência prévia de que a agressão ilícita irá ocorrer, com certeza ou com elevado grau de segurança. Na verdade, defendem, a agressão já se poderia considerar atual a partir do instante em que se viesse a saber que a agressão iria ocorrer se o adiamento da reação para o momento em que ela fosse iminente tornasse a resposta impossível ou que ela somente fosse possível mediante um inevitável endurecimento dos meios.[73]

Com base em tais considerações, entendemos presente o requisito da atualidade ou da iminência da agressão (e atendidos, a princípio, os fundamentos exigidos pela teoria da iminência), a partir do que já expusemos quanto às características próprias do gênero feminino, em especial a passividade. Neste ponto, deve-se notar que uma mulher maltratada sistematicamente por seu companheiro, ao contra este agir o faz como uma reação (retardada) às agressões passadas e igualmente, no mínimo segundo sua convicção, diante de um perigo permanente à sua vida, sua integridade física ou mesmo sua liberdade. Neste sentido, lembra-nos Larrauri[74] acerca do já aventado caráter cíclico dos maus tratos, o que faz com que a mulher não somente viva em um ambiente de medo constante, senão que aprenda a prever os episódios violentos, isto é, a reconhecer os sintomas que precedem a explosão violenta. Tal circunstância, adverte a autora, possui relevância penal para compreender porque – apesar de o ataque do marido ou companheiro não estar ocorrendo naquele momento (atualidade) – a mulher sabe antecipadamente estar preenchido o requisito da iminência. Além disso, prossegue, há um segundo elemento importante que é o sentimento experimentado pela mulher quanto a estar indefesa ou ao desamparo, o que, admitindo-se que este sintoma afeta a percepção da realidade, pode conduzir a discussão acerca de sua relevância não só no campo da culpa (como querem alguns), mas também no da autodefesa.

Ainda quanto ao requisito da iminência, cabe referir que a partir do julgamento do caso *Rust vs Lavallee*, de que acima tratamos, a "síndrome da mulher maltratada" passou a ser admissível como uma extensão da legítima defesa. Com substrato no depoimento do psiquiatra, aceitou-se que a percepção do perigo letal por parte das mulheres maltratadas se torna uma situação agressiva imediatista. Não se trata de perquirir se em qualquer pessoa existe percepção de razoabilidade, mas sim se a acusada compreendia a situação de forma razoável, segundo sua situação e experiência. Deve-se, em

---

[73] FIGUEIREDO DIAS (embora não concorde com a teoria, no que é acompanhado por ROXIN, por entender que se estaria a alargar demasiadamente o conceito da atualidade e igualmente em face de que poderia implicar em consequências extremamente nefastas em termos de política criminal), cita o seguinte exemplo: o dono de uma estalagem ouve, durante o jantar, três hóspedes combinarem entre si um assalto ao estabelecimento durante a noite. Neste caso, segundo esta teoria, estaria justificada por legítima defesa a conduta do proprietário que, por exemplo, coloca sonífero nas bebidas dos clientes. DIAS, Jorge de. Op. cit., p. 412.
[74] LARRAURI, Elena. Op. cit., p. 52-53.

outras palavras, perguntar-se se acusada, diante das circunstâncias e de seu senso de percepção, acreditava que não poderia evitar de matar o falecido naquela noite.

Relativamente ao requisito de necessidade, sua presença surge inequívoca ante o fato de a conduta consistir em forma única de estancar o ciclo de agressões praticadas em relação à mulher maltratada. Não há outro modo, pois, de ela vir a atingir uma finalidade tal senão utilizando-se do meio idôneo como uma defesa eficaz e necessária de sua pessoa, nos termos postos, sob pena de perpetuar-se como vítima em um verdadeiro cenário do absurdo. Assim, diante desta situação de inexorável complexidade, já demonstrada a relativa ineficácia das redes de proteção – que, sem embargo, Judy Norman chegou a procurar – cremos que uma aventada ausência de necessidade de defesa (necessidade que, como dissemos, entendemos presente) não se presta a fazer com que à mulher maltratada se imponha a censura penal e seus consectários legais. A defesa era, pois, necessária, pelo que atendido também fundamento exigido pelos defensores da teoria da necessidade.

Então, neste ponto, não concordamos com Luís Ernesto Chiesa,[75] quando entende que somente se adotando a teoria da necessidade – a qual, sem embargo, entende deva ser aplicada às hipóteses das mulheres maltratadas – poderíamos justificar a ação destas, quando matam seus maridos enquanto estes dormem. Não parece ser assim. De fato, conforme expusemos acima, devido a fatores diversos, também se mostra possível falar-se em agressão atual (se considerarmos permanentes os ataques e ameaças) ou iminente, a partir do momento em que as mulheres maltratadas por seus maridos possuem, na situação concreta, uma percepção do perigo letal.

Não poderíamos finalizar este trabalho, todavia, sem enfrentar um interessante problema: imaginemos que Judy Norman, vítima de sucessivas agressões físicas e morais por parte de seu companheiro John Norman, tal como acima relatamos, não mais suportando a violência, como de fato não suportou, resolve aproveitar-se do fato de que seu marido está dormindo para matá-lo. Portando a arma de fogo, dirige-se ao quarto para praticar a conduta. Ocorre que, no momento em que vai desferir o(s) tiro(s), John Norman acorda e apodera-se de uma outra arma que estava ao lado de seu corpo. Neste contexto hipotético, partindo-se do pressuposto de que John Norman estaria, então, diante de uma agressão atual à sua pessoa e que dispunha do meio necessário à sua defesa, estaria ele autorizado a agir legitimamente para preservar sua vida? Neste caso, estaria Judy Norman a agir em legítima defesa? Em última análise, seria possível, aqui, admitirmos uma legítima defesa contra ato praticado em legítima defesa? Em caso negativo, quem teria sua conduta justificada?

Em nosso entender, nada poderia fazer John Norman em desfavor de Judy – salvo fugir, esconder-se, etc. –, tendo em vista ter sido ele quem, sistematicamente, praticou agressões ilícitas (atuais ou iminentes) em relação à esposa durante aproximadamente vinte anos, de modo permanente. Ela,

---

[75] CHIESA, Luis Ernesto. Op. cit., p. 57.

então, quem, na hipótese construída, estaria a atuar, da mesma forma, em defesa necessária de sua pessoa, agindo para necessariamente defender-se de uma agressão atual (ou iminente) e ilícita, para o que se utilizou de um meio eficaz. Em outras palavras, permanecesse John Norman dormindo, ou estivesse ele acordado e tomando a posse de um revólver, em qualquer caso seria, reiteramos, Judy quem estaria agindo ao abrigo da causa justificante, pois preenchidos os pressupostos da legítima defesa (observar item 2.2. e subitens). Em síntese, Judy Norman jamais praticou qualquer agressão ilícita, ao contrário de John Norman, e, por isto, somente ela poderia invocar a legítima defesa para, em atuação necessária, obstar as agressões experimentadas e o perigo iminente ao seu direito à vida e integridade física.

4. Conclusão

Certamente o mais importante em um trabalho é chegar ao seu término e poder verificar que, de alguma forma, se pode pensar algo e extrair algumas conclusões a respeito do problema enfrentado. É neste momento que se vê encerrado um ciclo de aprendizagem e é nele que se pretende expor, ainda que pendente uma maior reflexão e sistematização das ideias, um pouco – as considerações ficam vinculadas à solução do problema proposto – daquele conhecimento que possivelmente se tenha auferido ao longo de todo o curso realizado.

Pois bem. Conforme visto no decorrer deste trabalho, a partir do disposto no Código Penal e nos precedentes jurisprudenciais citados, uma atuação em legítima defesa pressupõe, de fato, a necessidade de defesa (teoria da necessidade) ante uma agressão atual ou iminente (teoria da iminência), e ilícita. Por isto, a legislação portuguesa – e igualmente a brasileira – parece satisfazer, pelos requisitos que exige, tanto aqueles que defendem uma necessidade de defesa para configuração da autodefesa legítima, quanto aqueles que defendem uma agressão iminente.

Com base nisto, então, é que se deve buscar uma solução ao problema inicial, tendo-se como premissa o fato de que, no caso de Judy Norman, os julgadores repeliram a tese defensiva sob o argumento de que não seria possível falar em legítima defesa quando não existe um ataque iminente do qual haja necessidade de defender-se.

Ora, não parece correto o entendimento. De fato, tomando-se por base o princípio constitucional da igualdade como "eixo estruturante" de um Estado de Direito democrático, deve-se interpretar o art. 32 do Código Penal português, e os demais dispositivos de Direito comparado, a partir das naturais diferenças existentes entre os homens e as mulheres (maltratadas). Com isto, pode-se, pensamos que sem muita dificuldade, concluir pela possibilidade de se vir a sustentar uma situação de legítima defesa como causa justificante da ação das mulheres que, tal qual Judy Norman, matam seus maridos enquanto estes dormem. Basta, para tanto, ampliarmos – não arbitrariamente, mas como uma discriminação positiva para atendimento da igualdade constitucional – os limites da causa justificante para igualar uma situação de diferença – em especial no plano físico, mas não só. Como já dissemos, a defesa seria necessária (não há outros meios em função das diferenças que apontamos) como um meio de fazer cessar a agressão atual (se entendermos que é permanente a submissão aos maus tratos, tal qual referimos no item 1.1. e demonstramos no gráfico n° 03) ou iminente (partindo-se do pressuposto que a mulher já "aprendeu" a perceber quando ela irá ocorrer), não havendo, por isto, algo que obste o reconhecimento da causa justificante, em especial porque preenchidos os demais requisitos previstos na legislação.

Por tudo, adotemos a teoria da necessidade, adotemos a teoria de iminência, em todo o caso, em nosso entender, justificada a conduta pela caracterização da legítima defesa interpretada a partir do princípio constitucional da igualdade como matriz interpretativa do art. 32 do Código Penal português. Cumpre acrescentar-se, em especial no caso posto na introdução, que Judy Norman somente optou por agredir seu marido na ausência de uma situação de confronto estrito após tentar em vão receber a ajuda estatal. Assim, foi o Estado quem não pode dar-lhe a necessária proteção, pelo que pode ser aceita uma atuação, ainda que preventiva, se for o caso.

Com tais ponderações, ultimamos nosso estudo. Como referimos, cabe lembrar que antes de pretender considerá-lo como algo acabado, temos que se presta a motivar o debate necessário acerca de tema tão importante.

Bibliografia

ALEXANDRINO, José Melo. *Direitos Fundamentais – Introdução Geral*. Cascais: Princípia, 2011.

ALEXY, Robert. *Teoria dos Direitos Fundamentais*. Tradução de Virgílio Afonso da Silva. São Paulo: Malheiros, 2011.

BELEZA, José Manuel Merêa Pizarro. O princípio da igualdade e a lei penal. O crime de estupro voluntário simples e a discriminação em razão do sexo. Coimbra: Coimbra Editora, 1982.

BELEZA, Teresa Pizarro. *A mulher no Direito Penal*. Lisboa: Edição da Comissão da Condição Feminina, 1984.

——. *Direito das mulheres e da igualdade social*. Coimbra: Almedina, 2010.

——. Legítima defesa e gênero feminino. Separata de Jornadas em Homenagem ao Professor Cavaleiro de Ferreira. Lisboa, 1995.

CARDOSO, Rogério Göttert. *Defesa baseada na síndrome da mulher espancada*. Revista Multijuris – Primeiro Grau em Ação, Porto Alegre, ano 1, n. 2, p. 46-51, dez. 2006.

CARVALHO, Américo Taipa de. *Direito Penal. Parte Geral*. Questões fundamentais e teoria geral do crime. Coimbra: Coimbra Editora: 2011.

CENZANO, José Carlos de Bartolomé. *Derechos fundamentales y libertades públicas*. Valência: Tirant lo Blanch, 2003.

CHIESA, Luis Ernesto. *Mujeres maltratadas y legítima defensa*: la experiencia anglosajona. Revista Penal, n. 20 – Julho 2007

COSTA, Dália Maria de Sousa Gonçalves da. *A intervenção em parceria na violência conjugal contra as mulheres*: um modelo inovador? Tese de Doutoramento em Sociologia. Universidade Aberta, 2010.

DAHL, Tove Stang. *O direito das mulheres*: uma introdução à teoria do direito feminista. Lisboa: Fundação Calouste Gulbenkian, 1993.

DIAS, Isabel. Violência doméstica e justiça: respostas e desafios. *Revista do Departamento de Sociologia da FLUP*, Vol. XX, 2010, p. 245-262.

DIAS, Jorge de Figueiredo. *Direito Penal. Questões fundamentais*. A doutrina geral do crime. Parte geral. Tomo I. Coimbra: Coimbra Editora, 2011.

DÍEZ-PICAZO, Luis María. *Sistema de Derechos Fundamentales*. Madrid: Thomson Civitas, 2003.C01-2762

FERNÁNDEZ, Raquel Montáner. El quebrantamiento de penas o medidas de protección a las víctimas de la violencia doméstica – Responsabilidad penal de la mujer que colabora o provoca el quebrantamiento. "In" InDret – Revista para el annálisis del Derecho. Barcelona: Outubro de 1987.

GARCIA, Maria da Glória F. P. D. *Estudos sobre o princípio da igualdade*. Coimbra: Almedina, 2005.

GIANFORMAGGIO, Letizia. *Eguaglianza, donne e diritto*. Bologna: Il Mulino, 2005.

HOMEM, Antonio Pedro Barbas. *O que é Direito?* Cascais: Principia, 2007.

KAUFMANN, Arthur. *Filosofia do Direito*. Tradução de Antonio Ulisses Cortês. Lisboa: Fundação Calouste Gulbenkian, 2010.

KUHLEN, Lothar. *La interpretación conforme a la Constituición de las leyes penales*. Tradução de Nuria Pastor Muñoz. Madri: Marcial Ponz, 2012.

LARRAURI, Elena. *Mujeres y Sistema Penal*. Violencia domestica. Buenos Aires: BdeF, 2008.

MACKINNON, Catherine. *Feminism, Marxism, Method and the State*: Toward Feminism jurisprudence. "In" Signs, Volume 8, n° 4, 1987.

MALO, Albert Azagra e AMORÓS, Esther Farnós. *La violência doméstica en los derechos estatales y federal de los EE.UU*. Revista para <www.indret.com>. Acesso em 11 de junho de 2012. Barcelona, outubro de 2006.

MUNÕZ CONDE, Francisco e HASSEMER Winfried. *Introdução à Criminologia*. Tradução de Cíntia Toledo Miranda Chaves. Rio de Janeiro: Lumen Juris, 2011.

ODORISIO, Ginevra Conti. *Feminismo*. In: BOBBIO, Norberto.; MATTEUCCI, Nicola; PASQUINO, Gianfranco. *Dicionário de política*. Brasília: Editora Universidade de Brasília, 1997.

PABLOS DE MOLINA, Antonio García, e GOMES, Luiz Flávio. *Direito Penal. Fundamentos e Limites do Direito Penal*. São Paulo: Revista dos Tribunais, 2012.

PAIS, Elza. *Homicídio Conjugal em Portugal* – Rupturas violenta da conjugalidade. Lisboa: Imprensa Nacional – Casa da Moeda, 2010.

PALMA, Maria Fernanda. *A justificação por legítima defesa como problema de delimitação de direitos*. Lisboa: Associação Acadêmica da Faculdade de Direito de Lisboa, 1990.

PINHO, Leda de Oliveira. *Princípio da Igualdade* – Investigação na perspectiva de gênero. Porto Alegre: SAFE, 2005.

REGEHR, Cheryl, e; GRAHAM, Glancy. *Battered woman syndrome defense in Canadian courts*. The Canadian Journal of Psychiatry/La Revue canadienne de psychiatrie, Volume 40(3), Abril de 1995, p. 130-135.

ROSEN, Carthrin Jo. The excuse of Self-Defense: Correcting a historical Accident on Behalf of Battered Woman who kill. In: The American University Law Review. Volume 36, n° 1, 1986.

ROXIN, Claus. *Derecho Penal: Parte General*. Tomo I. Trad. Diego-Manuel Luzón Peña, Miguel Diáz y García Conlledo e Javier de Vicente Remesal. Madrid: Civitas, 2ª Edição, 2008.

STRATENWERTH, Günter. *Derecho Penal. Parte General. El hecho punible*. Tradução de Manuel Cancio Meliá e Marcelo Sancinetti. Navarra: Civitas, 2005.

WALKER, Lenore E. A.. *The Battered Woman*, New York, Harper & Row, 1979.

——. *The battered woman syndrome is a psychological consequence of abuse*. "In" Richard J. Gelles; Donileen R. Loseke (eds.), *Current Controversies on Family Violence*, Newbury Park, Sage Publications, 1993, p. 133-153.

— 2 —

Direito Penal e emoções:
uma análise da culpa jurídico-penal a partir da personalidade do agente materializada no fato criminoso

ANDRÉ MAURO LACERDA AZEVEDO

Sumário: 1. Introdução; 2. A culpa do caráter e sua evolução no pensamento penal; 2.1. "Culpa na condução da vida" (Mezger); 2.2. "Culpa do caráter do delinquente" (Cavaleiro de Ferreira); 2.3. "Culpa na formação da personalidade" (Eduardo Correia); 2.4. "Culpa pela personalidade" (Figueiredo Dias); 3. As emoções e sua importância na formação da culpa ético-jurídica; 3.1. O reflexo das emoções no concreto atuar humano; 3.2. Emoções e responsabilidade; 4. A personalidade enquanto fundamento da culpa jurídico-penal; 4.1. A personalidade como centro racional das emoções; 4.2. A culpa pela personalidade: justificativa ético-jurídica da necessidade de um direito penal para além do fato; 5. Conclusão; Bibliografia.

1. Introdução

O presente trabalho tem por objetivo um estudo analítico da doutrina da culpa do caráter, traçando um diagnóstico quanto à sua evolução entre os principais defensores deste modelo de culpa para além do fato criminoso. A palavra *caráter*, que tem sua origem[1] do latim "character" e do grego "kharakter", trazia originalmente o significado de "marca gravada", cuja interpretação metafórica continha o sentido de "marca, impressão ou símbolo na alma" ou, ainda, de "qualidade que a define". Atualmente, o significado da palavra *caráter* na língua portuguesa[2] é: "o que faz com que os entes e objectos se distingam entre os outros da sua espécie"; "marca, cunho, impressão, qualidade distintiva"; e, por fim, "índole, gênio, firmeza e dignidade".

Tomando por base esta definição, procuraremos argumentar que o termo *caráter* não representa com precisão a completude do comportamento humano, consistindo, portanto, conforme afirmaremos adiante, naquele aspecto interior de extrema relevância à compreensão humana, sem, porém, representar a integralidade de nossa existência. Além disso, alinhando nos-

---
[1] Disponível em: <http://origemdapalavra.com.br/palavras/carater/>. Acesso em: 10 fev. 2012.
[2] Disponível em: <http://www.priberam.pt/dlpo/default.aspx?pal=car%u00e1cter>. Acesso em: 15 abr. 2012.

so pensamento à crítica pontuada pela psicologia cognitiva acerca do caráter e seu desuso nos tempos modernos, pensamos que se trata de uma terminologia fundada a partir de um juízo moral – bom ou mau caráter –, razão pela qual verificamos a necessidade de sua atualização, a fim de encontrarmos um termo ou expressão que represente, de forma autêntica e desprovida de conotações morais, a individualidade humana. É por isso que elegemos o termo "personalidade", que nos dias atuais praticamente substituiu o uso da terminologia "caráter"[3] na linguagem da psicologia científica.

O caráter por muito tempo foi conceituado como sinônimo de personalidade,[4] porém atualmente é tido pela psicologia cognitiva como uma das dimensões da personalidade, ou seja, são traços da personalidade adquiridos através do convívio social e cognitivo e que possuem uma natureza duradoura.[5] Em razão disso, não seria adequado empregarmos o termo "caráter" ao construirmos um conceito de culpa ético-jurídica, pois se assim o fizéssemos, deixaríamos de fora da nossa análise a atitude interior, o temperamento, as emoções e os demais elementos internos que conformam a personalidade total do ser humano.

Nesse ponto, alinhamos a nossa maneira de pensar com a doutrina de Figueiredo Dias, que assumiu a terminologia "personalidade" como uma espécie de concepção global do núcleo decisório das ações humanas, considerando o caráter como aquelas disposições que fazem parte do que lho denomina de "personalidade total".[6]

A personalidade, no sentido psicológico, é uma espécie de organização durável e ativa do caráter, temperamento e inteligência de um indivíduo, podendo ser equiparada a um processo dinâmico interior de determinação do comportamento e, por ser dinâmica e ativa, possui a aptidão de seguir em direções distintas.[7]

Não obstante, quando abordarmos os conceitos de culpa e personalidade, em respeito à expressão "culpa do caráter", já tradicional no direito penal, utilizada para definir aquela doutrina da culpa que identifica a censura pessoal do fato ilícito como uma avaliação que engloba o fato, a condução de vida do agente, o seu caráter e a sua personalidade, continuaremos a utilizá-la, mesmo filiando-nos àqueles que compreendem a personalidade como um conceito mais amplo e que, inclusive, englobaria o caráter do agente.

Acreditamos ser tal advertência de grande importância ao leitor, fazendo-o compreender o desenvolvimento histórico de tal terminologia no direito penal e na psicologia científica, como também para aproximá-lo do desfecho final do trabalho, quando elevaremos a culpa da personalidade à categoria de elemento de validade ético-jurídica da responsabilidade penal.

---

[3] HANSENNE, Michel. *Psicologia da personalidade*. Trad. De João Galamba de Almeida. Lisboa: Climepsi Editores, 2004, p. 26.

[4] Ibid., p. 26.

[5] Ibid., p. 26.

[6] FIGUEIREDO DIAS, Jorge de. *Liberdade, culpa e direito penal*. 3. ed. Coimbra: Coimbra Editora, 1995, p. 182.

[7] HANSENNE, 2004, p. 23.

Por fim, procuraremos relacionar as decisões penalmente relevantes com as emoções vividas, compreendendo-as como componentes de uma personalidade dinâmica e ativa e, por isso, fator de irrenunciável relevância à aferição do juízo de culpa. Neste ponto, tentaremos ensaiar uma breve construção da responsabilidade emocional, cujo epicentro estaria localizado na personalidade do agente e no seu poder interior de decidir pelos valores do direito, de modo que mesmo submetido a uma determinada emoção, ainda assim haveria alternativa de ação e, portanto, seria o agente responsável quando sua decisão entrasse em contradição com o Direito.

2. A culpa do caráter e sua evolução no pensamento penal

A culpa fundada no caráter ou na personalidade, a depender da corrente da psicologia que se queira seguir, conforme acentuamos na nota introdutória a este trabalho, pode parecer, *a priori*, a construção de uma noção de culpa ético-jurídica fundada exclusivamente na pessoa do agente, quer dizer, uma culpa que põe o indivíduo na condição de ser punido pelo que se é e contra aquilo que nada poderia fazer. A noção de culpa nesses termos deveria centralizar-se no terreno da ética, mas jamais ingressar no âmbito do Direito, posto que não se constituiria, legitimamente, numa verdadeira culpa ético-jurídica.

Ocorre, todavia, que a culpa do caráter voltada para uma abordagem do fenômeno jurídico-penal, em que se toma por base o fato ilícito, porém trazendo para posição central da discussão a compreensão da pessoa que realizou a ação punível, é o que reputamos de verdadeiramente positivo na doutrina da culpa do caráter. Não restam dúvidas de que a dimensão do humano materializada na conduta criminosa não haveria de ser ignorada pelo direito penal. Uma avaliação com tal grau de subjetividade, porém, não poderia afastar-se daquelas propriedades individuais que se refletiram no próprio fato ilícito.

O que se busca, portanto, ao tentar construir uma culpa ético-jurídica desta natureza é, justamente, impedir a dissociação entre sujeito e ação. Portanto, do mesmo modo que não podemos divorciar uma obra-prima do seu autor, já que tal obra consiste na expressão legítima do seu criador, de maneira alguma poderíamos enxergar na ação concreta tão somente a mera realização de elementos típicos, dissociados dos desejos, do caráter, das emoções e da atitude pessoal do agente.

Pensar-se de outra maneira significaria afastar-se da análise criminológica a totalidade do conjunto de circunstâncias endógenas e exógenas que se relacionam com o fato ilícito e que formam a síntese da decisão fundamental que impulsionou o comportamento humano penalmente relevante. É a partir desta visão comportamental complexa que poderemos identificar um determinado ilícito-típico como expressão autêntica do agente concreto e que, por esta razão, deve ser sempre considerada no momento de formação do juízo de culpa e na apreciação das causas de desculpa.

A culpa do caráter, entretanto, não torna indispensável ou desnecessária a avaliação do fato praticado. Na realidade, identificamos em tal construção da culpa a necessária ligação que deve existir entre o autor e a ação ilícita. Pensar-se o contrário seria reconhecer uma autonomia do caráter ou da personalidade, sem que se tenha como fundamento de legitimação o próprio fato, levando a uma situação de mera reprovação do agente pela sua personalidade, o que representaria um grave retrocesso, pois ao punir-se alguém simplesmente pelo que se é, voltaríamos ao terreno do direito penal do autor e da periculosidade.

Não obstante, é também através da culpa do caráter que se pune o agente em decorrência do fato ilícito por ele praticado, levando-se em consideração, entretanto, no momento da avaliação desta ação típica e ilícita, o sujeito que cometeu o fato punível, sua história de vida, seus motivos, desejos, emoções, contexto sociocultural, enfim, todas as circunstâncias pessoais que tiveram relevância à decisão livre e que, por esta razão, se encontram refletidas no fato praticado.[8]

O estudo da culpa do caráter teve um amplo desenvolvimento na doutrina penal, tendo em Mezger um dos seus principais defensores. Em Portugal, a culpa do caráter se desenvolveu já no pensamento de Cavaleiro de Ferreira e, mais adiante, em Eduardo Correia, para finalmente ter como seu principal teórico e defensor Figueiredo Dias, que a aprimorou e a denominou de "culpa pela personalidade".[9]

A concepção da culpa jurídico-penal plasmada na personalidade do homem que se reflete na ação, enquanto doutrina penal, segue uma linha evolutiva lógica desenvolvida desde a culpa caracterológica até chegar-se à concepção mais moderna, em que elementos de mundividência e emoções acabaram sendo introduzidos no modelo de culpa ético-jurídica fundada numa visão existencialista do homem. Procuraremos, portanto, descrever criticamente essa evolução da culpa do caráter, de modo a permitir, ao final, termos uma concepção realística da culpa jurídico-penal fundada no caráter ou, para sermos mais precisos e coerentes com nosso modo de pensar, na personalidade que conforma e dá sentido à nossa existência.

---

[8] "Só deverá acentuar-se, mais uma vez, que o substrato da culpa, e portanto também o da medida da pena, não reside apenas nas qualidades do caráter do agente, ético-juridicamente relevantes, que se exprimem no facto, na sua totalidade cindível – vontade finalista, afecto, emoção, estado de ânimo (ou seja, o 'Gesinnung' na sua estrutura puramente caracterológica –, sem ter aliás de se distinguir consoante elas foram herdadas ou adquiridas ou, neste último caso, consoante as circunstâncias em que o foram. Reside sim na totalidade da personalidade do agente, ético-juridicamente relevante, que fundamenta o facto, e portanto também na liberdade pessoal e no uso que dela se fez, exteriorizadas naquilo que chamamos a 'atitude' da pessoa perante as exigências do dever-ser (o 'gesinnung' na sua estrutura ético-existencial)". Cf. DIAS, Jorge de Figueiredo. *Liberdade, culpa e direito penal*. 3 ed. Coimbra: Coimbra Editora, 1995, p. 183-184.

[9] FIGUEIREDO DIAS conceitua personalidade como expressão do indivíduo, sendo, portanto, distinto do seu caráter naturalístico, que seria um "conjunto de disposições que residem na pessoa, sejam elas dependentes de uma conformação duradoira do mecanismo da vontade (e entre as quais se conta, portanto, a própria vontade finalista, objectivada) ou, pelo contrário, independentes dele (como v. g. A memória, o intelecto, etc.)". Ibid., p. 169.

2.1. "Culpa na condução da vida" (Mezger)

A doutrina penal da culpa do caráter teve em Mezger um dos seus precursores, através da construção da "culpa na condução da vida".[10] Nessa concepção, a culpa residiria no fato de ter o agente, durante toda a sua existência, construído um modo de ser que se mostrou no fato praticado absolutamente incompatível com o Direito. Assim, a culpa residiria na condução da vida que acabou levando o agente a não agir conforme o Direito, de modo que as escolhas feitas ao longo da sua existência implicariam, para o agente, na possibilidade de se poder dele exigir um atuar de outra maneira.

A "culpa na condução da vida", portanto, assenta-se na responsabilidade do agente pelas decisões tomadas ao longo de sua existência. Na realidade, não se leva em consideração uma determinada decisão, mas sim o somatório de todas as decisões relevantes que o levaram a construir um caráter mais ou menos culpável. Assim, por ser livre, ao decidir responderá pelas escolhas feitas ao longo da vida e que representam o produto de sua vontade livre.[11]

Isso significa dizer que é a partir das nossas escolhas pretéritas que construímos o nosso caráter. Assim, sem que possamos nos aperceber, a partir de um certo ponto, todas as decisões relevantes acabam sendo tomadas de acordo com uma determinada inclinação de caráter que construímos durante nossa existência.

Apesar da dificuldade da reversibilidade do caráter,[12] a existência deste processo de construção e afirmação do caráter não levaria a uma espécie de determinismo caracterológico, uma vez que sempre somos livres para decidir e assim o fazemos, inclusive, contra nosso próprio caráter. Entender noutro sentido seria como nos fazer reféns de nós mesmos e negar-nos a liberdade. Ser livre é, por isso, possibilidade de transformação.

O modelo de culpa proposto por Mezger[13] é a representação do seu pensamento criminológico de que a personalidade do criminoso e o crime formam uma e única coisa e que, por isso, a vontade não pode ser interpreta-

---

[10] MEZGER, Edmund. *Derecho penal*: parte geral. 6. ed. Trad. de Dr. Conrado A. Finzi. Buenos Aires: Editorial Bibliográfica Argentina, 1955, p. 191 e segs.

[11] Interpretamos vontade livre como aquela vontade desprovida de coações ou qualquer elemento externo que retire o poder de decisão do agente.

[12] Para ARISTÓTELES, a disposição permanente de caráter, em que pese não ser uma decorrência natural, mas sim o resultado de um processo de habituação através do qual iremos acolher e aperfeiçoar as excelências, é exatamente esta habituação, seja para o bem, seja para o mal, que acabará levando a uma dificuldade de reversão, o que não a torna impossível, mas apenas dificultada pelo sentido de vida dirigido pela habituação. O agir livre deve consistir não apenas em se construir uma condução de vida num certo sentido, mas também deve significar o poder de mudança, quer dizer, a capacidade de seguir num outro sentido. Assim, em que pese a dificuldade, a transformação é sempre possível. Cf. ARISTÓTELES. *Ética a Nicômaco*. Trad. de Antônio de Castro Caeiro. Lisboa: Quetzal Editores, 2009, p. 47; sobre a imutabilidade do caráter, na medida em que constitui "a origem radicalmente não escolhida de todas as minhas escolhas", Cf. RICOEUR, Paul. *Finitud et culpabilité: l'homme faillible*. Paris: Aubier Éditions Montaigne, 1960. 1v, p. 79.

[13] "Als persönlichkeit aber ist auch der Verbrecher (Täter), genau so wie das Verbrechen (seine Tar), immer ein Einmaliges". Cf. MEZGER, Edmund. *Kriminologie*. Berlim: C. H. Beck'sche, 1951, p. 109.

da dissociando-se a personalidade do fato ilícito praticado. Nessa concepção de personalidade não se leva em consideração somente aquelas disposições do caráter recentes, mas, também, todas aquelas disposições anteriores. Para justificar este entendimento, Mezger utiliza a palavra *Schichten*[14] para identificar sua construção de "culpa na condução da vida" com a ideia de camadas na formação da personalidade do criminoso.

Defende, assim, que para se apurar a personalidade do delinquente, faz-se necessário avaliar todas as camadas de seu desenvolvimento, de modo que não apenas as camadas mais recentes devem ser verificadas, mas, sobretudo, aquelas anteriores e mais distantes da época do fato devem ser levadas em consideração. Por fim, argumenta que cada uma destas camadas se influenciam mutuamente e acabam por formar aquilo que poderia denominar de personalidade total do indivíduo.

A construção deste modelo de culpa[15] repousaria na existência humana enquanto objeto de censura.[16] O homem é livre para decidir e é através dessas escolhas ao longo da sua existência que vai construindo o seu caráter. Ao centralizar o substrato da culpa no caráter humano construído ao longo de suas decisões relevantes,[17] Mezger dirige sua teoria para a valorização da subjetividade na avaliação da culpa, o que, no fundo, implica a colocação da dimensão do humano como centro da culpa jurídico-penal, concebendo o homem como uma espécie de "criatura em busca de si mesma".[18]

---

[14] "Diese auffassung hindert nicht und macht es nicht überflüssig, die Persönalichkeit des Verbrechers zünachst aus ihrem Werden zu erfassen und sich mit ihrenm Aufbau im einzelnen zu Beschäftigen, in Welchen nicht nur die neuen (rezenten) Schichten ein Rolle spielen, sondern auch die früheren Schichten der Entwicklung erhalten sind und wirksam werden. Mit einem dem Bereich der Geologie entnommenen Bilde spricht man in diesem Sinnne gern vom Schichtenaufbau der menschlichen Persönalichkeit. Man darf nur dieses Bild nicht dahin missverstehen, als sei jede dieser Schichten etwas für sich Selbstständiges und in sich Ruhendes. Jede Schicht steht vielmehr in ständiger Wechselwirkung mit den anderen Schichten, alle beeinflussen sich gegenseitig und bilden so erst das Ganze Persönalichkeit." MEZGER, 1951, p. 109.

[15] Esta forma de comportar-se corretamente na vida foi empregada como justificação, pelo próprio Mezger, para defender medidas esterilizadoras no período do regime "Nazi", conforme demonstrado por Muñoz Conde: "por consiguiente, advierte el propio MEZGER, la cuestión que frecuentemente desempeña el papel decisivo en el enjuiciamiento de nuestros asociales criminales es la 'forma de comportarse correctamente en la vida'". Cf. MUÑOZ CONDE, Francisco. "Hasta qué punto están incluidos los asociales en las medidas esterilizadoras?" Por Edmundo Mezger. Traducción y estudio preliminar: "La esterilización de los asociales en el nacionalsocialismo: Un paso para la 'solución final de la cuestión social'?". *Revista Penal*. Madrid, n.10, jul-2002, p. 8.

[16] Ver crítica à construção de Mezger sobre tipos de delinquentes por tendência e por inclinação em: MUÑOZ CONDE, Francisco. *Las visitas de Edmund Mezger al campo de concentración de Dachau en 1944*. Revista Penal, Madrid, n. 11, p. 90, jan-2003; também em sentido crítico à "culpa na condução da vida" em STRATENWERTH, Günther. "El futuro del principio jurídico penal de culpabilidad". In: *Colección de criminología y derecho penal*. Madrid: Instituto de Criminología de la Universidad Complutense de Madrid, 1980, p. 47, (nossa tradução), quando afirma que: "culpabilidade pela condução de vida quer significar, não somente, como é sabido, a disposição ao delito, mas também, provavelmente, a possibilidade de censurar esta disposição: o que censura o autor é precisamente haver-se convertido no que é", "este conceito resulta totalmente supérfluo". "(...) A livre decisão que teria que encontrar-se como ponto de partida desta condução de vida não é mais que pura ficção".

[17] "Quien vive en armonía consigo mismo, con su demonio, vive en armonía con el universo". CF. CASSIRER, Ernest. *Antropología filosófica*. México: Fondo da Cultura Económica, 1945, p. 24.

[18] Cassirer define o homem como "una criatura constantemente en busca de sí misma, que en todo momento de su existencia tiene que examinar e hacer el escrutinio de las condiciones de la misma." CASSIRER, 1945, p. 25.

O pensamento de Mezger, em que pese importantes contribuições ao desenvolvimento da doutrina da culpa do caráter, por certo que contou com sérias e profundas objeções. A dificuldade do indivíduo em reverter a direção seguida numa censurável condução de vida foi apresentada por Figueiredo Dias como um dos obstáculos a este modelo de culpa. Indo mais além, afirmou o autor português que no caso de uma imputabilidade diminuída em decorrência de uma condução de vida reprovável, como, por exemplo, na situação dos toxicômanos, tal condução de vida acabaria tornando-se menos censurável, na medida em que ficasse cada vez mais difícil para o agente conseguir mudar o rumo do seu próprio destino ao tentar retificar o seu caráter.[19]

Haveria, portanto, um grande e intransponível paradoxo na teoria de Mezger, pois o fundamento que levaria o agente a ser censurado – uma condução da vida contrária aos mandamentos do Direito – seria exatamente o mesmo que geraria uma situação de desculpa, ou, no mínimo, de atenuação da culpa. Desse modo, a própria decisão livre do agente em construir uma vida dedicada ao uso de estupefacientes, por exemplo, desenvolvendo uma condução da vida perigosa e nociva aos valores do Direito, o que o levaria a um maior juízo de censura, acabaria, ao contrário, tornando o agente menos censurável, quanto mais difícil fosse para ele reverter tal modo de vida. A essa objeção incluímos, ainda, a dificuldade em se radicar a "culpa na condução da vida" como uma verdadeira expressão de um direito penal do fato.[20]

Esse modelo de culpa foi também muito criticado por Roxin,[21] que fazendo a associação entre a liberdade e a responsabilidade pelo caráter, conclui que tal fundamento da culpa contrastaria com a ação livre do indivíduo, de modo que a única saída para a culpa fundada no caráter seria a hipótese de um direito penal exclusivamente preventivo. Em suas objeções, prossegue afirmando que na culpa o que efetivamente pode ser tido como culpado é o fato típico. Desse modo, uma condução de vida, ainda que culpada, não será nunca a "realização culpada de um fato praticado pelo agente".[22]

Não podemos deixar de reafirmar, finalmente, que a construção proposta pelo penalista e criminólogo alemão tem como sério risco o de colocar, à margem, o próprio fato criminoso, concebendo-o apenas como uma justificativa inicial da intervenção penal para, em seguida, dirigir o foco da sanção penal exclusivamente para o caráter do delinquente e para uma condução de

---

[19] FIGUEIREDO DIAS, 1995, p. 99.

[20] A teoria da culpa proposta por Mezger não seria verdadeira espécie de direito penal do fato, pois um juízo de censura que se volta para o passado, ainda que se trate daquelas decisões relevantes e contrárias ao Direito, não consistiria num modelo de culpa em que o caráter somente seria a razão da censura e da consequente punição, quando este tivesse se revelado no fato praticado; as doutrinas da culpa do caráter continuam se situando no terreno da culpa do fato, desde que o caráter do agente tenha se revelado na "realização concreta do fato típico". Cf. ROXIN, Claus. "Culpa e Responsabilidade". Trad. de Maria da Conceição Valdágua. *Revista portuguesa de ciência criminal*, Lisboa, ano 1, n. 4, out-dez. 1991, p. 358.

[21] ROXIN, 1991, p. 519.

[22] ROXIN, 1991, p. 537.

vida em desacordo com os valores dominantes, sem considerar, ou considerando muito pouco, a gravidade e importância do delito.[23]

Essa perspectiva negativa se enraíza no cerne da "culpa na condução da vida" quando nos aprofundamos no pano de fundo da sua construção teórica que, na realidade, teria como método investigativo e aplicação prática, respectivamente, o emprego de critérios de biologia criminal[24] e a aplicação de medidas de segurança[25] a determinados tipos de delinquentes.

Portanto, não apenas a pouca importância conferida por Mezger ao fato criminoso, mas também a relevância que atribuía à perigosidade de determinados delinquentes, com base numa análise biológica, seriam as razões pelas quais não reconhecemos na "culpa na condução da vida" uma expressão legítima da culpa jurídico-penal fundada na personalidade do delinquente, mas que tenha por base o fato criminoso. Essa crítica acaba se confirmando por ter sido utilizada esta concepção de culpa como fundamento para se tentar alcançar, na prática, a defesa da aplicação de medidas de segurança de caráter permanente e, até mesmo, do emprego de medidas de esterilização.[26]

2.2. "Culpa do caráter do delinquente" (Cavaleiro de Ferreira)

O caráter do delinquente, substrato do modelo de culpa proposto por Cavaleiro de Ferreira, tem importância fundamental na configuração do crime, uma vez que é a personalidade do delinquente refletida nos elementos constitutivos da infração penal que constituirá a exteriorização do delito. Admite, assim, que o agente somente será censurado pela sua personalidade extraída do fato ilícito cometido. No entanto, não se trataria de uma pura censura da personalidade desvinculada dos comandos normativos, eis que a personalidade nada mais seria do que senão o próprio reflexo dos elementos do crime.

Assim, postula Cavaleiro de Ferreira a libertação da personalidade daquela dimensão interior[27] do ser, projetando-a, ou melhor, retirando-a da

---

[23] MUÑOZ CONDE, 2002, p. 8.

[24] A biologia constitucional consistia na investigação científico-causal dos mais variados tipos de personalidade humana, procurando compreender as características individuais, inclusive as suas manifestações corporais, concebendo a ideia de que corpo e alma formariam uma unidade de reflexos recíprocos, e cujos resultados investigativos seriam posteriormente utilizados para a compreensão do delinquente. Compreendia o delito como uma forma de vida sociológica, muito embora seja possível, estatisticamente, tecer afinidades entre determinados delitos e, também, entre determinadas formas de vida e caracteres. Cf. MEZGER, Edmund. "Criminologia". Trad. de José Arturo Rodriguez Muñoz. *Editorial Revista de Derecho Privado*, Madrid, v. 21, série C, 1942, p. 97-98.

[25] As investigações desenvolvidas pelo centro recopilador biológico-criminal da Baviera, as quais foram reconstituídas por Mezger, trazem situações extremas onde, por exemplo, um indivíduo em cuja ficha criminal constavam os delitos de mendicância, vadiagem, injúrias, violação de exílio e resistência, e mesmo sendo considerado mais irritante do que perigoso, o tratamento adequado encontrado foi o isolamento permanente do sujeito num estabelecimento tutelar, uma vez que teria se mostrado inviável sua vida em sociedade. Ibid., 1942, p. 171.

[26] MUÑOZ CONDE, 2002, p. 8 e segs.

[27] "(...) a acção é uma relação entre o agente e o mundo exterior e, portanto, insusceptível de se considerar, a não serem teoria, desligada do próprio sujeito". Cf. FERREIRA, Manuel Cavaleiro de. *Da participação criminosa*. Lisboa: Oficinas Gráficas, 1934, p. 27.

própria infração penal ao concebê-la como um reflexo dos seus elementos constitutivos, como o são o dolo e a negligência, por exemplo. Neste ponto é que reside sua principal contribuição na construção deste modelo de culpa do caráter, enquanto reconhecimento de um atuar subjetivo extraído da própria conduta delitiva e que consistiria no reflexo das elementares do crime, identificando, dessa forma, a dimensão humana que reputamos imprescindível para a formação de qualquer juízo de censura.

O início dessa construção remonta, desde já, à ideia de que a personalidade do delinquente seria elemento indispensável para a retribuição do crime, e, assim, um dos fundamentos da graduação da pena. Entende Cavaleiro de Ferreira que a noção de culpabilidade divorciada das motivações e do próprio caráter não se mostraria capaz de indicar "como e quanto é responsável"[28] o agente.

Ao construir seu modelo de culpa do caráter, procurou dissociá-lo da ideia de culpa caracterológica, quer dizer, daquele modelo de culpa que, ao se fundar na personalidade, levaria a uma perspectiva antecipada de criminalidade, e, deste modo, não se afastaria de uma construção pautada na mera perigosidade.

Serve-se, então, da liberdade[29] de agir de forma diferente como argumento de sustentação da avaliação da personalidade. No fundo, o que pretendeu não foi a construção de uma noção de culpa jurídico-penal fundada na personalidade, mas sim a edificação de uma doutrina da culpa que englobasse a censura do agente por aquilo que de fato praticou, mas também por aquilo que veio a se tornar. Assim, por ser livre, ou seja, por poder agir de outra maneira, responderia o agente pela deformação do seu próprio caráter.

A culpa fundada no caráter e na personalidade traz na sua base de fundamentação a ideia de que o crime seria justamente a exteriorização da personalidade do agente. É a imagem do "ser" refletida na ação concreta, cujos elementos típicos determinados pela lei penal, ao definir o crime, acabam se identificando com algumas das características que compõem a personalidade do delinquente. Assim, ao voltarmos nosso olhar para o agente, não é apenas a sua personalidade que está sendo avaliada, totalmente dissociada do fato praticado, mas sim a personalidade "enquanto se reflete nos elementos constitutivos do crime".[30]

---

[28] FERREIRA, Manoel Cavaleiro de. *A personalidade do delinquente na repressão e na prevenção*. Lisboa: Portugália Editora, [19--], p. 91; a personalidade como elemento de individualização da pena, mas não de graduação da culpa, Cf. BETTIOL, Giuseppe. *Direito Penal: parte geral*. 7ª ed. São Paulo: Revista dos Tribunais, 1971. p. 9.

[29] Ao defender a liberdade indeterminista do poder agir de maneira diferente, o que significaria um rompimento com a ideia de perigosidade associada à personalidade enquanto "fonte de provável criminalidade", na realidade procura resgatar a dimensão subjetiva que foi praticamente eliminada da delimitação da repressão penal pelo pensamento liberal, ao ser preterida pela segurança e objetividade do fato criminoso. Cf. FERREIRA, [19--], p. 102-105; "a sua liberdade é consentânea da sua responsabilidade, perante si próprio e perante Deus, pelo destino que lhe cumpre forjar". Cf. FERREIRA, Manuel Cavaleiro de. "A liberdade e a ordem jurídica". *Revista Rumo*, Lisboa, n. 21, 1958, p. 8.

[30] FERREIRA, [19--], p 114.

Segundo defendia Cavaleiro de Ferreira, "o ser moral da personalidade deve consistir na submissão do caráter empírico à ideia que racionalmente tem que realizar",[31] daí a importância de se destacar em favor da "culpa pelo caráter do delinquente" que, em diversas passagens, é possível reconhecermos na legislação penal a atribuição de certa importância à personalidade, ainda que tal suceda de forma "subsidiária e tímida".[32] Assim, seja na própria construção da moldura penal,[33] seja no estabelecimento das circunstâncias de caráter subjetivo, ao analisarmos o código penal estará lá cravada, nesses elementos, a marca da personalidade.

Não obstante, ao defender um tipo criminógeno de delinquente,[34] cuja personalidade podia ser analisada independentemente do fato criminoso, ainda que não constituísse propriamente uma defesa contra a criminalidade futura,[35] acabou por firmar o acento tônico na personalidade que não representaria apenas um reflexo do fato criminoso, mas sim uma condição pessoal capaz de divorciar-se do crime e, dessa maneira, poder ser considerada independentemente do fato praticado.[36]

Apesar disso, a tentativa de Cavaleiro de Ferreira em defender sua construção de uma culpa voltada para o delinquente, independentemente do fato praticado, ainda que este lhe sirva de limite, chegou a admitir que

---

[31] FERREIRA, [19--], p. 104.

[32] Ibid., p. 105; podemos enxergar esta timidez avaliativa da personalidade também na jurisprudência, quando o Supremo Tribunal Federal brasileiro, ao tratar da "deformação ético-social da personalidade", não chega a aprofundar na análise da complexidade que envolve a personalidade exteriorizada na ação concreta, utilizando-se, unicamente, da equiparação deste desvalor da personalidade com os maus antecedentes do arguido. Cf. HC n° 103.292(STF). Relator Min. Carmen Lúcia. Julgamento em 9/11/2010. Disponível em: <http://redir.stf.jus.br/paginadorpub/paginador.jsp?docTP=AC&docID=617040>. Acesso em: 14 jul. 2011, 19:19:00.

[33] No Brasil, podemos reconhecer inúmeros tipos penais onde a personalidade do delinquente assume posição protagonista, como ocorre com as contravenções penais de vadiagem, mendicância e embriaguez, tipificadas, respectivamente, nos arts. 59, 60 e 62, todos do Decreto-Lei n° 3.668, de 3 de outubro de 1941.

[34] Em FERREIRA, [19--], p. 105-114, podemos verificar sua construção de uma culpa do caráter em que reafirma a personalidade como substrato da culpa, independente, porém limitada, à moldura penal. Neste contexto, refuta a construção oposta de tipo normativo de delinquente, cuja personalidade se deduziria da própria lei penal, enquanto uma espécie de "interpretação de normas incriminadoras". Indo mais além, o autor reconhece que por vezes o crime reflete características da personalidade do agente ("falar-se-á de homicida ao lado de homicídio, como de ladrão ao lado de roubo"), porém esta identificação da personalidade ocorreria ainda num plano objetivo, sem que se avaliasse de fato a identidade pessoal do agente, isto é, sua personalidade criminológica. Fornece o exemplo dos crimes próprios, em que a avaliação da personalidade do criminoso não poderia ser feita fora dos limites do crime, eis que ainda presa em qualidades pessoais cuja análise é feita de maneira objetiva.

[35] Reconhece a insuficiência da antropologia, psicologia e biologia em identificar os tipos de personalidade, defendendo um sistema de "classificação" de criminosos em categorias, segundo o seu caráter, a fim de identificar a personalidade antissocial que se revelaria no fato ilícito praticado, sendo esta classificação "facilitada por regras legais que atribuiriam a certos sintomas determinado valor, limitando o arbítrio judicial na apreciação casuística". Cf. FERREIRA, Manoel Cavaleiro de. *A tipicidade na técnica do direito penal*. Lisboa: Imprensa Lucas & C., 1935, p. 93.

[36] CAVALEIRO DE FERREIRA chega a reconhecer que uma culpabilidade do agir não pode ser substituída por uma culpabilidade do ser. Indo mais além, afirma que "a culpa pelo que se é, enquanto formação da personalidade pode decorrer parcialmente de decisão voluntária, não tem nem pode ter posição autônoma em Direito Penal". Defende, ainda, que uma culpa que se funda na formação da personalidade constituiria somente um "componente acidental da culpabilidade referida ao facto". Cf. FERREIRA, Manoel Cavaleiro de. *Direito penal português*: parte geral. Lisboa/São Paulo: Editorial Verbo, 1981. 1v, p. 416.

no sistema penal português tal teoria não haveria como prosperar, uma vez que o crime é que será avaliado para a definição da repressão penal. Entretanto, admite que se a personalidade do delinquente não puder servir de fundamento para a repressão, não haveria como negar-lhe a qualidade de substrato da graduação da responsabilidade penal.

Analisando a personalidade enquanto fundamento da graduação da pena, procura alinhar a fixação da pena com a relevância dos motivos, enquanto "impulsos emocionais ou sentimentos e disposições inatas ou adquiridas do caráter"[37] que contribuíram para a formação da vontade livre do agente e de sua influência na decisão contrária ao Direito. Tais motivos se originariam do próprio caráter ou seriam uma decorrência de circunstâncias exteriores[38] e, por isso, deveriam ser analisados após a prática delitiva, a fim de confrontá-los com a estrutura do caráter do agente, tornando possível identificar o criminoso como um tipo de delinquente habitual ou ocasional.[39]

Não hesitamos em reconhecer a precisão de tais argumentos. No entanto, a despeito de defendermos uma avaliação culpável da dimensão subjetiva exteriorizada no fato criminoso, em que o agente é punido não pelo que é ou pelo que se tornou, mas sim pela sua personalidade refletida na ação concreta, não consegue Cavaleiro de Ferreira divorciar-se das doutrinas da perigosidade que insiste em refutar, uma vez que tal modelo de culpa, na realidade, acabaria por punir o agente muito mais pelo que se tornou, do que por aquilo que de autêntico se viu dele refletido no fato praticado.[40]

2.3. "Culpa na formação da personalidade" (Eduardo Correia)

A culpa na formação da personalidade desenvolvida por Eduardo Correia consiste numa noção de culpa que se reflete também sobre o próprio

---

[37] FERREIRA, 1981. 1v, p. 417.

[38] Ver melhor em: FERREIRA, 1935, p. 99.

[39] "Por outro lado ainda podem distinguir-se modalidades dentro de uma mesma categoria de criminosos, isto é, caracteres humanos tipicizados pelo legislador consoante os factos que contribuíram para a sua formação (...) o legislador tem competência para estabelecer categorias, tipos em que modela estas realidades a fim de as tornar aptas a uma melhor serventia na esfera jurídica". Ibid., p. 101.

[40] Sobre o assunto, FERREIRA, 1935, p. 116 afirma que "há tendências inatas, taras constitucionais, que por isso que são independentes da forma de vida ou actuação livre do homem, não devem concorrer para aumentar a gravidade da sua culpabilidade; como há também qualidades ou tendências adquiridas sobretudo por influência de um condicionalismo ambiencial em que se afigura mais difícil uma vitoriosa resistência moral à tentação quotidiana. Em tal caso a culpabilidade será menor do que quando a propensão para o crime se enraizar no caráter do agente por sua própria culpa, pela orientação que voluntariamente, e sem tão forte pressão exterior, deu à série de actos que originaram a referida propensão"; também em FERREIRA, 1934, p. 42, conseguimos extrair um pensamento aproximado, ao defender ser o crime, também, uma espécie de índice de periculosidade, que juntamente com diversas outras classes de sintomas, tanto do passado, como do presente, do indivíduo classificam-no numa determinada categoria de delinquente, a partir do que tais tendências serão interpretadas pelo legislador e juiz "sobre a probabilidade da sua futura actuação criminosa", formando o que denomina de "sintoma de periculosidade"; a especial censurabilidade ou perversidade do agente implicaria uma espécie de "modo próprio do agente estar em sociedade", o que geraria um grau de periculosidade que despertaria uma "particular atenção". Cf. Acórdão n° 508/10. 0JAFUN.S1(STJ). Relator Souto de Moura. Julgamento em 23/11/2011. Disponível em: <http://www.stj.pt/jurisprudencia/basedados>. Acesso em: 14 jul. 2012, 11:37:00.

agente, um resultado da conjugação entre fato e personalidade numa "unidade incindível".[41] Assim, o crime não consistiria num fato dissociado do seu autor, mas, ao contrário, seria sempre "um facto de um certo sujeito".[42] A culpa, portanto, necessitaria de "algo de efetivamente existente na pessoa do agente",[43] que se exteriorizaria através do exercício de uma liberdade de autodeterminação de acordo com os valores.[44]

O homem estaria, assim, numa eterna batalha contra si mesmo, procurando libertar-se de tendências ou disposições de caráter que o impediria de atuar em harmonia com os valores estabelecidos pela ordem jurídica.[45] A pena, neste cenário, serviria como instrumento de libertação do homem quando este não conseguisse atuar de acordo com o Direito, tendo na prevenção e na recuperação social do delinquente a sua principal utilidade.[46]

Esse modelo proposto por Mezger se ampara na insuficiência da culpa fundada exclusivamente no fato, pois esta não teria utilidade para a recuperação do delinquente, algo que somente seria possível num modelo de culpa que também tivesse como substrato a personalidade. Não obstante, tal construção de culpa não chegaria a se dissociar do fato criminoso, de onde partiria a análise do juízo de censura.

Dessa maneira, não responderia o agente unicamente pela sua personalidade, mas sim pelo fato a ele imputado, sem perder de vista, todavia, a personalidade que juntamente com o fato constituiria a unidade destinada a fundamentar o juízo de culpa. Na má preparação da personalidade, construída dissociada dos valores do Direito, é onde residiria a culpa do agente. A partir dessa afirmação, o que seria, então, daquelas tendências naturalísticas ou disposições de caráter contra as quais nada podemos e que por elas seríamos censurados? Neste ponto, poderíamos ainda falar em direito penal do fato?

---

[41] CORREIA, Eduardo. *Direito Criminal*. Coimbra: Almedina, 2008. 1v, p. 327; o fato de ser o arguido consumidor de estupefacientes configuraria sua culpa na formação da personalidade, significando, portanto, "alguma dificuldade em manter conduta lícita". Cf. Supremo Tribunal de Justiça, Proc. nº 15/10.

[42] CORREIA, Eduardo. *Teoria do concurso em direito criminal: pena conjunta e pena unitária*. Coimbra: Tipografia da Atlântida, 1948, p. 38.

[43] CORREIA, 2008, p. 321.

[44] Entendia Eduardo Correia que a reprovação ética do agente decorreria da própria ordem jurídica, que teria a missão de definir o quadro de valores, isto é, uma ordem de interesses ético-jurídicos que deveriam orientar a atividade humana. Para compreender melhor: CORREIA, Eduardo. "Código penal: projecto da parte geral". *Boletim do Ministério da Justiça*, Lisboa, n. 127, 1963, p. 25-26.

[45] A luta do homem contra si mesmo é utilizada como fundamento das doutrinas penais de correção e reeducação, sob o argumento de que se ao homem fosse possível facilmente decidir-se "pelo bem ou pelo mal", a ideia de correção e reeducação seriam absurdas. Cf. CORREIA, 2008, 1v, p. 317.

[46] CORREIA, 1963, p. 32; sentido semelhante: CORREIA, Eduardo. "A influência de Franz V. Liszt sobre a reforma penal portuguesa". *Boletim da Faculdade de Direito da Universidade de Coimbra*, Coimbra, v. 46, 1970, p. 27, ao defender que a prorrogação das penas para os criminosos habituais conforme constava da reforma de 1936, consistia numa "culpa pela não formação conveniente da personalidade"; em CORREIA, 1970, p. 30, afirma o autor que a pena teria como função a "reparação das tendências do delinquente para o crime, através da sua recuperação ou regeneração, desta forma, se realizando aquela proteção de bens ou interesses jurídicos"; a culpa na formação da personalidade era utilizada por Eduardo Correia "não para delimitar as fronteiras da culpa, mas antes na escolha da reacção penal ao facto criminoso". Cf. CURADO NEVES, João Luís U. *A problemática da culpa nos crimes passionais*. Lisboa: Faculdade de Direito da Universidade de Lisboa. 2006. Tese de Doutoramento, p. 414.

Contra essa objeção, Eduardo Correia argumenta que não se pode avaliar, isoladamente, cada uma das qualidades do caráter, mas, sim, a personalidade como um todo, ou seja, o conjunto de todas as disposições de caráter e tendências, uma vez que no comportamento humano "certos impulsos e sentimentos anula, compensa ou equilibra outras tendências ou disposições".[47]

Ao afirmar a existência de uma personalidade que equilibra dessa forma os desejos, tendências e inclinações, de modo que o indivíduo, ao agir, não estaria sendo guiado por uma destas tendências em especial, mas sim pelo todo de sua personalidade, acaba por rechaçar, com certo mérito, a objeção de que a culpa na formação da personalidade seria um modelo de direito penal do autor. Contudo, mais adiante, quando conceitua tal construção de culpa como diagnóstico de perigosidade[48] e justificação de medidas de segurança, acaba pondo abaixo a insustentável afirmação de que a sua "culpa na formação da personalidade" seria uma modalidade de direito penal do fato.

É aí que reside uma das principais fragilidades do modelo de culpa proposto por Eduardo Correia, o que se confirma quando o autor conclui pela existência de tendências não dominadas pelo agente, apesar da possibilidade de fazê-lo, as quais, pela sua relevância, gerariam uma especial periculosidade, tornando-se a má formação da personalidade uma justificativa autônoma à sua punição.

Dentro desse contexto, apesar do esforço do autor em tentar centralizar sua teoria na categoria de direito penal do fato,[49] na realidade, tal diagnóstico de periculosidade desloca, de forma irreversível, a culpa na formação da personalidade para o terreno do direito penal do autor, onde o agente responderia não efetivamente pelo fato cometido, mas sim por aquilo que se tornou.[50]

A periculosidade diagnosticada através da personalidade do agente, cuja deformação seria uma decorrência da sua omissão ao não cumprir com o dever de moldar sua personalidade de acordo com os valores do Direito, contrariamente ao que defende Eduardo Correia, não se deduziria dos dados do próprio fato criminoso, mas, ao contrário, consistiria numa análise

---

[47] CORREIA, 1963, p. 37.

[48] Ver melhor em: CORREIA, 2008, p. 327; admitia a importância dos estudos psicanalíticos à classificação dos delinquentes como forma de se identificar os "mecanismos conscientes e inconscientes que impelem o delinquente à acção". Cf. CORREIA, Eduardo. "Introdução (Lição nº 1)". In: *Ciências criminais*. Lisboa: João Abrantes, 1976, p. 20.

[49] "Certo que a medida de punição poderá ir além da moldura penal do facto quando o modo de ser, que o agente não dominou, permite diagnosticar uma especial periculosidade – caso em que a culpa pela não preparação da personalidade passa a fundamentar, autonomamente, a punição. Importará, todavia, notar duas coisas. Em primeiro lugar: ainda aqui a intervenção do direito penal continua a ser condicionada pelo facto que forma, com a personalidade do agente – substância ética da culpa –, uma unidade incindível. Em segundo lugar: o tomar em conta a personalidade do delinquente, no sentido diagnóstico referido há-de estar condicionado a uma certa tipicidade, e portanto, à sua vinculação com determinados pressupostos como um certo número de crimes, certas formas de vida, etc." Cf. CORREIA, 2008, p. 327.

[50] Parece ainda mais claro quando em CORREIA, 1971, p. 29, o autor chega a afirmar que "(...) nada parece impedir que, partindo dessa culpa pelo facto, o direito penal considere também a culpa pelo modo de ser do agente".

criteriosa e isolada da individualidade do agente, para, a partir dela, deduzir a medida da pena.

Não adiantou a sua tentativa de recorrer à ideia de pena apenas relativamente indeterminada,[51] já que limitada aos valores mínimos e máximos estabelecidos na moldura penal, pois mesmo nesta hipótese ainda estaríamos diante de um direito penal de perigosidade, em que o fato ilícito se limitaria a uma mera alegoria dentro do absoluto protagonismo da personalidade do agente, que, no fundo, acabaria respondendo pelo que é, e não pelo fato ilícito que efetivamente praticou.

2.4. "Culpa pela personalidade" (Figueiredo Dias)

A doutrina da culpa do caráter talvez tenha recebido de Figueiredo Dias uma das mais precisas contribuições, na medida em que buscou desenvolver um modelo de culpa que se fundasse no fato, porém sem perder de vista sua necessária dimensão ética, algo que jamais poderia ser alcançado através de um modelo de culpa alheio à atitude pessoal do agente.

A construção desse modelo de culpa precisou, primeiramente, superar a discussão entre livre arbítrio e determinismo,[52] moldando um conceito de liberdade que envolvesse o exercício de uma liberdade com sentido,[53] absolutamente distante daquela liberdade de indiferença. Além disso, mantendo-se ainda um certo afastamento do determinismo, procurou demonstrar que através da decisão existencial o homem é também livre sobre si mesmo ou, noutras palavras, haveria uma espécie de liberdade onde o querer se exerceria sobre o próprio desejo, segundo assim a define Marcel.[54] A essência desta liberdade residiria na atitude pessoal do agente sobre as circunstâncias e seu próprio caráter. Esse exercício do ser-livre, inerente à natureza humana, não poderia dissociar-se da sua dimensão social, de modo que o homem é livre quando a sua existência conforma a ideia de um "existir-com-os-outros".

Para conseguirmos apurar, com precisão, a culpa da personalidade construída por Figueiredo Dias, faz-se necessário seguirmos todos os passos desta construção teórica, a fim de identificar cada elemento conceitual utilizado, até chegarmos ao verdadeiro substrato da culpa ético-jurídica e, logicamente, a todas as consequências penais dela decorrentes.

---

[51] "Com o que somos conduzidos a uma pena relativamente indeterminada – sempre tem um máximo e um mínimo – para certos tipo ou tipos de delinquentes (arts. 94º e segs.), que relega para a respectiva execução a fixação do seu *quantum* exacto". Ibid., 1971, p. 37.

[52] Também observamos construção filosófica semelhante em MARCEL, quando ao mesmo tempo em que nega o determinismo, por implicar uma espécie de desconhecimento ativo do que somos, também parece se postar contrariamente ao indeterminismo, ao sublinhar a afirmação de Descartes de que a liberdade de indiferença constituiria o grau mais baixo de liberdade. Cf. MARCEL, Gabriel. *El misterio del ser*. Buenos Aires: Editorial Sudamericana, 1964, p. 265; para Fernanda Palma esta concepção de liberdade não chegaria mesmo a negar o determinismo. Cf. PALMA, Maria Fernanda. *O princípio da desculpa em direito penal*. Coimbra: Almedina, 2005, p. 67.

[53] O arbítrio sem conteúdo não é mesmo liberdade. Cf. JASPERS, Karl. *Filosofía*. Trad. de Fernando Vela. Madrid: Revista de Occidente, 1959. 2v, p. 38.

[54] MARCEL, 1964, p. 262.

A liberdade indeterminista materializada no "poder de agir de outra maneira" foi o primeiro obstáculo enfrentado por Figueiredo Dias, uma vez que tal poder não seria capaz de sintetizar a decisão existencial, que, mais à frente, defenderia como o verdadeiro fundamento da culpa ético-jurídica. As razões desta incompatibilidade residiriam, primeiramente, no fato de que um sujeito livre que pode fazer qualquer coisa, na realidade torna-se escravo do seu próprio destino, decidindo ao acaso e sem sentido.

Além disso, a generalidade[55] de uma noção de poder geral acabaria por fulminar com o fundamento ético da culpa, constituindo uma espécie de "responsabilidade objetiva tarifada"[56] somada à inverificabilidade[57] dessa liberdade de vontade, que diante da impossibilidade do juiz em reconstruir a atitude mental do agente, no momento do fato, seriam outras objeções a ser enfrentadas por Figueiredo Dias.

A ideia de uma liberdade superadora do debate entre indeterminismo e determinismo e concebida como liberdade existencial[58] traz, todavia, a mesma dificuldade enfrentada pela liberdade indeterminista quanto à sua dificuldade de demonstração.

Enfrentando esta objeção, Figueiredo Dias afirmou que a verificação desta liberdade não se daria analisando cada uma das decisões relevantes tomadas ao longo da vida, a fim de se constatar a ocorrência ou não do "poder de agir de outra maneira". Caso pensasse deste modo, seria a mera

---

[55] Não haveria um real e efetivo poder da pessoa concreta que realizou o ato, mas sim uma espécie de ficção de poder, interligado com a noção de poder geral ou médio ou ainda "o poder que se deve esperar ou exigir do 'tipo concreto' de homem a que pertence o agente". FIGUEIREDO DIAS, 1995, p. 84-87; esta indemonstrabilidade também é criticada por ROXIN, Claus. "Culpa e responsabilidade: questões fundamentais da teoria da responsabilidade". Trad. de Maria da Conceição Valdágua. *Revista portuguesa de ciência criminal*, Lisboa, ano 1, n. 4, out-dez. 1991, p. 513.

[56] FIGUEIREDO DIAS, 1995, p 87.

[57] Os estudos da neurociência dirigem-se para a inverificabilidade desta liberdade de vontade indeterminista, uma vez que pesquisas demonstram que alguns movimentos corporais são conscienciazilados momentos depois que o próprio cérebro já havia comandado tais movimentos. Assim, o livre arbítrio seria inverificável, eis que não existiria de fato, restando ao indivíduo apenas a decisão de veto, já que o cérebro haveria determinado o movimento corporal antes que o indivíduo tivesse consciência de tal decisão. Os experimentos de Benjamin Libet dão conta desta situação, vejamos: "If you tap your finger on a table, you experience the event as occurring in 'real time'. That is, you subjectively feel the touch occurring at the same time that your finger makes contact with the table. But our experimental evidence strongly supports a surprising finding that is directly counter to our own intuition and feelings: the brain needs a relatively long period of appropriate activations, up to about half a second, to elicted awareness of your finger touching the table thus appear only after the brain activities have become adequate to produce the awareness. We are talking here about actual awareness of a signal, which must be clearly distinguished from the detection of a signal. For example, human and nohuman beings can discriminate between two different frequencies of tactile vibration, even though the intervals between two pulses in each vibrations frequency are only a few milliseconds (msec) in length". LIBET, Benjamin. *Mind time: the temporal factor in consciousness*, Cambridge: Harvard University Press, 2004, p. 33; interessante nota crítica em HART, H. L. A. *Punishment and responsibility: essays in the philosophy of law*. Oxford: Clarendon, 1970, p. 106, quando afirma que a voluntariedade das ações não está centralizada no desejo de realizar um movimento muscular, mas sim na inclinação da mente humana dirigida à realização de uma determinada ação consciente.

[58] A liberdade existencial implicaria numa tendência ou "pulsão" do homem em realizar a sua própria existência e assim o faz, ainda que o poder-ser seja "dependente, condicionado, previamente dado e limitado" pelas possibilidades materiais do indivíduo. Cf. FIGUEIREDO DIAS, 1995, p. 141; podemos enxergar em ROXIN, 1991, p. 518 a posição de que as doutrinas da culpa do caráter assentam-se sobre uma base determinista; sentido crítico quanto à ausência da identificação do dever-ser ético existencial em CURADO NEVES, 2006, p. 423.

substituição da liberdade indeterminista, no momento do fato, por uma liberdade referida à infinidade de decisões relevantes tomadas ao longo da existência do indivíduo, permanecendo, portanto, e com ainda maior razão, a impossibilidade de sua demonstração.

Para superar este desafio, a liberdade existencial[59] deveria ser compreendida como a "gênese" de todas as decisões relevantes, refletida e atualizada na ação concreta. Uma decisão, portanto, que está diretamente relacionada à complexidade de fatores externos apresentados pela sociedade mediadora, que condicionam a ação do homem livre e que o fazem responsável pelo seu próprio comportamento.[60]

O homem é livre para dar sentido à sua vida, para conformar sua existência, e, nesta empreitada, decide sobre si mesmo, de modo que seus atos serão o reflexo do seu "ser", que não consiste num produto de meras determinantes endógenas e exógenas,[61] mas sim da decisão existencial de um indivíduo que elege seus motivos ao decidir sobre si mesmo.[62]

Ao conceituar a liberdade existencial como fundamento ético da culpa, faltava-lhe, ainda, o seu conteúdo jurídico. Foi então que Figueiredo Dias buscou no "dever-ser" a exegese desta decisão existencial, que consistiria no dever do homem de exercer sua liberdade sem violar nem pôr em perigo os bens jurídicos penalmente tutelados. Assim, o existir humano consistiria na realização do ser-livre, o que implica a realização de si mesmo e dos outros.

Até aqui reconhecemos o êxito de Figueiredo Dias, pois conseguiu conceber uma noção de liberdade que envolvesse a existência humana na sua complexidade, sobre a qual recairia o juízo de censura. Reafirmou, ainda, a necessidade da presença de uma relação entre esse existir humano e a tutela de bens jurídicos, lançando, assim, os fundamentos do seu modelo de culpa jurídico-penal.

A personalidade total consiste no resultado do caráter somado à atitude pessoal do agente, sendo, assim, o produto de suas características in-

---

[59] Somente através da liberdade existencial é que se satisfaz a consciência da liberdade, tornando possível a certeza e conhecimento da origem histórica da decisão. Cf. JASPERS, 1959, 2v, 45.

[60] FIGUEIREDO DIAS, 1995, p. 151-153.

[61] Ibid., 1995, p 152; em MARCEL, 1964, p. 266, (nossa tradução) constatamos referência a esta decisão existencial quando afirma que é o ato livre que vai contribuir para "fazer-me o que sou" e a "esculpir-me"; a importância dessas circunstâncias, externas e internas, presentes no fato, para a configuração da especial censurabilidade do agente constatamos no acórdão do Supremo Tribunal de Justiça nº 108/08.4PEPDL.L1.S1(STJ). Relator Arménio Sottomayor. Julgamento em 25/02/2010. Disponível em: <http://www.stj.pt/jurisprudência/basedados>. Acesso em 10 mar. 2012, 10:00:00.

[62] FIGUEIREDO DIAS, 1995, p 142; liberdade humana como uma liberdade com motivo, "une liberté qui avance par projets motivés; je fais mês actes dans la mesure où j'em accueille les raisons". RICOEUR, 1960. 1v, p. 69; "é através da minha experiência que eu posso comportar-me de formas variadas e precisas com respeito ao meu corpo: posso prestar aos seus caprichos; ou posso dominá-lo. Pode ser meu tirano, mas também posso convertê-lo em meu escravo". Cf. MARCEL, 1964, p. 87, (nossa tradução); podemos verificar uma decisão neste sentido em Raskólnikov, quando ao escolher seus motivos e decidir pelo assassinato, a obra conformadora desta decisão já havia sido concluída, de modo que ao falar que "já não tinha liberdade de raciocínio, nem vontade própria" é porque já não havia mais o que decidir, pois tudo já estava "definitivamente decidido", e não por existir uma espécie de força estranha ou exterior ao indivíduo que detinha o domínio da vontade e das emoções e, por isso, o determinava à ação. Cf. DOSTOIEVSKI, Fiódor. *Crime e castigo*. Lisboa: Relógio D'Água, 2009, p. 61.

dividuais, motivações e atitude pessoal de ser-livre perante o seu próprio caráter,[63] motivos e circunstâncias. Tal personalidade, juntamente com o fato ilícito, formaria o substrato da culpa, e, portanto, o fundamento ético-jurídico de reprovação do agente em razão do fato praticado.[64]

Nesse ponto, encontramos uma das maiores críticas à culpa pela personalidade de Figueiredo Dias, apresentada por Roxin quando trouxe à discussão o fato de que um doente mental, em que pese atuar de acordo com o seu caráter, não agiria de forma culpável,[65] pondo em causa, desse modo, toda a doutrina da culpa do caráter.

Enfrentando tal objeção, Figueiredo Dias argumenta que até mesmo o doente mental atuaria como ser-livre, porém o que não existia era um diálogo que permitisse a compreensão da sua personalidade pelo juiz, uma vez que estaria ocultada pela anomalia psíquica.[66] A doença mental acabaria consistindo numa espécie de obstáculo à apreciação da culpa, e não propriamente numa forma de sua exclusão.

Subscrevendo da resposta de Figueiredo Dias, somos partidários de que a objeção relacionada à inimputabilidade formulada por Roxin falhou ao simplificar, demasiadamente, a concepção de culpa pela personalidade. Acreditamos, ao contrário, que Figueiredo Dias, ao tratar da impossibilidade de compreensão da personalidade do delinquente pelo juiz, em razão da doença mental, assim a concebeu como uma impossibilidade do juiz de emitir um juízo de valor sobre aquela personalidade, em razão dela não poder ser por ele compreendida.

Como dissemos anteriormente, defende Figueiredo Dias que o existir livre é "existir-com-os-outros", de modo que a realização do ser-livre é a realização com os outros.[67] Dito assim, neste existir humano a culpa jurídico-penal parte da ação concreta para a subjetividade do agente. Isso significa que, primeiramente, deve existir uma violação ou exposição à situação de perigo de algum bem jurídico tutelado pelo direito penal, a partir do que se

---

[63] O caráter não funciona como um destino que governa o homem, mas sim como uma forma "inimitável" de exercício da sua liberdade, de modo que o caráter e a humanidade (abertura aos valores), juntos, fazem da liberdade uma "possibilidade ilimitada". Cf. RICOEUR, 1960, 1v, p. 78; também em RICOEUR, 1960, 1v, p. 87, o caráter aparece como uma limitação do acesso a toda a constelação dos valores; ao se deparar com um conflito moral, o homem de bom caráter trará para a solução do dilema um conjunto complexo de respostas, que o possibilitará tomar uma decisão que o leve a agir de forma contrária ao seu próprio caráter. Cf. NUSSBAUM, Martha C. *A fragilidade da bondade: fortuna e ética na tragédia e na filosofia grega*. Trad. de Ana Aguiar Cotrim. São Paulo: Martins Fontes, 2009, p. 35.

[64] "Para a individualização da pena, tanto na perspectiva da culpa, como da prevenção é essencial a personalidade do agente que, não obstante, só pode ter-se em conta para a referida individualização quando mantenha relação com o facto". Cf. Supremo Tribunal de Justiça, Proc. n° 583/02. Disponível em: <http://www.dgsi.pt/jstj.nsf/0/add15afa1629fd9c80256d0400335ef0?OpenDocument>. Acesso em: 27 jul. 2012.

[65] ROXIN, 1991, p. 520; sublinha esta mesma crítica AMBOS, KAI. "A liberdade no ser como dimensão da personalidade e fundamento da culpa penal – sobre a doutrina da culpa de Jorge de Figueiredo Dias". *Boletim da Faculdade de Direito, Stvdia Ivridica*, Coimbra, Universidade de Coimbra, v. 1, n. 98, 2009, p. 86.

[66] FIGUEIREDO DIAS, 1983, p. 188.

[67] FIGUEIREDO DIAS, 1995, p 159; também em MARCEL, 1964, p. 81, (nossa tradução), observamos posição semelhante quando diz que "ao me afirmar como alguém em particular isto significa que posso reconhecer-me como alguém em particular e, ademais, reconhecer que existem alguns outros".

irá verificar a personalidade do agente que se refletiu e se atualizou nesta sua ação concreta. Noutras palavras, é "a personalidade que fundamenta um fato ilícito típico"[68] e, por essa razão, apesar de referir-se a um modelo de culpa fundada na personalidade, não deixa de ser, também, uma modalidade de direito penal do fato.[69]

Superada esta etapa, para a censurabilidade do agente, devemos, então, confrontar a sua personalidade atualizada na ação concreta com a personalidade desvaliosa para o direito, sob a ótica de uma exigência que se dirige não para um inverificável poder de agir de outra maneira, mas sim para um dever de conformar a sua existência às "exigências éticas".[70] É, portanto, na constatação de uma personalidade desvaliosa refletida no fato ilícito que incidirá o juízo de culpa.

Em razão disso, por exemplo, é que um indivíduo que conformou sua personalidade de maneira contrária às exigências éticas do dever-ser, ao matar alguém para salvar a vida de seu filho, não será esta construção pretérita de uma personalidade desvaliosa o objeto de censura, mas sim a personalidade que efetivamente se materializou no fato praticado. Neste exemplo, o pai que busca salvar a vida de um filho atuou amparado por valores[71] que são caros ao direito e que somados à ausência de alternativa de ação terão por consequência a inexistência de uma personalidade censurável refletida naquela determinada ação concreta.

A personalidade do agente, portanto, é atualizada no fato criminoso[72] e isso se deve ao próprio conceito de liberdade existencial, que não se constitui num mero somatório de decisões relevantes, mas sim na gênese destas decisões que se viu materializada e atualizada num determinado fato. Desse

---

[68] FIGUEIREDO DIAS, 1995, p. 165; tal pensamento remonta à compreensão da ação livre vista em RICOEUR, 1960, 1v, p. 76-77, quando refere-se à personalidade total, quer dizer, uma certa totalidade que se expressa através dos atos humanos.

[69] FIGUEIREDO DIAS, 1995, p. 161; em STRATENWERTH, 1980, p. 48-49, podemos ver em sua descrição do que seria culpa do caráter, que em tal modalidade de culpa há que se considerar a personalidade do agente da maneira mais completa possível, ainda que somente "na medida em que ela se expressa no fato punível", ou seja, na medida em que "a procedência, o desenvolvimento, o meio circundante e a tendência do autor, seu caráter e sua condução de vida permitam deduzir consequências no que diz respeito à medida de reprovação do fato mesmo".

[70] FIGUEIREDO DIAS, 1995, p. 175; o caráter consiste numa espécie de orientação de nosso campo de motivação, orientação, contudo, que não se mostra fechada para o mundo, mas sim aberta aos valores "de todos os homens através de todas as culturas". Cf. RICOEUR, 1960, 1v, p. 77, (nossa tradução); em Jaspers percebemos o sentido de existência humana como uma existência aberta para o mundo, uma existência em que se percebe uma certa tensão interior que faz da vida humana uma realização inesgotável, rompendo com a natureza ao fazer do impossível algo possível. Cf. JASPERS, 1959, 2v, p. 180.

[71] Neste sentido é o pensamento de BOCKELMANN, quando ao tratar da pena criminal afirma que esta constitui uma modalidade da sanção jurídica fundada num juízo de desvalor ético-social sobre a ação concreta realizada pelo agente, fundando-se este juízo ético em valores morais, os quais, pela não observância por parte do agente, consistiria numa violação de obrigações morais. Cf. BOCKELMANN, P.; VOLK, K. *Direito penal: parte geral*. Trad. de Gercélia Batista de Oliveira Mendes. Belo Horizonte: Editora Del Rey, 2007, p. 4-5.

[72] Em FIGUEIREDO DIAS, 1995, p. 164-165, percebemos uma noção de personalidade enquanto "substrato que medeia a realização da conformação essencial da ação concreta", e tal substrato ou essência constitui "efeito de sua liberdade existencial", o que significa dizer que a personalidade é também o realizar-se no mundo, ou seja, "pessoa e personalidade é também o fazer, o comportamento através do qual o ser-livre se realiza no mundo".

modo, de acordo com os mesmos motivos e circunstâncias exteriores, podemos agir de maneira absolutamente distinta, inclusive atuando em desacordo com o nosso próprio caráter.[73]

No fundo, é o poder de mudar o nosso próprio destino e de nos reinventarmos a cada decisão relevante que forma o substrato ético da culpa. Daí emerge a necessidade do caráter, da atitude e das emoções serem adequadamente considerados para se desvendar a origem das ações penalmente relevantes, os motivos que levaram o agente à prática criminosa e, por conseguinte, imputar-se com justiça a responsabilidade penal à personalidade materializada no fato.

3. As emoções e sua importância na formação da culpa ético-jurídica

3.1. O reflexo das emoções no concreto atuar humano

Procuramos no capítulo anterior sistematizar, de forma breve, as mais diversas posições acerca da culpa do caráter. Partimos da premissa de que não há como se construir um juízo de culpa, cujo objeto de censura se encerre unicamente no fato ilícito, sem voltarmos nosso olhar à pessoa que fez de uma determinada ação concreta a sua autorrealização no mundo.

Dentro desta perspectiva ficou claro que os modelos de culpa do caráter que detalhamos, em que pese a preocupação em fundamentar eticamente a culpa jurídico-penal, não chegou a alcançar os aspectos emocionais que envolvem o atuar humano, quer seja condicionando-lhe o comportamento, quer seja ditando um imperativo de existência cuja fragilidade humana pode não encontrar forças para resistir. Até mesmo em Figueiredo Dias não conseguimos identificar a análise oportuna das emoções, enquanto componente da personalidade, bem como sua repercussão nas reações emocionais concretizadoras do comportamento penalmente relevante.

Existem, portanto, muitas questões ainda a serem resolvidas, a partir das quais conseguiremos construir uma noção de culpa jurídico-penal que tenha como fundamento ético a existência humana em toda a sua completude, em que a atitude pessoal, o caráter e as emoções sejam adequadamente considerados para desvendar a origem do comportamento voluntário, isto é, a origem dos motivos[74] que levaram a pessoa concreta a praticar um determinado ilícito-típico.

---

[73] FIGUEIREDO DIAS, 1995, p. 170-181.

[74] Em WRIGHT, podemos perceber a distinção entre os motivos e as razões quando afirma que os motivos não dispõem de um vínculo com as faculdades da razão, podendo ser irracionais, cegos ou instintivo, como é o agir por fome ou sede, ainda que possa em alguns momentos levar o indivíduo a agir racionalmente. Já as razões possuem uma maior ligação com as faculdades racionais, além de sempre envolverem a compreensão de algo. Cf. WRIGHT, Georg H. von. "Of human freedom". *The Tanner Lectures on Human Values*, Salt Lake City, 1985, p. 109-170. Disponível em: <http://www.tannerlectures.utah.edu/lectures/documents/von_wright85.pdf>. Acesso em: 10 mar. 2012, p. 131-132.

A ação humana, qualquer que seja ela, não pode ser explicada sem que tomemos por base as emoções que motivaram o agente a atuar de uma determinada maneira. Contudo, não basta identificarmos a emoção que envolveu o agente no momento da prática ilícita, mas sim elucidarmos, sobretudo, qual teria sido a repercussão desta emoção na atitude pessoal do sujeito.

Isso significa questionarmos se foi uma determinada emoção a causa mecânica eficiente[75] à realização da ação concreta; se esta emoção, ao contrário, consistiu numa causa teleológica que explicaria as finalidades e razões do atuar humano; ou, se, finalmente, poderemos identificar uma espécie de consideração destas duas concepções, em que a determinação mecânica de certas reações fisiológicas de fundo emocional deve ser considerada em conjunto com a avaliação subjetiva de uma determinada situação vivida.

No primeiro caso, estaremos diante de uma teoria mecanicista das emoções; no segundo, ao contrário, estaríamos frente a uma concepção avaliativa das emoções; e, na última hipótese, teríamos a teoria causal-avaliativa das emoções.

Quando estudamos uma infração penal, não podemos perder de vista o fato de que estamos diante de uma ação humana. Assim, para entendê-la, devemos, antes, voltar nosso olhar para o agente, a fim de tentarmos compreendê-lo enquanto pessoa.[76] Uma compreensão desta natureza há que se dirigir ao sujeito que cometeu o fato ilícito, levando-se em consideração suas paixões, desejos, história de vida, contexto sociocultural, enfim, todas as características individuais que tenham relevância na explicação da ação.[77]

Desse modo, entendemos que uma concepção puramente mecanicista das emoções não poderia explicar adequadamente as ações humanas, pois estas não podem ser interpretadas como um mero atuar sem sentido ou, noutras palavras, não significam um simples efeito causal de determinantes

---

[75] Uma concepção mecanicista considera que as ações humanas estariam determinadas causalmente, da mesma maneira que os fenômenos naturais, conforme podemos enxergar na posição de Williams James, para quem é a percepção de um determinado fato que provoca uma reação corporal, sendo a emoção a mera percepção desta mudança, de modo que não seria a reação corporal um resultado de nossa avaliação de uma situação concreta. Segundo esta visão, não poderíamos friamente reproduzir de forma voluntária todas as modificações físicas provocadas por uma emoção e, dessa maneira, coloca a consciência numa posição passiva frente às reações mecânicas decorrentes da percepção de um determinado fato. Cf. JAMES, William. *What's an emotion?* Radford: Wilder, 2007. posição 58-107 (não paginado – formato digital *Kindle*).

[76] Nesse sentido: WRIGHT, 1985, p. 147; DAVIDSON, Donald. *Essays on actions and events*. 2ª ed. Oxford: Clarendon Press, 2001, p. 7, afirma que a razão racionaliza uma ação quando leva-nos a enxergar algo que o agente viu, ou pensou que viu, na sua ação, ou seja, alguma característica, consequência, ou algum aspecto da ação querido, desejável, agradável, valorizado, pretendido.

[77] WRIGHT, 1985, p. 147 estabelece uma construção interessante no tocante à diferenciação entre a personalidade complexa do indivíduo e a ação concreta por ele praticada ao introduzir as expressões "output" e "input" para fazer esta diferenciação, vejamos: In attributing reasons for action to an agent we normally also attribute to him various abilities, beliefs, desires and inclinations, the understanding of institutions and practices of the community, and other things which characterize him as a person. Some of these features may date far back in his life history. They constitute a kind of background or "program" which has to be assumed if certain things he did or which happened to him shall count as reasons for subsequent action (for example, that he understands a certain language). These other things, then, speaking metaphorically, are "inputs" playing on the "keyboard" of his programmed personality. His action is the "output".

emocionais, mas sim um comportamento dominado pela razão, consistindo, portanto, numa espécie de atuar intencional.[78]

Partindo-se, agora, da perspectiva avaliativa das emoções, faz-se necessário compreender de que forma as emoções podem explicar as ações humanas penalmente relevantes. Conforme dissemos, partimos da premissa de que as ações humanas não são meros efeitos causais das emoções, eis que possuem sentido e racionalidade, centralizando justamente nestes aspectos a legitimação da censurabilidade[79] do agente pela prática de um delito com motivação emocional.

Apesar disso, seria mesmo adequado descartar o contributo desta concepção à compreensão das ações humanas? Não seria melhor uma compreensão da ação emocional que envolvesse uma concepção causal-avaliativa?[80]

A concepção da emoção que lhe reconheça enquanto movimento corporal, mas não um efeito mecânico desprovido de sentido, e sim, um movimento decorrente de uma avaliação do objeto ou de uma situação concreta pelo próprio agente que se emociona é, assim o pensamos, a construção teórica que mais se aproxima daquilo que representam as emoções no comportamento humano.

Na concepção causal-avaliativa identificamos uma predisposição emocional constituída a partir de nossas próprias crenças, que podem ou não estar relacionadas com uma percepção realística, a partir da qual os desejos provocados por tais crenças produzirão mudanças fisiológicas anormais no indivíduo e, em algumas hipóteses, irão motivá-lo à realização de uma determinada ação concreta.[81]

---

[78] Neste sentido: LYONS, William. *Emoción*. Trad. de Inés Jurado. Barcelona: Anthropos Editorial del Hombre, 1993, p. 88; em Sartre podemos percebe a clara distinção entre as concepções mecanicista e avaliativa quando traz o exemplo de um paciente que não consegue abrir-se ao médico acerca de suas obsessões, então cai em soluços. Em razão disso, questiona Sartre: o paciente soluça porque não consegue dizer alguma coisa ou soluça para não dizer nada? A explicação da primeira hipótese seria puramente causal, enquanto que na segunda situação, ao introduzirmos a "finalidade" estaríamos frente a uma concepção avaliativa das emoções. Cf. SARTRE, Jean-Paul. *Esboço de uma teoria das emoções*. Trad. de A. Pastor Fernandes. Lisboa: Editorial Presença, 1972, p. 64-65.

[79] "Mas importa em todo o caso sublinhar que é na nossa perspectiva ético-existencial sobre a culpa (fundada na liberdade do homem de decisão da sua própria essência e, portanto, na unidade funcional do seu existir) que pode encontrar-se o sentido fundante e compreensivo de uma ductibilidade ou preparabilidade do caráter e da personalidade, e é ela que em último termo justifica que o homem possa ser feito responsável não só pelo seu concreto fazer, mas em certo sentido – já precisado – por tudo aquilo que ele simplesmente é". FIGUEIREDO DIAS, 1995, p. 173.

[80] Ver melhor em LYONS, 1993, p. 73 e segs.; em sentido contrário: LAGIER, Daniel G. *Emociones, responsabilidad y derecho*. Madrid: Marcial Pons Ediciones Jurídicas y Sociales, 2009, p. 48, quando afirma que a concepção causal-avaliativa de Lyons, em que relaciona crenças avaliativas e desejos (crença avaliativa de "juzgar a un perro como peligroso" e desejar "escapar del peligro"), não consegue apurar as características peculiares das emoções. Assim, arremata dizendo que satisfação intencional é diferente de satisfação emocional, citando o exemplo de alguém que deseja comprar um carro novo e, de fato, vem a comprar o dito automóvel, satisfazendo o objeto intencional de seu desejo. No entanto, apesar desta satisfação intencional, perceber que o carro não corresponde às suas expectativas, leva-o a uma certa insatisfação, o que não deixa a pessoa feliz. Assim, apesar do desejo ter sido satisfeito e não faltar portanto a satisfação intencional, falta-lhe a satisfação emocional.

[81] Exemplo interessante podemos encontrar em LYONS, 1993, p. 79, quando ao trabalhar com o medo traça uma interessante cronologia do comportamento emocional: "Consideremos un sencillo caso de miedo, el mero hecho de ver un fiero can bastaría para que Fred lo evaluara como que echaría a correr.

Dessa forma, uma emoção seria sempre um estado corporal ou, noutras palavras, um estado psicossomático que produziria mudanças fisiológicas de caráter anormal. Contudo, isso somente ocorreria como consequência da avaliação de uma determinada situação pelo indivíduo. Assim, sentir uma emoção significa sofrer alguma alteração fisiológica, de modo que uma determinada percepção, que de nenhuma forma produza uma transformação fisiológica do indivíduo, não pode ser compreendida como uma emoção. Assim, estar emocionado significa ser o indivíduo movido, num certo sentido corporal.[82]

Interessa, nesse ponto, a fim de facilitar a compreensão do que dissemos acima, trazermos a concepção de Solomon sobre a ira. Parte esse autor da noção de que a ira constitui uma das emoções básicas do homem, a qual é compartilhada, inclusive, com os animais. Por esta razão, haveria conjugada a esta emoção mudanças fisiológicas naturais, sobretudo expressões faciais causadas por determinadas alterações que acompanham um certo padrão. Contudo, em que pese tal constatação, na qual estas alterações emocionais provocadas pela ira consistiriam numa resposta natural de caráter hereditário e transcultural, mesmo assim não seria uma "mera resposta neurológica evolucionada", sendo tal constatação, conforme bem argumentado por Solomon, "somente uma parte da história".[83]

Mas como se chega a esta alteração fisiológica, a este movimento corporal? O sujeito não é um mero fantoche ao sabor das emoções, segundo o que acreditamos. Na realidade, as crenças que inundam o indivíduo formarão a sua base de referência na avaliação de uma determinada situação concreta. Ao avaliar, o sujeito irá estabelecer uma relação entre a situação ou o objeto percebido e suas convicções e crenças já formadas.[84] Se suprimirmos esta avaliação, as ações humanas seriam meros efeitos irracionais das emoções, destituindo o sujeito da decisão sobre si mesmo e sobre seus atos, o que produziria um modelo de responsabilidade penal pautado na eliminação da personalidade e da própria liberdade, que é exatamente o oposto daquilo que defendemos.

Su evaluación de la situación como de darse a la huida, alteraría sus procesos fisiológicos, la secreción de adrenalina aumentaría, así como el flujo sanguíneo y el ritmo respiratorio, y sentiría su corazón golpear con fuerza, humedecerse las palmas de las manos y resbalarle el sudor por la espalda, una opresión en el pecho y sequedad en la boca"; os desejos e crenças explicariam as ações. Cf. PALMA, Maria Fernanda. *Distinção entre dolo eventual e negligência consciente em direito penal*. Lisboa: Faculdade de Direito da Universidade de Lisboa. 1981. v. 1. Dissertação de mestrado, p. 118; acentuado tom crítico percebemos em HART, 1970, p. 97-98 ao descrever a definição clássica de Austin (séculos XVIII e XIX) através da qual as ações voluntárias seriam aquelas contrações musculares causadas por um desejo preexistente que seria justamente a conexão mínima necessária entre mente e corpo para que se considere, naquele movimento corporal, uma ação capaz de gerar responsabilidade.

[82] HART, 1970, p. 82.

[83] SOLOMON, Robert C. *Ética emocional: una teoría de los sentimientos*. Trad. de Pablo Hermida. Barcelona: Paidós, 2007, p. 32-33; em sentido contrário: JAMES, 2007, posição 153 (não paginado), quando afirma que as emoções não são mais do que a percepção dos reflexos corporais enquanto efeitos decorrentes de adaptações inatas e congênitas do sistema nervoso central.

[84] Sobre a conexão entre emoções e os pontos de vista do próprio sujeito, Cf. NUSSBAUM, Martha. *Upheavals of Thought: the intelligence of emotions*. Cambridge: Cambridge University Press, 1947, p. 33; Cf. SARTRE, 1972, p. 80.

Antes de adentrarmos em tal discussão, precisamos esclarecer qual tipo de ação humana iremos estudar. Desde logo, descartamos as meras expressões emocionais, ou seja, aquelas manifestações emocionais desprovidas de intenção, como, por exemplo, o ato de gritar ao sentir dor ou tremer quando se está com medo. Tais manifestações não dispõem de relevância penal, nem possuem um satisfatório conteúdo de sentido, razão pela qual se faz necessário deixá-las fora da nossa análise. O que nos interessa, portanto, são as ações humanas intencionais, quer dizer, aquelas ações que constituem o resultado de um processo decisório dirigido a uma finalidade.[85]

As emoções relacionam-se diretamente com os desejos e indiretamente com as ações, de modo que os desejos podem surgir antes mesmo das emoções, que consistiriam uma espécie de consequência da satisfação ou frustração destes mesmos desejos. Percebemos, portanto, que desejo e emoção encontram-se diretamente relacionados entre si,[86] sendo de extrema relevância para a explicação das ações intencionais, consistindo as intenções numa espécie de mediadora entre as emoções e as ações.[87]

O ser humano, portanto, em sua complexidade existencial, convive intimamente ligado aos seus desejos e emoções, tendo na sua personalidade uma espécie de unidade cognitivo-emocional que reúne sua história de vida, os projetos existenciais, as disposições de caráter, o contexto sociocultural e as vivências pessoais. As emoções possuem um papel relevante neste existir humano, podendo, inclusive, modificar a nossa visão de mundo ao proporcionarem uma noção distorcida e irracional da realidade.

As emoções, assim, acabam interferindo de forma profunda nas nossas ações, uma vez que condicionam[88] o nosso comportamento. Não entendemos, entretanto, configurar a emoção uma determinante causal que retire da liberdade a explicação racional das nossas ações. Porém, não há como negar a influência que exercem sobre nós e as consequências desta influência sobre o comportamento humano. Continuamos sendo livres, e, em que pese a contingência das emoções, somos dotados do poder de avaliá-las, racionalmente, e decidir segundo nossas intenções e motivos.

Seria, então, a vontade um ato de rebeldia da atitude interior contra os desejos e as emoções que a ela se relacionam? De Figueiredo Dias podemos retirar que a vontade conformadora do exercício da liberdade existencial projeta-se no comportamento humano como a atualização da personalidade do agente.[89] Assim, a vontade consistiria na atitude pessoal do agente perante as circunstâncias, funcionando como uma espécie de entidade pulsante do

---

[85] Atos intencionais ou intencionados são somente aqueles atos realizados com o objetivo de alcançar algum fim. Cf. WRIGHT, Georg Henrik von. *La diversidad de lo bueno*. Barcelona: Marcial Pons, 2010, p. 150.

[86] Em sentido contrário: LYONS, 1993, p. 88, onde o autor define que há emoções sem desejo, como o pesar e a inveja.

[87] Cf. LAGIER, 2009, p. 38 e segs.

[88] "al mismo tiempo que contribuyen a la posibilidad de formarnos intenciones, limitan causalmente nuestras alternativas de acción." Cf. LAGIER, 2009, p. 102; tratando-se do desejo, LYONS, 1993, p. 88 estabelece que não há uma relação entre desejos e emoção.

[89] FIGUEIREDO DIAS, 1995, p. 176 e segs.

indivíduo que se materializa no próprio comportamento humano. O agente e o fato "são uma e mesma coisa",[90] e isso ocorre de tal maneira que podemos compreender o indivíduo a partir do seu comportamento,[91] por ser este a expressão legítima do seu "eu" autêntico.

3.2. Emoções e responsabilidade

Na discussão anterior, procuramos explicar a influência das emoções na motivação das ações humanas. Agora, precisamos dar um passo além, buscando a ligação entre as emoções e a responsabilidade penal ou, noutras palavras, a relação que há entre a motivação emocional e a personalidade censurável do agente. A partir dessa perspectiva, surge logo a questão de saber se somos ou não responsáveis pelas nossas emoções. É exatamente isso o que tentaremos responder neste momento.

Iniciaremos nossa abordagem descartando, desde logo, os estados emotivos patológicos, cujo estudo se concentraria, mais apropriadamente, no campo da inimputabilidade. Analisaremos, portanto, aquelas emoções que conformam a existência humana, mas que não deixam de representar a expressão livre da vontade, podendo, inclusive, significar uma determinada reação emocional resultante de um simples desejo de agir sem ponderação.

Frequentemente, discutimos situações da vida cotidiana e julgamos que uma determinada pessoa agiu motivada por alguma emoção. É comum, também, julgarmos as emoções dos outros, ainda que não se expressem em ações concretas, mas em simples expressões corporais ou gestos. Este juízo de valor é bastante comum na inveja e na ira, fazendo-nos censurar as pessoas ao atribuir-lhes tais emoções.

A partir desta constatação, faz-se necessário alertarmos para o fato de que, normalmente, temos a intuição de classificar esteticamente uma emoção como se dividíssemos todo o catálogo emocional em emoções positivas e negativas. Pensar desta maneira, contudo, constitui um grave equívoco, pois o juízo que se deve fazer de uma emoção há que estar relacionado muito mais com o fato da emoção representar uma melhor ou pior estratégia do que, propriamente, significar que certa emoção é positiva ou negativa.

Para explicar melhor este argumento, iremos analisar novamente a ira. Esta emoção, apesar de ser frequentemente classificada como uma emoção negativa, se a relacionarmos com uma situação de humilhação, por exemplo, podemos considerá-la uma boa estratégia para afastar a sensação de frustração e vergonha ante esta adversidade.[92]

Outro bom exemplo é a situação de ataque ou de guerra, onde a ira, considerada como uma espécie de força interna capaz de intensificar nossa

---

[90] FIGUEIREDO DIAS, 1995, p. 164; "eu existo" como uma unidade que não pode decompor-se, Cf. MARCEL, 1964, p. 83.
[91] Para melhor compreensão: PALMA, 1981, p. 115-116.
[92] SOLOMON, 2007, p. 49.

motivação, servindo de instrumento efetivo a afastar o perigo de sucumbirmos perante o outro, consistiria numa ótima estratégia, de modo que também nesta situação não seria propriamente adequado atribuir-se à ira um valor negativo.

As emoções, portanto, devem ser encaradas sob a perspectiva de uma certa ética emocional,[93] em que a identificação como negativa ou positiva depende menos da emoção vivida e mais da nossa maneira própria de interagir com o mundo. É através desta nossa existência intersubjetiva que iremos identificar se a reação emocional foi positiva ou negativa, e isto não deve ser alcançado a partir da análise pura e simples da emoção em si mesma.

Como já dissemos, não compreendemos as emoções enquanto relação mecânica com nossas ações, isto é, como uma espécie de força sem controle[94] que nos leva à ação. Defendemos, por outro lado, haver uma racionalidade nas emoções que torna possível a ponderação e a alternativa de ação e, consequentemente, a atribuição de responsabilidade a alguém por ter agido motivado por alguma emoção em especial.[95]

Mesmo em se tratando de uma emoção profundamente intensa como a cólera, entendemos que ainda nesta situação é possível existir alternativa de ação.[96] Além disso, apesar de muitas vezes não contermos ou não conseguirmos nos livrar de uma certa emoção, a forma de expressá-la pode ser por nós manipulada, pelo menos num certo sentido e numa certa parte dos casos.[97]

---

[93] A emoção é um dos fundamentos da ética, em razão da sua importância à motivação moral. Cf. GREENSPAN, Patricia S. *Practical guilt: moral dilems, emotions, and social norms*. Oxford: Oxford University Press, 1995, p. 187.

[94] Nesse sentido: LAGIER, 2009, p. 128; LYONS, 1993, p. 256-257; posição similar encontraremos no Supremo Tribunal de Justiça, quando aponta para um controle das emoções por via da "revisão de crenças e juízos de valor inapropriados", onde as emoções deverão ser avaliadas, a fim de se constar se "expressam juízos de valor adequados ou não". Acórdão nº 508/10.0JAFUN.S1(STJ). Relator Souto de Moura. Julgamento em 23/11/2011. Disponível em: <http://www.stj.pt/jurisprudencia/basedados>. Acesso em: 14 jul. 2012.

[95] Parece-nos ser também este o entendimento do Supremo Tribunal de Justiça ao afirmar que "o cometimento de crime passional, debaixo de emoção mais ou menos violenta ou sob o domínio dos afectos, não neutraliza a especial censurabilidade ou perversidade do acontecido, globalmente considerado". Acórdão nº 508/10.0JAFUN.S1(STJ). Relator Souto de Moura. Julgamento em 23/11/2011. Disponível em: <http://www.stj.pt/jurisprudencia/basedados>. Acesso em: 14 jul. 2012.

[96] "We might grant that the agent still has all these options, that is, while allowing that he also has more intense need to choose one of them – not some particular one, but one-or-another. In that case, it seems, the agent would be no more unfree that the rest of us, with respect to the particular option he chooses, but only with respect to this range of options for discharging anger. Doing nothing, – simply putting up with emotional pressure – represents a further option for us, but not for him. So X is unable to control his anger completely; but it might not be strictly true to say, with respect to his physical attack on the source of the insult, that he 'cannot help himself'." GREENSPAN, Patricia. "Unfreedom and responsibility", In: *Responsibility, character, and the emotions: New essays in moral psychology*. Cambridge: Campridge University Press, 1987, p. 66; neste mesmo sentido: SABINI, John; SILVER, Maury. "Emotions, responsibility, and character". In: *Responsibility, character, and emotions: New essays in moral psychology*. Cambridge: Cambridge University Press, 1987 p. 170.

[97] LYONS, 1993, p. 75 parece aproximar-se deste ponto de vista quando afirma que ter a propensão para agir de uma determinada maneira não significa que, diante de uma situação concreta, será produzida a situação de fato esperada. Assim, uma determinada reação emocional fundada em predisposições implica apenas uma "potencialidade o propensão", que poderá ocorrer ou não da forma esperada; mesmo sentido: LAGIER, 2009, p. 36; todas as emoções constituem um produto cognitivo e valorativo bastante rico, sendo, portanto, um processo complexo, cujo desenvolvimento se prolonga no tempo. Cf. SOLOMON, 2007, p. 35.

É por isso que assiste razão à Kenny quando defende que não é possível existir uma forma particular de comportamento que seja característico de uma determinada emoção e cuja conexão com ela se realize do mesmo modo que o ato de comer é a característica da fome.[98] Isto significa dizer que não podemos indicar uma determinada reação emocional como uma consequência inexorável de certa emoção.

Com este argumento rompemos, de uma vez por todas, com o pensamento puramente mecanicista, uma vez que não há um resultado comportamental que caracterize conceitualmente uma emoção. Existem, ao contrário, apenas pistas e possibilidades de uma determinada reação emocional, mas jamais com um sentido de determinante causal, razão pela qual é o homem livre ao decidir por um determinado comportamento, ainda que movido a partir de um desejo conectado a alguma emoção.

Trata-se, portanto, da possibilidade de controle das emoções, o que não significa eliminarmos aquela emoção ou simplesmente ignorá-la, mas, ao contrário, constitui uma atitude de superação frente às nossas emoções. São por essas razões que podemos dizer, respondendo à nossa questão inicial, que somos responsáveis pelas nossas emoções e que podemos ser, por este motivo, censurados criminalmente por termos agido motivados por uma determinada emoção.[99]

Não obstante, partindo-se da premissa de que as emoções podem ser controladas, pelo menos aquelas não patológicas, e, por isso, somos responsáveis quando colocamos em curso alguma reação emocional, devemos, então, seguindo mais fundo nesta questão, trazer ao debate a maneira pela qual ocorre este controle das emoções. O ponto de partida, sem dúvida, está na compreensão das emoções enquanto manifestações racionais e intencionais,[100] devendo ser encaradas da mesma maneira que enfrentamos os desejos e intenções quando explicamos as ações. Em sendo isso verdade, isto é, se somos mesmo responsáveis por nossas ações, eis que derivadas do exercício pleno da nossa liberdade, somos também responsáveis pelas nossas emoções e, consequentemente, pelas manifestações exteriores delas decorrentes.

Há uma grande diferença entre sentir uma emoção e expressá-la. Não se trata de uma relação de causa e efeito, mas sim de uma avaliação racional das emoções. O não expressar uma emoção não significa que se trata de uma

---

[98] "There is, again, no particular form of behavior which is characteristic of an emotion in the way in which eating is characteristic of hunger". Cf. KENNY, Anthony. *Action, emotion and will*. London: Routledge & Keagan Paul, 1963, p. 33; neste mesmo sentido: LYONS, 2009, 190; "a relação entre os momentos subjetivos e os momentos objetivos de um certo comportamento nem é, como se disse, uma relação mecânica-causal (como se os momentos subjetivos fossem a causa motora de um certo número de transformações objetivas-exteriores) nem uma linear relação explanatória, em que os momentos subjetivos servissem para explicar os comportamentos alheios, mas fossem, no entanto, existencialmente separáveis do actuar". Cf. PALMA, Maria Fernanda. "A vontade no dolo eventual". In: *Estudos em homenagem à Professora Doutora Isabel de Magalhães Collaço*. Coimbra: Almedina, 2002. 2v, p. 803.

[99] Podemos ver em NUSSBAUM, 2009, p. 37, um tom crítico acerca do pensamento reducionista que reconhece o louvor e culpa apenas às ações, deixando-se de lado as paixões.

[100] Neste sentido: SOLOMON, Robert. *Not passion's slave: emotions and choice*. Oxford: Oxford University Press, 2003, (não paginado, versão Kindle Amazon); em sentido relativamente contrário, admitindo que as emoções são apenas parcialmente controladas: LAGIER, 2009, p. 132.

emoção não sentida.[101] Inclusive, em se tratando do desejo relacionado a alguma emoção, é possível sentir a emoção e o desejo a ela conexo sem que, na vida prática, o sujeito dê vazão a esta emoção ou expresse o desejo a ela correspondente.[102]

Como já dissemos, não há como estabelecer uma conexão definitiva entre um determinado comportamento emocional e a emoção correspondente.[103] Isto não significa dizer que não há reações compatíveis com um determinado estado emocional. Inclusive é possível, até mesmo, definirmos algumas reações emocionais como habituais,[104] racionais[105] ou convencionais.[106]

Os diferentes tipos de reações emocionais produzem, assim o pensamos, duas consequências distintas. A primeira delas, que já afirmamos, é a de que não há uma relação puramente mecanicista entre emoção e conduta. A segunda, por outro lado, implica no fato de que a grande variedade de reações emocionais relaciona-se à ideia de racionalidade das emoções,[107] no sentido de que é possível identificarmos uma reação mais ou menos apropriada diante de uma determinada situação concreta. Contudo, tais considerações, isoladamente, não implicam numa resposta satisfatória acerca da responsabilidade emocional do indivíduo.

---

[101] SOLOMON, 2003, posição 1497 e segs., exemplifica a possibilidade do controle das emoções quando trata do estudo antropológico do povo Utku realizado em pesquisa feita por Dr. Briggs, ficando claro que aquilo identificado pelo estudo antropológico como "não sentir raiva", na realidade era uma confusão entre não sentir e não expressar as emoções. Argumenta, por fim, que o fato de não se perceber a expressão da raiva no povo Utku não significa que eles não podem sentir raiva, mas sim que tem o controle desta emoção, de modo que a pesquisa da Dr. Briggs não afasta a universalidade da raiva, nem tampouco confirma nenhuma diferença emocional entre o povo Utku e qualquer outra pessoa; mesmo sentido: LYONS, 1993, p. 202.

[102] Imaginemos um soldado numa batalha. O medo da morte, de sair ferido ou de tornar-se prisioneiro faz emergir nele um desejo de fugir e, assim, afastar-se do perigo que é a fonte de seu medo. Entretanto, apesar de experimentar tal emoção, nem por isso o soldado cede a esse desejo de fuga, mas, o contrário, enfrenta com valentia os perigos decorrentes da guerra. Como bem enfatizado por LYONS, 1993, p. 88, somente no caso de insensibilidade ao perigo e ante a ausência do desejo de afastar-se do perigo é que poderíamos dizer que alguém não sente medo.

[103] Parece-nos ser este o pensamento externado por KENNY, 1963, p. 68, ao defender que uma mesma emoção como o medo, por exemplo, pode ter comportamentos emocionais distintos, como no caso da reação comportamental decorrente do medo de emagrecer, que será diferente do comportamento em conexão com o medo de engordar; sobre o assunto, podemos extrair de SARTRE, 1972, p. 57-58 que as mesmas reações fisiológicas experimentadas para a cólera são compartilhadas com a alegria, variando apenas em intensidade, de modo que a distinção entre cólera e alegria somente se explicaria pela projeção dessas manifestações fisiológicas na consciência.

[104] São aquelas reações corriqueiras, como, por exemplo, a de dois jovens apaixonados que se abraçam quando se encontram.

[105] Já as reações racionais, que também podem ser classificadas como apropriadas, seriam aquelas reações que demonstram uma sensatez diante de uma determinada situação concreta. Por isso é que compreendemos, e não censuramos, a reação de alguém que foge quando se depara com cães ferozes correndo em sua direção.

[106] Para melhor compreensão: LYONS, 1993, p. 192-195; o comportamento emocional convencional é aquele que não é nem natural, nem racional, mas que simplesmente é realizado em razão da sua repetição dentro de um determinado grupo. Um bom exemplo é a superstição de se fazer um pedido ao ver uma estrela cadente no céu. Apesar de não ser racional este comportamento, também não podemos afirmar que consista numa reação que surge naturalmente dos desejos de alguém.

[107] Em sentido crítico, para quem a valorização emocional concebida como substrato da individualização da pena deveria ser substituída pela razão prática, Cf. STRATENWERTH, 1980, p. 83.

É preciso, então, seguirmos adiante, levando-se em consideração a atitude interior do agente frente às emoções e às circunstâncias. É preciso reconhecer que há condutas que decorrem da própria personalidade do indivíduo, e não constituem, assim, uma reação da própria emoção.[108] Reconhecemos, todavia, que há uma certa conexão causal entre a conduta e a emoção, ou seja, a emoção pode ser encarada como um motivo ou causa para a ação.[109] Esta conexão, porém, é dirigida pela razão, que consiste justamente naquilo que irá desvendar se uma determinada reação emocional foi ou não apropriada.

Para além disso, da mesma maneira que não podemos dizer que uma pessoa é um bom cozinheiro se através das suas ações não desenvolve ou exibe uma tal habilidade, também não podemos atribuir um bom caráter a alguém se a ele não pudermos imputar a prática de ações boas.[110] Dessa forma, o agente, ao atuar contrariamente aos valores do Direito, mesmo que submetido a uma determinada emoção, torna-se passível de um juízo de censura, o qual se realiza através da análise de sua personalidade exteriorizada na ação concreta.

4. A personalidade enquanto fundamento da culpa jurídico-penal

A constatação de sermos responsáveis pelas nossas emoções e pelas reações emocionais delas decorrentes significa que as emoções possuem repercussão no juízo de culpa. Assim, podemos ser mais ou menos censurados em razão do nosso comportamento motivado pelas emoções. O que de concreto temos até aqui é que o direito penal não deve ser indiferente às emoções, de modo que o estudo da sua influência no comportamento humano é imprescindível para a construção de um modelo de culpa voltada à complexidade subjetiva do homem.[111]

Ao analisarmos o conteúdo do código penal, percebemos, com certa facilidade, que a emoção é definida muito mais como uma espécie de paixão que entorpece a vontade, do que propriamente como um estado mental que acompanha o processo decisório do agente sem, contudo, retirar-lhe a

---

[108] Ao defender esta premissa, LYONS, 1993, p. 196 estabelece que no conceito de amor e algumas outras emoções há desejos, de modo que não podemos supor que delas decorra apenas uma conduta. Assim, as condutas que surgem destas emoções deverão ser atribuídas aos desejos que emergem da personalidade do indivíduo que experimenta a emoção, e não da própria emoção mesmo; para Bettiol, a atitude interior não pode ser indiferente ao intérprete, devendo ser valorada para a obtenção de uma "imputazione personalistica". Cf. BETTIOL, Giuseppe. "Sul diritto penale dell'atteggiamento interiore". *Rivista Italiana di Diritto e Procedura Penale*, Milano, ano XIV, 1971, p. 6.

[109] Cf. GREENSPAN, 1995, p. 196.

[110] Aristóteles desenvolveu com precisão tal compreensão ao afirmar que "nos tornamos justos praticando ações justas, temperados, agindo com temperança, e, finalmente, tornamo-nos corajosos realizando atos de coragem". Exemplificando, arremata, dizendo o seguinte: "É ao construir bem uma casa que os construtores se tornam bons construtores, tal como é ao construir mal uma casa que se tornam maus construtores". ARISTÓTELES. 2009, p. 48.

[111] Culpabilidade, enquanto momento subjetivo da falta, podemos ver em RICOEUR, Paul. *Finitude et culpabilité: la symbolique du mal*. Paris: Aubier Éditions Montaigne, 1960, p. 100. 2v.

liberdade,[112] continuando a ser o agente livre para, racionalmente, lidar com as suas emoções e motivar-se por agir de uma ou outra maneira. Conforme bem enfatizado por Nussbaum, ao referir-se ao Model Penal Code, a escolha da codificação norte-americana constituiria uma adesão irrestrita à concepção mecanicista, em que a emoção praticamente emerge como a determinante da ação concreta e o homem como uma espécie de subproduto de suas próprias emoções.[113]

De fato, uma codificação que segue tal concepção acaba se afastando de uma certa noção de racionalidade das emoções, distanciando-se da compreensão das emoções enquanto motivação das ações humanas, e não como seus meros determinantes mecânicos. O homem decide quando e como agir, mesmo que motivado pelas emoções. Porém, como dissemos, trata-se de um processo racional e avaliativo, onde a ponderação do agente sobre a conduta emocional a ser seguida sempre torna possível a alternativa de ações.

O crime passional, por exemplo, se movido pela ira em decorrência da descoberta da traição da esposa amada, no fundo estaria amparado por valores como honra e dignidade, bem como motivado pelos sentimentos de decepção, frustração e sofrimento. Diferentemente, entretanto, seria o ato de matar a própria esposa também em decorrência da ira, só que, agora, tendo por componente motivador uma mera crise de ciúmes.

Além da própria desproporcionalidade entre os dois exemplos, o que de mais relevante se pode deles extrair é a importância de se avaliar a motivação do agente e a valoração moral das emoções,[114] o que não é possível ser feito tomando-se por base uma concepção puramente mecanicista onde o que realmente importa é a perda do controle, independentemente da motivação e dos valores morais que foram levados em consideração ao decidir pela ação.

O concreto atuar humano, portanto, é muito mais do que um simples movimento corporal. Como bem alertado por HART, é preciso que se verifique na conduta uma mínima ligação entre "mente e corpo" para que seja possível a responsabilidade criminal.[115]

4.1. A personalidade como centro racional das emoções

A abordagem que fizemos no capítulo anterior tornou possível uma noção preliminar da repercussão das emoções na responsabilidade penal, que

---

[112] Neste sentido: NUSSBAUM, Martha C.; KAHAN, Dan M.. *Two conceptions of emotion in criminal law*. Columbia Law Review, Columbia, v. 96, 1996, p. 315-316; LAGIER, 2009, p. 144.

[113] Ibid., p. 321 e segs.

[114] Identificamos na jurisprudência do Supremo Tribunal Federal brasileiro uma perspectiva limitada desta avaliação, levando-se em consideração tão somente a intensidade da emoção e o grau de provocação da vítima para o reconhecimento da causa de diminuição de pena no homicídio privilegiado, deixando de lado, todavia, a avaliação ética da experiência emocional vivida pelo agente no momento do fato concreto. Cf. HC 102.459 (STF). Relator Min. Dias Tóffoli. Julgamento em 03/08/2010. Disponível em: <http://redir.stf.jus.br/paginadorpub/paginador.jsp?docTP=AC&docID=616029>. Acesso em: 14 jul. 2012, 18:29:00; HC 93.242(STF). Relator Eros Grau. Julgamento em 26/02/2008. Disponível em: <http://redir.stf.jus.br/paginadorpub/paginador.jsp?docTP=AC&docID=523401>. Acesso em: 14 jul. 2012, 18:43:00.

[115] HART, 1970, p. 92.

não se trataria de um fenômeno cego, mas, pelo contrário, haveria sempre algo de racional nas nossas emoções, capacitando-nos, portanto, a responder pelos nossos atos. Isso ocorre de tal maneira que podemos ser nós mesmos os próprios manipuladores de nossas emoções. Assim, segundo pensamos, podemos ser mais ou menos censurados por nossas emoções, ou melhor, por nossas reações emocionais.

Para que haja uma culpa fundada nas emoções, há primeiro que se superar a barreira da inimputabilidade, que, conforme alertamos anteriormente, não faz parte da abordagem a que nos propusemos neste trabalho. Este passo justifica-se em razão da própria psiquiatria já ter, há muito, confirmado o caráter patológico de algumas emoções, em razão de produzirem reações emocionais irracionais.[116]

Descartamos, por esta razão, a possibilidade de racionalidade nos estados emocionais extremos e patológicos (neuroses, fobias graves, etc.). Contudo, e que sirva de alerta, tal situação ocorre não pela análise da censurabilidade ou não da personalidade do agente e de sua reação emocional, mas sim em razão da impossibilidade de se poder responsabilizar alguém, nessas condições, por faltar-lhe capacidade de autodeterminação. Assim, todas as demais reações emocionais e as próprias emoções que não alterem, com esta intensidade, a capacidade de entendimento do agente, é o que de fato nos interessa neste nosso estudo.

Superada esta fase, passemos, de fato, à análise da influência da personalidade nesta racionalidade das emoções. Comecemos, então, por dizer, que para alguém ser considerado culpado por sua conduta emocional é preciso que se trate de um comportamento inadequado e, ao lado disso, que seja também penalmente relevante. Isso significa dizer que não somos julgados efetivamente pelas nossas emoções ou simplesmente pelo nosso caráter ou personalidade, somos julgados, sim, pelo comportamento penalmente relevante que colocamos em curso.

Como defendemos até aqui, não somos marionetes ao sabor de nossas emoções. Somos seres pensantes que vivem, experimentam, controlam, e, até mesmo, manipulam as emoções e os comportamentos que com ela tenham alguma conexão. Mas se não somos meras máquinas emocionais, então o que de fato é o centro de controle do nosso comportamento?

Pensamos ser a nossa personalidade,[117] pois é a atitude interior frente ao nosso caráter, emoções e circunstâncias, que nos faz livres para decidir se, quando e como agir. É a personalidade que faz a integração entre corpo e alma, isto é, entre a atitude interior, caráter, estados mentais, emoções e o nosso comportamento. Somos livres frente às nossas emoções e ao nosso

---

[116] Um bom exemplo é a agorafobia, que consiste no medo de espaços abertos. Temendo os "perigos" desses locais abertos, os pacientes sentem-se impedidos de sequer saírem de casa, inexistindo, contudo, qualquer elemento de racionalidade nesta fobia, de modo que o simples aconselhamento ou a demonstração, por terceiros, ou pelo próprio paciente, da inexistência deste perigo, não têm o condão de fazer com que o indivíduo se livre da doença.

[117] Parece ser também esta conclusão a que chega SARTRE, 1972, p. 68-69 ao admitir que a personalidade profunda e o autodomínio são os responsáveis pelo controle de nossas emoções.

caráter;[118] e podemos, além disso, agir contraditoriamente diante de situações idênticas, mas sempre sendo racionais ou, pelo menos, assim o sendo na maioria das vezes.

É a partir dessa liberdade que torna possível censurarmos alguém, mesmo sabendo se tratar de uma pessoa colérica, mas que se absteve de procurar controlar sua emoção. Portanto, diante desta absoluta indiferença do agente quanto ao controle de suas emoções, caso venha a atuar tomado pela cólera, sem refrear a conduta ilícita que decorre do estado colérico,[119] justamente por não ter se postado frente ao problema, parece-nos clara a possibilidade do reconhecimento de sua responsabilidade penal,[120] tornando possível, por esta razão, conferir ao agente um maior grau de censura.

Defendemos, assim, que a personalidade é o centro vivo da racionalidade das emoções e que somos livres para decidir sobre nós mesmos, controlando, superando e manipulando nossas emoções. Mas como é que isto ocorre? Como demonstrar essa racionalidade emocional?

Iniciamos por dizer que, muitas vezes, ao sentirmos uma determinada emoção, como no caso do medo, tomamos algumas atitudes em consequência desta experiência emocional, as quais, com certa frequência, são compreendidas como uma espécie de atitude irracional. Entretanto, se aprofundarmos mais um pouco na análise deste comportamento, verificaremos que, na realidade, não se trata de uma conduta desprovida de razão, mas sim de uma ação consciente, racional e dirigida a um fim ajustado às próprias crenças e desejos do indivíduo.

Imaginemos alguém que desenvolve um quadro de claustrofobia e que, em razão disso, deixa de utilizar o elevador e passa a usar as escadas para chegar até seu apartamento. Aos olhos de um observador, que constata tratar-se de um elevador novo e com todos os equipamentos de segurança, o que torna possível realizar-se um pronto e imediato socorro a alguém que nele fique preso, analisa o comportamento do agente em subir e descer, diariamente, os vários degraus que o levam até seu apartamento, como algo irracional e inapropriado.

A atitude do agente, entretanto, ao evitar o uso do elevador, consiste num comportamento verdadeiramente racional. Para ele, apesar de saber da remota possibilidade de ficar preso no elevador e, mesmo que viesse a

---

[118] Neste sentido: LYONS, 1993, p. 256 ao dizer que "si cada una de las maneras que nos permiten ejercer un control sobre nuestras emociones puede dar lugar a cierto indeseable resultado, de modo que se pueda atribuir a la persona que tiene la emoción la responsabilidad de tal resultado, y si presuponemos la ausencia de circunstancias atenuantes en los caos que ejemplifican dichas maneras, se habrán entonces satisfecho las condiciones necesarias para culpar a alguien por sus emociones. Habremos demostrado que se puede culpar a alguien por sus emociones".

[119] Pessoa com temperamento emocional extremamente forte e instável, representando o oposto daquele indivíduo com personalidade calma e estável. Cf. EYSENCK, H. J. *Crime and personality*. London: Paladin, 1971, p. 48.

[120] No mesmo sentido: LYONS, 1993, p. 269; também verificamos esta visão em HOBBES, Thomas. *Leviatã*. São Paulo: Imprensa Nacional Casa da Moeda, 1995, p. 242, quando afirma que não haveria paixão tão súbita que possa servir de desculpa total, uma vez que o tempo existente entre o conhecimento da lei e a prática do ato há que ser levado em consideração como um tempo de deliberação, uma vez que cada indivíduo deve, ao meditar sobre a lei, fazer a correção da irregularidade de suas paixões.

ocorrer, está plenamente ciente da possibilidade do pronto e imediato socorro, sabe, todavia, que não consegue evitar o medo que tem de lugares fechados e, em razão disso, racionaliza esta emoção ao utilizar as escadas como forma de afastar-se da sensação desagradável que teria, caso decidisse usar o elevador.[121]

Podemos, ainda, nos desvencilhar de algumas emoções cuja base tenha se formado a partir de crenças e percepções errôneas sobre um determinado contexto. Além disso, é possível, ao contrário, mantermos viva uma emoção, inclusive intensificando a sua sensação e, assim, as reações emocionais dela decorrente. O ciúme é um bom exemplo desta intensificação racional das emoções.[122] As emoções, portanto, por poderem ser controladas, quando não patológicas, afasta-nos de um determinismo emocional que reputamos injustificado,[123] ao passo que torna possível uma maior ou menor censura em razão da ação emocionalmente motivada.

A responsabilidade penal e a censurabilidade da conduta criminosa dependem, portanto, da identificação da dimensão do humano que se exteriorizou na ação concreta, a fim de se perceber, através de pistas objetivas e circunstanciais, qual o motivo do comportamento criminoso. Neste contexto, concebemos uma teoria das emoções em que se é possível e, por isso mesmo, exigível, o autocontrole.

Exigir-se o autocontrole não significa que as emoções poderão ser sempre controladas, mas, ao contrário, que é possível ao agente, dentro das cir-

---

[121] Interessante exemplo é aquele proposto por LYONS, 1993, p. 258, quando cita que a clausura e a solidão da vida monástica é uma maneira racional de afastar-se de certas emoções como o amor sexual e, assim, dos desejos relacionados com esta emoção caso não fosse evitado o contato com mulheres; outro exemplo interessante nos é fornecido por SOLOMON, 2007, p. 41, quando traz o caso de um colega conhecido pelo "mau gênio" que sempre que se via ameaçado de perder uma discussão levantava-se e gritava, ameaçadoramente, a fim de intimidar e manipular todos aqueles que estavam ao seu redor. Solomon conclui deste episódio que as emoções são, até certo ponto, hábitos que podem ser aprendidos, como também produto da repetição e da prática; em NUSSBAUM, 2009, p. 39 podemos ver esta manipulação emocional quando afirma que *Agamêmnon* e *Etéocles* incitam a si mesmo, transformam e formam seus sentimentos, de modo a suportar e acompanhar a visão daquilo que importa.

[122] Também podemos enxergar na ira um outro bom exemplo da racionalidade das emoções, quando em SOLOMON, 2007, p. 46 verificamos que "a ira pode ser muitas vezes uma resposta razoável e racional à adversidade"; em NUSSBAUM, 2009, p. 41 podemos perceber a visão de racionalidade das paixões; imaginemos uma pessoa que após o rompimento de sua relação amorosa, ao invés de seguir com sua vida, passa a acompanhar todos os passos de sua ex-esposa, a fim de verificar com quem ela está saindo, se já está se relacionando amorosamente, quais são os seus pretendentes, se está feliz, enfim, cria uma espécie de círculo vicioso e que, ao acompanhar a atual vida de sua ex-esposa, a cada nova descoberta, a cada pista de que ela está feliz e retomando os destinos de sua vida, tais informações trazem uma maior intensidade ao ciúme que sente por sua ex-esposa. Assim, ao invés de esquecê-la e recompor sua vida, o indivíduo extremamente ciumento, racionalmente, faz exatamente o contrário, reforça a cada investigação da vida alheia um momento de reafirmação do seu ciúme e de intensificação do grau de sua experiência emocional.

[123] Somos responsáveis pelas nossas escolhas e, conforme bem assinalado por SARTRE, Jean-Paul. *L'Existentialisme est un humanisme*. Paris: Nagel, 1946, p. 24-26; no mesmo sentido: SOLOMON, 2007,, 1946, p. 80-81, "todo o homem que se refugia atrás da desculpa de suas paixões, todo homem que inventa um determinismo é um homem de má-fé"; em CAVALEIRO DE FERREIRA, 1958, p. 10 verificamos um pensamento similar, ao afirmar: "Ora é inegável que se a liberdade não pode existir sem a faculdade do seu uso, é bem verdade que esse uso traz consigo a possibilidade do bom ou mau uso, isto é do abuso"; toda escolha sempre envolverá uma escolha entre alternativas possíveis, onde a hipótese de um agente para quem tudo é possível mostra-se bastante rara. Cf. NUSSBAUM, 2009, p. 29.

cunstâncias de normalidade, controlar as suas emoções, ou melhor, suas reações emocionais. E assim o faz, de tal maneira, que uma ação ilícita cometida sob este contexto emocional não consiste num ato cego e sem sentido. Mesmo no impulso emocional há ainda uma avaliação, ponderação e decisão. Não obstante, mesmo se trabalharmos com a ideia de anormalidade, ainda assim estaríamos nos referindo àquelas situações concretas que levam o sujeito ao limite da razão na decisão pela ação justa.

A provocação é um importante exemplo de reação emocional desta natureza. Não há dúvida de que a provocação, bem como a reação dela decorrente, possui graus. Isso significa que uma provocação, ainda que injusta, mas dentro de circunstâncias de normalidade, admite uma ponderação pelo sujeito e, assim, a decisão pela alternativa mais justa[124] e, portanto, menos inadequada. Ao contrário, na esteira do pensamento de Horder, uma provocação excessiva e ultrajante pode levar o mais sensato dos homens a perder o autocontrole e praticar uma ação criminosa, sendo tal atitude avaliada, qualitativamente, de forma distinta daquela provocação mais simples e comum.[125]

No entanto, ainda que estejamos diante dessa hipótese extrema decorrente da provocação, mesmo assim estará o agente atuando movido pela razão, de modo que sua reação emocional deverá ser avaliada se foi adequada ou inadequada e o resultado desta avaliação terá consequência na graduação da culpa[126] ou, até mesmo, diante de uma situação concreta de extrema anormalidade, pode-se chegar à conclusão de tratar-se de uma hipótese de desculpa.

---

[124] Ao tratar dos dilemas morais, é preciso alertar que tais dilemas pressupõem alguma alternativa não proibida, do contrário, em sendo todas as alternativas proibidas, ingressaremos na questão da "moral luck". Ver melhor em: GREENSPAN, 1995, p. 10; "o agente é sempre livre para escolher um curso de ação que não seja moralmente mal". Cf. WRIGHT, 2010, p. 156, (nossa tradução); vemos também o dilema moral como centro do debate em NUSSBAUM, 2009, p. 30 e segs., quando trata do dilema enfrentado por *Agamêmnon* ao ter que decidir entre ofertar em sacrifício sua filha *Ifigênia* ou submeter seus homens e sua própria filha à morte provável; os dilemas morais são tratados a fundo pela filosofia, mas também encontramos referência na jurisprudência, destacando-se o caso *U.S. vs Holmes* (1842), em que a tripulação sobrevivente do naufrágio acabou decidindo por atirar ao mar 14 homens e 2 mulheres, a fim de manter o "lifeboat" flutuando. Disponível em: <http://supreme.justia.com/cases/federal/us/18/412/case.html>. Acesso em: 14 jul. 2012, 19:46:00.

[125] Cf. HORDER, Jeremy. *Provocation and responsibility*. Oxford: Clarendon Press, 1992, p. 98 e segs., quando este autor defende que a avaliação do estado da alma de uma pessoa provocada de maneira "trivial" contrasta diretamente com o estado de espírito de alguém que foi submetido a uma provocação grave, sob o ponto de vista da capacidade de controle de suas paixões; a jurisprudência do Supremo Tribunal de Justiça segue nesta orientação ao decidir que a "compreensível emoção violenta a que se refere o art. 133º do CP, corresponde a um forte estado de afecto emocional provocado por uma situação pela qual o agente não pode ser censurado e à qual também o homem normalmente 'fiel ao direito' não deixaria de ser sensível (...) O estado emocional há-de, assim, revestir gravidade ou peso suficientes para arredar o agente das suas intenções normais". Acórdão nº 22/07.0GACUB.E1.S2(STJ). Relator Sousa Fonte. Julgamento em 7/7/2010. Disponível em <http://www.stj.pt/jurisprudencia/basedados>. Acesso em 14 jul. 2012, 12:09:10.

[126] O Supremo Tribunal de Justiça decidiu que a pena do arguido deveria ficar "perto do seu limite mínimo", em razão da natureza provocatória de fatos que imediatamente antecederam o crime. Acórdão nº 22/07.0GACUB.E1.S2(STJ). Relator Sousa Fonte. Julgamento em 7/7/2010. Disponível em: <http://www.stj.pt/jurisprudencia/basedados>. Acesso em: 14 jul. 2012.

4.2. A culpa pela personalidade: justificativa ético-jurídica da necessidade de um direito penal para além do fato

Procuramos neste trabalho desenvolver um estudo que resgatasse e legitimasse a importância da personalidade ao juízo da culpa. Defendemos, também, seguindo a doutrina sustentada por Figueiredo Dias, que não há como se justificar uma culpa jurídico-penal sem que se leve em consideração o protagonismo do agente na realização de um fato típico e ilícito. Assim, o papel das emoções, da atitude pessoal, das disposições de caráter, dos projetos de vida, enfim, desse existir humano complexo hão de ser considerados quando da avaliação da ação criminosa.

Sustentamos, ainda, que a culpa pela personalidade se divorcia radicalmente da culpa caracterológica e das visões mais antigas da culpa do caráter, como também se mantém distante de qualquer outro modelo de culpa que se funde numa hipótese de direito penal do autor.

Isso decorre do fato da personalidade avaliada no juízo de culpa ser exatamente aquela que se materializou na ação concreta, constituindo, assim, a síntese dos múltiplos fatores subjetivos que se viram refletidos no fato. Assim, a culpabilidade que tem como fundamento a personalidade, há que ser considerada na sua completude, mas, mesmo assim, somente naquilo que se refletiu no fato criminoso.[127]

Não custa lembrar, todavia, que a avaliação da personalidade não é algo recente ou, até mesmo, desconhecido do direito penal. Ao contrário, frequentemente encontramos dispositivos legais que tratam expressamente da personalidade e de sua repercussão na medida da pena.[128]

Não obstante, parece-nos que algo ainda ficou a dizer, fazendo-se necessário, neste momento, estabelecermos, em concreto, em que consistiria a culpa pela personalidade que reputamos legítima e necessária ao direito penal.

Prosseguindo nesta análise e seguindo já para o final do nosso trabalho temos a certeza de que somente um modelo de culpa que envolva, de forma intensa e completa, todo o contexto subjetivo relacionado a uma determinada conduta criminosa, poderá representar, com justiça, a complexidade do comportamento humano.

---

[127] O Supremo Tribunal de Justiça, no acórdão nº 262/02, ao analisar o desvalor da ação para fins de constatação da especial censurabilidade ou perversidade do agente, levou em consideração a necessidade da constatação daquilo que de desvalioso da personalidade do arguido se viu plasmada no fato ("nem sequer se pode concluir que no facto esteja plasmada qualquer característica especialmente desvaliosa da personalidade do arguido"). Neste caso concreto, então, por não ter sido possível "afirmar existir um qualquer especial e mais acentuado desvalor da atitude do agente", concluiu o STJ pela configuração do delito de tentativa de homicídio simples, afastando-se a hipótese de tentativa de homicídio qualificado. Disponível em: < http://www.stj.pt/ficheiros/jurisp-sumarios/contencioso/contencioso2000-2009.pdf>. Acesso em: 29 jul. 2012; em sentido contrário: STRATENWERT, 1980, p. 69, ao afirmar que a análise completa da personalidade, tanto no tocante à culpabilidade, como em relação à prevenção especial, somente aumentaria a insegurança que há na individualização da pena.

[128] Código Penal português (art. 71); Código Penal brasileiro (artigos 44, 59, 67, 71 e 77); Código Penal alemão, (art. 46).

Não podemos ter este olhar multiverso sem nos apercebermos do homem que está por detrás do fato criminoso. E é exatamente esta a justificação de uma concepção de culpa que se sustente para além do fato praticado, ou seja, para além da mera objetividade e frieza de uma análise puramente factual do delito. Uma verdadeira interpretação do crime deve, por assim dizer, identificar numa determinada infração penal a pura expressão de seu autor, da sua personalidade, sem, contudo, tomá-la em consideração isoladamente, ou seja, alheia ao próprio ato.[129]

As críticas que recaem sobre esta concepção de culpa ancoram-se na valorização demasiada de doutrinas preventivistas, com uma considerável redução da importância da culpa enquanto pressuposto do crime e fundamento da pena. Podemos enxergar uma visão dessa natureza em Stratenwerth quando defende uma espécie de superação do princípio da culpa pela prevenção, a fim de conferir uma maior racionalidade ao tratamento da pena.[130]

Podemos identificar, também em Roxin, certa desvalorização da função da culpa no direito penal moderno, ao afirmar que a responsabilidade penal necessita de um elemento para além da culpa, que seria a necessidade preventiva, apesar de deixar claro que esta necessidade não poderia ser fixada em contradição com o princípio da culpa.[131]

Apesar disso, segundo pensamos, Roxin comete o mesmo engano que constatamos em Stratenwerth, pois traz como objeção principal a indemonstrabilidade da culpa da personalidade, definindo-a como uma espécie de possibilidade enquanto crença filosófica, mas que jamais poderia servir como base de uma concepção empírico-racional do direito penal.[132]

Posição interessante é aquela defendida por Jakobs, que ao tratar da culpa pela condução de vida, apesar de manter uma postura claramente contrária à de que uma vida pregressa culpável possa ser levada em consideração para aferição da responsabilidade penal, admite, por outro lado, que na imputação de fatos típicos deve-se indagar sobre os motivos que levaram ao seu surgimento.[133]

---

[129] "O que está subjacente a tal ideia não é já uma responsabilidade para além do acto e independentemente dele, mas antes a referência a uma condição de identidade e pessoalidade no acto, com o qual o princípio da legalidade não colidiria". Cf. PALMA, 2005, p. 127.

[130] STRATENWERTH, 1980, p. 85 e segs.; uma posição intermédia é a de que somente a culpa e as necessidades preventivas podem, juntas, desencadear a responsabilidade penal. Cf. ROXIN, Claus. *Strafrecht: allgemeiner teil*. München: C. H. Beck'sche Verlagsbuchhandlung, 1997, p. 726: "(...) dass nur Schüld und Präventionsbedürfnis gemeinsam eine Strafsanktion auslösen Könen"; crítica à tentativa da doutrina mais moderna em substituir a culpa por razões de intimidação e prevenção em FIGUEIREDO DIAS, Jorge de. *Responsabilidade pelo resultado e crimes preterintencionais*. Coimbra: 1961. Trabalho apresentado para exame do Curso Complementar de Ciências Jurídicas na Faculdade de Direito da Universidade de Coimbra, p. 4.

[131] ROXIN, 1997, p. 726-727; censurabilidade como condição necessária, mas não suficiente à responsabilidade penal podemos ver também em ROXIN, 1991, p. 510.

[132] ROXIN, 1997, p. 737; também em ROXIN, 1991, p. 519, criticando a visão existencialista de FIGUEIREDO DIAS, afirma que consistiria a culpa da personalidade numa suposição impossível de se comprovar, assim como ocorre com o poder de agir de outra maneira.

[133] JAKOBS, Günther. *Derecho penal*: parte general. Trad. de Joaquim Cuello Contreras e José Luis Serrano Gonzalez de Murillo. Madrid: Marcial Pons Ediciones Jurídicas, 1995, p. 592.

Não podemos, todavia, subscrever entendimento dessa natureza. Não alinhamos, portanto, com o pensamento penal que entende faltar à culpa a racionalidade exigida ao direito penal moderno, diante da suposta impossibilidade empírica de se ingressar na individualidade do agente para verificar se ele poderia ou não ter agido de outra maneira, o que tornaria impossível uma "real individualização".[134] Sem embargo, entendemos haver uma flagrante impropriedade nesta objeção quanto à impossibilidade de verificação daquilo que de mais íntimo e interior do indivíduo se materializou no fato criminoso.[135]

Convivemos num mundo em que a existência concreta de algo depende, necessariamente, da implementação de uma certa causa. Assim ocorre, também, com os raciocínios relacionados à compreensão dos fatos.[136] Dessa maneira, para verificarmos a vontade do agente, seus motivos, sua intenção e as emoções que estiveram presentes no seu processo decisório, não precisamos dirigir nossa observação para o íntimo da sua personalidade,[137] mas sim, para aquilo que desta personalidade se expressou na sua ação concreta. Desse modo, toda a inferência resultante a respeito da multidão de fatores interiores que levaram o agente à ação constituem uma decorrência natural da projeção de nossa própria memória e percepção[138] acerca do comportamento humano.

Assim, quando analisamos um determinado comportamento, podemos inferir da visão do ato concreto e suas circunstâncias a essência motivacional projetada pelo seu autor. No fundo, é através do comportamento de alguém que nos permite enxergar a sua alma.[139] Tanto assim o é que não precisamos avaliar intimamente o agente para perceber o que de autêntico se expressou no fato criminoso e o quão censurável é a sua personalidade.

Pretendendo tornar mais clara esta nossa argumentação, analisemos a forma com que Wittgenstein[140] tratou das imagens mentais, ao citar o exemplo de um ator que deveria desempenhar numa peça o papel de uma pessoa que sente dor, mas que as esconde, sem que lhe fosse fornecida nenhuma indicação do que deveria fazer. Assim, a construção da imagem mental feita

---

[134] STRATENWERTH, Günther. *Derecho penal I*. Trad. de Gladys Romero. Madrid: Edersa Editoriales de Derecho Reunidas, 1982, p. 164-165.

[135] Cf. MARCEL, 1964, p. 64-65, (nossa tradução), quando defende que não se deve tratar os fatos como se fosse algo que estivesse "fora de mim", como se "o corpo material fosse exterior ao meu corpo".

[136] Cf. HUME, David. *Essays and treatises*. Edinburgh: Bell & Bradfute, 1804. 2v, p. 26.

[137] Citando Wittgenstein, PALMA, 1981, p. 115 admite que "a fundamentação de validade de uma afirmação sobre a experiência que só o sujeito tem não pode ser a própria observação desse sujeito, porque isso nunca permitiria justificar o seu ponto de vista perante os outros".

[138] Esta percepção foi muito bem delineada por HUME, 1804, p. 26-27, quando, exemplificando tal compreensão da realidade, afirmou que se perguntarmos a alguém por ele acredita numa questão de fato que se encontra ausente, esta pessoa lhe daria uma razão e tal razão seria sempre um outro fato. Prosseguindo, Hume diz que se encontramos um relógio numa ilha deserta, concluiremos que, anteriormente, um homem já esteve naquela mesma ilha. Tal raciocínio implicaria na suposição constante da conexão existente entre um fato presente e um outro fato inferido a partir da realidade que vivenciamos.

[139] WITTGENSTEIN, Ludwig. *Tratado lógico-filosófico e investigações filosóficas*. 5. ed. Trad. de M. S. Lourenço. Lisboa: Fundação Calouste Gulbenkian. 2011, p. 383-384.

[140] WITTGENSTEIN, 2011, p. 396.

pelo ator, para alcançar tal expressão corporal exigida para a cena, acontece de maneira semelhante à imagem mental que podemos inferir da reprodução de um determinado comportamento humano.[141] E é exatamente a partir deste processo mental que poderemos chegar à censurabilidade ou não de um determinado indivíduo em razão do cometimento de alguma infração penal motivado por certa emoção.

Sobre esse aspecto, entendemos ser necessário trazermos à discussão o argumento desenvolvido por Wright, no tocante à explicação e entendimento das ações humanas, especificamente quando aborda as inferências práticas, que é aquilo que de fato nos interessa neste momento.

A pergunta que estamos tentando responder, como já dissemos, é se podemos identificar uma intenção ou uma emoção a partir da ação concreta. Entendemos que para se constatar uma determinada emoção ou intenção não precisamos ingressar na esfera íntima do agente, mas sim voltarmos nossa análise para os atos exteriores decorrentes da ação e, com isso, chegarmos até sua intenção e à atitude cognitiva relacionadas com meios e fins.[142]

Os caminhos para se chegar a esta inferência do *inner* a partir do *outer*, como bem delineado por Wright, são muitos. Assim, o contexto cultural a que pertence o agente, suas experiências vividas e suas próprias disposições de caráter, por exemplo, são elementos que permitem inferirmos se o agente pretendeu realizar uma determinada ação e com a intenção de provocar um certo resultado.[143]

Apesar de não se tratar de uma suposição irretocável e definitiva, funda-se numa analogia que dispõe de certa segurança, o que não coloca esta inferência num patamar de desigualdade em relação às demais.[144] Tanto isto é verdade que o comportamento verbal do agente em apresentar sua intenção ou representar a emoção a que estava submetido no momento em que decidiu praticar um determinado ato, não significa, de nenhuma maneira, uma maior segurança para se conhecer o aspecto interior do que qualquer outro tipo de observação do comportamento intencional.[145]

---

[141] É importante frisarmos que a interpretação do comportamento humano não tem o condão de desvendar, com exatidão, o fenômeno íntimo vivido por uma pessoa, conforme bem esclarecido por Fernanda Palma: "como fenômeno interno só observável por quem o vive, a volição, assim como a dor ou qualquer sentimento será sempre uma experiência particular inapta a ser comunicada e nunca se poderia ter a certeza que a 'minha experiência particular' de volição ou de dor teria alguma coisa de comum com a experiência alheia, de forma a poder identificar-se ambos os estados sob a mesma palavra". PALMA, 1981, p. 114.

[142] WRIGHT, Georg Henrik Von. *Explanation and understanding*. London: Routledge&Keagan Paul, 1971, p. 109.

[143] Ibid., p. 111; as diferenças entre as relações intrínsecas (consequências) e causais (resultado) das intenções, Cf. WRIGHT, 2010, p. 150-154.

[144] No exemplo de WRIGHT, 1971, p. 112-113, sobre o sujeito que grita por socorro ao estar dentro d'água isto fica bem claro, pois a mesma falibilidade de inferirmos que o sujeito grita porque está se afogando e acreditarmos ser o seu ato de gritar uma forma necessária e/ou suficiente para que seja salvo por alguém, o sujeito que grita por socorro poderia muito bem estar mentindo ou simulando estar se afogando, de modo que esta inferência prática, mesmo numa hipótese de aparente certeza quanto à interpretação correta dos fatos, poderá configurar-se num verdadeiro equívoco.

[145] O único método direto de verificação dos aspectos internos de uma pessoa seria a própria consciência do agente a respeito de suas intenções: "only I can know what I intend and what I think is needed for the realization of the object of my intention". Ibid., p. 114.

Indo mais além, Wright afirma que mesmo quando analisamos nosso próprio comportamento, o conhecimento que temos de nós mesmos é tão externo e indireto como o conhecimento de uma terceira pessoa sobre nós, sendo este, inclusive, um critério até mesmo mais seguro de se inferir as verdadeiras intenções que motivaram uma determinada ação. O que Wright alerta, de forma decisiva, é que não somos nós os melhores juízes de nossas intenções ou de nossa atitude.[146]

Para se chegar a esta conclusão, não podemos destacar o indivíduo do meio social em que está inserido. O comportamento intencional não possui uma dimensão privada, estando, ao contrário, diretamente relacionado com a linguagem pública. Neste momento, não podemos deixar de convocar, novamente, o pensamento de Wittgenstein no tocante ao argumento contrário à linguagem privada,[147] devendo-se levar também em consideração a denominada "ilusão da primeira pessoa".

Caso o argumento do tipo "eu sei mais do que o outro acerca dos meus estados mentais" fosse verdadeiro, estaríamos crendo na possibilidade da existência de uma linguagem privada. E sendo isso verdade, não poderíamos, através da linguagem pública,[148] expressar nosso conhecimento acerca destes mesmos estados mentais, uma vez que seria, pelos demais, incompreensível.

Não é isso que pensamos ocorrer, pois, ao contrário, acreditamos que a partir da perspectiva de uma terceira pessoa é possível penetrar no significado dos fenômenos mentais complexos do agente, inclusive no tocante às percepções, desejos, emoções e intenções.

Uma intenção, por exemplo, não é algo que se encontra sepultado no íntimo de cada indivíduo e dissociado dos demais membros da comunidade, uma vez que a linguagem se encontra absolutamente conectada com nossas ações e a forma com que nos relacionamos com o mundo.[149] Ao contrário, a intenção encontra-se "imersa nos costumes e nas instituições dos homens"[150] ou, em outras palavras, a intenção não é algo que se encontra fora ou por detrás do próprio comportamento humano,[151] o que, na prática, consiste na

---

[146] Ibid., p. 114; podemos verificar consideração semelhante em PALMA, 2002, p. 801, ao afirmar que "(...) a fundamentação da validade de uma afirmação sobre uma experiência que só o sujeito tem não pode ser a própria observação desse sujeito, porque isso nunca permitiria justificar o seu ponto de vista perante os outros".

[147] Não podemos deixar de citar a passagem de WITTGENSTEIN, 2011, p. 197-199, quando critica o pensamento de Santo Agostinho, definindo como uma espécie de mito a afirmação de que a criança seria como um recém-chegado em terra estrangeira, que já possuiria uma linguagem privada, só não conseguiria expressar-se perante este novo mundo, em razão de ser possuidor de uma linguagem distinta. Diz WITTGENSTEIN que isto seria como "se a criança já pudesse pensar, apenas não pudesse falar. E 'pensar' aqui quer dizer 'falar para si próprio'".

[148] O próprio ensino da palavra já suscita ou expõe uma espécie de socialização da própria linguagem. Cf. WITTGENSTEIN, 2011, p. 175-176.

[149] MARANHÃO, Juliano S. A. "Von Wright's therapy to Jorgesen's syndrome". *Law and Philosophy*, Netherlands, n. 2, v. 28, mar-2009, p. 175.

[150] WITTGENSTEIN, 2011, p. 374.

[151] WRIGHT, 1971, p. 115.

possibilidade de verificação desta intenção, das emoções e da própria personalidade do agente através da interpretação da conduta.

Diante deste argumento de que não precisamos dissecar o íntimo do sujeito para identificar a personalidade refletida na ação concreta, o comportamento passa a figurar como a projeção da alma, ou melhor, é através do comportamento emocional que reconhecemos corpo e alma como elementos conciliáveis do existir humano.

Ocorre-nos, todavia, uma indagação por demais pertinente: se é no comportamento que identificamos as emoções, como chegarmos, com a certeza que é necessária ao direito penal, à emoção sentida e experimentada pelo agente, já que uma mesma alteração fisiológica, ou, ainda, uma sequência de mudanças corporais desta natureza, podem significar experiências emocionais distintas?[152]

Aqui, não há como se chegar a uma resposta sem partirmos do comportamento emocional (conclusão) para desvendarmos a intenção e as emoções que desencadearam a ação (premissas), através do modelo de inferência prática defendido por Wright.[153] É através do comportamento humano que iremos buscar o seu sentido e razão e, ainda assim, estaremos analisando a realidade.

Não se trata, entretanto, de uma interpretação espiritual das ações humanas, mas sim de uma interpretação prática. Consiste, portanto, numa análise que busca algum sentido dentro do comportamento emocional, em que se seguindo as pistas deixadas pelo sujeito, ao expressar-se emocionalmente, bem como as circunstâncias que o levaram àquela reação emocional, torna-se possível identificar a emoção vivida.[154]

Sabemos que as emoções interagem com as intenções e que são elas que se projetam nas ações. Não obstante, da mesma forma que os desejos podem desempenhar uma função preponderante na projeção da intenção criminosa,

---

[152] Neste ponto não podemos deixar de recorrer à LYONS, 1993, p. 86 em razão da clareza de suas palavras ao explicitar a dificuldade em se relacionar as reações fisiológicas com a emoção correspondente. Exemplificando, Lyons apresenta a situação de dois sujeitos que conversam entre si durante uma festa, quando chega à cena uma mulher. Imediatamente, um dos sujeitos começa a reagir fisiologicamente ("se pone tenso, se balancea sobre los pies, juguetea con la copa, se le enciende el rostro, y sus maneras y el tono de su voz se vuelven repentinamente mucho más bruscos"), sem, porém, conseguir-se decifrar o porquê daquelas reações, a não ser que se trata de uma emoção decorrente da presença de uma mulher que interrompeu a conversa entre os dois homens. O autor segue afirmando que aquelas mesmas reações poderiam significar ódio, paixão, medo, vergonha. Por fim, conclui dizendo que a conduta, os gestos, as expressões faciais seriam apenas pistas para identificar a emoção sentida, mas o que de fato é determinante seria saber como o sujeito que se emociona avalia uma situação concreta, ou seja, qual teria sido a sua percepção diante daquela situação concreta.

[153] "When we want to explain behavior teleologically we start, so to speak, from the conclusion and work our way back to the premises. In normal cases we start from the fact that an action has been accomplished and can thus take it for granted that the agent also 'set himself' to do it". Cf. WRIGHT, 1971, p. 119.

[154] Recorrendo, mais uma vez, a LYONS, 1993, p. 86, chegamos à conclusão do exemplo que citamos na nota 152, quando esse autor arremata dizendo que se tomássemos conhecimento, por exemplo, que aquela mulher teria sido a pessoa que, durante a guerra, entregou um dos homens à *Gestapo*, a emoção sentida seria ódio; se se tratasse da pessoa que estava disposta a denunciá-lo por roubar a prata da casa onde se realizava a festa, trataria do medo; se, finalmente, a mulher acabara de recusar sua proposta de matrimônio, seria vergonha.

poderemos, ao contrário, chegar à ação, mesmo sem tal desejo, bem como será possível, ainda, desejar-se algo sem termos a intenção de fazê-lo.[155]

Mas então, se assim o é, como poderemos relacionar estes desejos, emoções e intenções com as ações concretas?

Pensamos que esta projeção do elemento intencional na ação é explicada pela nossa atitude pessoal perante nós mesmos e as circunstâncias. É a partir de nossos desejos e emoções que projetamos nossas ações. Nesse atuar subjetivo confabulamos com nós mesmos, ponderamos nossas intenções, vivenciamos internamente nossos desejos e emoções para, somente então, decidirmos pela ação.

Somos livres dentro desse processo mental para agirmos dessa ou daquela maneira, vivenciando nossos desejos e crenças, ponderando nossas intenções e decidindo pelo nosso comportamento. Se agimos de forma consciente, ponderando e decidindo livremente por alguma das alternativas possíveis, poderemos, então, concluir que escolhemos um determinado resultado pelo qual somos responsáveis.[156] Assim, somos livres por decidir agir de uma determinada maneira, mas, sobretudo, por decidirmos não agir dessa ou daquela forma, mesmo quando, sob o pondo de vista causal, as nossas crenças, desejos, impulsos e emoções nos levariam a um comportamento diferente.[157]

Seguindo ainda nesta linha de pensamento, podemos afirmar que até mesmo as intenções inconscientes constituem uma expressão dos nossos próprios desejos. O agir amparado numa intenção não consciencializada não implica que estamos sendo levados pelos nossos desejos e que não dominamos as nossas próprias intenções. Na realidade, pensamos ser exatamente o contrário, pois nosso próprio inconsciente pondera e projeta na realidade o desejo autêntico que teimamos em negar.

Dessa forma, continuamos sendo nós mesmos e fazemos exatamente o que intencionamos fazer, ainda que de forma sub-reptícia, como se estivéssemos "pregando uma peça" em nós mesmos, conforme podemos constatar nos casos tratados por Freud[158] quando estudava "o esquecimento de impressões e conhecimento".

---

[155] PALMA, 1981, p. 123.

[156] HART, 1970, p. 121-122.

[157] Em FIGUEIREDO DIAS, 1995, p. 164-165, a personalidade que se atualiza no fato é que será, no final, digna de censura.

[158] Um desses casos explica com clareza a intenção inconsciente como atuação legítima de nosso "eu" autêntico, cuja citação transcrevemos: "Ao se despir à noite, um paciente cujo tratamento psicanalítico foi interrompido pelas férias de verão, num período em que ele se achava num estado de resistência e mal-estar, colocou seu molho de chaves, ao que lhe pareceu, no lugar habitual. Lembrou-se então de que havia mais algumas coisas de que precisava para sua viagem no dia seguinte – último dia do tratamento e data de pagamento dos honorários –, e foi buscá-las na escrivaninha, onde também pusera o dinheiro. Mas as chaves haviam desaparecido. Ele começou a empreender em sua pequenina casa uma busca sistemática, porém com agitação cada vez maior... e nada de êxito. Por reconhecer no 'extravio' das chaves um ato sintomático, isto é, algo feito intencionalmente, acordou seu criado para poder prosseguir na busca com o auxílio de uma pessoa 'imparcial'. Depois de mais uma hora, desistiu, temendo haver perdido as chaves. Na manhã seguinte, encomendou chaves novas do fabricante da escrivaninha, sendo estas feitas para ele a toda pressa. Dois amigos que o haviam acompanhado à casa no mesmo táxi acreditaram lem-

Defendemos, portanto, que para se identificar a subjetividade projetada na ação não se faz necessário ingressarmos no íntimo do agente, sendo preciso, ao contrário, voltarmos o nosso olhar sobre o comportamento humano e suas circunstâncias. Está no fato concreto a chave para a interpretação da personalidade humana, quando corpo e alma formam uma unidade incindível,[159] de maneira que a ação representará a personalidade atualizada do agente e o exercício pleno de sua liberdade, mas não uma liberdade sem sentido, como bem rechaçado por Figueiredo Dias, mas sim uma liberdade com sentido e conteúdo, que se apresenta como uma liberdade perante o mundo e perante si mesmo.

Independentemente das críticas, defendemos que se encontra justamente na culpa ético-jurídica fundada na personalidade a elevação do homem ao patamar de "centro do mundo"[160] ou, noutras palavras, é da escolha sobre nós mesmos que afirmamos, ao mesmo tempo, o valor das nossas escolhas, daí por que o homem, ao proceder com uma decisão tão original, torna-se responsável pelo que é e por aquilo que se tornou, sendo totalmente responsável pela sua existência.[161]

Assim, para nós, e é no que acreditamos, não há como se construir um direito penal alheio à culpa e, mais ainda, que não encontre, no indivíduo, a explicação racional do comportamento humano. Deste modo, como bem argumentado por Figueiredo Dias, "todo direito penal é um direito penal de culpa".[162] Além disso, a culpa jurídico-penal encontraria na existência humana a sua raiz axiológica, em que a valoração ética do indivíduo, a partir do

---

brar-se de ter ouvido alguma coisa tilintar no chão quando ele desceu do carro. Ele estava convencido de que as chaves haviam caído de seu bolso. Naquela noite, o empregado, triunfante, apresentou-lhe as chaves. Tinham sido encontradas entre um livro grosso e um folheto fino (trabalho de um de meus alunos) que ele queria levar para ler nas férias, e estavam colocadas com tanta habilidade que ninguém suspeitaria que estivessem ali. Depois, foi-lhe impossível recolocá-las de maneira a ficarem igualmente invisíveis. A destreza inconsciente com que se extravia um objeto por motivos ocultos, mas poderosos, faz lembrar muito a 'certeza sonambúlica'. O motivo, como se poderia esperar, era o mal-estar pela interrupção do tratamento e raiva secreta por ter de pagar honorários elevados quando se sentia tão mal". FREUD, Sigmund. *Sobre a psicopatologia da vida cotidiana*. Trad. de Elsa V. K, p. Susemihl. Rio de Janeiro: Imago Editora, 1996, p. 84. 6v; a noção de inconsciente como algo distinto daquilo que é desconhecido, mas somente psiquicamente desconhecido, podemos ver em BRUMLIK, que em seu desenvolvimento sobre o pensamento de JUNG afirma que "o inconsciente é deste modo definido como uma segunda estrutura de personalidade ainda não conhecida, reconhecível em princípio pelas suas aspirações. Distingue-o, sem dúvida, um outro aspecto, acessível à consciência, mas não à arbitrariedade, a "numinosidade" – um conceito extraído por C. C. Jung da fenomenologia comparatista das religiões de Rudolf Otto. Cf. BRUMLIK, M. *Jung no centro do mundo*. Trad. de Fernando Ribeiro. Lisboa: Planeta Editora, 2007, p. 56; para ver melhor sobre comportamentos intencionais em que se dispensa a consciência: PALMA, 1981, p. 128; Cf. PALMA, 2002, p. 808; as ações mesmas não seriam inconscientes, somente não haveria a consciência de si próprias. Cf. SARTRE, 1972, p. 82.

[159] Em MARCEL, 1964, p. 86-87 podemos enxergar visão aproximada à de Figueiredo Dias ao criticar a concepção dualista da existência humana, em que corpo e alma seriam realidades distintas entre si, numa relação entre sujeito e predicado; mesma crítica em RICOEUR, 1960, 2v, p. 261.

[160] FIGUEIREDO DIAS, 1961, p. 10.

[161] SARTRE, 1946, p. 24-26; no mesmo sentido: SOLOMON, 2007, p. 45, quando afirma que as emoções não são apenas formas de manipular o outro, como também uma maneira de manipular a si mesmo, sendo, portanto, um instrumento de transformação da nossa maneira de ver o mundo.

[162] FIGUEIREDO DIAS, Jorge de. *O problema da consciência da ilicitude em direito penal*. 2. ed. Coimbra: Coimbra Editora, 1978, p. 177.

que de mais autêntico se refletiu no seu comportamento, é que vai fundamentar a responsabilidade penal.

Conforme dissemos, é justamente na contradição entre o comportamento concreto e o dever de promoção do ser-livre de onde retiramos o fundamento ético da culpa.[163] A culpa fundada na personalidade, diferentemente do que pensa parte da doutrina, ultrapassaria as fronteiras do metafísico, aproximando-se, assim, daquela liberdade existencial que caracterizaria o "ser total que age".[164]

A culpa, portanto, deve transferir seu centro de gravidade do ato para o sujeito, encontrando nesta subjetividade a justificativa para a sua formação e graduação. Entretanto, vale aqui o alerta de Figueiredo Dias, este enfoque existencialista não significa a transferência de uma responsabilidade pelo fato para uma responsabilidade pela personalidade.[165]

Ao construir a sua personalidade, ao conformar sua própria existência, o homem exercita a sua decisão de ser-livre, cuja realização transcende à mera individualidade para encontrar ressonância na sua existência social. E nesta realização do ser-livre há que se cumprir com o dever existencial de agir de acordo com a ética, pautando seu comportamento segundo os valores de exortação da existência digna, devendo atuar conforme os valores de realização de si mesmo e dos demais.

Esta decisão, contudo, não se limita ao universo íntimo do ser. Mais do que isto, tal decisão ultrapassa as fronteiras do "eu" para atingir os limites do "nós".[166] E é exatamente neste momento, quando o dever-ser existencial se realiza na ação concreta, que se confrontará esta decisão existencial com os valores do direito, os quais se encontram acessíveis a todos os homens.[167]

Deste modo, é na decisão do ser-livre, centralizada na personalidade total do agente, que reside o fundamento ético de censura da ação humana que venha a violar ou por em perigo um bem jurídico-penal. Contudo, não há que se vincular tal juízo de censura a uma mera "tradução dos valores do Direito no sistema de valores ético-afectivos do agente",[168] conforme alertado por Fernanda Palma, mas, ao contrário, deve-se levar em consideração a

---

[163] FIGUEIREDO DIAS, 2001, p. 232.

[164] Ibid., 2001, p. 237; Parece-nos aproximar desta visão complexa que envolve fato e personalidade a decisão do Supremo Tribunal de Justiça no Proc. nº 28/09, quando afirma que não apenas os fatos, mas também a personalidade do agente, devem ser considerados, em conjunto, para a obtenção "da dimensão e gravidade global do comportamento delituoso do agente".

[165] "Do que se trata é tão-só de substituir a adscrição da culpa, sempre na base do facto, não à vontade que a este presidiu, mas ao carácter ou à personalidade que no facto se exprime". Cf. FIGUEIREDO DIAS, 2001, p. 239.

[166] Em FIGUEIREDO DIAS, 2001, p. 241 constatamos a defesa de que sua concepção de liberdade existencial residiria naquilo que denomina de "viragem do pensamento para a antropologia filosófica e a nova compreensão do 'eu' da consciência possibilitada por uma nova impostação do problema da oposição sujeito/objeto mostraram com clareza que o 'lugar' da liberdade vem a cobrir-se com a mais radical e originária das realidades: o existir humano"; Cf. MARCEL, 1964, p. 265.

[167] RICOEUR, 1960, 1v, p. 78.

[168] PALMA, 2005, p. 230-231.

perspectiva do agente concreto, seus projetos, desenvolvimento, fragilidades e oportunidades nesta sua abertura ao mundo e aos valores.

E nesta avaliação, reafirmamos, há que se pautar sempre dentro dos limites daquilo que de mais autêntico se refletiu no fato, consolidando, assim, um modelo de culpa jurídico-penal que se constrói e se limita na conduta, mas que se projeta para além dela, atingindo a personalidade atualizada e desvaliosa que se refletiu na ação concreta.

5. Conclusão

A pesquisa que desenvolvemos neste trabalho procurou reconhecer a personalidade do agente como centro racional das emoções vividas e atitude pessoal do ser-livre frente aos seus motivos e circunstâncias. A personalidade, portanto, constitui o substrato ético da culpa jurídico-penal, conferindo sentido, justiça e racionalidade à censura do agente que não apenas necessita, mas exige ser reconhecido enquanto pessoa.

Esse reconhecimento passa, logicamente, pela investigação mais ampla possível de seus motivos, emoções e intenções. Não se trata, todavia, de um retorno aos modelos ultrapassados de perigosidade, que em tempos remotos justificaram algumas construções da "culpa do caráter". Consiste, ao contrário, na promoção do ser-livre que não age ao acaso, tampouco é indiferente em relação à sua existência no mundo.

Não pretendemos, e isso procuramos deixar bem claro, que tal modelo de culpa deva ser empregado como um incremento do poder punitivo ou como um mecanismo de ampliação dos limites do juízo de censura. Ao contrário disso, o que buscamos alcançar foi justamente encontrar um argumento que pudesse reconduzir o indivíduo ao centro da avaliação ético-jurídica do seu comportamento. A nossa intenção, portanto, é reforçar a importância da culpa jurídico-penal e, com isso, tornar possível encontrar um patamar de maior justiça na avaliação ético-jurídica do criminoso.

O homem não pode divorciar-se da sua história, convicções, caráter e emoções. O comportamento humano penalmente relevante não consiste, portanto, num atuar divorciado da sua essência enquanto ser-livre. Há que se avaliar a personalidade que se viu refletida no fato ilícito, mas não para se atingir uma determinada finalidade preventiva, tampouco servir-se de instrumento para implementar um maior rigor na retribuição penal. Longe disso, o que pretendemos é a concretização de um julgamento justo, que não poderia ocorrer se separássemos o sujeito da ação por ele praticada.

E nesse nosso percurso, não concordamos com a crítica de parte da doutrina penal acerca da inverificabilidade dos estados mentais, das emoções e dos demais fenômenos interiores presentes em cada indivíduo. Trata-se de um equívoco imaginar ser preciso dissecar o indivíduo para poder compreender sua atitude pessoal perante o mundo ao praticar o ilícito-típico.

O ser humano e sua compreensão passam, necessariamente, pela análise dos seus aspectos exteriores, através dos quais será possível chegar-se ao interior do indivíduo. É esse o modelo que reputamos adequado à construção de um direito penal mais justo, que explica e compreende o delito como um produto final do comportamento intencional do agente, sendo, portanto, imprescindível enfatizar-se, na análise do crime, a personalidade e as emoções que motivaram uma determinada conduta criminosa.

Bibliografia

AMBOS, K. "A liberdade no ser como dimensão da personalidade e fundamento da culpa penal – sobre a doutrina da culpa de Jorge de Figueiredo Dias". *Boletim da Faculdade de Direito*, Stvdia Ivridica, Universidade de Coimbra, Coimbra, v. 1, n. 98, 2009.

ARISTÓTELES. *Ética a Nicómaco*. Trad. de Antônio de Castro Caeiro. Lisboa: Quetzal Editores, 2009.

——. *Ética a Eudemo*. Trad. de J. A. Amaral e Arthur Mourão. Lisboa: Tribuna da História edição de livros e revistas, 2005.

BETTIOL, Giuseppe. "Sul dirito penale dell'atteggiamento interiore". *Rivista Italiana di Diritto e Procedura Penale*, Milano, ano XIV, 1971, p. 3-17.

——. *Direito Penal*: parte geral. 7. ed. São Paulo: Ed. Revista dos Tribunais, 1971.

BOCKELMANN, Paul; VOLK, Klaus. *Direito penal: parte geral*. Trad. de Gercélia Batista de Oliveira Mendes. Belo Horizonte: Editora Del Rey, 2007.

BRUMLIK, Micha. *Jung no centro do mundo*. Trad. de Fernando Ribeiro. Lisboa: Planeta Editora, 2007.

CASSIRER, Ernest. *Antropologia filosofica*. México: Fondo da Cultura Económica, 1945.

CORREIA, Eduardo. "Código penal: projecto da parte geral". *Boletim do Ministério da Justiça*, n. 127, 1963.

——. *Direito criminal*. Coimbra: Armenio Amado, 1953. (Colecção Studium: temas filosóficos, jurídicos e sociais, 71).

——. *Direito Criminal*. Coimbra: Almedina, 2008. 1v.

——. "Introdução (Lição nº 1)". In: *Ciências criminais*. Lisboa: João Abrantes, 1976.

——. "A influência de Franz V. Liszt sobre a reforma penal portuguesa". *Boletim da Faculdade de Direito da Universidade de Coimbra*, Coimbra, v. 46, 1971, p. 3-38.

——. *Teoria do concurso em direito criminal*: pena conjunta e pena unitária. Coimbra: Tipografia da Atlântida, 1948.

CURADO NEVES, João Luís U. *A problemática da culpa nos crimes passionais*. Lisboa: Faculdade de Direito da Universidade de Lisboa. 2006. Tese de Doutoramento.

DAVIDSON, Donald. *Essays on actions and events*. 2. ed. Oxford: Clarendon Press, 2001.

DIAS, Jorge de Figueiredo. *Liberdade, culpa e direito penal*. 3. ed. Coimbra: Coimbra Editora, 1995.

——. *Liberdade, culpa e direito penal*. Coimbra: Coimbra Editora, 1983.

——. *O problema da consciência da ilicitude em direito penal*. 6. ed. Coimbra: Coimbra Editora, 2009.

——. *O problema da consciência da ilicitude em direito penal*. 2. ed. Coimbra: Coimbra Editora, 1978.

——. *Responsabilidade pelo resultado e crimes preterintencionais*. Coimbra: Faculdade de Direito da Universidade de Coimbra. 1961. 158p. Trabalho apresentado para exame do Curso Complementar de Ciências Jurídicas.

——. *Temas básicos da doutrina penal*. Coimbra: Coimbra Editora, 2001.

——. Direito penal português: as consequências jurídicas do crime. Lisboa: Notícias Editorial, 1993.

DOSTOIEVSKI, F. *Crime e castigo*. Trad. de António Pescada. Lisboa: Relógio D'Água Editores, 2009.

EYSENCK, Hans Jürgen. *Crime and personality*. London: Paladin, 1971.

FERREIRA, Manuel Cavaleiro de. *A personalidade do delinquente na repressão e na prevenção*. Lisboa: Portugália Editora, [s.n.].

——. *Lições de direito penal*: a lei penal e a teoria do crime no código penal de 1982. 2. ed. Lisboa: Verbo, 1986. 1v.

——. *A tipicidade na técnica do direito penal*. Lisboa: Imprensa Lucas & C., 1935.

——. "Filosofia do direito". *Revista da Faculdade de Direito da Universidade de Lisboa*, Coimbra Editora, Lisboa, v. XLII, n. 1, p. 609-617, 2001.

——. *Direito penal português: parte geral*. Lisboa/São Paulo: Editorial Verbo, 1981. 1v.

——. "A liberdade e a ordem jurídica". *Revista Rumo*, Lisboa, n. 21, 1958, p. 3-23.

——. *Da participação criminosa*. Lisboa: Oficinas Gráficas, 1934.

FREUD, Sigmund. *Sobre a psicopatologia da vida cotidiana*. Trad. de Elsa V. K. P. Susemihl. Rio de Janeiro: Imago Editora, 1996. 6v.

GREENSPAN, Patricia. "Unfreedom and responsibility". In: *Responsibility, character, and the emotions: New essays in moral psychology*. Cambridge: Cambridge University Press, 1987. p. 63-80.

———. *Practical guilt: moral dilems, emotions, and social norms*. Oxford: Oxford University Press, 1995.

HANSENNE, Michel. *Psicologia da personalidade*. Trad. De João Galamba de Almeida. Lisboa: Climepsi Editores, 2004.

HART, H. L. A. *Punishment and responsibility*: essays in the philosophy of law. Oxford: Clarendon, 1970.

HOBBES, Thomas. *Leviatã*. São Paulo: Imprensa Nacional Casa da Moeda, 1995.

HORDER, Jeremy. *Provocation and responsibility*. Oxford: Clarendon Press, 1992.

HUME, David. *Essays and treatises*. Edinburgh: Bell & Bradfute, 1804. 2v.

HURD, H. M. "Why liberals should hate 'hate crime legislation'". *Law and Philosophy: an international journal for jurisprudence and legal philosophy*, Netherlands, v. 20, n. 2, 2001, p. 215-232.

JAKOBS, Günther. *Derecho penal: parte general*. Trad. de Joaquim Cuello Contreras e José Luis Serrano Gonzalez de Murillo. Madrid: Marcial Pons Ediciones Jurídicas, 1995.

JAMES, William. *What's an emotion?* Radford: Wilder, 2007.

JASPERS, Karl. *Filosofía*. Trad. de Fernando Vela. Madrid: Revista de Occidente, 1959. 2v.

KENNY, Anthony. *Action, emotion and will*. London: Routledge & Keagan Paul, 1963. ISBN 0-415-30582-9.

LAGIER, Daniel G. *Emociones, responsabilidad y derecho*. Madrid: Marcial Pons Ediciones Jurídicas y Sociales, 2009. 158p. ISBN 978-84-9768-637-2.

LIBET, Benjamin. *Mind time*: the temporal factor in consciousness. Cambridge: Harvard University Press, 2004.

LYONS, William. *Emoción*. Trad. de Inés Jurado. Barcelona: Anthropos Editorial del Hombre, 1993.

MARANHÃO, Juliano S. A. "Von Wright's therapy to Jorgesen's syndrome". *Law and Philosophy*, Netherlands, v. 28, n. 2, mar. 2009, p. 163-201.

MARCEL, Gabriel. *El misterio del ser*. Buenos Aires: Editorial Sudamericana, 1964.

MEZGER, E. *Tratado de derecho penal*. Trad. de Jose Arturo Rodrigues Muñoz. Madrid: Ed. Revista de Derecho Privado, 1955. 1v.

———. *Derecho penal: parte general*. 6. ed. Trad. de Dr. Conrado A. Finzi. Buenos Aires: Editorial Bibliográfica Argentina, 1955.

———. "Criminologia". Trad. de José Arturo Rodriguez Muñoz. Madrid: *Editorial Revista de Derecho Privado*, 1942. v. 21, série C.

———. *Kriminologie*. Berlim: C. H. Beck'sche, 1951.

MUÑOZ CONDE, Francisco. "Hasta qué punto están incluidos los asociales en las medidas esterilizadoras?" Por Edmundo Mezger. Traducción y estudio preliminar: "La esterilización de los asociales en el nacionalsocialismo: Un paso para la 'solución final de la cuestión social'?". *Revista Penal*, Madrid, n. 10, jul. 2002, p. 3-23.

———. "Las visitas de Edmund Mezger al campo de concentración de Dachau en 1944". *Revista Penal*, Madrid, n. 11, jan. 2003, p. 81-93.

NUSSBAUM, Martha C. *Upheavals of Thought: the intelligence of emotions*. Cambridge: Cambridge University Press, 1947.

———. *A fragilidade da bondade: fortuna e ética na tragédia e na filosofia grega*. Trad. de Ana Aguiar Contrim. São Paulo: WMF Martins Fontes, 2009.

———; KAHAN, Dan M. "Two conceptions of emotions in criminal law. *Columbia Law Review*, Columbia, v. 96, 1996, p. 269-374.

PALMA, Maria Fernanda. *O princípio da desculpa em direito penal*. Coimbra: Almedina, 2005.

———. *Distinção entre dolo eventual e negligência consciente em direito penal*. Lisboa: Faculdade de Direito da Universidade de Lisboa. 1981. 222f. 1v. Dissertação de mestrado.

———. "A vontade no dolo eventual". In: *Estudos em homenagem à Professora Doutora Isabel de Magalhães Collaço*. Coimbra: Almedina, 2002. 2v. p. 795-833.

RICOEUR, Paul. *Finitud et culpabilté: l'homme faillible*. Paris: Aubier Éditions Montaigne, 1960. 1v.

———. *Finitude et culpabilité: la symbolique du mal*. Paris: Aubier Éditions Montaigne, 1960. 2v.

ROXIN, Claus. *Culpabilidad y prevención em derecho penal*. Madrid: REUS, 1981.

———. "Culpa e responsabilidade: questões fundamentais da teoria da responsabilidade". Trad. de Maria da Conceição Valdágua. *Revista portuguesa de ciência criminal*, Lisboa, ano 1, n. 4, out-dez. 1991, p. 503-541.

———. "Qué queda de la culpabilidad en derecho penal". *Cuadernos de política criminal*, Madrid, n. 30, 1986, p. 671-692.

———. *Strafrecht allgemeiner teil*. München: C. H. Beck'sche Verlagsbuchhandlung, 1997.

SABINI, John; SILVER, Maury. "Emotions, responsibility, and character". In: *Responsibility, character, and emotions: New essays in moral psychology*. Cambridge: Cambridge University Press, 1987. p. 165-175.

SARTRE, Jean-Paul. *Esboço de uma teoria das emoções*. Trad. de A. Pastor Fernandes. Lisboa: Editorial Presença, 1972.

———. *L'Existentialisme est un humanisme*. Paris: Nagel, 1946.

SOLOMON, Robert C. *Ética emocional: una teoría de los sentimientos*. Trad. de Pablo Hermida. Barcelona: Paidós, 2007.

——. *Not passion's slave: emotions and choice.* Oxford: Oxford University Press, 2003.

STRATENWERTH, Günther. "El futuro del principio jurídico penal de culpabilidad". In: *Colección de Criminología y Derecho Penal.* Madrid: Instituto de Criminología de la Universidad Complutense de Madrid, 1980.

——. *Derecho penal I.* Trad. de Gladys Romero. Madrid: Edersa Editoriales de Derecho Reunidas, 1982.

WRIGHT, Georg Henrik von. "Of human freedom". *The Tanner Lectures on Human Values*, Salt Lake City, 1985, p. 109-170. Disponível em: <http://www.tannerlectures.utah.edu/lectures/documents/von_wright85.pdf>. Acesso em: 10 mar. 2012, 10:20:00.

——. *Explanation and understanding.* London: Routledge&Keagan Paul, 1971.

——. *La diversidad de lo bueno.* Barcelona: Marcial Pons, 2010.

WITTGENSTEIN, Ludwig. *Tratado lógico-filosófico e investigações filosóficas.* Trad. de M. S. Lourenço. Lisboa: Fundação Calouste Gulbenkian, 2011.

— 3 —

A "jurisdificação" da expansão do Direito Penal. Redução da carga probatória do injusto pelo moderno modelo incriminador

DENIS SAMPAIO

Sumário: 1. Introdução; 2. Critérios de legitimidade da intervenção penal; 2.1. Ponto inicial do Direito Penal – O reflexo limitativo do "ius puniendi"; 2.2. A legalidade como princípio cognitivo da significação normativa; 2.3. Ainda há defesa material à tutela penal do bem jurídico?; 3. Os novos critérios de delimitação normativa; 4. A influência da prova no tipo de ilícito; 5. A identificação jurisdicional da abstração do Direito penal preventivo; 6. Gestão da prova do injusto de perigo; 6.1. A análise judicial da perigosidade concreta; 6.2. A análise probatória dos crimes de perigo abstrato; 7. Como se fosse uma conclusão; Bibliografia.

1. Introdução

O Direito Penal necessariamente deve passar pelos valores dinâmicos da sociedade. A evolução desta ciência segue na linha do que se busca nos dias atuais sobre sua finalidade e legitimidade, para que não se aproxime de uma figura ilustrativa e perniciosa com uma linguagem fechada aos seus atores.

Por isso, devemos inserir a estrutura da ciência jurídico penal na coerência com sua época e, diante de uma referência epistemológica, difundir coerentes ideias ou mesmo criticá-las, sempre com o foco de maior legitimidade possível. Nosso campo de investigação, portanto, segue na tentativa de diagnosticar e/ou caracterizar a expansão do Direito penal não por seu ponto primário (a idealização de uma norma penal), mas sim através do foco prático, a "jurisdificação"[1] da imputação penal, figurando ambas em política criminal de ampliação da penalização.[2]

---

[1] Expressão utilizada pelo Professor Doutor Augusto Silva Dias em aula do dia 01.06.2012 realizada no Doutoramento de Ciências Criminais da Universidade de Lisboa.

[2] Não estamos em momento de crítica, mas de tentativa de identificação deste modelo expansivo. Por isso, tentaremos, com certa dificuldade, nos afastar das questões criminológicas e da sociologia das normas penais.

Não podemos seguir na ingenuidade da permanência quanto à análise do sistema penal (estritamente observado) do seu nascimento aos momentos atuais, da defesa da teoria de identificação de um resultado visível para a dignidade penal e apenas a colocação do dano na construção da vivificação do seu conteúdo. Todo o aparato social e a defesa de uma maior eficiência nos sistemas do Estado estão presentes.[3] E a precaução (em alguns casos a prevenção) como princípio social também figurará estabilizado nesta seara.[4] Do Direito penal clássico ao Direito penal moderno (do perigo)[5] na atual sociedade de risco,[6] devemos seguir na linha de como identificaremos um delito, desde sua criação legislativa à abordagem jurisdicional, na idealização do Direito penal usado como instrumento político de combate aos novos riscos,[7] ou nem tão novos assim.

A discussão sobre uma sociedade voltada à velocidade de informações e avanços tecnológicos, nos tráz relevantes temas que não poderão ser esquecidos (ou até esvaziados) pelo Direito penal, até porque converge na caracterização de uma sociedade de "objetiva" insegurança.[8] Disso não se discute. A concepção clássica do conteúdo material do que vem a ser uma conduta típica, não obstante a importância da sua permanência para a harmonia da sociedade, não mais resolve delicados problemas. Como adverte Figueiredo Dias, "não está o direito penal que cultivamos, de decidida vertente liberal, suficientemente preparado".[9] Disso talvez discutiremos. A visibilidade em que se pautava a estrutura penal vem, paulatinamente, sendo alterada pela criação de novos tipos que almejam a proteção de bens e interesses supra-individuais. Dos tipos de lesão com resultados causais,

---

[3] Desde já devemos esclarecer que há, na presente abordagem, uma identificação do que sociologicamente se vislumbra. Não quer indicar, no entanto, que concordamos com essa necessidade de alteração de paradigma na seara penal.

[4] Deve-se pensar que, "quando não é possível fazer uma prevenção proactiva de riscos, apresentam-se outras duas vias às sociedades do conhecimento: a provisão e a precaução." BINDÉ, Jérôme. *Rumo às Sociedades do Conhecimento*. Trad. Sandra Campos. Lisboa: Piaget, 2007, p. 234.

[5] Gracia Martín identifica o Direito penal clássico como "Direito penal (do Estado) liberal" e o atual como "Direito penal (do Estado) social e democrático". GARCIA MARTÍN, Luis. *La polémica en torno a la legitimidade del Derecho Penal moderno*. México: Editorial Ubijus, 2011, p. 15.

[6] Coube a Beck, na identificação sociológica da neomodernização, a denominação de uma sociedade de risco, preocupada com seus avanços e seus medos. Identificou, na realidade, uma sociedade bipolar em que todos os avanços são fatores de evolução e involução, conforto e insegurança, estabilidade e incerteza, modernização e perigos. E, em todo esse catacrisma social está o Direito penal imerso. BECK, Ulrich. *Teoría de la sociedad del risgo*. In Las consecuencias perversas de la modernidad. Org. Josetxo Beriain. Barcelona: Anthropos, 2011, p. 201 e segs. Em outra oportunidade expõe que "o processo de modernização se volve *reflexivo*, se torna a si mesmo como tema e problema. As questões do desenvolvimento a da aplicação de tecnologias (no âmbito da natureza, da sociedade e da personalidade) são substituídas por questões da 'gestão' política e científica (administração, descobrimento, inclusão, evitação e ocultação) dos riscos de tecnologias a aplicar atual ou potencialmente em relação a horizontes de relevância a definir especialmente". BECK, Ulrich. *La sociedad del riesgo. Hacia una nueva modernidad*. Trad. Jorge Navarro, Daniel Jiménez e Ma. Rosa Borrás. Barcelona: Paidós, 2010, p. 30.

[7] DIAS, Augusto Silva. *"Delicta in Se" e "Delicta Mere Prohibita". Uma Análise das Descontinuidades do Ilícito Penal Moderno à Luz da Reconstrução de uma Distinção Clássica*. Coimbra: Coimbra, 2008, p. 215.

[8] SILVA SÁNCHEZ, Jesús María. *La expansión del Derecho penal. Aspectos de la Política criminal en las sociedades postindustriales* 3ª. ed. Montevideo-Buenos Aires: Editorial IBdef, 2011, p. 15.

[9] DIAS, Jorge de Figueiredo. *Temas Básicos da Doutrina Penal. Sobre os fundamentos da doutrina penal sobre a doutrina geral do crime*. Coimbra: Coimbra, 2001, p. 159.

surgem crimes de perigos e esses, na progressividade da criminalização de condutas, em perigo abstrato, fundado, sempre no paradigma da segurança e da prevenção.

Na realidade, com uma aproximação a um Direito penal de antecipação do perigo face ao risco incrementado pela sociedade e da precaução,[10] cria-se uma gama de críticas à teoria do bem jurídico monista-individual (na afetação do resultado), para se aproximar da problemática criminógena da conduta. Chegamos, indiscutivelmente, ao fundamento do Direito penal pela segurança, que pode ser caracterizada, portanto, como o próprio bem jurídico a ser tutelado.[11] Nesta linha de raciocínio, uma sociedade pautada em contatos anônimos e plural, não poderia renunciar aos delitos de visibilidade de perigo[12] como se tem constatado.

O que não podemos nos afastar é da própria identificação da nossa linguagem. Seguimos, portanto, na natural observância, em alguns casos, do crime em si, simplesmente textualizado. Outros, de uma (des)necessária argumentação normativa.[13]

Certo é que a evolução do Direito (sistema) penal, expressada por Hassemer como "dialética do moderno",[14] chegando ao convencionalismo dos eminentes riscos, não poderá ultrapassar sua base clássica mas, permanentemente, definidora. A legalidade como alicerce penal deve não só observar o que o legislador idealiza, mas demonstrar, efetivamente, o que vem a ser ofensivo à sociedade merecedor de tutela penal, ainda que, não obstante a correta recusa doutrinária,[15] esse princípio seja visto com *granus salis* no eficienticismo penal, voltado, indiscutivelmente, por ideias inicialmente funcionalistas face aos novos riscos da *post-modernidade*.[16]

Esta discussão, e até mesmo uma certa crise dos fins do Direito penal, não se estabiliza na figura material, transcende ao próprio Direito proces-

---

[10] Interessante diferenciação entre ameaça, risco e perigo. GRANJO, Paulo. *Quando o conceito de "risco" se torna perigoso*. In Análise Social. Revista do Instituto de Ciências Sociais da Universidade de Lisboa. n. 181. Vol. XLI, 4º. Trim. 2006, p. 1167 e segs.

[11] JAKOBS, Günter. ¿*Como protege el Derecho penal y qué es lo que protege? Contradicción y prevención; protección de bienes jurídicos y protección de la vigencia de la norma*. In ?Tiene un futuro el Derecho penal? Org. Julio B. J. Maier e Gabriela E. Córdoba. Buenos Aires: Ad-Hoc, 2009, p. 70/71.

[12] Jakobs repele eventuais críticas, taxando-as de arbitrárias teses de proteção a bens jurídicos, posto que "só dispõem de argumentos jurídico-políticos, mas não de argumentos jurídico-dogmáticos ou teórico--jurídicos". Idem, p. 71.

[13] "O crime é caracteristicamente 'delictum in se', rigorosamente descrito e sistematicamente localizado num Código, o qual, por sua vez, é apresentado como um monumento de racionalização que encerra e esgota o universo do punível." DIAS. *"Delicta in Se" e "Delicta Mere Prohibita"*, p. 218.

[14] HASSEMER, Winfried. *Viejo y nuevo Derecho penal*. In: Persona, mundo y responsabilidad. Bases para una teoría de la imputación en Derecho Penal. Trad. Francisco Muñoz Conde e Ma. del Mar Díaz Pita. Valencia: Tirant lo Blanch, 1999, p. 40.

[15] DIAS. *Temas Básicos da Doutrina Penal*. Sobre os fundamentos da doutrina penal sobre a doutrina geral do crime. p. 184.

[16] MATTA, Paulo Saragoça da. O Direito Penal na Sociedade do Risco. In: *Revista Portuguesa de Ciência Criminal*. Ano 20, n. 4. Out-dez. 2010. Coimbra: Coimbra, p. 522.

sual penal em vários pontos,[17] o que seguirá como nossa proposta de identificação.

Com isso, o possível diagnóstico segue através de uma indagação: até que ponto a referência da modernidade influencia na estrutura do sistema jurídico penal? Dito de outra forma: será necessária a transposição de alguns elementos básicos, incluindo garantias fundamentais, para se aproximar de um Direito penal moderno? Aquelas prejudicam a evolução deste, no seio da expansão?

Fato é que há referências constitucionais intransponíveis ainda que haja uma alteração social. Disso não podemos fugir, e se necessário, defenderemos.

Nesta linha, para delimitação do nosso estudo, deveremos observar a referência probatória em que incumbirá a prova do delito. Assim, afastando as questões fáticas, não obstante a relevância da matéria, nosso ponto de análise será a prova do injusto nos crimes dolosos.[18]

A partir desta referência, segue pela importância da estrutura do crime e seu conteúdo material, indicando portanto, a prova da tipicidade e da lesividade da conduta com o conceito clássico de crime e as questões atuais do direito penal do risco (ou do perigo).

2. Critérios de legitimidade da intervenção penal

O primeiro ponto para qualquer início de discussão diz respeito à defesa da legitimidade[19] do Direito Penal face ao nosso modelo constitucional e cultural vigente. Por isso, adequado a qualquer frente de análise (ideológica, acadêmica e prática) seria inviável nos afastarmos do substrato constitucional da proteção do indivíduo em decorrência da dignidade humana como princípio basilar do Estado Constitucional Democrático de Direito. Mesmo amplo e de referência algumas vezes retórica, essa defesa será intransponível para ditarmos um modelo democrático na idealização, interpretação e concretização do sistema penal.

Seguindo nesse foco, a partir de um ideal iluminista, a proteção da dignidade humana deve servir como preceito legitimador da tutela penal em

---

[17] Nossa referência torna-se exclusiva ao aspecto penal, não obstante alguns reflexos processuais penais, como por exemplo o amplo crescimento de medidas cautelares pessoais. Para ilustração do tema, oportuna a análise do texto de MAIER, Julio B. J. Estado Democrático de Derecho, Derecho Penal y Procedimiento Penal. In: ¿Tiene un futuro el Derecho penal? Org. Julio B. J. Maier e Gabriela E. Córdoba. Buenos Aires: Ad-Hoc, 2009, págs. 91/122.

[18] Por questão de limitação, não abordaremos as amplas e complexas questões de perigos e riscos nos crimes negligentes. Para o tema, imprescindível a leitura de ROMEO CASABONA, Carlos María. *Conducta peligrosa e imprudencia en la sociedad de riesgo*. Granada: Editorial Comares, 2005.

[19] Para além da dimensão técnica do princípio da legalidade que será abordado, refere-se à dimensão política como legitimação democrática das disposições definidoras dos delitos e das penas. Assim, merece alusão à necessária vinculação entre decisões incriminadoras e a representação básica do cidadão referida por SILVA SÁNCHEZ, Jesús Maria. *Aproximación al derecho penal contemporâneo*. 2. ed. Buenos Aires: Editorial IBeF, 2010, p. 403.

decorrência de bens e interesses essenciais para sua materialização, ainda que não haja seguimento à teoria da personificação do bem jurídico penal.[20] Não obstante ferrenhas e atuais críticas quanto a dificuldade de encontrar critérios objetivos e válidos para caracterizar valores sociais como bens jurídicos[21] a legitimidade do Direito Penal Constitucional segue na referência de seus limites decorrentes da atividade de garantir a existência ilustrativa de bens jurídicos relevantes à reflexão.

Na fórmula em que o direito é um *mínimo ético*, parte-se da ideia de que os valores básicos da ordem social, direcionam o que o direito (penal) deve proteger, formando normas ético-sociais.[22] Por outro lado, não serão estas as últimas instância como formadora de todas as normas de conduta e suas consequências punitivas, na medida em que poderia haver aproximação com valores morais, já há algum tempo afastados (ou na sua contínua tentativa) dos anseios penais. Por isso, a maior dificuldade está justamente na eleição e identificação de bens importantes para serem protegidos pela última força normativa que se eleja constitucionalmente. É dizer, a ânsia na proteção de bens individuais e sociais não poderá pincelar qualquer critério punitivo como modelo de solução social. Por isso, para além dos marcos positivistas (conceito formal de crime), há necessidade da identificação – e seguiremos mais adiante com a imprescindibilidade da prova – do conteúdo material do delito, como indagação dos critérios materiais da conduta punível. Ainda que diante de elevadas contribuições sociopolíticas, criando indiscutivelmente uma mudança de paradigma na ciência penal, continuamos na visão sobre a necessidade de demonstrabilidade e limitações daquilo que o legislador deve/pode eleger como sanção. Assim, na sequência das ideias da doutrina majoritária, a descrição destas normas deve ser entendida pelo conceito material de "proteção subsidiária de bens jurídicos",[23] não só em sua concepção pessoal de bem jurídico, mas também nos estados das coisas sociais, não obstante seu caráter elementar, mas com elevada importância na sociedade moderna, deve ser protegida pelo Direito penal, não só diante de um discurso normativo-jurídico, mas com foco social-objetivo.[24]

---

[20] Assim refere Manuel da Costa Andrade como dignidade penal a "expressão de um juízo qualificado de intolerabilidade social, assente na valoração ético-social de uma conduta, na perspectiva da sua criminalização e punibilidade. COSTA ANDRADE, Manuel da. A "dignidade penal" e a "carência de tutela penal" como referência de uma doutrina teleológica-racional do crime. In: *Revista Portuguesa de Ciência Criminal*. Ano 2, fasc. 2. abr-jun. 1992, p. 184.

[21] Valiosas críticas indicam que a legitimação das normas penais não figuram pela teoria do bem jurídico, face à sua vagueza e indeterminação. FRISCH, Wolfgang. Bien jurídico, derecho, estructura del delito e imputación en el contexto de la legitimación de la pena estatal. In: *La teoría del bien jurídico. ¿Fundamento de legitimación del Derecho penal o juego de abalorios dogmático?* Coord. Roland Hefendehl. Trad. Rafel Alcácer, María Martín e Íñigo Orrtiz de Urbina. Madrid. Barcelona: Marcial Pons, 2007, p. 323/324.

[22] STRATENWERTH, Günter. *Derecho Penal*. Parte General I. El hecho puniblie. Trad. Manuel Cancio Meliá e Marcelo A. Sancinettti. Navarra: Thomson Civitas, 2005, p. 54.

[23] ROXIN, Claus. *Derecho Penal*. Parte General. Tomo I. Fundamentos. La Estructura de la Teoría del Delito. Trad. Diego-Manuel Luzón Peña, Miguel Díaz y Garcia Conlledo e Javier de Vicente Remesal. Madrid: Civitas, 2008, p. 51.

[24] STERNBERG-LIEBEN, Detlev. Bien jurídico, proporcionalidad y libertad del legislador penal. In: *La teoría del bien jurídico. ¿Fundamento de legitimación del Derecho penal o juego de abalorios dogmático?* Coord. Roland hefendehl. Trad. Rafel Alcácer, María Martín e Íñigo Orrtiz de Urbina. Madrid. Barcelona: Marcial Pons, 2007, p. 113.

2.1. Ponto inicial do Direito Penal – O reflexo limitativo do "ius puniendi"

O ponto de contato do princípio da legalidade segue a partir da segurança jurídica imposta por preceito constitucional garantidor ao indivíduo. Diante da vertente tradicional, segue esse princípio com sua dimensão técnica e política, constituindo a base da liberdade negativa.[25]

Friza-se uma questão atemporal: o princípio da legalidade deve ser visto como delimitação do que pode levar a proibir-se. Para além do limite formal ao poder de punir do Estado *nullum crimen, nulla poena sine lege*, delimita-se um referencial material em dinamização do processo de eleição daquilo eivado de maior reprovabilidade normativa.

O parâmetro da legalidade cria um seguimento de regras determinantes do sentido das ações, inscritas no âmbito da vida social, por conectividade intersubjetiva e externa. Assim, a delimitação da legalidade opera sobre comportamentos observáveis entre as pessoas e a sociedade.[26]

Na realidade, devemos pensar na legalidade não como delimitação de regras, posto que indicaria a própria expressão jurídica e tornar-se-ia verdadeira complexidade face a abstração das mesmas. Pensemos a legalidade como descrição de ações e sua valoração, consistindo o princípio da culpa como reprovabilidade ou na própria valoração negativa. A maior intenção normativa da legalidade, portanto, segue pelo princípio da tipicidade conectado à sua dimensão técnica de segurança jurídica,[27] impondo ao legislador o *"máximo esforço possível"* à salvaguarda do conteúdo do tipo.[28]

Por outro lado, a estrutura do Estado Democrático de Direito traça a onerosidade de algumas regras constitucionalmente codificadas. Uma delas dar-se-á pela segurança jurídica individual em que espelha no princípio da máxima taxatividade possível, vinculando a imputação penal e o próprio julgador à limitação sancionatória da lei penal. A analogia e interpretação extensiva está vedada, como reserva absoluta.[29] Segue aqui, como mandado de determinação hierarquizado no viés da finalidade garantística irrenunciável.[30]

Por outro lado, a exigência material da norma penal, tenta afastar uma tipificação irresponsável, impondo critérios de interpretação semântica de

---

[25] Na medida em que pressupõe que tudo o que não está proibido está permitido. VIVES ANTÓN, Tomás S. *Fundamentos del Sistema Penal. Acción Significativa y Derechos Constitucionales*. 2. ed. Valencia: Tirant lo Blanch, 2011, p. 725.

[26] Idem, p. 728/729.

[27] SILVA SÁNCHEZ. *Aproximación al derecho penal contemporâneo*, p. 402.

[28] VIVES ANTÓN. Op. cit., p. 731.

[29] PALAZZZO, Francesco C.. *Valores Constitucionais e Direito Penal*. Trad. SANTOS, Gérson Pereira dos: Sergio Antonio Fabris Editor, 1989, p. 49

[30] Nesse contexto, exclama Ferrajoli que "compreende-se, por outro lado, como princípio da legalidade estrita implica todas as demais garantias – da materialidade da ação ao juízo contraditório – como outras tantas condições de verificabilidade e de verificação e constitui por isso também o pressuposto da estrita jurisdicionalidade do sistema". FERRAJOLI, Luigi. *Direito e Razão – Teoria do Garantismo Penal*. trad. Ana Paula Zomer, Fauzi Hassan Choukr, Juarez Tavares e Luiz Flávio Gomes. São Paulo: Revista dos Tribunais, 2002, p. 76/77. SILVA SÁNCHEZ. Op. cit., p. 408/409.

forma restrita. Na dúvida – referia o Direito penal clássico – sobre a criação de novos bens jurídicos a proteger mediante a aplicação de preceito secundário, devem os legisladores se inclinarem pela não criminalização de determinadas condutas,[31] havendo uma ruptura direta ou indiretamente do preceito primário, o que é imposto, também, para os operadores do direito, no momento da interpretação da norma no caso concreto.

Nesta linha de análise, temos de seguir o raciocínio das finalidades do Direito e do Processo Penal, justamente para alcançar suas legitimidades sempre partindo da aferição constitucional. Partimos, portanto (não há forma de se afastar desse foco), do Direito Constitucional Penal em que as normas ("maiores") constitucionais direcionam a elaboração, interpretação e aplicação das normas ("menores") penais.

Por isso, a finalidade do Direito Penal endossa sua legitimidade. Os valores protegidos por essa ciência devem ser afastados daqueles individuais, religiosos ou por convicções morais,[32] como uma exclusiva "ordem de protecção de bens jurídicos, não de preservação da moral ou de uma qualquer moral".[33] Seguem naqueles em que objetiva uma sociedade democraticamente organizada, com proteção da convivência humana em que são elencadas as maiores necessidade de proteção a danos sociais. Assim, a análise sociológica da ofensa (ou do bem protegido) toma corpo, mas para afetação penal precisa de mais um ingrediente. É justamente na excepcionalidade desta ciência em que sua legitimidade constitucional segue caminho. Portanto, não podemos afastar a ofensividade como categoria-chave,[34] bem como a necessidade de intervenção e sanção como princípios constitucionais basilares à aplicação do Direito Penal.

Podemos, nesta linha, afirmar que a função básica do Direito Penal indicativa da sua legitimidade, será de limitação da intervenção punitiva do Estado para com seus indivíduos, como apresentação de intervenção excepcional de tutela de bens jurídicos, baseando-se, na sua essencialidade, em critérios de subsidiariedade[35] e eficácia, bem como em adequação basilar ao princípio da carência da tutela penal, o que permanecerá incólume diante da modernização do modelo penal.

---

[31] *In dubio pro libertate* pela não intervenção, na expressão de TORIO LOPEZ, Angel. Los delitos del peligro hipotético. (Contribución al estudio diferencial de los delitos de peligro abstracto. *Anuario de Derecho Penal y Ciencias Penales*. XXXIV, ns. 2-3, 1981, p. 825.

[32] ENGISCH, Karl. *Introdução ao Pensamento Jurídico*. Trad. J. Baptista Machado. 10. ed. Lisboa: Fundação Calouste Gulbenkian, 2008, p. 79.

[33] FIGUEIREDO DIAS, Jorge de. Uma proposta alternativa ao discurso da criminalização/descriminalização das drogas. Scientia Iuridica – *Revista de Direito Comparado Português e Brasileiro*. T. XLIII, n. 250/252 – jul/dez. Braga: Universidade do Minho, 1994, pág. 198. Como tempo presente da secularização em que, por uma vertente positiva, o direito penal está preordenado para a proteção de bens jurídicos. MIRANDA RODRIGUES, Anabela. *A determinação da medida da pena privativa de liberdade*. Coimbra: Coimbra. 1995, p. 237.

[34] D'AVILA, Fabio Roberto. Liberdade e segurança em Direito Penal. O problema da expansão da intervenção penal. In: *Revista de Estudos Criminais*. n. 41. ITEC, abr/jun. 2011, p. 100.

[35] A subsidiariedade torna-se ilustrativa quando outras formas de controle social não mais demonstrar adequada e suficientes para a tutela de alguns (elencados legislativamente) bens jurídicos.

2.2. A legalidade como princípio cognitivo da significação normativa

Para além da estrita legalidade decorrente deste princípio, denota-se necessariamente presente a estrita jurisdicionalidade, para que no momento da criminalização secundária (jurisdicionalização da imputação) seja garantindo a verificação e a falseabilidade dos tipos penais concretos. Assim, será na discussão processual toda a formação do convencimento judicial da comprovação da prática da conduta, não somente em referência a fatos, mas sim, da certeza probatória de que se cometera um delito apenas se "o fato comprovado ou provado corresponder ao que estiver taxativamente denotado na lei como delito".[36]

Há casos em que a precisa e concreta verificação jurídica do tipo denota-se de fácil análise, até porque a subsunção ou verificação jurídica é produzida por definição e conexa a uma relação causal de resultado naturalístico.

Porém, a observância do Direito penal na aplicação moderna, mescla com essa dinâmica, alterando, de certa forma, a certeza da legalidade[37] no viés jurisdicional. Assim, sofre o princípio da legalidade, a partir do desenvolvimento de um Direito penal do perigo (risco), em seu mandato de certeza, com redução do rigor na descrição, com necessidade de definição posterior[38] ou mesmo mera identificação da conduta pela simples ofensa normativa, com condutas não claramente lesivas.[39]

A interpretação de uma norma segue na busca do seu sentido. Para onde se direcionou o legislador? O que ele pretendeu(ia)? Há possibilidade da sua constatação prática? A dialética processual alcança a discussão da ofensividade do injusto?

A generalidade da recepção das leis "penais" indica sempre uma necessária alusão à hermenêutica ao caso concreto, justamente porque a clareza do texto legal poderá ficar turva quando diante de um caso judicializado.

No entanto, o pragmatismo legislativo, diante da indicação sintática dos textos legais, pode sofrer variações semânticas na análise cognitiva do julgador. A racionalidade no momento da interpretação da lei pode (como melhor expressão, deveria) gerar algumas variações no contexto legal e na verificabilidade prática (probatória) do conteúdo do tipo ou do próprio contexto material do injusto, sem, por óbvio, retirar a coerência normativa imposta pelo princípio da taxatividade.

A expressão garantística do princípio da legalidade pretende afastar essas dicotomias, mas seu grau de abrangência, em muitos casos, não permite

---

[36] FERRAJOLI. Op. cit., p. 77.
[37] MENDONZA BUERGO, Blanca. Exigencias de la moderna política criminal y princípios limitadores del Derecho penal. In: *Anuario de Derecho Penal y Ciencias Penales*. LII, enero-diciembre, 1999, p. 305.
[38] MAIER. Op. cit., p. 111.
[39] SILVA SÁNCHEZ. *Aproximación al derecho penal contemporâneo*, p. 406. GRACIA MARTÍN, Luis. *Prolegómenos para la lucha por la modernización y expansión del Derecho penal y para la crítica del discurso de resistencia*. Valencia: Tirant lo Blanch, 2003, p. 137/138

este dique hermenêutico, até porque o dinamismo social molda a forma de aplicação das leis penais e seu viés probatório.

Não mais podemos pensar em conteúdo material do crime apenas na estrutura típica formal prevista em lei. Por si só, não basta para que estejamos diante da figura delitiva. Precisamos de muito mais do que o mero positivismo jurídico. Assim, a estrutura conceitual material do crime reflete-se, automaticamente, na legitimidade material do direito penal.[40]

Deve-se pensar que o tipo penal, na sua divisão, está arraigada de valoração individual, não sendo crível a mera subsunção (de conceitos de fatos a conceitos jurídicos)[41] da conduta com a norma eleita,[42] mesmo que, a partir do direito positivo, os tipos de delito descrevem ações puníveis quando da contrariedade a quaisquer normas de conduta.[43] Precisamos, no entanto, de mais esforço para a correspondência da conduta em fatores de lesividade a dano ou ao perigo. O tipo penal não poderá figurar como instituto neutro e afastado de valorações. A realidade social e cultural impõe a adequação da sua interpretação condigna com sua estrutura. Não podemos aceitar uma mera correspondência entre conduta e tipo. Há necessidade de contextualização entre o que se faz (a conduta em si) e a reprovação socialmente intolerável.

Por outro lado, a questão mais relevante e crítica diante das novas frentes de análise penal, diz respeito a *como* se deve ilustrar a proteção penal a determinados bem jurídico. Na realidade, a sensibilidade do problema está na relação de valoração da legitimidade das normas penais, não está apenas na direção a um bem jurídico protegido. O decisivo é a relação que guarnece as condutas abarcadas pelo tipo penal e os bens dignos de proteção penal.[44]

Ademais, interpretação e subjetividade andam sempre em convergência. Interpretar é extrair os conceitos e pré-conceitos daquilo que se faz conhecer. A referência gnosiológica sempre seguirá na aproximação subjetiva da interpretação. Por isso, todas as leis (penais) para além daqueles que a elas se dirigem (os indivíduos), caberá ao interpretador (acusador, defensor, juiz e a própria sociedade) a adequação interpretativa da época. A subjetividade social também faz coro na linha hermenêutica frente ao contexto histórico, com pluralidade de valores e racionalidade do sistema jurídico. Disso, efetivamente, não podemos fugir. Porém, até que ponto as agruras e receios

---

[40] FIGUEIREDO DIAS, Jorge de. *Direito Penal*. Parte Geral. Tomo I. 2. ed. Coimbra: Coimbra Editora, 2011, p. 106.

[41] ENGISCH. Op. cit., p. 95.

[42] Não obstante a expressão de crimes dolosos de mera atividade, como não possui resultado exterior imputável ao agente, a tarefa de atribuição do tipo objetivo se esgota na subsunção da conduta pelo tipo incriminador.

[43] MENDES, Paulo de Sousa; MIRANDA, António João. A causalidade como critério heurístico – uma demonstração através do exemplo da manipulação de cotações no mercado financeiro. In: *Revista Portuguesa de Ciência Criminal*. Ano 15, no. 2. Abril-jun. 2005, p. 174.

[44] VON HIRSCH, Andrew; WOHLERS, Wolfgang. Teoría del bien jurídico y estructura del delito. Sobre los criterios de una imputación justa. In: *La teoría del bien jurídico. ¿Fundamento de legitimación del Derecho penal o juego de abalorios dogmático?* Coord. Roland Hefendehl. Trad. Rafel Alcácer, María Martín e Íñigo Orrtiz de Urbina. Madrid. Barcelona: Marcial Pons, 2007, p. 287.

sociais influenciam na eleição, aplicação e expansão do Direito Penal? Essa indagação gera difíceis respostas e que não nos esquivaremos, mas tentaremos diagnosticar a abstração desse ramo jurídico pela análise prática. Mas antes, devemos focar como se trafega o alicerce de legitimação do Direito penal.

2.3. Ainda há defesa material à tutela penal do bem jurídico?

Com objetivo básico de afastamento da incriminação por reprovação moral, necessário se faz a identificação de definições substanciais do delito. O porquê da punição de determinada conduta e a prova desse porquê. Para tanto, deverão servir critérios externos de valoração das normas jurídico-penais, por isso, tanto a norma, como, principalmente a culpa, não poderão ser interpretadas como relação de causalidade pelo capricho do destino. Tem que ser identificadas com o fim e um porquê do aparato penal.

Para além das descrições formais (na vertente da mera formalidade do princípio da legalidade, que se denota inafastável pela segurança normativa e subjetiva), o delito descrito deve demonstrar a sua afetação social.

São, portanto, limites extrínsecos de aferição ético-social que a lei penal delimita o que se deve juridicamente punir. Essa denota-se uma das funções primordiais do legislador penal. Mas essa função (legalidade formal) não basta, a partir do "princípio axiológico da "separação entre direito e moral",[45] infirma, por si só, a tolerância jurídica de toda atitude ou conduta não lesiva a terceiros.

O ponto de partida para identificação de preceitos sancionatórios penais dar-se-á pelos princípios constitucionais da legalidade, ofensividade[46] e culpa. Assim, a identificação de eventuais bens jurídicos a serem protegidos, derivam da Constituição, a partir de um estado de Direito em que reconhece a liberdade do indivíduo como proteção máxima e a ideia de Direito penal como tutela subsidiária de bens jurídicos[47] como relação interpessoal, ainda que haja um foco coletivo, com referência a todas pessoas envolvida.[48]

É sabido, no entanto, que atualmente a defesa da teoria do bem jurídico, sofre turbulência na aferição de uma norma jurídica,[49] até porque a idemons-

---

[45] Até porque, deve-se comprovar o objetivo da norma, com clareza de ideais para saber o grau de legitimidade da mesma. Se estamos na expressão de Montesquieu como "todo ato de autoridade de um homem em relação a outro que não derive da absoluta necessidade é tirânico", ou se o porquê (e mesmo o como provar) denota-se democrático. FERRAJOLI. Op. cit., p. 372.

[46] Nesta linha de raciocínio, que será desenvolvido e criticado, impõe-se na prática jurídica a necessidade de demonstração do ônus da lesividade. Mesmo que as "palavras como 'lesão', 'dano' e 'bem jurídico' sejam claramente valorativas. Dizer que um determinado objeto ou interesse é um 'bem jurídico' e que a lesão é uma 'dano' é o mesmo que formular um juízo de valor que avaliza a justificação da tutela, recorrendo a instrumento extremo: a pena". Idem, p. 373/374.

[47] DIAS. *Temas Básicos da Doutrina Penal. Sobre os fundamentos da doutrina penal sobre a doutrina geral do crime*, p. 157.

[48] JAKOBS. Op. cit., p. 53/73.

[49] AMELUNG, Knut. El concepto "bien jurídico" en la teoría de la protección penal de bienes jurídicos. In: *La teoría del bien jurídico. ¿Fundamento de legitimación del Derecho penal o juego de abalorios dog-

trabilidade[50] desta teoria indica a possibilidade de críticas e espaçamentos empíricos. Esse, ao nosso modo de ver, é a ruptura paradigmática – e o início de uma crise – do Direito penal.[51]

Por outro lado, torna-se imprescindível a captação e processamento das informações do mundo exterior com a linguagem própria da ciência enfrentada. E, se estamos diante do estudo do Direito penal, a linguagem deverá ser jurídico-penal. Seguimos, portanto, na transformação do entorno do sistema jurídico em um indissociável *mundo dos bens jurídicos*.[52]

No entanto, para que efetivamente haja real legitimidade desta ciência, a identificação de bem jurídico (não apenas como sentido político-criminal, mas no sentido dogmático)[53] não poderá figurar-se formalmente, cria-se uma dívida social a partir da identificação material de bem jurídico.[54] Isso significa que a identificação de bem jurídico para a legitimação do direito penal não poderá ser consubstanciado como mero discurso, justamente para não se aproximar do descrédito face à ausência de êxito em "esclarecer o **conceito** de bem jurídico, nem sequer de modo aproximado".[55] Na realidade, a defesa da proteção de bens jurídicos, por análise à sua origem, figura como princípio negativo limitador do direito penal.[56] E sua importância está na so-

---

mático? Coord. Roland Hefendehl. Trad. Rafel Alcácer, María Martín e Íñigo Orrtiz de Urbina. Madrid. Barcelona: Marcial Pons, 2007, p. 229.

[50] De fato, a "corporalidad" não é característica constitutiva do bem jurídico. GARCIA MARTÍN, Luis. *La polémica en torno a la legitimidade del Derecho Penal moderno*. México: Editorial Ubijus, 2011, p. 82.

[51] Seguindo como primeira característica visível e repetidamente aludida característica do Direito penal moderno (do risco). MENDONZA BUERGO. *Exigencias de la moderna política criminal y princípios limitadores del Derecho penal.*, p. 293.

[52] AMELUNG. Op. cit., p. 231.

[53] As referências são extraídas de Mir Puig, complementando que "ambos sentidos se aproximarão ou se distanciarão segundo o grau de correspondência que exista entre os bens protegidos pelo Direito vigente e o que se creia que merecem sê-lo". MIR PUIG, Santiago. *Bases Constitucionales del Derecho Penal*. Madrid: Iustel, 2011, p. 111/112.

[54] Um dos pontos de maior polêmica e críticas diz respeito ao que é bem jurídico conceitual e materialmente e como se classificam, ao ponto de Stratenwert afirmar não haver, até hoje, logrado esclarecer, nem de modo aproximado, seu conceito. STRATENWERTH. Op. cit., p. 55. Wolfgang Frisch afirma ser o conceito de bem jurídico altamente relativo e, quando se intenta precisá-lo recorre a "as condições de existência e desenvolvimento dos indivíduos. Assim, pela amplitude e vagueza do conceito, no balanço final indica sua limitação prática" FRISCH. Op. cit., p. 312. Roxin indica como concepção de tipo normativo, dentro do marco das finalidades constitucionais, abertas, no entanto, às mudanças sociais e aos progressos do conhecimento científico. ROXIN. *Derecho Penal*, p. 58/59. Verifica-se ainda bem jurídico como condições necessárias para a vida social no marco da Lei Fundamental e aos cidadãos a necessária realização da liberdade protegida pelos direitos fundamentais. STERNBERG-LIEBEN. Op. cit., p. 107. Kindhäuser defini bem jurídico "como aquelas características das pessoas, coisas ou instituições que servem ao livre desenvolvimento do indivíduo em um Estado democrático e social de Direito". KINDHÄUSER, Urs. *Estructura y legitimación de los delitos de peligro del Derecho penal*. Trad. Nuria Pastor Muñoz. Disponível em <www.indret.com>, acesso em 10 de julho de 2012, p. 07. Poderíamos seguir nesta linha como autônomo tema de investigação.

[55] STRATENWERTH. Op. cit., p. 55. (negrito no original). Por outro lado, "o caráter 'vazio' deste conceito, a absoluta indeterminação do juízo de valor que cria o bem, é ao mesmo tempo a razão de sua riqueza (...) Graças a esta característica, o dogma do bem jurídico se converte em ponto de conexão da política com a dogmática, e o conceito de bem jurídico em um conceito complementário de positividade do Direito que translada o dinamismo do político a estabilidade do sistema jurídico". AMELUNG. Op. cit., p. 232.

[56] Na esteira da advertência de Hassemer, "este princípio não tem contido nunca a exigência de criminalizar toda conduta que lesiona um bem jurídico, senão que, pelo contrário, tem prescrito extrair da lei, toda cominação penal que não se pode referir a uma lesão ou posta em perigo um bem jurídico."

lidez de que a eleição de uma conduta como delitiva não apenas figura como mera argumentação dogmática, e sim, como campo de redução do arbítrio ou subjetividade do legislador.[57]

Por outro lado, não se pode afastar a influência de alterações, dinâmica e contextos sociais à interferência dessa defesa, sob pena de minimização a mero discurso retórico. O Direito Penal tem que estar atento a todas essas influências, principalmente em relação a novos ataques à harmonia social, ainda com acento agudo com as referências à sociedade de risco e aos novos "perigos sociais" a partir de um incremento às transformações tecnológicas e a globalização.

Porém, não podemos defender o abandono da teoria do bem jurídico nesse novo paradigma de leitura do Direito Penal.[58] Na realidade, o foco deve ser diametralmente oposto, na medida em que a legitimidade da norma penal mergulhará na conceituação e identificação de bem jurídico para a intromissão na liberdade humana.[59] Ainda que haja sensíveis alterações na identificação de um novo modelo de bem jurídico,[60] esses devem continuar como substrato democrático[61] à limitação da intervenção penal, com sua a proibição do excesso[62] característica da defesa dos direitos fundamentais apenas com nova roupagem.

O certo é que os princípios da subsidiariedade e fragmentariedade do direito penal deverão estar presentes na identificação clássica e moderna da tutela (dignidade)[63] penal, justamente para que não haja vulgarização do sistema criminal em seu aspecto material.

Mas a eleição de certo fator de identificação da criminalidade, frente às ideias de uma sociedade vítima de perigos e riscos, começa (aliás essa iniciativa já se mostra antiga) a desmaterializar a caracterização originária da

---

HASSEMER, Winfried. ¿Puede haber delitos que no afecten a un bien jurídico penal? In *La teoría del bien jurídico. ¿Fundamento de legitimación del Derecho penal o juego de abalorios dogmático?* Coord. Roland Hefendehl. Trad. Rafel Alcácer, María Martín e Íñigo Orrtiz de Urbina. Madrid. Barcelona: Marcial Pons, 2007, p. 98. Portanto, refere Hassemer em outra oportunidade que, "o conceito de bem jurídico se transforma assim sistematicamente em um critério negativo que impede a criminalização ilegítima: ali onde não tem uma lesão de um bem jurídico não deve haver delito". HASSEMER. *Viejo y nuevo Derecho penal*, p. 45. Da mesma forma, FIANDACA, Giovanni; MUSCO, Enzo. *Diritto Penale. Parte Generale*. Bologna: Zanichelli editore, 2001, p. 15.

[57] CUNHA, Maria da Conceição Ferreira da. *"Constituição e Crime". Uma perspectiva da criminalização e da descriminalização*. Porto: Universidade Católica Portuguesa, 1995, p. 111.

[58] Por isso, ousando discordar de Stratenwerth, quando afirma que "é insustentável o dogma de que são ilegítimas as leis penais que não protegem nenhum bem jurídico determinado". STRATENWERTH. Op. cit., p. 56. De fato, esse é um ponto interessante de discussão em saber se a defesa do bem jurídico está ultrapassada pela ampla discricionariedade legislativa e do anseio da sociedade moderna.

[59] HASSEMER. *¿Puede haber delitos que no afecten a un bien jurídico penal?*, p. 103.

[60] Nesta linha, seguem ferrenhas críticas à "Escola de Frankfurt" face ao predicado conservadorismo pela defesa da necessidade de permanência do direito penal clássico de tutela do bem jurídico individual, servindo outros ramos para a proteção de bens não individualizados. GARCIA MARTÍN. Op. cit., p. 70/71.

[61] COSTA ANDRADE. Op. cit., p. 178.

[62] HASSEMER. *¿Puede haber delitos que no afecten a un bien jurídico penal?*, 2007, p. 98/99. TERRADILLOS BASOCO, Juan María. *Lesividad y proporcionalidad como principios limitadores del poder punitivo*. México: Editorial Ubijus, 2011, p. 29.

[63] COSTA ANDRADE. Op. cit., p. 184.

teoria do bem jurídico. O envolvimento não mais se dirige ao indivíduo, com demonstrações de lesões, criando uma abstrativização do conteúdo material dos tipos. A proteção, para além das relações individuais, dirigi-se à estrutura política e econômica do Estado, não como ratificação ou edificação de bens jurídicos que o Direito penal tutelaria, mas sim a proteção de instituições frente às teorias funcionais de organização social[64] ou de instrumento de administração pública, de promoção das políticas contingentes de cada governo.[65] Identifica-se, portanto, um movimento de ampliação do referencial bem jurídico, criando uma autonomia coletiva a esse instituto.[66] Porém, a mudança não se dá apenas na eleição de criminalização de determinadas condutas, mas sim, a forma de sua construção e o reflexo na "jurisdificação" das mesmas. Comecemos pelo primeiro ponto.

3. Os novos critérios de delimitação normativa

As questões transindividuais eivadas de complexidade social já estão inseridas nas discussões jurídico-penais, ainda que não seja fundada, efetivamente, na sociedade de risco uma mudança de paradigma da dogmática penal.[67] Na permanente defesa do parâmetro de legitimação da intervenção penal a partir do bem jurídico constitucionalmente relevante, deve-se cuidar a identificação de bens coletivos relevantes (proteção penal do meio ambiente, a ordem econômica, a saúde pública, segurança social, sem referências individuais).[68] A extrema abstração de interesses difusos cria reais dificuldades de identificação ou caracterização como bem jurídico penal de função limitadora da criminalização, levando a idealização do objeto de proteção do direito penal como normas de funções,[69] expectativas de comportamentos ou proteção de segurança[70] com a finalidade de prevenção de distúrbios sociais, foca o discurso mais extremo do Direito penal do perigo.

Por certo, alterações socioculturais estruturam e caracterizam a marca indelével do Direito penal clássico e do moderno. Diante de uma leitura sobre as novas incriminações, ou mesmo sobre as suas interpretações,

---

[64] GRACIA MARTÍN. *Prolegómenos para la lucha por la modernización y expansión del Derecho penal y para la crítica del discurso de resistencia*, p. 133.

[65] MATTA. Op. cit., p. 523.

[66] Apenas haverá legitimidade da tutela coletiva do bem jurídico quando estiver orientada na proteção da liberdade (autonomia) e interesses dos indivíduos. A partir do valor à dignidade humana estrutura-se um Estado Democrático de Direito o que consolida, por isso, ainda que estejamos diante de um bem jurídico coletivo, o referencial a seguir o ser humano. Quando há tutela do meio ambiente, não se defende os fatores ambientais como objetos autônomos, será sim concebido como modo antropocêntrico. A proteção dar-se-á aos elementos indispensáveis, direta ou indiretamente, à vida e a saúde dos seres humanos atuais e futuros.

[67] Nesta mesma linha de reflexão segue MATTA. Op. cit., p. 539.

[68] A perspectiva do Estado social legitima a importância de bens jurídicos coletivos. GRARCIA MARTÍN. *La polémica en torno a la legitimidade del Derecho Penal moderno*, p. 87.

[69] Idem, p. 32.

[70] BOTIINI, Pierpaolo Cruz. *Crimes de perigo abstrato*. 2. ed. São Paulo: Revista dos Tribunais, 2010, p. 184.

seguimos na dominância do paradigma preventivista[71] do Direito Penal na tentativa de proteção do mundo servindo, atualmente, como "arma multiuso"[72] de asseguramento social para a prevenção de distúrbios individuais e sociais. A afirmativa anterior está destituída de aplausos ou críticas. O que temos, efetivamente, é a constatação de um panorama preventivo,[73] ligado a um modelo de referência à precaução face às incertezas[74] (científicas e sociais), com recuperação de algumas antecipações de tutela penal, seguindo o "Direito penal como representante da segurança cidadã".[75] E se, na concepção material de bem jurídico não figuraria nenhuma realidade empírica, razoavelmente perceptível e suscetível de referência a interesses concretos individuais, há certa desmaterialização ou espiritualização do conceito clássico de bem jurídico.[76]

Independentemente de eventual crítica ao atual Direito penal com características preventivas (Direito penal de defesa contra os perigos, na expressão de Hassemer),[77] o que se constatam são algumas modernas tendências de previsão de perigos no Direito penal,[78] com a conversão da proteção de bens jurídicos como critério positivo de decisões criminalizantes, na transformação de um mandado de penalização, não mais sintetizado pela proibição de excesso, mas sim, como "proibição de defeitos".[79] Segue no aumento do controle social pelo Direito penal; agravação das sanções; cada vez mais a utilização como instrumento técnico-jurídico de tipificação de crimes de perigo abstrato[80] em que se controlam condutas e não objetiva a reprimenda de resultados, com eleição de bens jurídicos universais; a formação de um discurso político-criminal de fomento a perigos e riscos modernos, com tráfego

---

[71] HASSEMER, Winfried. Seguridad por intermedio del Derecho penal. In: ¿Tiene un futuro el Derecho penal? Org. Julio B. J. Maier e Gabriela E. Córdoba. Buenos Aires: Ad-Hoc, 2009, pág. 14/15.

[72] Expressão de Kindhäuser. Em KINDHÄUSER, Urs. *Estructura y legitimación de los delitos de peligro del Derecho penal*. Trad. Nuria Pastor Muñoz. Disponível em <www.indret.com>, acesso em 10 de julho de 2012, p. 04. Esta afirmativa não se mostra unânime como ponto de certeza. Assim, Romeo Casabona reconhece que o Direito penal não seja, em muitos pontos, o melhor instrumento social disponível para fazer frente às agruras da sociedade de risco. Cf. ROMEO CASABONA, Carlos María. Conocimiento científico y causalidad en el Derecho Penal. In: *La adaptación del Derecho Penal al desarrollo social y tecnológico*. Coord. Emilio José Armaza Armaza. Granada: Comares, 2010, p. 122.

[73] Nesta linha, Hassemer indica que a *"prevenção, o qual era um objetivo colateral do Direito Penal clássico, se tem transformado em um paradigma dominante"*. HASSEMER, Winfried. Rasgos y crisis del Derecho Penal moderno. In: *Anuario de derecho Penal y Ciencias Penales*. Ano XLV, fasc. I, 1992, p. 239.

[74] ROMEO CASABONA. Op. cit., p. 92.

[75] HASSEMER. *Seguridad por intermedio del Derecho penal*, p. 15. Porém, oportuna as indagações de Hassemer sobre essas ideias: "Foi a opção enérgica do Direito penal e da teoria jurídico-penal em favor da prevenção, em favor da vinculação do Direito penal a produzir ou, ao menos, a ter como objetivo consequências saudáveis para o autor e para a sociedade? Foi esta mudança decidida desde o puramente normativo até o empírico? Foi tudo isso realmente uma boa ideia?" p. 15.

[76] GRACIA MARTÍN. *Prolegómenos para la lucha por la modernización y expansión del Derecho penal y para la crítica del discurso de resistencia*, p. 131.

[77] HASSEMER. *Seguridad por intermedio del Derecho penal*, p. 26.

[78] Reconhecidamente por Hassemer como meras "ilustrações". "*Dentro de la envoltura se esconde el derecho de defensa contra peligros*. Idem, p. 31.

[79] HASSEMER. *Viejo y nuevo Derecho penal*, p. 47/48.

[80] GRARCIA MARTÍN. *La polémica en torno a la legitimidade del Derecho Penal moderno*, p. 18.

no princípio da precaução,[81] criando uma relação de tensão entre a liberdade individual e a segurança social;[82] estruturas preventivas processuais penais com maior redução de vivificação de garantias individuais.[83]

Na realidade, a partir do incremento social do perigo (para além de uma sociedade de risco),[84] ditando a sua organização e estruturando, inclusive, modelos de produção e distribuição de riquezas, se incorpora como fator de observância ao Direito penal. Assim, não podemos afastar a consequência atual do risco como elemento central da conduta típica, e não só nos crimes de dano, mas em todas espécies criminais, face a presença de "autênticos bens jurídicos sociais, trans-individuais, trans-pessoais, coletivos, ou como quer que prefiramos exprimir-nos a propósito".[85]

O que se constata, portanto, é que a crítica da "Escola de Frankfurt"[86] tentando resistir ao modelo de "modernização" do Direito penal perde total força quando o argumento dar-se-á pelo medo dos riscos inerentes à sociedade moderna e que o Direito penal não poderá ficar alheio a essa discussão.[87] O fato é que a fundamentação da necessidade e legitimidade deste novo paradigma denotam-se presentes,[88] não com a relação de bens jurídicos socialmente edificados, mas sim normativamente identificados com a motriz da proteção efetiva de bens comunitários,[89] ditando a legitimidade da autonomia dos crimes de perigo através do legislador democrático, com ferrenhas críticas do conteúdo do injusto pelo paradigma da agressão.[90]

A análise dos novos critérios de delimitação normativa, pela técnica de tipificação de crimes de perigo,[91] ultrapassa a sua edificação, perpassando sobre a questão da sua aplicação e a própria prova do seu caráter ilícito. Seguimos, a partir da legitimidade da nova modelagem penal, a tentativa de identificação da expansão desse sistema através do comportamento desses

---

[81] ROMEO CASABONA. Op. cit., p. 119.

[82] HASSEMER. *Seguridad por intermedio del Derecho penal*, p. 26.

[83] Basta pensamos em inversão do onus da prova; presunção de culpa; ingerência prisional, acordos processuais com reconhecimento da culpa. Mas, são importantes questões que ficarão para outro momento oportuno.

[84] "Basta notar a facilidade com que o 'cidadão comum' assumiu – mesmo antes dos acontecimentos do 11 de setembro de 2001 e da subsequente omnipresença do discurso 'riscológico' – que vivemos hoje em dia ma 'civilização do risco', mesmo se essa hipótese é altamente discutível em termos empíricos e teórico, ao mesmo tempo que induz importantes efeitos perversos em termos sociais e políticos". GRANJO, Paulo. Quando o conceito de "risco" se torna perigoso. In: *Análise Social. Revista do Instituto de Ciências Sociais da Universidade de Lisboa*. n. 181. Vol. XLI, 4º. Trim. 2006, p. 1178.

[85] DIAS. *Temas Básicos da Doutrina Penal*, p. 175.

[86] GRARCIA MARTÍN. *La polémica en torno a la legitimidade del Derecho Penal moderno*, p. 27.

[87] Por isso Schünemann faz ferrenhas críticas a essa Escola, indicando que suas ideias gerariam uma verdadeira perversão do ordenamento de bens jurídicos, pois, não obstante a defesa da teoria monista-individualista não reconhece o indivíduo frente as gerações futuras. SCHÜNEMANN, Bernd. *Consideraciones criticas sobre la situación espiritual de la ciencia jurídico penal alemana*. Trad. Manuel Cancio Meliá. Anuario de Derecho Penal y Ciencias Penales. 1996, fasc. 1, p. 194.

[88] DIAS. *Temas Básicos da Doutrina Penal*, p. 177.

[89] Idem, p. 177.

[90] KINDHÄUSER. Op. cit., p. 15/16.

[91] MENDONZA BUERGO. *Exigencias de la moderna política criminal y princípios limitadores del Derecho penal*, p. 294.

"novos" (que não são tão novos assim) anseios na dinâmica processual. Por isso, a importância da discussão da prova da ofensividade e do próprio injusto em si.

4. A influência da prova no tipo de ilícito

Não obstante o princípio da legalidade refletir na proteção à intervenção penal, segue na teoria da pena (e sua função) a legitimidade do Direito Penal,[92] justamente por significar, como regra, a ingerência mais drástica imaginável do Estado frente aos direitos de personalidade do indivíduo,[93] não obstante, como antecipação da conclusão, esse modelo vem sofrendo radicais alterações, como já exposto.

Porém, para além da questão acadêmica, o conceito e a referência de bem jurídico na argumentação dogmática jurídico-penal, segue como normas de condutas protegidas pelo juízo de valor realizado primariamente pelo legislador, na indicação de que "certos estados de coisas 'devem ser', isto é, devem ser conservados".[94]

Portanto, a dificuldade da formação do crime e sua consequência sancionatória a partir da subsidiariedade penal e, por outro lado, a discricionariedade legislativa,[95] leva a análise de outro importante princípio neste foco: o da proporcionalidade e a proibição do excesso punitivo.[96] As margens da atuação legislativa, de fato, são muito mais amplas do que sua vinculação em decorrência do mandato democrático a ele investido por um Estado de Direito. A configuração da proteção penal pela ampla discricionariedade legislativa defendida por Stratenwerth[97] far-se-á pela ponderação do ônus entre o bem comum (eleito socialmente) e a delimitação de liberdades[98] e direitos fundamentais dos cidadãos[99]. Por isso, devemos (ou deveríamos) afirmar uma ausência de amplos poderes constitucionais de penalização, até porque lesividade social, proporcionalidade, subsidiariedade e tolerância

---

[92] Legitimidade como merecimento da pena. KUHLEN, Lothar. Es posible limitar el Derecho penal por médio de un concepto material de delito? Trad. Pablo Sánchez-Ostiz Gutiérrez. In: *El sistema integral del Derecho penal*. Delito, determinación de La pena y proceso penal. Jürgen Wolter, Georg Freund (orgs.). Madrid-Barcelona: Marcial Pons, 2004, p. 132. Seguindo a pena de privação de liberdade como justificação da definição de um delito, face a possibilidade do não reconhecimento da liberdade individual. Cf. FRISCH, Wolgang. Delito y sistema del delito. Trad. Ricardo Robles Planas. In: *El sistema integral del Derecho penal*. Delito, determinación de La pena y proceso penal. Jürgen Wolter, Georg Freund (orgs.). Madrid-Barcelona: Marcial Pons, 2004, p. 209.

[93] STRATENWERTH. Op. cit., p. 61.

[94] AMELUNG. Op. cit., p. 228.

[95] Na expressão de Maurach, " a construção do tipo de delito é função própria do legislador, que se bem deve ter em conta *de lege ferenda* determinados princípios de experiência, necessidades político-criminais e limites impostos pela constituição, e por outra maneira livre na configuração dos tipos." MAURACH, Reinhart. *Tratado de Derecho Penal*. trad. Juan Cordoba Roda. Barcelona: Ediciones Ariel, 1962, p. 273.

[96] HASSEMER. *¿Puede haber delitos que no afecten a un bien jurídico penal?*, p. 101.

[97] STRATENWERTH. Op. cit., p. 60.

[98] ROXIN. *Derecho Penal*. Parte General, p. 64.

[99] STERNBERG-LIEBEN. Op. cit., p. 106.

são os princípios mais importantes que devem guiar o legislador penal,[100] figurativos a partir da quebra de paradigma identificado pela teoria do dano social pela simples concepção do legislador com ideias iluministas em convergência com o contrato social, como sujeito autorizado a eleger qualquer valoração imaginável como conduta danosa é afastada pela objetividade da teoria do bem jurídico que, de forma expressa, vinculou o bem jurídico a necessidade de valoração pelo próprio legislador.[101]

Nesta linha, indicativa da racionalidade e proporcionalidade das medidas normativas e da consequência sancionatória, gera ao legislador, em primeiro momento, um duplo ônus probatório: o primeiro será a prova da danosidade social do comportamento[102] e, em segundo plano, a prova da indispensabilidade de uma tutela penal.[103]

Certo, no entanto, que a demonstração da danosidade social através da conduta, em muitos exemplos, fugiria da constatação empírica plena por parte do legislador, podendo tornar de difícil critério criminógeno do atuar individual, e no modelo atual, coletivo. Por estas problemáticas práticas, advoga-se a ampliação de maior liberdade e discricionariedade legislativa em confronto com o ônus de provar a lesão socialmente provocada pela conduta a ser criminalizada, até porque pela ausência desse conhecimento empírico confiável, seria possível se pautar por suposições de ameaças ao bem digno de proteção e sobre possíveis efeitos de uma lei penal.[104]

De certo é que, temos que identificar realmente, e não como substrato discursivo, a prova da ofensa por determinada conduta típica e se há uma adequação ao conteúdo material de tipo. Em alguns casos, a teoria do bem jurídico de caráter pessoal, ainda que de forma mediata na violação individual, não explica a previsão de alguns preceitos sancionatórios ou, por outro lado, a ausência de provas concretas de determinadas consequências delitivas cria uma margem de imperfeição das consequências delitivas, com ênfase na responsabilidade de entes coletivos. Ou temos que aceitar que há casos em que a criação legislativa afirma a existência de lesão mediante a artificiosa criação de bens jurídicos transpessoais,[105] justamente porque necessita de legitimação a criação de alguns crimes de perigo abstrato ou na ocorrência de bens jurídicos já reconhecidos como produtos de um processo de valoração prévia, profundamente interiorizada e devidamente compartilhada pela coletividade, com desempenho no papel decisivo de legitimidade,[106] intervindo "'critérios atípico de imputação', sem que haja violação ao princípio da legalidade e da culpa jurídico penal".[107]

---

[100] HASSEMER. ¿Puede haber delitos que no afecten a un bien jurídico penal?, p. 100.
[101] AMELUNG. Op. cit., p. 233.
[102] CADOPPI, Alberto; VENEZIANI, Paolo. Elementi di Diritto Penale. Parte Generale. Verona: CEDAM, 2003, p. 90.
[103] MIRANDA RODRIGUES. Op. cit., p. 300/301.
[104] Nesta linha, STRATENWERTH. Op. cit., p. 61.
[105] STERNBERG-LIEBEN. Op. cit., p. 115.
[106] FRISCH. Op. cit., p. 314/315.
[107] DIAS. Temas Básicos da Doutrina Penal, p. 181.

Se nossa dinâmica social motiva a alteração de paradigma do Direito penal, não mais limitada à identificação de bens jurídicos pessoais (com exemplos clássicos de crimes contra a pessoa, patrimônio, honra, etc.), para as questões mais delicadas e de difícil contextualização, exige uma maior motivação de demonstração do legislador penal, vinculando-o ao conceito material de delito.[108] É dizer, para os crimes de lesão (na visão clássica), o ônus de demonstração da danosidade social converge com o próprio crime (matar sempre foi matar, e o bem jurídico *vida* é facilmente identificado). Mas por outro lado, na criação de crime de perigo, que não há uma visibilidade fácil, há necessidade de maior motivação legislativa quanto à criminalização da conduta. Portanto, a legitimação desta norma penal deverá gerar um maior ônus probatório legislativo,[109] para que não resulte em criação de mero discurso político, de vulgaridade criminógena. Assim, não podemos afastar um dever de verificação através de conhecimentos correspondentes inclusive a partir das ciências empíricas,[110] mesmo que não haja defesa da repristinação das relações causais naturais no Direito penal.

Ressalta-se, que ainda estamos trabalhando com a teoria do bem jurídico relevante para a defesa constitucional da legitimidade da norma, na medida em que se relativizássemos esta teoria,[111] indicaria com maior facilidade a eleição de determinadas normas penais, já pré-valoradas legislativamente.

A imprescindível busca à proporcionalidade legislativa (penal) se pauta na dignidade penal de um lado e nos fins pretendidos pelo legislador (*o que tem a ver com a racionalidade instrumental*) e a decisão sobre a adequação da intervenção e a finalidade pretendida (*aspectos da racionalidade valorativa*).[112]

Por outro lado, por mais que estejamos diante de uma necessária divisão dos papéis, materialmente adequada, dos órgãos de soberania,[113] a intervenção penal, de forma abstrata, deverá ser controlada como outro instrumento de força democrática. Assim, diante de ausência de ofensividade prática da conduta, não restará alternativa ao Tribunal Constitucional, através da função de controle, a declaração de inconstitucionalidade material da norma punitiva.[114] A densidade desta função não é dirigida pelo Tribunal Constitucional, mas pela própria Constituição.[115] Assim, exige-se do legisla-

---

[108] GRACIA MARTÍN. *La polémica en torno a la legitimidade del Derecho Penal moderno*, p. 48.

[109] Nesta linha, STERNBERG-LIEBEN. Op. cit., p. 115.

[110] VON HIRSCH; WOHLERS. Op. cit., p. 301.

[111] FRISCH. Op. cit., p. 315/316.

[112] STERNBERG-LIEBEN. Op. cit., p. 120.

[113] CANOTILHO, José Joaquim Gomes. A Concretização da Constituição pelo Legislador e pelo Tribunal Constitucional. In: *Nos dez anos da Constituição*. Jorge Miranda (org.). Lisboa. Imprensa Nacional – Casa da Moeda, 1986, p. 352.

[114] No entanto, vivas são as críticas em que "tendo em conta a liberdade de configuração política do legislador e a impossibilidade de elaborar um marco valorativo que ponha em relação os distintos elementos que compõem o conjunto irremediávelmente aberto de critérios de ponderação, a declaração de inconstitucionalidade de uma lei por falta de proporcionalidade seguirá sendo uma possibilidade predominantemente teórica". STERNBERG-LIEBEN. Op. cit., p. 124/125.

[115] CANOTILHO. Op.cit. p. 365.

dor penal que em todos os casos haja demonstração da existência de perigo à bens jurídicos protegidos mediante prognoses operacionais,[116] mesmo que a incerteza sobre os efeitos da lei não impeça sua promulgação.

Mas, para além da análise abstrata da legitimidade constitucional, o que se pauta em discussão é a expansão do referido modelo penal do perigo nas discussões processuais diuturnas, o que nos propomos a enfrentar.

5. A identificação jurisdicional da abstração do Direito penal preventivo

Na leitura de qualquer manual de direito processual penal, afirma-se que esta ciência destina-se a instruir o julgador quanto aos fatos imputados na inicial acusatória, tentando convencê-lo sobre eventual verdade fática (finalidade da prova no processo penal).[117] Há uma verdadeira reconstituição dos fatos penalmente relevantes (o delito em si) e, como o juiz conhece do direito (*iuria novit curia*) basta a afirmação e demonstração da relação fática para a subsunção da norma penal. Portanto, ampla é afirmativa de que não há necessidade, diante da situação processual, da demonstração da norma, tão somente dos fatos.

Nesse seguimento, o juiz *sente* (expressão da própria *sentença*) o que se passa, elegendo versões argumentativas e probatórias. A eleição, a partir de certa intuição emocional, denota-se inerente na própria expressão na valoração da prova "e na própria axiologia, incluindo a carga ideológica, que faz da norma (penal ou processual penal) aplicável ao caso".[118]

Mas não podemos nos contentar com tão pouco referencial. Se, pela simples afirmativa de que há a prática de um crime, todo esse contexto deve ser discutido na dialética processual penal.[119] Não só a conduta e demonstração da autoria, mas também todo o conteúdo material do crime, inclusive a sua própria ofensividade.[120]

Deve-se pensar que a discussão processual penal não pode resumir apenas na prova da autoria e participação ou da conduta para se chegar à ingênua concepção da subsunção entre a norma e a decisão penal.[121] A complexidade sistêmica demanda mais. Assim, a ocorrência do tipo de ilícito

---

[116] STERNBERG-LIEBEN. Op. cit., p. 122.

[117] BAJA DE QUIROGA, Jacobo López. *Tratado de Derecho Procesal Penal*. 4. ed. Navarra: Thomson Reuters, 2010, p. 819.

[118] LOPES JR. Aury. *Direito Processual Penal e sua Conformidade Constitucional*. Vol. I, 8. ed. Rio de Janeiro: Lumen Juris, 2011, p. 514.

[119] KUHLEN. Op. cit., p. 149.

[120] Defendemos a teoria de que toda a discussão processual penal forma um juízo constitucional sobre a estrutura do delito. Por isso, seu conteúdo material deve ser concretamente posto em confronto com os princípios constitucionais legitimadores da norma incriminadora.

[121] HASSEMER, Winfried. Sistema jurídico e codificação: A vinculação do juiz à lei. In: *Introdução à Filosofia do Direito e à Teoria do Direito Contemporâneas*. Trad. Marcos Keel. Lisboa: Fundação Calouste Gulbenkian, 2002, p. 282.

deve ser posta à prova, até porque, seguimos como expressão da estrita legalidade como tipo de garantia,[122] com a estrita jurisdicionalidade da prova da conduta e sua ofensividade como violação ao bem jurídico tutelado.

Se o sistema penal possui toda engrenagem de "solução" de problemas sociais, mas a utiliza como instrumento de pena (de "castigo" no modelo clássico) ou mesmo preventivo (no modelo atual), sempre com respaldo sancionatório, toda essa estrutura deve estar pautada por controle e racionalidade, pois ilumina-se do outro lado, a liberdade individual.

Tem-se por um lado o princípio da precaução como modulador de tipos penais, com ênfase aos novos delitos de perigosidade ou de ações perigosas,[123] deveria, através de outro revés interpretativo, servir como modelo de resguardo sobre riscos da ampla penalização (e já estamos no momento jurisdicional). Portanto, porque não utilizá-lo também como forma de contenção de alguns excessos da própria sociedade de risco, sem afastar a legitimação da criminalização de condutas?[124]

Deve(ria) a dialética processual servir, em um segundo momento, de instrumento de legitimação das funções penais, sempre vinculado ao atuar dos sujeitos processuais, da dinâmica probatória e da decisão penal. Nosso acento agudo, no entanto, está na fase probatória quanto ao tipo de ilícito.

Para esclarecer as reflexões trazidas, não estamos discutindo a ilegitimidade constitucional da criminalização das condutas perigosas,[125] justamente porque prevenir o perigo para um bem jurídico penal possui a função de contribuir para evitar a lesão.[126]

No entanto, se por um lado, nos delitos de resultado denota-se com maior facilidade a demonstração da relação causal, pela existência entre a ação e o resultado típico naturalístico, com utilização das teorias da causalidade e da imputação objetiva,[127] não podendo servir o princípio da precaução como dispensa destas referências quanto à ofensa *ex post*.[128] Portanto, a prova levará ao convencimento do julgador sobre a conduta e resultado numa aferição fática, convergindo toda a estrutura normativa do crime, a

---

[122] "Isto é o conjunto de elementos exigidos pelo art. 29º Da CRP e pelo art. 1, CP, que a lei tem de referir para que se cumpra o conteúdo essencial do princípio *nullum crimen, nulla poena sine lege*". DIAS. *Direito Penal*. Parte Geral., p. 284.

[123] ROMEO CASABONA. Op. cit., p. 119.

[124] Nesta linha, Palma expõe que "se o problema começa na lei, há também um espaço de legitimidade constitucionalmente garantido em que o princípio da necessidade da intervenção penal impõe que no Processo Penal se minimizem os erros da hipertrofia criminal ou da própria iniquidade da seleção social, questionando-se a liberdade de o legislador criar incriminações, e não, inversamente, orientando-se o problema constitucional no sentido de o juiz se automatizar sem distinguir situações, transpondo totalmente para o arguido a responsabilidade colectiva, a responsabilidade dos conformismos sociais e, a final, dos verdadeiros mecanismos detentores do poder social". PALMA. *O Problema Penal do Processo Penal*, p. 51

[125] Afastando, como afirmado na nota introdutória, da necessidade de cuidado e precaução nos crimes negligentes, já que o aporte de ideias seguiria em outro foco.

[126] MIR PUIG. Op. cit., p. 118.

[127] BAJA DE QUIROGA. Op. cit., p. 1397.

[128] ROMEO CASABONA. Op. cit., p. 115.

partir de uma questão ontológica ou pré-jurídica.[129] Nesta espécie de crime, haverá necessidade de constatação e prova da ocorrência concreta da lesão, figurativa do desvalor da conduta, o desvalor do resultado e a relação causal entre estes preceitos.[130] A aferição seguirá em dois níveis: a legislativa com a legitimidade democrática da eleição da conduta criminalizada; a jurisdicional, com a comprovação da ofensa da conduta e sua afetação ao bem jurídico violado.

Assim, se uma pessoa dispara contra a outra levando a morte, a prova quanto aos fatos ocorrerá de forma mais fácil de identificação (a conduta através do disparo – a lesão (a própria ofensa) e o resultado morte).

Nos crimes de ação perigosa essa questão não será tão sensível assim. Porquanto, a modernização do Direito penal não só fortalece teorias sobre a antecipação de tutela com viés preventivo, criando diversos crimes com características abstratas, mas reduz, significativamente, o segundo momento de dique de intervenção penal, durante a demonstração do conteúdo material do crime. Por isso, tendencialmente para esses crimes, prescinde a demonstração da causalidade, não havendo necessidade de demonstração da periculosidade da conduta em sede judicial, já que a força motriz da incriminação dá-se, exclusivamente, pelo legislador. Assim, não só está facilitada a função do juiz,[131] mas também a própria dinâmica processual, resumindo apenas na demonstração da conduta, com frágil possibilidade de resistência defensiva.

Há, na realidade, certa diferença de atuação jurisdicional quando diante da caracterização dos crimes, o que resulta em maior ou menor proximidade da instrumentalização do Direito penal. Basta pensar que se estivermos diante de um crime de lesão, ou até de perigo concreto, além de maior amplitude nos elementos constitutivos do crime, o julgador, em seu programa de decisão, poderá identificar e, eventualmente, corrigir alguns desacertos interpretativos da norma, até porque, a defesa terá maior grau de atuação na discussão probatória. Por outro lado, nos crimes de perigo abstrato, afasta-se essa possibilidade do juiz criminal.[132]

O fato é que não mais podemos ver uma lógica sistêmica apenas em um ramo da ciência jurídica. O direito e o processo penal estão, indiscutivelmente, em uma íntima relação funcional.[133] A racionalidade de atuação não se dissocia. Portanto, se o novo olhar do paradigma penal denota-se preocupado com a antecipação da tutela na direção útil de segurança, a estrutura

---

[129] ROMEO CASABONA, Carlos María. Conocimiento científico y causalidad en el Derecho Penal. In: *La adaptación del Derecho Penal al desarrollo social y tecnológico*. Coord. Emilio José Armaza Armaza. Granada: Comares, 2010, p. 118/119.

[130] Não havendo, por outro lado, o desmerecimento da modalidade tentada, bem como as intrincadas discussões sobre os elementos subjetivos do injusto.

[131] HASSEMER. *Viejo y nuevo Derecho penal*, p. 55.

[132] FIANDACA; MUSCO. Op. cit., p. 181.

[133] Havendo verdadeira relação comunicativa entre crime e processo, por isso, pertencem a um sistema integrado. SILVA SÁNCHEZ, Jesús María. Dimensones de la sistematicidad de la teoria del delito. In: *El sistema integral del Derecho penal*. Delito, determinación de La pena y proceso penal. Jürgen Wolter; Georg Freund (orgs.). Madrid-Barcelona: Marcial Pons, 2004, p. 21.

processual deverá seguir essa linha.[134] Por isso, há na realidade uma sensível redução de resistência processual para esses "novos" crimes, a partir da abstrativização penal na jurisdicionalização da imputação, gerando, na expressão de Palma, "um lugar de instância moral (...) impondo-se uma culpa justificada apenas pela lei",[135] como passaremos a expor.

6. Gestão da prova do injusto de perigo

A questão a ser enfrentada diz respeito ao conteúdo material do crime de perigo e as vertentes quanto à sua concretude ou abstração. Portanto, para além da criação legislativa na identificação da criminalidade primária, imprescindível a identificação prática da prova do crime através da jurisdicionalização da conduta, objetivando tornar palpável aquilo que se incrimina. Como já exposto, nossa abordagem não se refere à prova do fato e a questão da mera subsunção da conduta à norma legal, e sim a concreta tipicidade material com a prova da ofensa da conduta e todos seus sucedâneos. Por isso, merecedora a análise da prova da lesão nos crimes de dano (diante do contexto penal Clássico) até a prova do perigo na conceituação moderna do direito penal do risco.

Temos que seguir uma determinada linha. Se pensarmos para que haja legitimidade do Direito penal haverá sempre a necessidade de indicação fática da lesão a um bem jurídico, caberá à acusação o ônus de provar além da conduta a própria lesão (não estamos nos referindo ao resultado naturalístico), a partir da confirmação constitucional da situação de inocência.

Mas, nas referências atuais dos crimes de perigo, a situação não fica tão fácil, ocorrendo a necessidade da sensível discussão quanto ao ônus da prova da perigosidade da conduta para que haja o ensejo material da tipicidade e, consequentemente, a possibilidade de eventual condenação nessa espécie de crime.

Porém, se seguirmos através da presunção de legitimidade das normas penais, como o Estado possuidor do *ius puniendi* já identificou a perigosidade da conduta quando diante da idealização da norma, formadora de riscos sociais (como estado de provável colocação de perigo ao bem materialmente protegido), chega-se ao ponto de indagarmos se caberá ao acusado, perante a situação processual, o ônus da demonstração da ausência do perigo. Figuraria, por parte deste, a prova negativa aquilo que restou legislativamente identificado, justamente para a figura da legitimidade desses crimes.

---

[134] Na convergência das intenções materiais e processuais penais, reflete-se que um Direito processual penal "estruturado com todas as garantias do Estado de Direito só seria possível contando com um Direito penal material baseado nos mesmos princípios: é dizer, presido pelo princípio da legalidade (abrimos um parênteses na nossa reflexão, para ilustrar com identificação material da lesividade da conduta), concentrado em bens jurídicos precisos e limitado a funções que possa cumprir". HASSEMER, Winfried e MUÑOZ CONDI, Francisco. *La responsabilidad por el producto en derecho penal*. Valencia: Tirant lo Blanch, 1995, p. 37.

[135] PALMA, Maria Fernanda. O Problema Penal do Processo Penal. In: *Jornadas de Direito Processual Penal e Direitos Fundamentais*. Maria Fernanda Palma (coord.) . Coimbra: Almedina, 2004, p. 48/49.

Seria de fácil afirmativa se não houvesse a proteção constitucional da situação de inocência.[136] A partir daí, o problema torna-se mais delicado e de difícil resposta teórica e prática. Por óbvio, devemos seguir destituído de qualquer presunção, na medida em que esta resultaria em uma resposta formada de excesso de objetividade, maculando a proposta do Direito Penal de cunho democrático, traçando a legalidade e a culpa como meros fatores simbólicos de legitimidade punitiva.

Nesta linha, foca-se o perigo como algo existente (no mundo real, na referência ontológica, como conhecimento de todas as circunstâncias concretas, como fenômeno da realidade social, a partir de um observador de conhecimento médio),[137] [138] havendo certo equívoco realizado pelas teorias subjetivistas[139] na criação imaginária de risco no perigo não identificável, até porque, para a fundamentação normativa deste, deve-se sempre basear nas referências estatísticas de lesão ou dano pelas experiências comuns.

Há diferenciação clara entre o crime de perigo e de lesão.[140] Desta há um referencial regular, visível. Aquele se classifica como um estado irregular, não usual, devendo ser considerado provado através de um juízo de probabilidade,[141] a partir de índices de frequência,[142] permitindo uma real limitação do risco,[143] com previsão posterior-objetiva de ocorrência de um dano,[144] ou como presunção de perigo[145] (nos crimes de perigo abstrato) da ação para a projeção de penalização.[146]

---

[136] "Deve ter-se em conta que não é possível a prova de fatos negativos e, por isso, não é admissível nem correto exigir do acusado que prove as negações, pois isto implicaria uma inversão da presunção constitucional de inocência aparte de resultar uma prova impossível". BAJA DE QUIROGA. Op. cit., p. 825.

[137] E não, como adverte de Hirsch, um especialista, pois seria inclusive criticável processualmente, já que demandaria sempre o auxílio de um perito. HIRSCH, Hans-Joachim. Peligro y peligrosidad. In: *Anuario de Derecho Penal y Ciencias Penales*. t. XLIX. fasc. 2. Mayo-agos. 1996, p. 518.

[138] Senão, criaríamos uma discussão sem argumentos e sem propópisto. Se estamos falando de um novo modelo penal do perigo, ele deve existir. Senão, não há Direito e nem deveria haver pena. Aliás, essa discussão transcende o caráter normativista do perigo, até porque as referências (probabilísticas) do perigo são variáveis, com dependência da consciência jurídica e de situações socioculturais. GIUSINO, Manfredi Parodi. *I reati di pericolo tra dogmatica e politica criminale*. Milano: Dott. A. Giuffrè Editore, 1990, ps. 198/199.

[139] PEREIRA, Rui Carlos. *O Dolo de Perigo*. Lisboa: Lex, 1995, p. 20.

[140] Aos crimes de lesão se pressupõe um prejuízo ao objeto material protegido e nos delitos de perigo torna-se suficiente o risco de sua lesão como resultado da ação. JESCHECK; WEIGEND. Op. cit., p. 282. Portanto, a distinção básica dar-se-á ao grau de afetação do bem jurídico tutelado ou, pela doutrina exponente, a distinta intensidade de ataque ao bem jurídico. MENDOZA BUERGO. *Límites dogmáticos y político-criminales de los delitos de peligro abstracto*, p. 10. Pelo ataque ao bem jurídico. BARBERO SANTOS. Op. cit., p. 488; MIR PUIG, Santiago. *Derecho Penal. Parte General*. Barcelona: 1984, p. 170.

[141] GIUSINO. Op. cit., p. 194 e segs.

[142] Oportuna a afirmativa de Silva Dias quando afirma que "o perigo não se basta conceptuamente com uma mera possibilidade, nem sequer com uma qualquer probabilidade de lesão, antes exige uma probabilidade elevada, cuja medida variará em função de factores como a natureza do bem que é objecto do perigo e a potencialidade ofensiva da conduta." DIAS. *Entre "Comes e Bebes"*, p. 563.

[143] CALADO. Op. cit., p. 234/235.

[144] MAURACH. Op. cit., p. 277.

[145] Essa presunção *iuris tantum* deve ser criticada, na medida em que violaria o princípio da culpa e da presunção de inocência. Nesse sentido, DIAS. *Entre "Comes e Bebes"*, p. 524.

[146] SANTOS, Juarez Cirino dos. *Direito Penal. Parte Geral*. 2. ed. Curitiba: ICPC, Lumen Juris, 2007, p. 110.

O que se traça como importante é o momento do juízo de perigo, na aferição de quando "se deve situar o julgador para avaliar a situação de perigo".[147] Para a classificação desses delitos, através da demonstrabilidade do próprio perigo com viés objetivista (do que a norma se propõe), utiliza-se a inferência entre a maior ou menor probabilidade de ocorrência de um resultado lesivo,[148] a partir da apreciação de prognose efetuada *ex ante* no momento da ação,[149] até porque a distinção da característica do delito de perigo (se concreto ou abstrato) se dará pela possibilidade de separação do próprio perigo da conduta.[150] Na realidade, o conceito de perigo dependerá da estrutura típica, segundo seja o "bem jurídico mais palpável ou mais espiritualizado",[151] fruto, portanto de uma abstração metodológica.[152] Certo, no entanto, que o juízo de perigosidade de uma determinada conduta supõe a prognose baseada em regras de experiência gerais em alguns casos, ou em normas específicas quando da necessidade de demonstração empírica em outros.

6.1. A análise judicial da perigosidade concreta

Para a definição clássica de delito de perigo concreto, requer-se no caso específico haja produzido um perigo real para o objeto protegido pelo tipo respectivo,[153] ou pela produção de um dano iminente,[154] figurando, portanto, delitos de resultado de perigo típico correspondente,[155] se equivalendo, em decorrência dos critérios de imputação objetiva, às exigências causais dos crimes de lesão, devendo figurar a consumação na situação processual quando na produção de um perigo real.[156]

---

[147] SALAS ALMIRALL, Salvador. Causalidad e imputacion objetiva en los delitos de peligro. In: *Cuadernos de Derecho Judicial*. Causalidade e Imputacion Objetiva. Madrid: Consejo General del Poder Judicial, 1994, p. 125

[148] MAURACH. Op. cit., p. 278. Giusino entende, por outro lado, que a diferenciação ocorrerá pelos términos de técnica legislativa. GIUSINO. Op. cit., p. 279. Neste diapasão, haverá consequências reais na demonstração da ofensa ao bem jurídico tutelado dependendo da aferição anterior do legislador.

[149] DIAS. Entre "Comes e Bebes", p. 555. RUDOLPHI, Hans-Joachim. El fin del derecho penal del Estado y las formas de imputación jurídico-penal. In: *El sistema moderno del Derecho penal: custiones fundamentales*, Org. Bern Schünemann, Montevideo – Editorial IBdef, 2012, p. 86 e segs.

[150] Nessa análise, "pode-se afirmar que na estrutura típica dos delitos de perigo concreto existe uma conduta típica e uma situação ou estado separado dele (...) nos delitos de perigo abstrato, esse nexo é desnecessário porque não existe nenhum perigo típico". SALAS ALMIRALL. Op. cit., p. 133.

[151] GIUSINO. Op. cit., p. 212. Nesse sentido, espelha-se parcela da doutrina na diferenciação do risco para o perigo. Seguindo o risco como fator de análise *ex ante* e o perigo *ex post*. MENDOZA BUERGO *Límites dogmáticos y político-criminales de los delitos de peligro abstracto*, p. 26.

[152] GIUSINO. Op. cit., p. 212.

[153] ROXIN. *Derecho Penal. Parte General*, p. 404.

[154] BOCKELMANN, Paul e VOLK, Klaus. *Direito Penal. Parte Geral*. Trad. Gercélia Batista de Oliveira Mendes. Belo Horizonte: del Rey, 2007, p. 183.

[155] HIRSCH, Hans-Joachim. Op. cit., p. 523.

[156] MENDOZA BUERGO. *Límites dogmáticos y político-criminales de los delitos de peligro abstracto*, p. 21. SALAS ALMIRALL. Op. cit., p. 136.

Nesses casos, a prova do conteúdo material do crime reduz e amplia alguns dilemas, até porque o perigo figura como elemento do tipo,[157] o que indica uma situação ou estado de perigo separado da própria conduta, obrigando a estabelecer uma relação causal entre a ação e o dito perigo. Portanto, esse perigo, através dos critérios de imputação (objetiva e subjetiva), tem de ser comprovado por meio de uma prognose objetivo-posterior,[158] não se materializando, de forma exclusiva, pela perigosidade da ação *ex ante*, mas no próprio resultado de perigo, gerando, de certa forma, uma verdadeira diagnose,[159] quando houver uma relação causal possivelmente específica. E, na ausência da prova do perigo de resultado, o fato não figurará como típico, na medida em que não entrou efetivamente "no círculo de perigo".[160] Na realidade, há aqui a análise objetiva do comportamento do agente como acontecimento que produz certo "estado das coisas".[161]

A identificação probatória ocorrerá, portanto, pelas questões da perigosidade da ação e diante de circunstâncias observáveis e conhecidas *ex post* ao fato em si, incluindo referências à causalidade e da imputação objetiva. Por isso, Silva Dias indica que "num crime de perigo comum concreto, a perigosidade da acção pode ser aferida de dois modos: num sentido próprio, relacionando-a em termos de probabilidade com a lesão virtual; num sentido impróprio, relacionando-a em termos de imputação com o resultado de perigo".[162]

Nestas espécies de crime, portanto, não há uma identificação do perigo apenas pelo legislador. Cria-se na dialética processual a necessidade de comprovação positiva da presença séria da possibilidade de lesão.[163]

Casos, no entanto, em que a dificuldade probatória na aferição específica do resultado de perigo traça, pela jurisprudência, outro ponto de contato com a expansão do Direito penal. Serve-se, a partir da livre apreciação da prova em processo penal, de uma causalidade geral e da flexibilização dos critérios de imputação tradicionais[164] em que a relação de subjetividade do julgador se sobrepõe à objetividade da demonstração do perigo concreto.[165]

---

[157] BOCKELMANN/VOLK. Op. cit., p. 183. JESCHECK/WEIGEND. Op. cit., p. 282.

[158] ROXIN. *Derecho Penal*. Parte General, p. 404. BARBERO SANTOS. Op. cit., p. 489.

[159] Não é esse o fundamento de Silva Dias. Assim, "a ideia de que a perspectiva ex post, no juízo de perigo, anda associada a uma prognose, é fundamental, pois só ela é compatível com a definição do perigo como probabilidade de lesão". DIAS. Entre "Comes e Bebes":, p. 568. Da mesma forma, identificado o perigo como graus de probabilidade da lesão, considerando como evento não necessário e futuro, tramita uma prognose e não sendo possível considerar uma rigorosa diagnose. GIUSINO. Op. cit., p. 205/206.

[160] PINTO DE ALBUQUERQUE, Paulo Sérgio. O conceito de perigo nos crimes de perigo concreto. In: *Direito e Justiça*, v. VI, 1992, p. 355, com a defesa da teoria normativa (modificada) do resultado de perigo. (p. 362).

[161] PEREIRA. Op. cit., p. 35.

[162] DIAS. *Entre "Comes e Bebes"*, p. 561. Ainda, MENDOZA BUERGO. *Límites dogmáticos y político-criminales de los delitos de peligro abstracto*, p. 200. Ainda, SALAS ALMIRALL. Op. cit., p. 165.

[163] DIAS. *Entre "Comes e Bebes"*, p. 524, n.r., p. 15. Segue na defesa de uma prognose como compatibilidade do perigo como probabilidade de lesão (p. 568).

[164] DIAS. *Entre "Comes e Bebes"*, p. 581.

[165] O que pode ser observado e ilustrado por Hassemer e Muñoz Conde quando diante da responsabilidade pelo produto em investigação às decisões condenatórias nos casos conhecidos como "caso de la

Não minimizando a dificuldade probatória anterior, até porque não seria possível, na medida em que há casos que imprescinde da relação interdisciplinar para a demonstração da relação de causalidade para além das máximas de experiência como utilização da formação do convencimento do julgador,[166] figura-se, por outro lado, e no nosso foco de discussão, o que se identifica na prática jurídica, além da utilização da causalidade geral (ou normativa)[167] para a redução da certeza empírica do resultado de perigo concreto face a sua dificuldade probatória, o que ilustra a expansão do Direito penal[168] é o fomento legislativo da abstrativização dos tipo de perigo, tornando quase que superados os delitos de lesão e de perigo concreto.[169]

Por isso, como já aludido, há uma progressividade da expansão do Direito material consubstanciada nas discussões processuais. Da relação de causalidade específica dos crimes de lesão, à causalidade geral (ou normativa) dos crimes de perigo concreto, aos crimes de perigo abstrato na sua simplificação probatória e com a inversão de alguns parâmetros constitucionais, como tentaremos identificar.

6.2. A análise probatória dos crimes de perigo abstrato

Outra questão que deve ser ressaltada diz respeito à questão referente à análise da prova nos crimes de perigosidade abstrata. Certo que para os crimes de perigo o fundamento do legislador é evitar futuros perigos concretos ou lesões sem que sua concorrência seja requisito do tipo,[170] até porque, está ausente o desvalor do resultado enquanto lesão do bem jurídico ou enquanto colocação do perigo por ele mesmo,[171] com observância exclusiva ao desvalor da ação.

Na realidade, para os crimes de perigo a teoria do bem jurídico individualizado, por si só, não alcança a fundamentação da legitimidade da punibilidade.[172] Não será necessário a prova de que a mera transgressão como tal

---

colza", na Espanha, e "Contergan", "Lederspray" e "Holzschutzmittel", na Alemanha, em que a causalidade geral foi o fundamento dos tribunais para formar o juízo de responsabilidade contra os arguidos, valendo-se do princípio da livre apreciação da prova em detrimento da dúvida em favor do réu. HASSEMER, Winfried; MUÑOZ CONDE, Francisco. *La responsabilidad por el producto en derecho penal*. Valencia: Tirant lo Blanch, 1995, p. 143/144 e segs. Na realidade, a doutrina alemã vem defendendo a o conceito de causalidade normativa em que considera suficiente que concorram *possibilidades* de um nexo causal. Cf. KINDHÄUSER. Op. cit., p. 17.

[166] Na realidade, entendemos como princípio limitador do princípio do livre convencimento do juiz, mas essa abordagem, pelo seu conteúdo estritamente processual, ficará para outra oportunidade.

[167] DIAS. *Entre "Comes e Bebes"*, p. 581/582.

[168] MENDOZA BUERGO. *Límites dogmáticos y político-criminales de los delitos de peligro abstracto*, p. 156. HASSEMER, Winfried e MUÑOZ CONDI, Francisco. *La responsabilidad por el producto en derecho penal*. Valencia: Tirant lo Blanch, 1995, p. 76.

[169] HASSEMER, Winfried e MUÑOZ CONDI, Francisco. *La responsabilidad por el producto en derecho penal*. Valencia: Tirant lo Blanch, 1995, p. 29.

[170] ROXIN. *Derecho Penal*. Parte General, p. 407.

[171] FRISCH. Op. cit., p. 334.

[172] HIRSCH, Hans-Joachim. Op. cit., p. 514. Há quem entenda, inclusive, que os delitos de perigo abstrato seriam aqueles em que não se exige que o bem jurídico seja posto em perigo. Ver SALAS ALMIRALL.

poderá legitimar a tutela penal.[173] Assim, com a análise das teorias sobre a prova da tipicidade material, diversos são os posicionamentos,[174] com a conclusão de que ainda há necessidade de amadurecimento das reflexões para uma conclusão mais próxima e objetiva de casos concretos.

Por outro lado, como pode ser observado por alguns julgados,[175] nessas espécies de crimes desnatura-se o maior interesse de averiguação da peri-

---

Op. cit., p. 152/153. O que ocorre também, para alguns defensores, da dogmática que parte do modelo do delito de lesão. HIRSCH, Has-Joachim. Delitos de peligro y Derecho Penal moderno. Trad. Fernando Guanarteme Sánchez Lázaro. In: *La adaptación Del Derecho Penal al desarrollo social y tecnológico*. Emilio José Armaza Armaza (org.). Granada: Comares, 2010, p. 106.

[173] VON HIRSCH/WOHLERS, p. 288).

[174] Ver ROXIN. *Derecho Penal*. Parte General, p. 407 e segs.

[175] A ilustração por alguns casos penais. No início dos anos noventa, o Tribunal Constitucional português teve a oportunidade de analisar (Ac.Tc. n. 426/91. Proc. 183/90 de 6.9.91. Rel. Cons. Sousa Brito. Publicado no *Diário da República*, II Série, de 2 de Abril de 1992) a constitucionalidade do crime de tráfico de estupefaciente. Não precisamos de muito esforço para afirmar (e concordar) que a interpretação seguiu pela ausência de qualquer conflito às normas constitucionais. Por outro lado, denota-se ilustrativa algumas afirmações constante na motivação da referida decisão. Nesta linha, o Tribunal classificou o crime como de perigo afirmando que "*por contraposição aos crimes de dano, os crimes de perigo são aqueles cuja consumação não requer a efectiva lesão do bem jurídico*". E, com o seguimento da classificação jurídica apontou que "*crimes de perigo concreto são crimes de resultado, em que o resultado causado pela acção é a situação de perigo para um concreto bem jurídico. Crimes de perigo abstracto são crimes que não pressupõem nem o dano, nem o perigo de um concreto bem jurídico protegido pela incriminação, mas apenas a perigosidade da acção para uma ou mais espécies de bens jurídicos protegidos, abstraindo de algumas das outras circunstâncias necessárias para causar um perigo para um desses bens jurídicos*". Portanto, "*a qualificação do crime de tráfico de estupefacientes como crime de perigo pressupõe a identificação do bem jurídico tutelado pela respectiva norma incriminadora*". Assim, quanto a matéria constitucional, concluiu o Tribunal que "*a constitucionalidade de uma norma que preveja um crime de perigo – e, sobretudo, um crime de perigo abstracto –, como o n° 1 do artigo 23° do Decreto-Lei n° 430/83, deve ser julgada, em primeiro lugar, à luz do princípio da necessidade das penas e das medidas de segurança, implicitamente consagrado no n° 2 de artigo 18° da Constituição. Com efeito, em relação às incriminações de perigo (e, especialmente, às de perigo abstracto), sempre se poderá entender que não é indispensável a imposição dos pesados sacrifícios resultantes da aplicação de penas e medidas de segurança, visto que não está em causa, tipicamente, a efectiva lesão de qualquer bem jurídico*". Nessa linha, sobre a prova do conteúdo material do crime, aferiu-se que "*alegadamente, o entendimento de que o tráfico de estupefacientes constitui um crime de perigo abstracto, promoveria uma inversão do ónus da prova contra o réu. Porém, esta alegação encerra um evidente equívoco: se a incriminação de perigo abstracto é admissível constitucionalmente, ante os princípios da necessidade e da culpa, então não faz sentido referir uma inversão do ónus da prova; o cometimento do crime deve ser, naturalmente, provado pela acusação, no plano das imputações objectiva e subjectiva; o que se não requer é a comprovação de que foi criado um perigo ou de que o meio de cometimento do crime foi perigoso, precisamente porque a incriminação não se funda no perigo concreto causado, mas na perigosidade geral da acção, isto é, na sua aptidão causal para causar perigos de certa espécie, abstraindo de outras circunstâncias também necessárias para que algum destes perigos se produza realmente; e, da mesma sorte, não se exige que o dolo abarque o perigo*". Nesta linha, refutou o Tribunal qualquer violação à ampla defesa do arguido e da situação de inocência, ainda que diante da possibilidade de inversão do ônus probatório. Mais de uma década depois, o Supremo Tribunal Federal do Brasil, enfrentando o tema do porte de arma desmuniciada(Ac.STF. HC. N.104.410-RS. Rel. Min. Gilmar Mendes. *Noticiado no inf. 660.*), entendeu pela constitucionalidade da tipificação deste delito. Assim, na fundamentação do acórdão, aduziu que "*os direitos fundamentais não podem ser considerados apenas como proibições de intervenção (Eingriffsverbote), expressando também um postulado de proteção (Schutzgebote). Pode-se dizer que os direitos fundamentais expressam não apenas uma proibição do excesso (Übermassverbote), como também podem ser traduzidos como proibições de proteção insuficiente ou imperativos de tutela (Untermassverbote). Os mandatos constitucionais de criminalização, portanto, impõem ao legislador, para o seu devido cumprimento, o dever de observância do princípio da proporcionalidade como proibição de excesso e como proibição de proteção insuficiente. 1.2. Modelo exigente de controle de constitucionalidade das leis em matéria penal, baseado em níveis de intensidade: Podem ser distinguidos 3 (três) níveis ou graus de intensidade do controle de constitucionalidade de leis penais, consoante as diretrizes elaboradas pela doutrina e jurisprudência constitucional alemã: a) controle de evidência (Evidenzkontrolle); b) controle de sustentabilidade ou justificabilidade (Vertretbarkeitskontrolle); c) controle material de intensidade (intensivierten inhaltlichen Kontrolle). O Tribunal deve sempre levar em conta que a Constituição confere ao legislador amplas margens de ação para eleger os bens jurídicos penais e avaliar as medidas adequadas e necessárias para a efetiva proteção desses bens*". No enfrentamento concreto da matéria, o STF

gosidade da ação no caso concreto, até porque, a aludida perigosidade já se mostra ínsita ou "ineludivelmente presumida pelo legislador",[176] ou mesmo a partir de indícios de perigosidade fixados na lei,[177] como relevância lesiva geral,[178] sendo, teoricamente, o juízo negativo o único admissível,[179] na medida em que o fundamento da perigosidade se dará diante de um juízo *ex ante* à conduta, realizada por meio de um observador externo.[180]

Na realidade, a intenção legislativa no moderno Direito penal, segue na extração do perigo nos elementos do tipo,[181] destituindo, portanto, de im-

---

textualizou que *"a Lei 10.826/2003 (Estatuto do Desarmamento) tipifica o porte de arma como crime de perigo abstrato. De acordo com a lei, constituem crimes as meras condutas de possuir, deter, portar, adquirir, fornecer, receber, ter em depósito, transportar, ceder, emprestar, remeter, empregar, manter sob sua guarda ou ocultar arma de fogo. Nessa espécie de delito, o legislador penal não toma como pressuposto da criminalização a lesão ou o perigo de lesão concreta a determinado bem jurídico. Baseado em dados empíricos, o legislador seleciona grupos ou classes de ações que geralmente levam consigo o indesejado perigo ao bem jurídico. A criação de crimes de perigo abstrato não representa, por si só, comportamento inconstitucional por parte do legislador penal. A tipificação de condutas que geram perigo em abstrato, muitas vezes, acaba sendo a melhor alternativa ou a medida mais eficaz para a proteção de bens jurídico-penais supraindividuais ou de caráter coletivo, como, por exemplo, o meio ambiente, a saúde, etc. Portanto, pode o legislador, dentro de suas amplas margens de avaliação e de decisão, definir quais as medidas mais adequadas e necessárias para a efetiva proteção de determinado bem jurídico, o que lhe permite escolher espécies de tipificação próprias de um direito penal preventivo. Apenas a atividade legislativa que, nessa hipótese, transborde os limites da proporcionalidade, poderá ser tachada de inconstitucional"*. Da mesma forma, o Superior Tribunal de Justiça brasileiro, de forma mais contundente e, no enfrentamento prático sobre a prova do conteúdo material do crime, fundamentou sua decisão pela seguinte ordem. *"A Turma, acompanhando recente assentada, quando do julgamento, por maioria, do REsp 1.193.805-SP, manteve o entendimento de que o porte ilegal de arma de fogo é crime de perigo abstrato, cuja consumação se caracteriza pelo simples ato de alguém levar consigo arma de fogo sem autorização ou em desacordo com determinação legal – sendo irrelevante a demonstração de efetivo caráter ofensivo. Isso porque, nos termos do disposto no art. 16, parágrafo único, IV, da Lei n. 10.826/2003, o legislador teve como objetivo proteger a incolumidade pública, transcendendo a mera proteção à incolumidade pessoal, bastando, assim, para a configuração do delito em discussão a probabilidade de dano, e não sua ocorrência. Segundo se observou, a lei antecipa a punição para o ato de portar arma de fogo; é, portanto, um tipo penal preventivo, que busca minimizar o risco de comportamentos que vêm produzindo efeitos danosos à sociedade, na tentativa de garantir aos cidadãos o exercício do direito à segurança e à própria vida. Conclui-se, assim, ser irrelevante aferir a eficácia da arma para a configuração do tipo penal, que é misto-alternativo, em que se consubstanciam, justamente, as condutas que o legislador entendeu por bem prevenir, seja ela o simples porte de munição ou mesmo o porte de arma desmuniciada"* (.HC 211.823-SP, Rel. Min. Sebastião Reis Júnior, julgado em 22/3/2012). Permaneçamos com esses exemplos, lembrando que não são crimes em que a modernidade fez referência à alteração das atitudes e novos riscos sociais. Mas, a fundamentação jurídica segue na mesma linha à eventuais delitos de perigo que somam diferentes e atuais fundamentos quanto a sua legitimação constitucional e sua aplicação prática.

[176] PEREIRA, Rui Carlos. *O Dolo de Perigo*. Lisboa: Lex, 1995, p. 25. Por esta antiga posição, haveria verdadeira presunção *iuris et de iure*, não admitindo prova em contrário, na medida em que a perigosidade seria vista de forma abstrata e não concreta. Na doutrina alemã, esta teoria não mais vem sendo aceita, como ilustrou em ampla pesquisa MENDOZA BUERGO, Blanca. *Límites dogmáticos y político-criminales de los delitos de peligro abstracto*. Granada: Editorial Comares,m 2001, p. 69; GRASSO, Giovani. L´anticipazione della tutela penale: i reati di pericolo e reati di attentato. *Rivista Italiana di Diritto e Proceduta Penale*. Milano: Dott. A. Giuffrè Editore, 1986, p. 697.

[177] JESCHECK; WEIGEND, p. 283.

[178] Aqui o legislador proíbe tipos de comportamentos que de modo geral conduz a prejuízo de bens jurídicos trans-individuais, portanto desvalorados de maneira geral. MENDOZA BUERGO. *Límites dogmáticos y político-criminales de los delitos de peligro abstracto*, p. 75.

[179] DIAS. *Entre "Comes e Bebes"*, p. 524.

[180] BURKHARDT, Björn. Conducta típica y perspectiva ex ante. A la vez, una aportación contra la "confusión entre lo subjetivo y lo objetivo. Trad. Nuria Pastor Muñoz. In: *El sistema integral del Derecho penal. Delito, determinación de La pena y proceso penal*. Jürgen Wolter; Georg Freund (orgs.). Madrid-Barcelona: Marcial Pons, 2004, p. 155.

[181] Podendo gerar certa dificuldade de compatibilidade com o princípio da ofensividade. CADOPPI/VENEZIANI. Op. cit., p. 163.

prescindibilidade da sujeição da prova judicial deste perigo, ou até mesmo privando a situação processual (e ao final o juiz) da tarefa de comprovação do perigo.[182] Assim, coube ao legislador a eleição e normatização do bem jurídico identificado pela norma de perigo. A presunção nesse sentido, após certo amadurecimento social dos perigos ocorridos, somadas às questões de regras de experiência, dá-se justamente pela norma, sendo possível a sua refutação, no caso concreto, pelo acusado na situação processual. Podemos afirmar, portanto, que há verdadeira inversão do ônus da prova na estrutura processual penal.

Nesta linha, ao acusador bastaria a prova da conduta com a afirmação de que o ato se acopla à previsão normativa do crime de perigo. Desta feita, estar-se-ia provada a prática do injusto com a identificação do conteúdo material do tipo objetivo penal, constatando o perigo como conceito normativo e não naturalístico,[183] o que resulta em outras afirmativas de coerência para o moderno Direito penal e critérios de política criminal, quando se decide sobre o maior ou menor adiantamento da tutela penal.[184]

Para esta proposição teórica, dois viés interpretativos serão refletidos. O primeiro de cunho positivo em que cria a possibilidade do acusado em refutar a imputação acusatória, na medida em que a presunção não mais será *iuris et iuris*. Ou seja, podemos afirmar que a presunção não se denota absoluta e sim relativa (*iuris tantum*) sendo possível repelir a criação legislativa.[185]

Por outro lado, há verdadeiro entrave constitucional se pensarmos na visão clássica do Direito e Processo Penal. Pelo primeiro, o choque com a materialização do princípio da legalidade em que a norma deve demonstrar todo o conteúdo criminógeno seria relativizada. Assim, pensa-se no princípio da legalidade com enfoque mais objetivista do que materializado do reflexo constitucional.

De outro lado, cria-se a necessidade de repensar o princípio da situação de inocência (e outros) com diverso foco. Indica-se um ponto de responsabilidade negativa na imputação ao acusado, seguindo a ele o ônus da ausência de prova do perigo no conteúdo material do tipo. Ao acusado enseja a necessidade de demonstração da ausência de perigo ou risco em sua conduta. A ele caberá a prova da ausência de violação ao bem jurídico relevante ao aspecto constitucional penal, criando uma cláusula negativa.[186]

---

[182] MENDOZA BUERGO. *Límites dogmáticos y político-criminales de los delitos de peligro abstracto*, p. 76/77.

[183] DIAS. *Entre "Comes e Bebes"*, p. 524. Nesta linha, GIUSINO. Op. cit., p. 206; KINDHÄUSER. Op. cit., p. 11.

[184] MENDOZA BUERGO. *Límites dogmáticos y político-criminales de los delitos de peligro abstracto*, p. 32.

[185] Cerezo Mir afirma que nos delitos de perigo abstrato não se presume, nem com presunção *iuris tantum* nem *iuris et de iure*, mas sim se castigam certas condutas porque geralmente caracterizam o perigo de um bem jurídico. CEREZO MIR, José. Los delitos de peligro abstracto. In: *Revista de Derecho Penal*. Instituto de Ciencias Penales. Buenos Aires: Rubinzal-Culzoni, 2001-2002, p. 741

[186] GRASSO, Giovani. L´anticipazione della tutela penale: i reati di pericolo e reati di attentato. *Rivista Italiana di Diritto e Proceduta Penale*. Milano: Dott. A. Giuffrè Editore, 1986, p. 726. 29, p. 689/728, 1986, p. 725)

É nesse contexto que referimos à mudança paradigmática do Direito penal para sua função preventivista, não só figura na edição das novas normas penais de perigo (abstrato),[187] mas também na função jurisdicional da sua aplicação. Facilmente identificada se dá o aumento de condenações quando do advento destes delitos, justamente porque reduz, consideravelmente, o campo probatório nas situações processuais, conquanto depara-se com a perigosidade abstrata como técnica de tutela penal no contexto sociojurídico atual.

Se para o Direito penal clássico tínhamos a necessidade da prova de todo um contexto de ofensividade, com auxílio às regras de imputação objetiva e subjetiva, bem como as teorias da causalidade; no contemporâneo Direito penal do perigo, há certa redução de elementos típicos legais,[188] tornando, na sua grande maioria, a desnecessidade da prova da própria ofensividade, ou até, como antecipação de conclusão, sua impossibilidade prática.

O problema figura justamente em saber a que a norma e a atual política criminal e vivificação do sistema penal se propõe. Para além de todas essas dificuldades probatórias, Silva Dias afirma que "se o tipo está redigido de forma a inviabilizar a apreciação negativa do perigo, se ele se funda numa presunção iniludível de perigo, o seu desvalor da acção assenta na mera desobediência e a sua inconstitucionalidade pode ser arguida por violação dos princípios da ofensividade e da culpa".[189]

A indagação surge no seguinte panorama: como afastar um perigo (*presumido de forma iniludível*) se ele se conceitua como normativo?[190] Seria possível afastar a própria norma em si? Devemos, portanto, clarificar as ideias e colocá-las em seu devido lugar. Se há uma ampla legitimidade legislativa, denota-se, quase que de forma absoluta, a desnecessidade de maior jurisdicionalidade da discussão quanto à prova do tipo de injusto (a relação probatória serviria apenas, e não há como fugir desta afirmativa, como demonstração da conduta), tornando, tanto o perigo quanto a teoria do bem jurídico meras expressões normativas, se dirigindo à concepção do Direito como sistema normativo que se matem e se esgota pela estabilidade das normas, seguindo o modelo funcionalista de Luhmann e Jakobs.[191]

O que se propõe é a identificação dos fins da norma no momento da jurisdicionalização e, na concordância de que atualmente o perigo se conceitua normativamente, a legitimidade das normas penais (de perigo) possui uma finalidade exclusivamente simbólica. E não estamos aqui menosprezando este modelo, mas sim na identificação de que a espiritualização do bem jurí-

---

[187] Também reconhecido como crime de mera conduta. BOCKELMANN; VOLK, p. 185.

[188] "Nesse delito de perigo abstrato tanto o juiz penal como o defensor têm só uma quantidade de pontos de apoio fortemente reduzidos – por suposto para um deles na condenação, para o outro na defesa: a condenação se vê facilitada, a defesa dificultada." HASSEMER. *Seguridad por intermedio del Derecho penal*, p. 31.

[189] DIAS. *Entre "Comes e Bebes"*, p. 525.

[190] Como motivo do Legislador. TORIO LOPEZ. Op. cit., p. 834. Ainda, CEREZO MIR. Op. cit., p. 719.

[191] MIR PUIG. Op. cit., p. 113.

dico, e a delimitação normativa do conceito de perigo, mesclando as funções da norma penal,[192] ratifica o atual viés preventivo[193] do sistema penal.

O que se identifica, portanto, pela dificuldade probatória da ocorrência de perigo (seja concreto ou até abstrato)[194] no caso concreto é a flexibilização dos critérios de imputação tradicional pela jurisprudência.

Servindo a dúvida como construção das reflexões, chega-se à seguinte indagação: um juízo de prognose póstuma, remontável ao momento da ação,[195] nos crimes de perigo abstrato, servirá como função legitimadora da norma penal? E pior, será um discurso reverso que leva ao legislador a criação de condutas de maior facilidade da criminalização secundária? É dizer, pela dificuldade probatória nos casos em que as teorias da causalidade e da imputação não resultam eficazes (como fatores de penalização), avança-se na eleição de crimes de perigo abstrato e de consequente antecipação da tutela, "gerando um aumento institucional da criminalidade".[196]

Portanto, não obstante a tentativa da distinção entre perigo presumido e crime de perigo abstrato,[197] na prática refere-se a uma verdadeira presunção normativa em que, não obstante a possibilidade de máximas de experiência e de prova negativa dar-se-á sua fática dificuldade probatória quanto a efetiva perigosidade da ação concreta,[198] gerando ao juiz a decisão se a conduta, tão somente, se encontra "jurídico-penalmente proibida".[199]

Como já exposto, de total dificuldade prática da prova negativa, para além da situação de inocência, como fazer uma prova de que não há ofensa a um bem jurídico "espiritualizado" ou por referencial normativo? Por palavras mais simples, se a moderna visão do Direito penal foca na criação de crimes de perigo abstrato, sem a nomenclatura do próprio perigo (portanto, não só genérico, e sim, presumido),[200] como se demonstrar (negativamente)

---

[192] GIUSINO. Op. cit., p. 214.

[193] Em que Silva Dias afirma possuir a tutela penal duas formas de antecipação: "antecipação da técnica de tutela, de que são exemplo paradigmático os crimes de perigo abstrato, e antecipação do objeto de tutela, constituída por bens jurídicos prévios e autônomos relativamente aos bens jurídicos individuais". DIAS. *Entre "Comes e Bebes"*, p. 528.

[194] Sendo certo, no entanto, que "só se pode tipificar-se como abstrato o que também é possível como concreto". HIRSCH, Has-Joachim. Delitos de peligro y Derecho Penal moderno. Trad. Fernando Guanarteme Sánchez Lázaro. In: *La adaptación Del Derecho Penal al desarrollo social y tecnológico*. Emilio José Armaza Armaza (org.). Granada: Comares, 2010, p. 102.

[195] DIAS. *Entre "Comes e Bebes"*, p. 540.

[196] Idem, p. 586. Até porque, como indica Almirall, a problemática desses crimes pode gerar dois fatores: ou "bem a absolvição por falta de provas em todos os casos, o que político-criminalmente poderia resultar contraproducente, ou bem se volta a mera realização formal da conduta". SALAS ALMIRALL. Op. cit., p. 159.

[197] GIUSINO. Op. cit., p. 281. Forte tendência da doutrina italiana para caracterizar o crime de perigo presumido, resultando na expressão "abstrato" para consideração de uma categoria intermediária entre concreto e presumido. Ver GRASSO. Op. cit., p. 697. Torio López, reconhece como perigo hipotético, quando diante de um perigo possível, determinável mediante um juízo *ex ante* se a ação singularmente que se realiza perigosa para o objeto de proteção. TORIO LÓPEZ. Op. cit., p. 835.

[198] MENDOZA BUERGO. *Límites dogmáticos y político-criminales de los delitos de peligro abstracto*, p. 34.

[199] TORIO LÓPEZ. Op. cit., p. 842.

[200] Na expressão de Antolisei em que realça, nestes casos, a presunção de perigo que não admite prova em contrário. ANTOLISEI, Francesco. *Manuale di Diritto Penale. Parte Generale*. 15. ed. Milano: Dott.

algo que não está expressamente previsto. Como incutir ao arguido o ônus da demonstração de referente espiritualizado? Deve-se ilustrar que o perigo não é elemento ou características do tipo, senão o próprio motivo do legislador, como mera *ratio* da incriminação, "que não se integra como elemento expresso do tipo e a afirmação de que, por isso, a mesma não deve ser comprovada pelo juiz",[201] aproximando-se, portanto, como delitos de mera desobediência da norma.

Nesta linha, não conseguimos alcançar o limite estrutural (de verificação de legitimidade constitucional) dos crimes de perigo abstrato, pela possibilidade de demonstração da ausência de perigo de lesão, no caso concreto,[202] posto que, não podemos concordar ser o perigo uma referência probabilística,[203] mas sim de criação normativa.

Todos os fundamentos, portanto, levam a simplificação da mera subsunção da conduta ao tipo de injusto do crime de perigo abstrato, tornando para estes casos um fator de *prima ratio* do Direito penal moderno quando na sua verificação jurisdicional.[204]

Por outro lado, seguir na possibilidade de inversão da prova da perigosidade da conduta (se afastando da discussão sobre a violação à situação de inocência, até porque sua previsibilidade constitucional já demanda a desnecessidade do arguido na prova negativa, ou seja, resultaria de flagrante violação constitucional essa inversão probatória, com inobservância ao princípio da dignidade da pessoa humana) para rebater a já referida presunção do perigo, poderia indicar uma proposta de sinal liberal ou garantista,[205] com legitimidade constitucional desse tipo de injusto. Nosso receio segue justamente na aferição dessas possibilidades como mero discurso legitimador e não de concretude processual, pelos argumentos já expostos.

Outra questão deve ser enfrentada: se a acusação imputa a presença de um crime, com todo seu conteúdo material, haveria necessidade da prova da existência de perigo? E, na presença de dúvidas, a decisão penal figuraria absolutória? Como já adiantamos, há uma verdadeira expansão do Direito penal refletida no processo penal. Nesta linha, a questão ilustrada segue na prova do tipo de injusto e, como já afirmamos, não há, nestes delitos, a descrição do perigo no tipo. A interpretação inversa transmudaria o crime de perigo abstrato para concreto.[206]

O que se constata, portanto, que a criação do perigo na verdade encontra-se com a função do legislador. A ele – estamos nos baseando sempre por

---

A. Giuffrè Editore, 2000, p. 262. Crítico à expressão de "perigo presumido" está BARBERO. Op. cit., p. 492.

[201] MENDOZA BUERGO. *Límites dogmáticos y político-criminales de los delitos de peligro abstracto*, p. 77.

[202] Como fundamenta GIUSINO. Op. cit., p. 407.

[203] Idem, p. 408. Ou no critério de previsibilidade de acordo com o saber científico-causal da época. CEREZO MIR. Op. cit., p. 735.

[204] Por isso, frequentemente eleva-se a polêmica sobre a legitimidade destes delitos. MENDOZA BUERGO. *Límites dogmáticos y político-criminales de los delitos de peligro abstracto*, p. 84.

[205] Idem, p. 151.

[206] Ibdem, p. 159.

uma democracia participativa – seguirá como formador de observância do perigo e, eventuais riscos de condutas, bastando a incriminação com a mera realização do tipo formal, não sendo possível, no nosso sentir, a possibilidade de afastar ou amoldar, no caso concreto, o juízo de experiência e certeza sobre a produção do perigo da conduta.

Após a análise de todos os argumentos, temos que escolher uma alternativa às nossas indagações. Por um lado, se partirmos da desnecessidade probatória da lesividade da conduta (leia-se, o próprio perigo em sua generalidade) legitimaríamos um sistema penal funcional em que a importância dá-se pelo desvalor do comportamento, com estabilidade das normas instituídas. Por outro lado, se defendermos sempre a necessidade dos princípios da ofensividade decorrente da legalidade, da culpa e todas as garantias processuais, seguiremos em uma deslegitimação da expansão do Direito penal, identificada, em segundo momento, na dialética processual.

A direção da escolha indica os fundamentos do que se pretende e da relação da sociedade com o nosso tempo.

7. Como se fosse uma conclusão

A orientação das consequências da mudança de paradigma do Direito penal fortalece, em um segundo momento criminalizante, a tendência de romper com o ideal de uma ciência como *ultima ratio* convertendo em *prima ratio* ou talvez, na crítica de Hassemer, como *única* na solução dos problemas sociais.[207] Seu novo viés de prevenção legitima a antecipação da tutela com redução de resistência jurisdicional da imputação. Essa afirmativa trafega, no que tentamos diagnosticar, uma expansão de fatores criminalizantes, com implícita e pessoal crítica.

Para além da constatação da mudança de paradigma do Direito penal clássico às intervenções modernas, seguindo uma busca de retribuição ou repressão à antecipação de riscos ou perigo no móvel da segurança, resume-se em uma importante indagação: será o Direito penal uma ferramenta eficaz para prevenir tais riscos?[208]

Essa será uma indagação sem resposta por qualquer estudioso do seu tempo. O ponto de reflexão e conclusão segue até que ponto as interferências das garantias constitucionais penais (e processuais) formam um dique de possível necessidade de expansão do Direito penal? E, há legitimidade destas ciências se houver o drible nas proteções constitucionais?

Como proposta introdutória, não seria este o momento da identificação sobre a (i)legitimidade da expansão do Direito penal. Nosso foco rendeu-se na tentativa de realçar essa expansão em um momento jurisdicional,

---

[207] HASSEMER. *Viejo y nuevo Derecho penal*, p. 51. Da mesma forma, GRACIA MARTÍN. *Prolegómenos para la lucha por la modernización y expansión del Derecho penal y para la crítica del discurso de resistencia*, p. 139
[208] MAIER. Op. cit., p. 110.

com a redução da carga probatória no modelo penal atual (diante de um Direito penal do perigo), o que esperamos ter alcançado, ficando, no entanto, com o anseio de futuras reflexões sobre sua legitimidade frente aos valores constitucionais ditados para a sempre inacabada busca de maior proteção do indivíduo independentemente do momento e substrato social.

Bibliografia

AMELUNG, Knut. El concepto "bien jurídico" en la teoría de la protección penal de bienes jurídicos. In: *La teoría del bien jurídico*. ¿Fundamento de legitimación del Derecho penal o juego de abalorios dogmático? Coord. Roland Hefendehl. Trad. Rafel Alcácer, María Martín e Íñigo Orrtiz de Urbina. Madrid. Barcelona: Marcial Pons, 2007.

ANTOLISEI, Francesco. *Manuale di Diritto Penale. Parte Generale.* 15. ed. Milano: Dott. A. Giuffrè Editore, 2000.

BAIGÚN, David. *Los delitos de peligro y la prueba del dolo.* Buenos Aires: Editorial IBdef, 2007.

BAJA DE QUIROGA, Jacobo López. *Tratado de Derecho Procesal Penal.* 4. ed. Navarra: Thomson Reuters, 2010.

BARBERO SANTOS. Contribuicion al estudio de los delitos de peligro abstracto. *ADPCP*, XXVI, n. 3, 1973, p. 487/500.

BECK, Ulrich. *La sociedad del riesgo. Hacia uma nueva modernidad.* Trad. Jorge Navarro, Daniel Jiménez e Ma. Rosa Borrás. Barcelona: Paidós, 2010, p. 30.

——. Teoría de la sociedad del risgo. In: *Las consecuencias perversas de la modernidad.* Org. Josetxo Beriain. Barcelona: Anthropos, 2011, p. 201/ 222.

BINDÉ, Jérôme. *Rumo às Sociedades do Conhecimento.* Trad. Sandra Campos. Lisboa: Piaget, 2007.

BOCKELMANN, Paul; VOLK, Klaus. *Direito Penal. Parte Geral.* Trad. Gercélia Batista de Oliveira Mendes. Belo Horizonte: del Rey, 2007.

BOTIINI, Pierpaolo Cruz. *Crimes de perigo abstrato.* 2. ed. São Paulo: Revista dos Tribunais, 2010.

BURKHARDT, Björn. Conducta típica y perspectiva ex ante. A la vez, una aportación contra la "confusión entre lo subjetivo y lo objetivo. Trad. Nuria Pastor Muñoz. In: *El sistema integral del Derecho penal.* Delito, determinación de La pena y proceso penal. Jürgen Wolter e Georg Freund (orgs.). Madrid-Barcelona: Marcial Pons, 2004, p. 153/192.

CADOPPI, Alberto; VENEZIANI, Paolo. *Elementi di Diritto Penale. Parte Generale.* Verona: CEDAM, 2003.

CAEIRO, Pedro. Legalidade e oportunidade: a perseguição penal entre o mito da "justiça absoluta" e o fetiche da "gestão eficiente" do sistema. In *Revista do Ministério Público.* n. 84. Ano 21. Out-dez. 2000, p. 31/47.

CANOTILHO, José Joaquim Gomes. A Concretização da Constituição pelo Legislador e pelo Tribunal Constitucional. In: *Nos dez anos da Constituição.* Jorge Miranda (org.). Lisboa. Imprensa Nacional – Casa da Moeda, 1986, p. 347/372.

CALADO, Andrea. La concreción del "riesgo jurídicamente relevante". Trad. Eduardo Ruiz de Erenchum Arteche. In: *Política criminal y nuevo Homenaje a Claus Roxin.* Org. J. M. Silva Sánchez. Barcelona: J. M. Bosch Editor, 1997, p. 233/242.

CEREZO MIR, José. Los delitos de peligro abstracto. In: *Revista de Derecho Penal.* Instituto de Ciencias Penales. Buenos Aires: Rubinzal-Culzoni, 2001-2002, p. 719/746.

COSTA ANDRADE, Manuel da. A "dignidade penal" e a "carência de tutela penal" como referência de uma doutrina teleológica-racional do crime. In: *Revista Portuguesa de Ciência Criminal.* Ano 2, fasc. 2. abr-jun. 1992, p. 173/205.

CUNHA, Maria da Conceição Ferreira da. *Constituição e Crime*: uma perspectiva da criminalização e da descriminalização. Porto: Universidade Católica Portuguesa, 1995.

D'AVILA, Fabio Roberto. Liberdade e segurança em Direito Penal. O problema da expansão da intervenção penal. In: *Revista de Estudos Criminais.* n. 41. ITEC, abr/jun. 2011, p. 91/102.

DIAS, Augusto Silva. *"Delicta in Se" e "Delicta Mere Prohibita".* Uma Análise das Descontinuidades do Ilícito Penal Moderno à Luz da Reconstrução de uma Distinção Clássica. Coimbra: Coimbra, 2008.

——. Entre "Comes e Bebes": debates de algumas questões polêmicas no âmbito da protecção jurídico-penal do consumidor (A propósito do Acórdão da Relação de Coimbra de 10 de julho de 1996). In: *Revista Portuguesa de Ciência Criminal,* Ano 8, fasc. 4. Out-dez, 1998, págs. 515/592.

DIAS, Jorge de Figueiredo. *Direito Penal.* Parte Geral. Tomo I. 2. ed. Coimbra: Coimbra Editora, 2011.

——. *Temas Básicos da Doutrina Penal.* Sobre os fundamentos da doutrina penal sobre a doutrina geral do crime. Coimbra: Coimbra, 2001.

——. Uma proposta alternativa ao discurso da criminalização/descriminalização das drogas. Scientia Iuridica – *Revista de Direito Comparado Português e Brasileiro.* T. XLIII, n. 250/252 – jul/dez. Braga: Universidade do Minho, 1994, p. 193/209.

——. *O papel do direito penal na proteção de gerações futuras.* BFD LXXV, 2002.

ENGISCH, Karl. *Introdução ao Pensamento Jurídico.* Trad. J. Baptista Machado. 10. ed. Lisboa: Fundação Calouste Gulbenkian, 2008.

FERRAJOLI, Luigi. *Direito e Razão – Teoria do Garantismo Penal*. trad. Ana Paula Zomer, Fauzi Hassan Choukr, Juarez Tavares e Luiz Flávio Gomes. São Paulo: Revista dos Tribunais, 2002.

FIANDACA, Giovanni e MUSCO, Enzo. *Diritto Penale. Parte Generale*. Bologna: Zanichelli Editore, 2001.

FRISCH, Wolfgang. Bien jurídico, derecho, estructura del delito e imputación en el contexto de la legitimación de la pena estatal. In: *La teoría del bien jurídico*. ¿Fundamento de legitimación del Derecho penal o juego de abalorios dogmático? Coord. Roland Hefendehl. Trad. Rafel Alcácer, María Martín e Íñigo Orrtiz de Urbina. Madrid. Barcelona: Marcial Pons, 2007, p. 309/339.

———. Delito y sistema del delito.Trad. Ricardo Robles Planas. In: *El sistema integral del Derecho penal*. Delito, determinación de La pena y proceso penal. Jürgen Wolter, Georg Freund (orgs.). Madrid-Barcelona: Marcial Pons, 2004, p. 193/280.

GARCIA MARTÍN, Luis. *La polémica en torno a la legitimidade del Derecho Penal moderno*. México: Editorial Ubijus, 2011.

GIUSINO, Manfredi Parodi. *I reati di pericolo tra dogmatica e politica criminale*. Milano: Dott. A. Giuffrè Editore, 1990.

GRACIA MARTÍN, Luis. *Prolegómenos para la lucha por la modernización y expansión del Derecho penal y para la crítica del discurso de resistencia*. Valencia: Tirant lo Blanch, 2003.

GRANJO, Paulo. Quando o conceito de "risco" se torna perigoso. In: Análise Social. *Revista do Instituto de Ciências Sociais da Universidade de Lisboa*. n. 181. Vol. XLI, 4º. Trim. 2006, p. 1167/1179.

GRASSO, Giovani. L´anticipazione della tutela penale: i reati di pericolo e reati di attentato. *Rivista Italiana di Diritto e Proceduta Penale*. Milano: Dott. A. Giuffrè Editore, 1986, pp. 689/728.

HASSEMER, Winfried. Los elementos característicos del dolo. In: *Persona, mundo y responsabilidad*. Bases para una teoría de la imputación em Derecho Penal. trad. Francisco Muñoz Conde y Ma. del Mar Díaz Pita. Valencia: tirant lo blanch, 1999.

———. Viejo y nuevo Derecho penal. In: *Persona, mundo y responsabilidad*. Bases para una teoría de la imputación en Derecho Penal. Trad. Francisco Muñoz Conde e Ma. del Mar Díaz Pita. Valencia: Tirant lo Blanch, 1999.

———. ¿Puede haber delitos que no afecten a un bien jurídico penal? In: *La teoría del bien jurídico*. ¿Fundamento de legitimación del Derecho penal o juego de abalorios dogmático? Coord. Roland hefendehl. Trad. Rafel Alcácer, María Martín e Íñigo Orrtiz de Urbina. Madrid. Barcelona: Marcial Pons, 2007.

———. Seguridad por intermedio del Derecho penal. In: *¿Tiene un futuro el Derecho penal?* Org. Julio B. J. Maier e Gabriela E. Córdoba. Buenos Aires: Ad-Hoc, 2009, p. 11/52.

———. Rasgos y crisis del Derecho Penal moderno. In: *Anuario de derecho Penal y Ciencias Penales*. Ano XLV, fasc. I, 1992, p. 235/249.

———; MUÑOZ CONDE, Francisco. *La responsabilidad por el producto en derecho penal*. Valencia: Tirant lo Blanch, 1995.

———. Sistema jurídico e codificação: A vinculação do juiz à lei. In: *Introdução à Filosofia do Direito e à Teoria do Direito Contemporâneas*. Trad. Marcos Keel. Lisboa: Fundação Calouste Gulbenkian, 2002, p. 281/301.

HIRSCH, Hans-Joachim. Peligro y peligrosidade. In: *Anuario de Derecho Penal y Ciencias Penales*. T.XLIX. fasc. 2. Mayo-agos. 1996, p. 510/528.

———. Delitos de peligro y Derecho Penal moderno. Trad. Fernando Guanarteme Sánchez Lázaro. In; *La adaptación Del Derecho Penal al desarrollo social y tecnológico*. Emilio José Armaza Armaza (org.). Granada: Comares, 2010, p. 97/116.

JAKOBS, Günter. ¿Como protege el Derecho penal y qué es lo que protege? Contradicción y prevención; protección de bienes jurídicos y protección de la vigencia de la norma. In: *¿Tiene un futuro el Derecho penal?* Org. Julio B. J. Maier e Gabriela E. Córdoba. Buenos Aires: Ad-Hoc, 2009, p. 53/73.

JESCHECK, Hans-Heinrich; WEIGEND, Thomas. *Tratado de Derecho Penal. Parte General*. Trad. Miguel Olmedo Cardenete. 5. ed. Granada, 2002.

KINDHÄUSER, Urs. *Estructura y legitimación de los delitos de peligro del Derecho penal*. Trad. Nuria Pastor Muñoz. Disponível em <www.indret.com>, acesso em 10 de julho de 2012.

KUHLEN, *Lothar. Es posible limitar el Derecho penal por médio de un concepto material de delito?* Trad. Pablo Sánchez-Ostiz Gutiérrez. In: *El sistema integral del Derecho penal. Delito, determinación de La pena y proceso penal*. Jürgen Wolter/Georg Freund (org.). Madrid-Barcelona: Marcial Pons, 2004, p. 129/152.

LOPES JR. Aury. *Direito Processual Penal e sua Conformidade Constitucional*. Vol. I, 8. ed. Rio de Janeiro: Lumen Juris, 2011.

MACHADO, Marta Rodriguez de Assis. *Sociedade do Risco e Direito Penal*. Uma avaliação de novas tendências político-criminais. São Paulo: IBCCRIM n. 34, 2005.

MAIER, Julio B. J. Estado Democrático de Derecho, Derecho Penal y Procedimiento Penal. In: *¿Tiene un futuro el Derecho penal?* Org. Julio B. J. Maier e Gabriela E. Córdoba. Buenos Aires: Ad-Hoc, 2009, págs. 91/122.

MATTA, Paulo Saragoça da. *O Direito Penal na Sociedade do Risco*. In Revista Portuguesa de Ciência Criminal. Ano 20, n. 4. Out-dez. 2010. Coimbra: Coimbra, págs. 513/554.

MAURACH, Reinhart. *Tratado de Derecho Penal*. trad. Juan Cordoba Roda. Barcelona: Ediciones Ariel, 1962.

MENDES, Paulo de Sousa; MIRANDA, António João. A causalidade como critério heurístico – uma demonstração através do exemplo da manipulação de cotações no mercado financeiro. In: *Revista Portuguesa de Ciência Criminal*. Ano 15, n. 2. Abril-jun. 2005, p. 167/208.

MENDOZA BUERGO, Blanca. *Límites dogmáticos y político-criminales de los delitos de peligro abstracto*. Granada: Editorial Comares, 2001.

MENDONZA BUERGO, Blanca. Exigencias de la moderna política criminal y princípios limitadores del Derecho penal. In: *Anuario de Derecho Penal y Ciencias Penales*. LII, enero-diciembre, 1999, p. 279/321.

MIR PUIG, Santiago. *Bases Constitucionales del Derecho Penal*. Madrid: Iustel, 2011.

MIRANDA RODRIGUES, Anabela. *A determinação da medida da pena privativa de liberdade*. Coimbra: Coimbra. 1995.

PALAZZZO, Francesco C. *Valores Constitucionais e Direito Penal*. Trad. Gérson Pereira dos Santos. Porto Alegre: Sergio Antonio Fabris Editor, 1989.

PALMA, Maria Fernanda. O Problema Penal do Processo Penal. In: *Jornadas de Direito Processual Penal e Direitos Fundamentais*. Maria Fernanda Palma (coord.) . Coimbra: Almedina, 2004, p. 41/53.

PEREIRA, Rui Carlos. *O Dolo de Perigo*. Lisboa: Lex, 1995.

PINTO DE ALBUQUERQUE, Paulo Sérgio. O conceito de perigo nos crimes de perigo concreto. In: *Direito e Justiça*, vol. VI, 1992, p. 351/364.

ROMEO CASABONA, Carlos María. *Conducta peligrosa e imprudencia en la sociedad de riesgo*. Granada: Editorial Comares, 2005.

ROMEO CASABONA, Carlos María. Conocimiento científico y causalidad en el Derecho Penal. In: *La adaptación del Derecho Penal al desarrollo social y tecnológico*. Coord. Emilio José Armaza Armaza. Granada: Comares, 2010, pp. 117/146.

ROXIN, Claus. *Fundamentos político-criminales del Derecho penal*. coord. Gabriela E. Córdoba e Daniel R. Pastor. Buenos Aires: Hammurabi, 2008.

———. *Derecho Penal. Parte General*. Tomo I. Fundamentos. La Estructura de la Teoría del Delito. Trad. Diego-Manuel Luzón Peña, Miguel Díaz y Garcia Conlledo e Javier de Vicente Remesal. Madrid: Civitas, 2008.

RUDOLPHI, Hans-Joachim. El fin del derecho penal del Estado y las formas de imputación jurídico-penal. In: *El sistema moderno del Derecho penal: custiones fundamentales*, Org. Bern Schünemann, Montevideo – Editorial *IBdef*, 2012, pp. 79/98.

SALAS ALMIRALL, Salvador. Causalidad e imputacion objetiva en los delitos de peligro. In: *Cuadernos de Derecho Judicial*. Causalidade e Imputacion Objetiva. Madrid: Consejo General del Poder Judicial, 1994, p. 111/170.

SANTOS, Juarez Cirino dos. *Direito Penal. Parte Geral*. 2. ed. Curitiba: ICPC, Lumen Juris, 2007.

SCHÜNEMANN, Bernd. *Consideraciones criticas sobre la situación espiritual de la ciencia jurídico penal alemana*. Trad. Manuel Cancio Meliá. Anuario de Derecho Penal y Ciencias Penales. 1996, fasc. 1, p. 187/217.

SILVA SÁNCHEZ, Jesús María. *La expansión del Derecho penal*. Aspectos de la Política criminal en las sociedades postindustriales 3. ed. Montevideo-Buenos Aires: Editorial IBdef, 2011.

———. *Aproximación al derecho penal contemporâneo*. 2. ed. Buenos Aires: Editorial IBeF, 2010.

———. Dimensones de la sistematicidad de la teoria del delito. In: *El sistema integral del Derecho penal*. Delito, determinación de La pena y proceso penal. Jürgen Wolter, Georg Freund (orgs.). Madrid-Barcelona: Marcial Pons, 2004, p. 15/29.

STERNBERG-LIEBEN, Detlev. Bien jurídico, proporcionalidad y libertad del legislador penal. In: *La teoría del bien jurídico. ¿Fundamento de legitimación del Derecho penal o juego de abalorios dogmático?* Coord. Roland hefendehl. Trad. Rafel Alcácer, María Martín e Íñigo Orrtiz de Urbina. Madrid. Barcelona: Marcial Pons, 2007, p. 105/127.

STRATENWERTH, Günter. *Derecho Penal. Parte General I. El hecho punible*. Trad. Manuel Cancio Meliá e Marcelo A. Sancinettti. Navarra: Thomson Civitas, 2005.

TERRADILLOS BASOCO, Juan María. *Lesividad y proporcionalidad como principios limitadores del poder punitivo*. México: Editorial Ubijus, 2011.

TORIO LOPEZ, Angel. Los delitos del peligro hipotético. (Contribución al estudio diferencial de los delitos de peligro abstracto. Anuario de Derecho Penal y Ciencias Penales. XXXIV, ns. 2-3, 1981, p. 825/847.

VIVES ANTÓN, Tomás S. *Fundamentos del Sistema Penal. Acción Significativa y Derechos Constitucionales*. 2. ed. Valencia: Tirant lo Blanch, 2011.

VON HIRSCH, Andrew; WOHLERS, Wolfgang. Teoría del bien jurídico y estructura del delito. Sobre los criterios de una imputación justa. In: *La teoría del bien jurídico. ¿Fundamento de legitimación del Derecho penal o juego de abalorios dogmático?* Coord. Roland Hefendehl. Trad. Rafel Alcácer, María Martín e Íñigo Orrtiz de Urbina. Madrid. Barcelona: Marcial Pons, 2007.

— 4 —

Emoções e medo no excesso de legítima defesa

GABRIEL HABIB

Sumário: Introdução; 1. O conjunto de casos retirados da jurisprudência; 1.1. O caso julgado pelo Tribunal de Braga; 1.2. O caso julgado pelo Tribunal da Relação de Lisboa; 1.3. O caso julgado pelo Tribunal da Relação do Porto; 1.4. O caso julgado pelo Supremo Tribunal de Justiça português; 2. O medo no excesso de legítima defesa; 2.1. O medo não censurável no Código Penal português; 2.2. O significado do medo nas ciências extrajurídicas; 2.3. As espécies de medo; 2.4. O estado anímico do agente que age motivado pelo medo; 3. A voluntariedade do ato praticado por medo no excesso de legítma defesa; 3.1. A voluntariedade em Martha Nussbaum, Santo Tomás de Aquino e Aristóteles; 3.2. O deslocamento para a teoria da culpa; 4. A análise na teoria da culpa; 4.1. Da ausência do critério definidor da não censurabilidade do medo; 4.2. Alguns passos para a noção de não censurabilidade do medo; 4.3. Análise da conduta influenciada pelo medo à luz das concepções de culpa; Conclusões; Bibliografia.

Introdução

O nosso objetivo no presente trabalho é buscar a solução para o seguinte problema: De que forma o *medo* pode se tornar *não censurável* no excesso de legítima defesa?

O interesse pelo tema surgiu da necessidade de se investigar o que seria o medo não censurável a que o art. 33º, nº 2, do CP faz menção. Apesar de o artigo citado dispor que o agente que incorre em excesso de legítima defesa, caso tal excesso decorra de medo não censurável, o legislador não definiu o que seria a não censurabilidade do medo.

O excesso intensivo na legítima defesa surge a partir do momento em que o agente ultrapassa os meios necessários para a defesa e pode ter causas emocionais de naturezas diversas, identificando-se elementos asténicos (medo, susto ou perturbação) e esténicos (estados de irritação, cólera ou ódio). O medo do qual o CP trata é um estado de afeto asténico que, segundo o art. 33º, nº 2, pode gerar a exclusão da responsabilidade do autor.

A importância do tema resulta da necessidade de se estabelecer um critério a ser seguido pelo intérprete na investigação do caso concreto para a incidência da norma de regência, chegando-se à não punibilidade do agente. O legislador, ao utilizar as expressões "medo não censurável", não definiu, em primeiro lugar, o que seria medo, e, em segundo lugar, o que seria a sua não censurabilidade.

A tentativa de busca desses conceitos em doutrina e em jurisprudência foi frustrada. Na jurisprudência, todos os acórdãos analisados no presente trabalho, bem como os outros acórdãos pesquisados, são omissos na elaboração de um critério definidor, que funcione com um paradigma do que seria a não censurabilidade do medo. Limitam-se a afirmar se houve ou não uma situação de medo não censurável para condenar ou absolver o arguido. Em doutrina também encontramos a mesma omissão.

A partir dessa omissão legislativa, jurisprudencial e doutrinária, tivemos que buscar nas ciências extrajurídicas não só o conceito de medo, mas também quais são as suas espécies (*medo causa* ou *medo finalidade*), bem como o estado anímico do agente que age por medo. A partir dessa investigação, chegar-se-á à análise de como o medo pode influenciar a conduta do agente e investigar-se-á se as condutas praticadas por medo são voluntárias ou involuntárias.

Inicialmente, no capítulo 1, analisar-se-á um conjunto de quatro casos concretos, com o destaque de tudo o que for relevante para a presente investigação. Em todos os casos, os arguidos viram-se diante de uma situação de injusta agressão e reagiram. Em alguns casos, o Tribunal entendeu que houve excesso de legítima defesa e em outros não. Ao longo do trabalho, serão feitas comparações entre os casos concretos citados, com a análise de como ocorreu em cada um deles.

No capítulo 2, tratar-se-á do significado do medo nas ciências extrajurídicas, quais são os seus efeitos e que reações pode gerar no ser humano, se é possível que o ser humano viva sem o sentimento de medo, qual é a visão da realidade que o agente faz para sentir medo. A partir da análise das espécies de medo, definir-se-á de qual espécie o CP trata ao excluir a punibilidade do agente que age por medo não censurável. Por fim, analisar-se-á qual é o estado anímico do agente que age motivado pelo medo. Questionar-se-á se o medo gera alguma influência na conduta do agente e, caso afirmativa a resposta, de que forma tal influência ocorre.

No capítulo 3, tratar-se-á da questão referente à voluntariedade da conduta praticada sob o manto do medo. Em outras palavras, se o agente que age por medo pratica um ato voluntário ou involuntário. Tal análise será feita para que se possa determinar a possibilidade do tratamento do tema dentro da teoria da conduta. Caso se conclua que a conduta do agente é involuntária, a definição de medo não censurável poderá ser feita dentro dessa seara. Entretanto, caso se constate que a conduta é voluntária, a análise da não censurabilidade do medo como fundamento da não punibilidade do agente deverá ser deslocada para a teoria da culpa.

Por fim, no capítulo 4, tentar-se-á estabelecer alguns passos para a definição de não censurabilidade do medo e como se pode tratar deles dentro da teoria da culpa. A análise far-se-á à luz de algumas concepções da culpa, com ênfase na concepção normativa da culpa.

1. O Conjunto de casos retirados da jurisprudência

1.1. O caso julgado pelo Tribunal de Braga[1]

No caso julgado pelo Tribunal de Braga, o arguido explorava em sua residência, onde reside com a sua companheira e um filho menor, um bar denominado "Texas Bar", em Oleiros. Em 24/06/2002, cerca de 4h30, quatro indivíduos embriagados (fato confirmado em juízo por um deles), um marroquino e três ucranianos, estacionaram o carro nas imediações do bar, onde pretendiam entrar e ser atendidos. Assim que o arguido percebeu a presença dos quatro indivíduos no portão de acesso ao quintal, foi até a janela do 1º andar, abriu-a e acendeu o holofote na direção deles, iluminando-os. Para que os indivíduos abandonassem o local, muniu-se de uma pistola e carregou-a com a munição, momento em que os indivíduos lançaram diversas pedras na direção do arguido, querendo atingi-lo, sendo que as pedras atingiram as janelas e entraram no interior da casa do arguido, onde se encontravam a sua companheira e o seu filho de menor idade. Em seguida, receando a entrada dos quatro indivíduos embriagados na sua casa, o arguido empunhou a pistola na mão, apontou-a na direção de um dos indivíduos e disparou-a no exato momento em que ele se encontrava de frente para o invasor, junto ao portão de acesso ao quintal, a uma distância não superior a 10 metros, atingindo-o na região do tórax. Ato contínuo, o arguido disparou outro tiro na direção do mesmo indivíduo, atingindo-o na perna direita. A vítima não faleceu.

O Tribunal de Braga entendeu que o arguido agiu em excesso de legítima defesa e condenou-o por homicídio simples na forma tentada, com a diminuição de pena prevista no art. 33º, nº 1, do Código Penal, tendo em vista que, segundo o Tribunal, o arguido representou como possível a morte da vítima, conformando-se com esse resultado, agindo com dolo eventual, em razão do calibre da arma, da distância inferior a 10 metros e, por fim, da região acertada.[2]

1.2. O caso julgado pelo Tribunal da Relação de Lisboa[3]

Em 24/11/2001, na Discoteca Queen's, em Lisboa, encontrava-se o arguido (que chamaremos A) acompanhado por um amigo. Cerca das 6 horas,

---

[1] Processo nº 262/02. Julgado em 10/05/2006.

[2] Segundo o acórdão, "o arguido, ao disparar e atingir o ofendido naquelas circunstâncias, agiu em excesso de legítima defesa, nos termos conjugados dos arts. 31º, nº 2, al. 1), 32º e 33º, nº 1 , do C.Penal, pois que se aceita que a sua atitude de disparar a arma visava impedir que o ofendido e seus três acompanhantes, àquela hora da noite, embriagados, em superioridade numérica, pretendendo defender a sua pessoa, seus familiares e bens, não é compreensível que não tivesse desferidos disparos de aviso ou intimidação que, a título prévio, não os alertasse verbalmente para pais disparos ou mesmo que não usasse outro meio menos letal de afugentar tais invasores; enfim, o comportamento do arguido, dadas as circunstâncias do caso relatadas e mesmo que algum receio houvesse da sua parte de que esses invadiriam a sua casa (note-se que o ofendido, quando atingido, estava na rua, via pública) não deixa de lhe ser censurável pelas razões sobreditas . De todo o modo, entende-se que a pena a aplicar deve pelos motivos expostos ser especialmente atenuada – art. 33º, nºs 1 e 2 do C. Penal".

[3] Processo nº 3202/2008-5. Julgado em 13/01/2009 (Simões de Carvalho).

ocorreu uma discussão entre A e outro homem (que chamaremos B), que estava acompanhado de mais seis pessoas dentro da discoteca por razões desconhecidas, que foi apartada pelos seguranças. Às 8 horas, quando A se preparava para sair da discoteca, foi avisado pelo porteiro que um grupo de pessoas o esperava do lado de fora e que era melhor sair pela porta lateral. Depois de algum tempo, A e seu amigo saíram e foram em direção ao seu automóvel. Após entrar no automóvel, A foi surpreendido por B (que estacionara o seu veículo atrás do veículo de A). Nesse momento, B andou até o automóvel de A, bateu no vidro e disse-lhe que saísse do veículo. A trancou as portas e tentou arrancar com a viatura. B ainda tentou abrir a fechadura da porta. A, que era agente da P.S.P., sacou a sua pistola e empunhou-a de forma visível para B.

B arremessou uma pedra na direção do vidro lateral do veículo de A, mas não o acertou por ter ele desviado. Depois arremessou outra pedra contra o vidro traseiro do veículo, partindo-o. A conseguiu arrancar com o veículo. B entrou em seu veículo (bem mais potente do que o veículo de A) com mais algumas pedras nas mãos e foi em perseguição a A, na intenção de agredi-lo fisicamente. B tinha consigo dentro do veículo um bastão em madeira com 75 cm de comprimento. Ao perceber que B estava em sua perseguição, A inverteu o sentido da marcha. No exato momento em que os veículos cruzaram-se em direções opostas, A efetuou dois disparos na direção do veículo de B. Um dos projéteis perfurou o pescoço de B, causando-lhe uma ferida, e o outro atingiu a mão de um amigo de B que estava no veículo. Após o cruzamento dos veículos, A efetuou um terceiro disparo, atingindo o para-choque do veículo de B.

O TRL entendeu que a intenção de A não era matar ou agredir B; que a discussão que se iniciou na discoteca partiu de B; que mesmo vendo que A estava armado, B partiu os vidros do veículo de A com pedradas; que A conseguiu fugir, mas foi perseguido por B com um carro mais potente; que quando A disparou, quis repelir a agressão proveniente de B, estando, portanto, reunidos os pressupostos da legítima defesa (art. 32º, nº 1, do CP). Entendeu que o uso da arma de fogo somente seria proporcional se ela fosse utilizada para o disparo de um tiro para o ar ou em direção aos pneus do veículo de B. Segundo o TRL, disparar a arma contra os ofendidos foi desproporcional e desapropriado. Assim, A foi condenado por excesso de legítima defesa de dois crimes de homicídio simples tentados (arts. 22º, nº 2, b), 31º, nº 1, e 131º).[4]

---

[4] De acordo com o acórdão, "ocorre pois excesso de legítima defesa, nos termos do art. 33º, 1 do C.P., o que torna o acto ilícito, devendo aplicar-se a pena especialmente atenuada. Não se pode dizer que o excesso resulta de medo não censurável (...) Se a outra parte já tivesse mostrado arma idêntica poderia ser desculpável o excesso, por medo e perturbação. O "excesso nos meios" resultante da perturbação profunda que a agressão provoca no agente será imputável a uma culpa mitigada (ao menos em princípio), susceptível de permitir ao juiz que atenue a pena (art. 33º, 1 do C. Penal (...) não é qualquer perturbação, medo ou susto que pode conduzir ao afastamento da punição, em caso de excesso de legítima defesa (...) não se pode sequer dizer que, in casu, tal excesso resulte de medo não censurável".

1.3. O caso julgado pelo Tribunal da Relação do Porto[5]

No caso julgado pelo TRP, "a vítima foi esperar o arguido a uma estrada florestal e, após discussão entre ambos, empunhou uma forquilha com a qual agrediu o arguido, sendo que este, para evitar a continuação da agressão, foi recuando num percurso de 20 metros, até que, chegado a um penedo, não podia recuar mais e, vendo que o agressor continuava à sua frente, empunhando a forquilha, então, perturbado, temendo vir a ser novamente agredido, tirou do bolso uma pistola e, empunhando-a à altura do tórax da vítima, a cerca de 2 metros desta, disparou 6 tiros, atingindo-a mortalmente, tendo assim procedido para se defender e previsto que com esses disparos podia provocar-lhe a morte, conformando-se com tal resultado, há que concluir que a conduta do arguido integra a previsão do artigo 131 do Código Penal, tendo, porém, agido no quadro de uma legítima defesa".[6]

O TRP reconheceu que o arguido foi vítima de uma agressão atual e ilícita, que a sua defesa necessária e que o arguido estava impedido de recorrer à força pública, por se tratar de local isolado e de difícil acesso, razão pela qual absolveu o arguido com base no art. 33.º, nº 2 do CP.[7]

1.4. O caso julgado pelo Supremo Tribunal de Justiça português[8]

No dia 6/04/1000, por volta da 1 hora da madrugada, oito pessoas deslocaram-se para a residência do arguido (A), onde ele encontrava-se juntamente com a esposa e com dois filhos. Uma vez ali chegados, um dos oito indivíduos (B) entrou no pátio contíguo, caminhou na direção da casa de habitação do A e bateu à porta. A foi até a porta e perguntou-lhe o que desejava, tendo B perguntado se a sua filha se encontrava no interior da casa de habitação do A, ao que A respondeu que ali se encontrava apenas a sua esposa e filhos e que não sabia quem era a filha dele. Nesse momento, B deu um encontrão na porta de entrada da casa com o objetivo de ali entrar. A tentou impedir que a porta se abrisse. Porém, os demais arguidos entraram todos para o pátio anexo à residência e, de seguida, empurraram a porta, danificaram-na e entraram no interior da residência, ao que A não conseguiu resistir à força conjunta de todos, que portavam ferros, paus e tacos de basebol. Uma vez no interior da casa, agrediram A e sua esposa com os objetos que levavam consigo. Temendo a continuidade da agressão, A retirou uma pistola do armário e efetuou dois disparos para o ar. Os invasores saí-

---

[5] Processo nº 0110405. Julgado em 06/06/2001 (Baião Papão).
[6] Trecho retirado do acórdão.
[7] O acórdão destacou que "considerando, porém, que bastaria o disparo dos tiros para zonas não vitais do corpo da vítima até lograr atingi-las, o que retiraria a esta o domínio do controlo da situação, impõe-se concluir que o arguido actuou em legítima defesa com excesso de meios. Porém, atendendo a que o excesso de meios na defesa se deveu à perturbação e medo, não censuráveis, a sua actuação cabe na previsão do n. 2 do artigo 33 do Código Penal, que exclui a sua punição. Impondo-se a absolvição criminal do arguido".
[8] Processo nº 02P854. Julgado em 18/04/2002 (Simas Santos).

ram da residência, mas depois voltaram, quando então A efetuou mais dois disparos para o ar. Como os invasores não desistiram de seus desígnios, A efetuou, pela terceira vez, mais dois disparos que acertaram dois dos invasores. O STJ entendeu que o arguido não agiu em excesso de legítima defesa e absolveu-o.[9]

2. O medo no excesso de legítima defesa

2.1. O medo não censurável no Código Penal português

Não é qualquer medo que pode gerar como consequência a exclusão da responsabilidade penal do agente, e sim, o *medo não censurável* na forma do art. 33º, nº 2, do CP.[10] Entretanto, o próprio CP não define o que seja a não censurabilidade do medo, razão pela qual tal conceito deve ser buscado na doutrina (inicialmente do Direito Penal) e na jurisprudência.

O excesso intensivo na legítima defesa surge a partir do momento em que o agente ultrapassa os meios necessários para a defesa[11] e pode ter causas emocionais de naturezas diversas, identificando-se elementos asténicos (que corresponde às situações de medo, susto ou perturbação) e esténicos (que se

---

[9] Segundo o acórdão, o Tribunal afirmou que "A ficou apavorado e exaltado e, temendo pela segurança e integridade física da sua família e receando que os demais arguidos continuassem a agredi-lo, assim como à sua esposa (...) dirigiu-se a uma gaveta de um armário da sala da sua casa donde retirou uma pistola (...) efectuou dois disparos para o ar (...) Após estes dois disparos, os demais arguidos saíram da casa do arguido A (...). Tendo constatado que nenhum deles tinha sido atingido pelos projecteis disparados, os demais arguidos (...) concluíram que a pistola era de alarme. 19) Após um deles ter dito em voz alta "é pistola de alarme" de novo pretenderam entrar na residência da casa de habitação do A... "Quando os arguidos B... e C... seguido dos demais co-arguidos se aproximavam para entrar de novo na residência do A..., este, com medo, assustado e muito nervoso, tendo-se convencido que os demais iam entrar de novo na sua residência, para o continuarem a agredir e bem assim à sua esposa, o A... empunhou de novo a pistola e, da soleira da porta, efectuou mais dois disparos para o exterior e para o ar. 23) Como os demais arguidos não abandonaram os seus desígnios e continuaram a dirigir-se para a porta de entrada da residência do A..., este disparou mais dois tiros, da soleira da porta, tendo atingido os arguidos B... e C..." Os próprios arguidos, incluindo aqueles que vieram a ser atingidos, que "estabeleceram" a necessidade do meio, quando se deu por assente que eles «tendo constatado que nenhum deles tinha sido atingido pelos projecteis disparados (...) concluíram que a pistola era de alarme. Consideraram eles então que só a circunstância de serem atingidos a tiro poria fim à conduta ilícita que haviam desenvolvido e se prepararam para repetir. E foi isso que o recorrido também entendeu e levou a cabo, pondo então fim a tal conduta, não sem antes disparar mais dois tiros para o ar (...). Não se afigura que se possa fazer apelo, com o Ex.mo Recorrente, à "presença de espírito" ao "discernimento" de que deu provas o recorrido, pois que está ausente, como se viu, que este estava "com medo, assustado e muito nervoso" quando "empunhou de novo a pistola" (...). Impõe-se, assim, concluir que o recorrido não agiu na circunstância com excesso do meio empregue, por forma a levar a sua conduta para a previsão do art. 33º do C. Penal, antes de verificando a legítima defesa afirmada na decisão recorrida."

[10] No Direito Penal Brasileiro, o art. 30, § 1º do Código Penal de 1969, (que ficou nove anos em *vaccatio legis* e foi revogado antes de sua entrada em vigor) dispunha que não se punia o excesso de legítima defesa quando ele resultasse de escusável medo, susto ou perturbação de ânimo, em face da situação ocorrida. O Código Penal brasileiro em vigor não trata do tema expressamente.

[11] Nesse sentido, entre outros: CORREIA, Eduardo. *Direito Criminal*. II. Reimpressão. Coimbra: Almedina, 1968, p. 49; DIAS, Jorge F. *Direito Penal*. Parte geral. Tomo I. Questões fundamentais a doutrina geral do crime. Coimbra: Coimbra Editora, 2004, p. 398; FERREIRA, Manuel Cavaleiro de. *Lições de Direito Penal*. Parte Geral. Lisboa: Verbo Editora, 1988, p. 129; LISZT, Franz. Von. *Direito Penal Alemão*. Tradução de José Higino Duarte Pereira. Campinas: Russel, 2003, p. 246.

referem aos estados de irritação, cólera ou ódio). O CP, no art. 33º, admite a não punibilidade do excesso asténico, desde que seja não censurável, bem como a atenuação da pena nos casos de excesso asténico censurável, o que já não pode ocorrer no caso do excesso esténico, que pode ser causa de agravação da responsabilidade do autor.[12]

O medo do qual o CP trata é um estado de afeto asténico que, segundo o art. 33º, nº 2, pode gerar a exclusão da responsabilidade do autor. Pensamos que se faz necessário perquirir o que significa o medo e de que forma ele pode influenciar o estado anímico do agente para a exclusão de sua responsabilidade. Em outras palavras, de que forma o medo determina a conduta do agente? Como ele se manifesta nela? É qualquer espécie de medo que tem o condão de gerar a exclusão da responsabilidade penal do autor?

Apesar de identificar os elementos acima dispostos, a doutrina do Direito Penal não define o que significa o medo e a sua não censurabilidade. Da mesma forma, na jurisprudência, pela análise dos acórdãos destacados acima, verificamos que nenhum deles faz a análise devida do que seja o medo não censurável. Os acórdãos limitam-se a afirmar que o excesso na legítima defesa resultou ou não de medo não censurável, sem definir o que seria, em primeiro lugar, o medo, e, em segundo lugar, a sua não censurabilidade.

Portanto, nos tópicos seguintes, faremos a análise do que significa o medo, das diversas espécies de medo e de como o medo pode influenciar o estado anímico do agente. Somente a partir dessas análises é que se poderá definir de que forma o *medo* pode se tornar *não censurável* no excesso de legítima defesa, nos moldes do art. 33º, nº 2, do CP.

2.2. O significado do medo nas ciências extrajurídicas

Tendo em vista que o conceito de medo não censurável não pode ser encontrado no CP, na doutrina, nem na jurisprudência, nos socorreremos das ciências não jurídicas.

Inicialmente, cabe perguntar se é possível ao ser humano viver sem medo. A resposta parece ser negativa. É impossível para o ser humano viver

---

[12] Nesse sentido: DIAS, Jorge de Figueiredo. *Direito Penal*. Parte geral. Tomo I. Questões fundamentais a doutrina geral do crime. Coimbra: Coimbra Editora, 2004, p. 574-575; HUNGRIA, Nélson; FRAGOSO, Heleno Cláudio. *Comentários ao Código Penal*. 5. ed. Rio de Janeiro: Forense, 1978, p. 596-597; JAKOBS, Günter. *Tratado de Direito Penal*. Teoria do injusto e culpabilidade. Tradução de Gercélia Batista de Oliveira Mendes. Belo Horizonte. Del Rey, 2009, p. 837; LISZT, Franz Von. V. *Direito Penal Alemão*. Tradução de: José Higino Duarte Pereira. Campinas: Russel, 2003, p. 246; PALMA, Maria Fernanda. Legítima defesa. In: *Casos e Materiais de Direito Penal*. 3. ed. Coord.: Maria Fernanda Palma, Carlota Pizarro de Almeida e José Manuel Vilalonga. Coimbra: Almedina, 2009, p. 169-170; ROXIN, Claus. *Derecho Penal*. Parte General, Tomo I. Fundamentos. La Estructura de la Teoría del Delito. Tradução: Diego-Manuel Luzón Peña, Miguel Díaz y Garcia Conlledo e Javier de Vicente Remesal. Madrid: Civitas Ediciones, S. L., 2006, p. 928; STRATENWERTH, Günter. *Derecho Penal*. Parte General. El hecho punible. Tradução: Manuel Cancio Meliá e Marcelo A. Sancinetti. Navarra: Thomson Civitas, 2005, p. 206; VENZON, Altayr. *Excessos na Legítima Defesa*. Porto Alegre: Sergio Antonio Fabris Editor, 1989, p. 55.

sem medo.[13] O medo é uma emoção universal e necessária e o ser humano não pode escolher viver sem ele.[14] Trata-se de um sinal de alerta destinado a ativar nosso sistema de vigilância e aumentar as chances de sobrevivência, que leva em consideração o contexto no qual o agente está inserido. Quanto maior o risco de morte, maior será o medo.[15] No simples ato de atravessar a rua, o medo de ser atropelado faz com que olhemos de um lado para o outro da rua antes de atravessarmos. Dessa forma, o medo, em uma medida certa, deve ser entendido como uma função do comportamento humano saudável, necessária e imprescindível para a proteção do ser humano diante dos perigos que o rodeiam,[16] funcionando como uma forma de proteção automática do corpo para salvar a pessoa de perigos.[17]

Como o medo é internalizado pelo ser humano e qual a sua consequência? O ser humano vive em um mundo complexo e está sujeito a agressões de todos os tipos, sejam elas provenientes de outro ser humano, sejam provenientes de fatores naturais.[18] Nesse quadro de sujeição do ser humano ao

---

[13] Conforme ANDRÉ, Christophe. *Psicologia do medo. Como lidar com temores, fobias, angústias e pânicos*. 3. ed. Petrópolis: Editora Vozes, 2010, p. 73, o medo é uma emoção fundamental, universal, inevitável e necessária ao ser humano. O ser humano tem a necessidade de sentir medo, tendo em vista que ele é um sinal de alerta que tem como função facilitar a nossa vigilância diante de perigos e aumentar, assim, nossas chances de sobrevivência. Da mesma forma que acontece com todas as espécies animais, o ser humano está programado pela natureza e pela evolução para experimentar o medo na presença de certas situações. O medo normal funciona como uma espécie de um alarme calibrado não só na sua ativação, mas também na sua regulação ou normalização. A sua ativação dá-se por uma zona do cérebro chamada "amídala cerebral" que, em condições normais, tem o funcionamento regulado pelas estruturas cerebrais vizinhas (encarregadas de filtrar as informações que serão avaliadas como necessitando ou não de uma reação de medo) e de controlar a intensidade do medo, para que não seja contraprodutivo. No que concerne à sua ativação, o alarme do medo só dispara com um motivo relevante, diante de um perigo real e não diante da eventualidade ou da lembrança de um perigo. Por exemplo: se uma pessoa estiver a três metros de distância de um tigre na floresta, ela terá medo; se o tigre estiver numa jaula, apesar de haver medo da mesma forma, esse medo será bem menor. Demais disso, a intensidade é proporcional ao risco, permitindo agir de maneira adaptada à situação. Se o medo for muito intenso, não nos ajuda a tomar as melhores decisões diante do perigo.

[14] Essa impossibilidade de viver sem o medo como espécie de emoção também é destacada por SOLOMON, Robert C. *Ética Emocional*. Uma teoría de lós sentimientos. Barcelona: Paidós, 2007, p. 26, ao afirmar que nós, indivíduos, "vivimos en y mediante nuestras emociones".

[15] ANDRÉ, Christophe. *Psicologia do medo*. Como lidar com temores, fobias, angústias e pânicos. 3. ed. Petrópolis: Editora Vozes, 2010, p. 13-14.

[16] SILVA, Ana Beatriz Barbosa. Mentes Ansiosas. *Medo e ansiedade além dos limites*. Rio de Janeiro: Fontanar, 2011, p. 16.

[17] SILVA, Ana Beatriz Barbosa. Mentes Ansiosas. *Medo e ansiedade além dos limites*. Rio de Janeiro: Fontanar, 2011, p. 24-26, dá o seguinte exemplo: Imagine-se andando por uma rua estreita e, de repente, avançam em sua direção dois cachorros da raça *bull terrier*, que rosnam, expondo seus dentes brilhantes entre a saliva que escorre por suas mandíbulas. Se você, por um acaso, quisesse racionalizar o que fazer, provavelmente processaria os seguintes pensamentos: "*Eles são cachorros; são ferozes; estou em perigo! O que devo fazer? Acho que devo correr!*" Se você pensasse tudo isso antes de correr, possivelmente estaria morto e dilacerado, antes mesmo de concluir seus pensamentos. Porém, nessa situação, o seu corpo reagiria automaticamente, de maneira ultrarrápida, e você já estaria correndo há muito tempo. Provavelmente já teria se abrigado em algum lugar seguro. Sem você se dar conta, uma overdose de adrenalina é injetada na corrente sanguínea e, a partir daí, toda uma reação se processa naturalmente: o coração dispara, o suor toma conta da pele, os músculos se contraem para entrar em ação, a respiração se torna mais acelerada e, sem que tenha tempo de pensar, em frações de segundos, você estará correndo como um leopardo ou lutando com os cachorros como uma fera enlouquecida. Esta é a reação do medo que existe para nos salvar de todos os perigos.

[18] Para BAUMAN, Zygmunt. *Medo líquido*. Rio de Janeiro: Zahar, 2008, p. 74, "O medo e o mal são irmãos siameses. Não se pode encontrar um deles separado do outro. Ou talvez sejam apenas dois nomes de

mundo exterior, "o medo é a nossa reação a uma agressão. Sabemos que ficamos com medo quando somos sujeitos a uma agressão"[19]. Entretanto, a agressão não é definida pela realidade, mas pelo nosso *filtro cognitivo*,[20] isso é, nem sempre a realidade e a percepção da realidade pelo ser humano coincidem. O nosso relacionamento com o mundo não é direto. Ele passa pelo nosso cérebro, onde o *filtro cognitivo* está localizado. Dessa forma, "a realidade é interpretada pelo nosso filtro cognitivo e é essa interpretação que, para nós, constitui a realidade".[21] Por essa razão, a realidade é vista de modo diferente por cada indivíduo. O ser humano não vê a realidade. Ele vê a sua *interpretação da realidade*.[22]

Além disso, na visão heurística do medo, ele permite prefigurar a perda, supondo uma inversão temporal. É obtendo o sentimento de pavor daquele que teria sofrido a perda, que podemos avaliar *a partir do futuro* a situação presente. Trata-se, portanto, de fazer um julgamento no futuro anterior.[23]

Uma vez internalizado, o medo pode causar duas reações na pessoa: *luta* ou *fuga*.[24] O "corpo físico" e o "cérebro emocional" (sistema límbico, responsável por todas as emoções, desde as mais agradáveis, como alegria e paixão, até as mais incômodas, como tristeza, medo, desespero e ansiedade) são coativados ao mesmo tempo para fugir ou lutar: o primeiro pela adrenalina e o segundo pela noradrenalina.[25]

A passagem da realidade pelo filtro cognitivo e a internalização do medo explica o porquê de pessoas diferentes terem reações diversas diante de agressões de todos os tipos. Uma pessoa pode ter uma reação agressiva diante de uma agressão leve, enquanto outra pessoa pode ter uma reação leve diante de uma agressão intensa. E isso ocorre justamente em razão de possuírem percepções diferentes sobre as agressões. Além disso, em dois casos de agressões idênticas, pode ser que um indivíduo tenha a reação de luta, e o outro, a reação de fuga.

A essa luz, a luta ou a fuga, como comportamentos do indivíduo motivado pelo medo, podem variar de acordo com a situação concreta depois de passado pelo filtro cognitivo da pessoa. Com efeito, a depender da visão que se tenha da realidade a partir do filtro cognitivo, o indivíduo avalia as circunstâncias e decide em fração de segundos se vai reagir ao perigo ou se

---

uma só experiência – um deles se referindo ao que se vê e ouve, o outro ao que se sente. Um apontando para o "lá fora", para o mundo, o outro para o "aqui dentro", para você mesmo. O que tememos é o mal; o que é o mal, nós tememos".

[19] GIACOBBE, Giulio Cesare. *O medo é uma masturbação mental*. Como se livrar dele para sempre. Rio de Janeiro: Bertrand Brasil, 2011, p. 11.

[20] Podemos definir o ingresso da realidade no cérebro com a seguinte fórmula: Realidade –> filtro cognitivo –> cérebro.

[21] Idem, p. 12.

[22] Idem, p. 12.

[23] FROGNEUX, Nathalie. O medo como virtude de substituição. In: *Ensaios sobre o medo*. Org: NOVAES, A. São Paulo: Senac, 2007, p. 190.

[24] SILVA, Ana Beatriz Barbosa. *Mentes Ansiosas*. Medo e ansiedade além dos limites. Rio de Janeiro: Fontanar, 2011, p. 24.

[25] Idem, p. 174.

vai fugir dele. No caso julgado pelo Tribunal de Braga[26] e pelo STJ,[27] a reação do arguido foi de reação imediata ao perigo. Entretanto, de forma diversa, nos casos julgados pelo TRL e pelo TRP, a reação dos arguidos não foi de fuga, nem de reação alternativamente. Na realidade, nesses dois casos, os arguidos, em primeiro lugar, tiveram uma reação de fuga, e, em segundo lugar, uma reação de luta.[28]

Conforme afirmado alhures,[29] o alarme do medo só dispara com um motivo relevante, diante de um perigo real e não diante da eventualidade ou da lembrança de um perigo e a intensidade é proporcional ao risco, permitindo agir de maneira adaptada à situação. Por exemplo: se uma pessoa estiver a três metros de distância de um tigre na floresta, ela terá medo; se o tigre estiver numa jaula, apesar de haver medo da mesma forma, esse medo é bem menor.[30] Essa afirmação vai ao encontro do que ocorreu nos casos julgados pelo TRL e pelo TRP, pois tanto em um, quanto em outro, a mudança da situação fática permitiu aos arguidos agirem de maneira adaptada à mudança fática.

Com efeito, no caso do TRL, no exato momento em que o pretenso agressor foi em perseguição do arguido com um veículo mais potente (o que certamente faria com que aquele alcançasse esse em pouco tempo), o arguido viu-se sem a opção de fuga e mudou a sua atitude no sentido de reagir à agressão efetuando os disparos. No caso do TRP, após o arguido recuar 20 metros (reação de fuga) para evitar a continuação da agressão, chegar a um penedo e contatar que não podia mais recuar, *"vendo que o agressor continuava à sua frente, empunhando a forquilha, então, perturbado, temendo vir a ser novamente agredido"*, ele mudou a sua conduta e *"tirou do bolso uma pistola e (...)*

---

[26] O próprio acórdão destacou que "assim que o arguido percebeu a presença dos 4 indivíduos no portão de acesso ao quintal (...), foi até à janela do 1° andar, abriu-a e acendeu o holofote na direção dos indivíduo, iluminando-os. Para que os indivíduos abandonassem o local muniu-se de uma pistola e carregou-a com a munição (...). Em seguida, receando a entrada dos quatro indivíduos embriagados na sua casa, o arguido empunhou a pistola na mão, apontou-a na direção de um dos indivíduos e disparou-a no exato momento em que ele se encontrava de frente para o arguido, junto ao portão de acesso ao quintal, a uma distância não superior a 10 metros, atingindo-o na região do tórax".

[27] Conforme o acórdão deixou claro, "A ficou apavorado e exaltado e, temendo pela segurança e integridade física da sua família e receando que os demais arguidos continuassem a agredi-lo, assim como à sua esposa (...) dirigiu-se a uma gaveta de um armário da sala da sua casa donde retirou uma pistola (...) efectuou dois disparos para o ar".

[28] No caso julgado pelo TRL, logo que o arguido saiu da discoteca Queen's, a sua reação imediata foi de fuga ao esperar o melhor momento para sair do recinto, entrar no carro, trancar a porta ao avistar o seu pretenso agressor e arrancar com o seu veículo. Não há dúvida de que isso foi uma reação de fuga à agressão. Todavia, ao perceber que o perigo se intensificara porque o seu pretenso agressor colocou-se em sua perseguição com um veículo mais potente, teve a reação de luta ao sacar a arma e disparar os tiros em direção ao veículo do pretenso agressor. No caso julgado pelo TRP, a reação do arguido foi igualmente de fuga inicialmente e de luta logo após perceber que o perigo havia se intensificado. Isso porque, conforme os termos do acórdão, *"a vítima foi esperar o arguido a uma estrada florestal e, após discussão entre ambos, empunhou uma forquilha com a qual agrediu o arguido, sendo que este, para evitar a continuação da agressão, foi recuando num percurso de 20 metros, até que, chegado a um penedo, não podia recuar mais e, vendo que o agressor continuava à sua frente, empunhando a forquilha, então, perturbado, temendo vir a ser novamente agredido, tirou do bolso uma pistola e, empunhando-a à altura do tórax da vítima, a cerca de 2 metros desta, disparou 6 tiros, atingindo-a mortalmente"*.

[29] Nota de rodapé número 13.

[30] A afirmação e o exemplo são fornecidos por ANDRÉ, Christophe. *Psicologia do medo*. Como lidar com temores, fobias, angústias e pânicos. 3. ed. Petrópolis: Editora Vozes, 2010, p. 73.

disparou 6 tiros",[31] passando da reação de fuga à reação de luta. Nesses dois casos, foi como se o tigre do exemplo acima citado tivesse saído da jaula e colocado-se de frente para os arguidos. Isso fez com que os seus sentimentos de medo aumentassem e eles tivessem modificado seus comportamentos, passando da fuga à luta.

É importante trazer à baila a seguinte questão: poderia acontecer de nos casos julgados pelo TRL e pelo TRP os agressores iniciais não derem continuidade da agressão? Em outras palavras, no caso do TRL é possível trabalhar com a hipótese de o agressor inicial ir em perseguição do arguido com um veículo mais potente, alcançá-lo apenas para agredi-lo verbalmente ou fazer-lhe uma ameaça, por já ter se contentado em quebrar-lhe os vidros do veículo? Da mesma forma, no caso do TRP pode-se trabalhar com a hipótese de o agressor inicial ter encurralado o arguido em um penedo apenas para ameaçá-lo, tendo em vista que já estaria satisfeito com as lesões inicialmente produzidas? É certo que ninguém pode prever com a mais absoluta certeza o que os agressores fariam caso os arguidos não reagissem. Entretanto, a depender dos seus dolos, poderia acontecer que não levassem a efeito a continuação da agressão.

O que importa para a solução da presente questão é avaliar como os arguidos viram aquelas situações de acordo com os seus *filtros cognitivos*. Se é verdade que o ser humano não vê a realidade, mas sim a sua *interpretação da realidade*,[32] diante daquelas agressões, os arguidos viram-se diante da continuidade das agressões iniciais, e, motivados emocionalmente pelo medo, reagiram. Ainda que se admita que os agressores iniciais não fossem levar adiante as agressões, o fato é que aos arguidos não restou outra escolha a não ser a reação, de acordo com a realidade que interpretaram naquele momento.

2.3. As espécies de medo

A leitura do art. 33º, nº 2, do CP indica que não basta que o agente sinta medo, e sim que esse medo seja *não censurável*. Contudo, antes de definir-se o significado de medo *não censurável*, é imprescindível definir qual a espécie de medo a que o CP se refere, ou seja, o *medo causa* ou *medo finalidade*?

O medo causa é aquele que constitui o móvel da conduta do indivíduo que se vê diante de uma agressão e precisa reagir por questões, muitas vezes, de sobrevivência. O sentimento de medo é o que motiva a pessoa a reagir, o que não significa que o indivíduo que se vê forçado pelo medo a reagir a uma agressão o faça de forma impensada ou involuntária, o que será demonstrado no capítulo 3. O indivíduo que reage motivado pelo medo pode até ter uma certa dificuldade de avaliar as circunstâncias fáticas na qual está inserido e precisa tomar uma atitude rapidamente, mas isso

---

[31] Trechos retirados dos acórdãos.
[32] GIACOBBE, Giulio Cesare. *O medo é uma masturbação mental*. Como se livrar dele para sempre. Rio de Janeiro: Bertrand Brasil, 2011, p. 12.

não lhe retira a voluntariedade da conduta. Não há, no medo causa, uma prévia antecipação mental por parte do indivíduo que será agredido para que possa antecipadamente estabelecer os critérios de reação. É durante a agressão que o agredido tem que reagir e estabelecer os critérios de defesa, entre os quais a necessidade do meio para não incorrer em excesso. Não há, portanto, um lapso de tempo que permita ao agredido um maior planejamento da sua defesa.

De forma diversa, o medo finalidade gera no indivíduo uma espécie de antecipação mental de uma possível reação, ou seja, o indivíduo pode sentir medo e por isso mesmo tem condições de planejar a sua reação antecipadamente, tendo em vista que ele não se vê obrigado a tomar uma atitude reativa durante a ocorrência da agressão. Ao contrário. No momento em que sofre a agressão, o indivíduo já sabe exatamente a forma e intensidade pela qual reagirá. Se o indivíduo já está com medo, é porque ele já tem a real noção do perigo que está a correr e isso possibilita-lhe que previamente cogite a sua forma de reação e o *modus operandi* que utilizará.[33]

Podemos assim estabelecer três critérios distintivos entre o *medo causa* e o *medo finalidade*: O primeiro critério é o *temporal*, tendo em vista que no medo causa há uma reação de imediatidade entre a agressão e a decisão acerca do "como" reagir, enquanto no medo finalidade não há essa relação de imediatidade; o segundo critério é a *previsibilidade*, uma vez que no medo causa não há previsão da agressão, e o indivíduo é por ela surpreendido. De outro giro, no medo finalidade, o agredido já sabe antecipadamente da agressão que irá sofrer, ou seja, a agressão já é previsível, e o indivíduo tem condições de preparar-se para a reação; o terceiro critério é o *avaliativo*, pois no medo causa o indivíduo tem dificuldade de avaliar com ânimo calmo e refletido a situação de fato para que possa determinar a sua reação. No medo finalidade, o indivíduo, por já fazer a previsão da agressão, já tem plenas condições de avaliar antecipadamente a agressão que sofrerá, bem como determinar a sua reação a ela.

Pensamos que o CP, no art. 33º, nº 2, tratou do *medo causa*, isso é, o medo como uma emoção que gera no agredido uma reação momentânea a um ataque inesperado por meio de uma conduta que deve ser pensada e tomada em segundos (ou até, às vezes, em frações de segundos), gerando para o agredido uma dificuldade de avaliação da exata medida da sua reação. É justamente em razão da surpresa do ataque associado à imediatidade de reação por parte do indivíduo agredido que age com o estado de ânimo alterado que o legislador português previu que o medo no excesso de legítima defesa pudesse gerar a desculpa. Não seria razoável que o legislador previsse o medo finalidade como causa de desculpa, sob pena de positivar-se na lei a torpeza daquele que age por uma espécie de "medo que leva o agente a

---

[33] PALMA, Maria. Fernanda. *O princípio da desculpa em direito penal*. Coimbra: Almedina, 2005, p. 232, vai ao encontro dessa distinção ao afirmar que "o medo, que pode, no excesso de defesa (sobretudo intensivo), revelar uma diferente avaliação das circunstâncias (...) não se confunde com o medo que leva o agente a actuar antes de a agressão se desencadear, numa espécie de defesa preventiva em que pode estar em causa um desejo antecipado de dominação".

actuar antes de a agressão se desencadear, numa espécie de defesa preventiva em que pode estar em causa um desejo antecipado de dominação",[34] e não uma vontade puramente de defender-se.

2.4. O estado anímico do agente que age motivado pelo medo

Neste tópico, desenvolver-se-á o estado anímico do agente que age motivado pelo estado asténico do medo. Questionar-se-á se o medo gera alguma influência na conduta do agente e, caso afirmativa a resposta, de que forma tal influência ocorre. O desenvolvimento desse tópico é relevante para determinar-se, em seguida, se a conduta de quem age influenciado pelo medo é voluntária ou involuntária.

No excesso de legítima defesa, o agente ultrapassa a medida da necessidade do meio e vai além do que seria necessário para fazer cessar a agressão. Nem sempre é fácil para o agente determinar, no caso concreto, a medida exata da necessidade da defesa,[35] em razão de diversos fatores, entre eles, o próprio estado de exaltação causado pelo medo que toma o estado anímico do agente. O ser humano, visto tratar-se de um ser que está a todo momento a experimentar emoções, não fica inabalado diante de uma agressão dirigida contra si. Se, como afirmado alhures, ao sentir medo, as reações imediatas do indivíduo são a de luta ou a de fuga, seja qual for a decisão a ser tomada por uma ou por outra reação, a relação de imediatidade entre a agressão e a defesa também influencia no estado de ânimo do agente.

A impunidade dos atos praticados por medo, surpresa ou perturbação de ânimo em face da situação tem o seu fundamento em emoções e paixões, que escurecem a inteligência,[36] e, por essa razão, o medo ou o susto provocado pela agressão pode ter o condão de impedir que o agente faça a justa avaliação ou ponderação da necessidade dos meios de defesa[37] e incorrer em excesso intensivo. Mesmo que a intenção daquele que se defende seja apenas a própria defesa, o medo causa um prejuízo na avaliação do meio necessário

---

[34] PALMA, Maria. Fernanda. O princípio da desculpa em direito penal. Coimbra: Almedina, 2005, p. 232.

[35] Segundo DIAS, Jorge de Figueiredo. Direito Penal. Parte geral. Tomo I. Questões fundamentais a doutrina geral do crime. Coimbra: Coimbra Editora, 2004, p. 398, na prática, a determinação da medida do meio necessário para a defesa é algo que gera uma grande dificuldade, não somente em razão de somente depois de utilizado o meio que o agente tem condições de saber se ele seria necessário à sua defesa, mas também por não haver tempo suficiente para uma "comprovação mental de todos os meios disponíveis, o que supõe uma frieza de ânimo em regra incompatível com a emoção derivada da agressão". A agressão gera na vítima uma situação de forte tensão e conflito, "desencadeando no agredido sentimentos de intranqüilidade e insegurança que podem afectar em termos consideráveis o seu discernimento".

[36] FERREIRA, Manuel Cavaleiro de. O "excesso de legítima defesa" nos Códigos Penais brasileiros de 1830, 1890, 1940 e 1967. Braga: Livraria Cruz – Braga, 1978, p. 28.

[37] CORREIA, Eduardo. Direito Criminal. II. Reimpressão. Coimbra: Almedina, 1968, p. 49. No mesmo sentido, STRATENWERTH, Günter. Derecho Penal. Parte General. El hecho punible. Tradução de Manuel Cancio Meliá e Marcelo A. Sancinetti. Navarra: Thomson Civitas, 2005, p. 206, para quem as situações emocionais, como o medo no presente estudo, dificultam a correta apreciação e mensuração dos meios necessários.

para a defesa e afeta o cumprimento das "intenções normais" do agente que seriam, em princípio, apenas defender-se.[38]

Além de o medo gerar uma má avaliação dos meios defensivos, ele gera, também, uma má avaliação do alcance da agressão[39] e perece-nos que é justamente nesse ponto que o excesso tem o seu nascimento. Por não poder determinar até onde vai a agressão, o defendente, aturdido pelo medo e podendo imaginar (ainda que por erro) que a agressão que está a sofrer ou prestes a sofrer pode causar-lhe consequências gravíssimas ou até mesmo custar-lhe a vida, emprega um meio excessivo em sua defesa, que deve ser creditado ao ânimo perturbado pelo medo.[40]

Ainda que o defendente tenha plena noção exata de até onde pode ir no ato de legítima defesa, com a plena ciência dos limites onde enquadram-se os meios necessários, é o medo que faz com que ele ultrapasse os limites e incorra, portanto, em excesso. Talvez, em uma situação diversa da vivida pelo agente, na qual o medo não exercesse nenhuma influência, ele poderia exercer o seu direito de defesa sem incidir em excesso. Naturalmente, essa dificuldade de cessar a defesa nos limites dos meios necessários faz com que o agente tenha alguma dificuldade em motivar-se pela norma,[41] tema que será objeto de análise no capítulo 4.

Não se pode esperar uma atitude com ânimo calmo e refletido de uma pessoa que está tomada pela emoção do medo e precisa tomar uma atitude imediatamente, sob pena de, caso não reaja, o perigo intensificar-se e custar a sua integridade física ou até mesmo a sua vida ou então de pessoas queridas, como esposa, filhos, etc. Passaremos agora a destacar nos casos apresentados a situação fática vivida pelos arguidos para a análise da possibilidade de esperar-se que eles atuassem com ânimo calmo e refletido no momento em que se excederam na legítima defesa.

No caso julgado pelo Tribunal de Braga, como exigir uma atitude calma refletida de alguém que está em sua residência com a esposa e o filho e de repente, às 4h30 da madrugada, vê quatro indivíduos embriagados (fato confirmado em juízo por um deles), no portão de acesso ao quintal da sua casa invadindo a sua residência e que, mesmo estando armado, os indiví-

---

[38] Para DIAS, Jorge de Figueiredo. *Direito Penal*. Parte geral. Tomo I. Questões fundamentais a doutrina geral do crime. Coimbra: Coimbra Editora, 2004, p. 573, é normal e compreensível que uma agressão ilícita e atual provoque na vítima um estado de afeto que o conduza a uma reação excessiva de defesa. Esse estado de afeto pode afetar ou estorvar o cumprimento das intenções normais do agente.

[39] Lembra FERREIRA, Manuel Cavaleiro de. *Lições de Direito Penal*. Parte Geral . Lisboa: Verbo Editora, 1988, p. 272, que "a agressão pode ensombrar o recto juízo sobre o alcance da agressão e os limites da defesa".

[40] A influência do medo na conduta do agente já foi destacada pelo STF ao afirmar que "o excesso exculpante não se confunde com o excesso doloso ou culposo, por ter como causas a alteração no ânimo, o medo, a surpresa." (Processo: Ordem de habeas corpus nº HC 72341. Julgado em 13/06/1995. (Maurício Corrêa). A expressão "culpa" do Direito brasileiro equivale à negligência do Direito português.

[41] ROXIN, Claus. *Derecho Penal*. Parte General, Tomo I. Fundamentos. La Estructura de la Teoría del Delito. Tradução: Diego-Manuel Luzón Peña, Miguel Díaz y Garcia Conlledo e Javier de Vicente Remesal. Madrid: Civitas Ediciones, S. L., 2006, p. 928, ao comentar o § 33 do Strafgesetzbuch, que admite a não punição do agente que tenha incorrido em excesso de legítima defesa influenciado por medo, afirma que "para a explicação do §33 se fazem deduções psicológicas que atribuem a impunidade do sujeito que se excede a um "domínio da vontade fortemente diminuído" ou a uma "situação psíquica excepcional".

duos arremessaram pedras em sua direção? Como exigir calma de alguém que vê um indivíduo entrando em sua residência e aproxima-se a menos de 10 metros? Embora não se possa afirmar com certeza, talvez se os quatro indivíduos permanecessem do lado de fora do portão da casa, o arguido tivesse chamado a polícia, ao invés de ter efetuado os disparos.

No caso julgado pelo TRL, o arguido era agente da P.S.P. e estava, por isso mesmo, na posse de sua arma. Até poderia afirmar-se que a atitude mais correta a ser tomada por ele seria o não enfrentamento do seu pretenso agressor (e foi o que ele fez no início), e sim, quando começou a ser perseguido, que ele conduzisse o seu veículo até o local onde fica sediada a esquadra da polícia, pois lá estaria protegido, e o pretenso agressor nada poderia fazer e, inclusive, poderia ser preso pela tentativa de lesão corporal ou outro crime qualquer. Entretanto, como exigir essa atitude pensada com ânimo calmo e refletivo diante de uma perseguição na qual o pretenso agressor estava com um veículo bem mais potente do que o do arguido, o que certamente permitiria que fosse alcançado?[42] A atitude do arguido de efetuar os disparos com a arma deu-se justamente em razão do estado de ânimo estar afetado pelo medo.

No caso julgado pelo TRP, em que o arguido, após ser agredido, recuou 20 metros para evitar a continuidade das agressões até ver-se encurralado em um penedo, seria exigível que atuasse com serenidade, medindo exatamente o número de disparos que deveria efetuar até a agressão cessar? É verdade que era isso o que se esperava dele. Contudo, seu discernimento estava alterado pelo sentimento de medo, o que fez com que ele disparasse seis tiros, mais do que o suficiente para deter o seu agressor.

Por fim, no caso julgado pelo STJ, não era possível esperar do agente que ele atuasse de forma fria e calculada ao ver-se diante da situação em que oito indivíduos entraram em sua residência (onde estavam a sua esposa e os seus filhos) e agrediram ele e sua esposa. Diferente do que ocorreu no caso do Tribunal de Braga em que os quatro indivíduos estavam na porta do quintal da casa do arguido, no caso no STJ, os oito indivíduos já estavam no interior da casa do arguido, que além de ter sido lesionado, teve que assistir impotente a sua esposa ser igualmente agredida.[43] Ficassem os oito indivíduos do lado de fora da residência, o arguido poderia chamar a polícia e observar os invasores para, caso entrassem na residência, poder agir a tempo. Mas a realidade não foi essa. De fato, quando o arguido efetuou os disparos, os oito indivíduos já estavam dentro de sua residência.

Em todos os casos que discutimos e comparamos, apresentamos alternativas que os arguidos poderiam seguir em vez de agirem como agiram.

---

[42] Como o próprio acórdão destacou, *"estava a ser perseguido por (P), que o tinha anteriormente tentado agredir e o perseguia, com um carro muito mais potente que o seu (...) vai então em perseguição de (A), que guiava o seu "Ford Fiesta", ao volante do seu "Mitsubishi Lancer Evolution", de cerca de 280 (duzentos e oitenta) cavalos de potência (...) Consegue fugir, mas é perseguido e apanhado por carro muito potente, contrariamente ao seu, que é um carro do segmento inferior de mercado e com baixa potência"*.

[43] O próprio acórdão destacou que "A ficou apavorado e exaltado e, temendo pela segurança e integridade física da sua família."

Entretanto, o ponto central que os impediu de agir conforme a norma, atendendo aos limites da legítima defesa foi o fator medo, que lhes escureceu a inteligência e lhes impediu de fazer a justa avaliação ou ponderação da necessidade dos meios de defesa. Fica claro, portanto, que o medo gera no indivíduo uma excitação que o impede de enxergar com calma a situação e ver a alternativa mais correta a ser seguida.

Assentado que o medo gera uma alteração substancial no estado de ânimo da pessoa, analisaremos, em seguida, se a conduta praticada por influência do medo é uma conduta voluntária. Essa análise é relevante porque, caso seja constatado que a conduta é involuntária, isso pode implicar a exclusão do crime por ausência de dolo. De outro giro, caso a conduta seja voluntária, não haverá a exclusão do crime por ausência de dolo e talvez seja necessário, consequentemente, deslocar a questão para outros campos da teoria do crime, como o da culpa.

3. A voluntariedade do ato praticado por medo no excesso de legítma defesa

3.1. A voluntariedade em Martha Nussbaum, Santo Tomás de Aquino e Aristóteles

De que forma o medo influencia a conduta do agente que se excede na legítima defesa? Qual é a consequência da ação do agente motivada pelo medo em termos de responsabilidade penal? A resposta a essas indagações depende da definição se a conduta de quem age por medo no excesso de legítima defesa constitui um ato voluntário ou não. Nascem aqui duas soluções possíveis: de um lado, a conduta do agente pode não ser voluntária, e o dolo de sua conduta estará excluído, gerando reflexos no terreno da tipicidade, podendo inclusive gerar uma situação de erro na mente do agente; de outro lado, se chegar-se à conclusão de que a conduta do agente que age por medo é voluntária, a sua responsabilidade penal estará excluída, mas o fundamento residirá na esfera da culpa.

Se é verdade que não se decidem os fins, mas sim os meios de atingir-se o fim,[44] também é verdade que o único meio sobre o qual o agente pode deliberar é o meio pelo qual irá defender-se. Assim, cabe analisar a volunta-

---

[44] Nesse sentido, ARISTÓTELES. *Ética a Nicômaco*. Tradução de: Antônio de Castro Caeiro. Lisboa: Quetzal Editores, 2009, pp. 71-74 é preciso ao afirmar que o ser humano não delibera sobre o que é eterno (exemplo: a ordenação do universo), sobre as coisas que estão sempre em movimento regular (por necessidade ou natureza), as coisas que são de modo diferente em ocasiões diferentes (exemplo: secas e chuvas) e as coisas que acontecem por acaso (exemplo: a descoberta de um tesouro). O ser humano apenas delibera sobre o que lhe diz respeito e depende dele e não acontecem sempre do mesmo modo. O ser humano delibera a respeito das situações em que o resultado é incerto. Assim, o médico não delibera sobre se quer curar, nem o orador sobre se quer persuadir, pois trata-se de resultados incertos. O ser humano não delibera sobre os fins, e sim somente sobre os meios e atingir o fim. Assim, se houver vários meios, procura-se o que pode atingir o fim mais facilmente e da melhor maneira; se houver apenas um meio, examina-se como se poderá atingir o fim com esse único meio.

riedade da conduta do agente no momento em que escolheu o meio com o qual vai defender-se.

Em Martha Nussbaum, encontramos a visão da filosofia moderna sobre as duas concepções das emoções no Direito Penal. Ao comparar a concepção mecanicista com a concepção valorativa, Nussbaum analisa se as emoções são forças que nos tomam sem o nosso consentimento, forças que não contêm ou não respondem ao pensamento, isso é, forças mais ou menos desprovidas de pensamento ou percepção, impulsos que conduzem a pessoa a ações sem incorporação de crenças ou qualquer modo de ver o mundo que possa ser analisado como correto ou incorreto, apropriado ou inapropriado (concepção mecanicista); ou se as emoções incorporam crenças e modos de ver, o que inclui avaliações ou valorações da importância ou significado de objetos e eventos, que podem, por sua vez, ser valoradas por sua adequação ou inadequação. "As emoções incorporam crenças e se essas crenças mudam, também mudam as emoções" (concepção valorativa).[45] [46]

Segundo Santo Tomas de Aquino, o homem diferencia-se das criaturas irracionais porque é dono de seus atos. Por isso, somente aquelas ações de que o homem é dono podem chamar-se propriamente humanas. O homem é dono de seus atos mediante a razão e a vontade. Define-se o livre arbítrio como "faculdade da vontade e da razão". Portanto, chama-se ação propriamente humana aquela em que procede de uma vontade deliberada. Em relação às demais ações humanas que sejam praticadas fora dessa vontade deliberada podem ser chamadas "do homem", mas não humanas, pois não pertence ao homem. As coisas que se fazem por medo são voluntárias,[47] ainda que não por elas mesmas, e sim, por outra coisa: evitar o mal que se teme. Em outras palavras, para a voluntariedade, é suficiente que o ato seja voluntário por outra coisa, pois é voluntário não só o que queremos por um fim em si mesmo, mas também o que queremos por outra coisa como fim.[48]

---

[45] KAHAN, Dan M; NUSSBAUM, Martha C.. Two conceptions of emotion in criminal law. Faculty Scholarship Series. Paper 115. <http://digitalcommons.law.yale.edu/fss_papers/115>. 1996, p. 273, 277-278, 282.

[46] Para LAGIER, Daniel González. *Emociones, responsabilidad y derecho*. Madrid: Marcial Pons, 2009, p. 49-51, à luz da concepção mecanicista, emoções são forças que experimentamos e que nos fazem vítimas delas. Emoções não são coisas que fazemos, mas sim coisas que nos ocorrem. Seguem as suas próprias leis, são incontroláveis, fogem do âmbito da razão, são forças que levam a pessoa a atuar sem a intervenção da vontade ou da razão, são "forças cegas". De outro giro, na ótica da concepção valorativa, emoções são juízos acerca de certos objetos ou situações e é a valoração deles que as ativa. As emoções têm um conteúdo, não são fenômenos cegos, mas sim intencionais. Do ponto de vista da racionalidade, as emoções podem ser objetos de valoração, são suscetíveis de educação, e, por isso, controláveis.

[47] SOLOMON, Robert C. Ética *Emocional*. Uma teoría de lós sentimientos. Barcelona: Paidós, 2007, p. 17-18, compartilha desse entendimento, ao afirmar que o indivíduo é responsável por suas emoções, e não são meras vítimas passivas delas. Logo não pode limitar-se a utilizar as emoções como escusas para um mau comportamento. Ao questionar a irracionalidade das emoções, o autor afirma que no tocante à inteligências das emoções, há bons argumentos para se sustentar que sem as emoções o indivíduo seria totalmente incapaz de tomar decisões racionais.

[48] AQUINO, Santo Tomas de. *Suma de Teología II*, parte I-II. Segunda edición. Colaboradores: Ángel Martínez, Donato González, Luis López de las Heras, Jesús M. Rodríguez Arias, Rafael Larrañeta, Victorino Rodríguez, Antonio Sanchís, Esteban Pérez, Antonio Osuna, Niceto Blázquez, Ramón Hernández. Madrid: Biblioteca de autores cristianos, 1989, p. 37-38 e 109-110.

Aristóteles, ao diferenciar as ações voluntárias das ações involuntárias, afirma que nas ações voluntárias o princípio motivador reside no agente, que sabe das circunstâncias concretas e particulares nas quais se processa a ação e age sem desconhecimento e por si próprio. Nas ações involuntárias o agente age sob coação (violência) ou ignorância (incapacidade de conhecimento), isso é, age com desconhecimento e devido a ele. Na ação voluntária, há algumas circunstâncias que não podem ser ignoradas pelo agente no momento da prática da sua conduta, quais sejam: 1. Quem age; 2. O que faz; 3. Sobre o que é a ação; 4. Situação particular em que se encontra o agente; 5. Aquilo com o qual se age; 6. Fim pelo que se age (principal); 7. Maneira de agir.

A contrario senso das ideias desenvolvidas por Aristóteles age involuntariamente quem ignorar alguma delas.[49] [50] Com base em Wittgenstein,[51] além desses, podemos inserir outro elemento da ação voluntária que é a ausência de surpresa. Para o autor, o movimento voluntário caracteriza-se pela ausência de surpresa por parte de quem age.

Encontramos em Arstóteles a razão e as características das ações humanas praticadas em excesso de legítima defesa motivadas pelo medo de males maiores. Para Aristóteles, as ações humanas praticadas por medo de males maiores são escolhidas no momento em que são praticadas, e o fim da ação é determinado de acordo com a ocasião e oportunidade do momento. Serão ações voluntárias[52] mesmo que a ação resulte por força das circunstâncias.[53] No caso do excesso de legítima defesa, qual seria nesses casos o mal maior? O mal maior residiria na perda da própria vida ou da integridade física, por força da agressão que o agente está a sofrer. Diante de uma agressão atual ou iminente, o agredido prefigura a perda, fazendo com que o sentimento de medo que o toma gere nele uma reação à agressão e que ele se exceda nos meios defensivos. Sucede que justamente por conta da agressão que está a sofrer, o agente tem um espaço de pouco tempo muito curto para decidir como e de que forma vai reagir à agressão. Some-se a isso o fato de que esse processo de deliberação é perturbado pelo estado de afeto asténico causado pelo medo. Assim, identificam-se dois elementos importantes na conduta do agente: o pouquíssimo tempo para reagir e a perturbação causada pelo medo.

---

[49] ARISTÓTELES. *Ética a Nicómaco*. Tradução de: Antônio de Castro Caeiro. Lisboa: Quetzal Editores, 2009, p. 65-69.

[50] Segundo ARISTÓTELES. *Ética a Eudemo*. Tradução de: J. A. Amaral e Arthur Mourão. Lisboa: Tribuna da História edição de livros e revistas, 2005, p. 49, tudo o que o homem pratica estando em condições de não o fazer e sem desconhecimento é necessariamente voluntário.

[51] WITGENSTEIN, Ludwig. *Tratado Lógico-Filosófico*. Investigações Filosóficas. 5. ed. Lisboa: Fundação Calouste Gulbenkian, 2011, p. 479.

[52] ARISTÓTELES. *Ética a Nicómaco*. Tradução de: Antônio de Castro Caeiro. Lisboa: Quetzal Editores, 2009, p. 65-69 admite que nas ações praticadas por medo de males maiores, a ação humana é mista, isso é, voluntária e involuntária, mas afirma que parecem ser mais voluntárias.

[53] Idem. 65-69.

Passemos à análise das condutas dos arguidos nos casos apresentados à luz das concepções apresentadas por Nussbaum e das observações de Santo Tomas de Aquino, Aristóteles e Wittgenstein sobre a voluntariedade.

Em relação às concepções mecanicista e valorativa, pensamos que a última é a que melhor se amolda aos casos, tendo em vista que em todos os casos a emoção causada pelo medo passou pela avaliação dos arguidos e foi tida como adequada para cada caso concreto, sobretudo em razão do momento em que as condutas foram praticadas, isso é, no momento em que exerceram as suas defesas legitimamente, excedendo-se.

No caso julgado pelo Tribunal de Braga, deve ser destacado o exato momento em que o arguido, ao perceber a presença dos quatro indivíduos no portão de acesso ao quintal, foi até a janela do 1º andar, abriu-a, acendeu o holofote na direção dos indivíduos, iluminando-os e muniu-se de uma pistola, carregando-a com a munição para que os indivíduos fossem embora, momento em que os indivíduos lançaram diversas pedras na direção do arguido querendo atingi-lo, mas acabaram por atingir as janelas. Inegavelmente nesse momento o arguido já estava sentido medo, uma vez que se não fosse isso ele não teria se munido de sua pistola. A adoção da concepção mecanicista levar-nos-ia a afirmar que nesse momento o arguido deveria ter disparado os tiros em direção aos indivíduos, o que na verdade não foi o que ocorreu, uma vez que apenas efetuou o disparo no momento em que um dos indivíduos se encontrava dentro do quintal da casa, junto ao portão de acesso ao quintal, a uma distância não superior a 10 metros. Ao contrário, o arguido, apesar de estar tomado pelo estado de afeto asténico causado pelo medo, pôde valorar a sua conduta e efetuar o disparo no momento certo, isso é, quando a ameaça se intensificou no momento em que um dos indivíduos chegou a uma distância bem curta do arguido.

No caso julgado pelo TRL o arguido viu-se mais de uma vez ameaçado e, apesar de estar armado, somente usou a arma quando não viu mais outra forma de defender-se. Destaque-se que a primeira ameaça deu-se ainda dentro da discoteca quando ocorreu uma discussão que foi apartada pelos seguranças. A segunda ameaça ocorreu no momento em que o arguido saiu da discoteca e, após entrar no seu automóvel, foi surpreendido pelo agressor (que estacionara o seu veículo atrás do veículo do arguido), momento em que o agressor andou até o automóvel do arguido, bateu no vidro e disse-lhe que saísse do veículo. Diante dessa segunda ameaça, o arguido poderia sacar a sua pistola e desferir um tiro na direção do agressor, pois inegavelmente já estava tomado pelo medo, sobretudo porque a agressão já se fez presente nesse momento quando o agressor arremessou pedras na direção do veículo do arguido, partindo-lhe os vidros. É inegável que o arguido já estava tomado pelo medo e isso ficou claramente demonstrado pelo ato de esperar o momento certo para sair da discoteca e por trancar a porta do veículo ao ver o agressor aproximar-se. Se o arguido estava legalmente armado, por ser agente da P.S.P., e também por saber manejar uma arma de fogo, uma vez que, como agente de polícia, é treinado para tal, poderia muito bem nesse momento efetuar um disparo e resolver aquele problema, antes que ocorresse a terceira ameaça.

A adoção da concepção mecanicista poderia levar-nos a concluir que nesse momento o arguido deveria efetuar o disparo e, no entanto, não o fez. Ao contrário. O arguido trancou as portas do veículo e arrancou para fugir das agressões que já estava sofrendo. Note-se que a agressão já era atual. Ao invés de efetuar o disparo de arma, o arguido apenas sacou a sua pistola e empunhou-a de forma visível para o agressor, na tentativa de fazer cessar a agressão que já estava sofrendo. O medo que sentia não teve o condão de dominá-lo de forma a efetuar o disparo imediatamente. Em outras palavras, o ato de efetuar o disparo não foi uma consequência automática do medo que sentiu. Seguiu-se para a terceira ameaça no momento em que o agressor saiu em perseguição do arguido com um veículo mais potente (conforme destacado pelo acórdão). Somente diante dessa terceira ameaça que o arguido se viu diante da necessidade de efetuar o disparo na direção do agressor. Assim, o arguido pôde determinar o momento mais propício para desferir o tiro, não sendo possível afirmar que o medo lhe tomou a consciência sem o seu consentimento, como uma força que não respondeu ao seu pensamento.

No caso julgado pelo TRP, o arguido estava armado e já tinha sido agredido. Tratava-se, portanto, de uma agressão atual. Uma vez agredido e portando uma arma de fogo, o que o arguido poderia ter feito para pôr fim às agressões? Talvez a resposta mais imediata fosse mostrar a arma ao agressor e determiná-lo que parasse. A adoção da concepção mecanicista levar-nos-ia a essa conclusão, uma vez que essa seria a reação mais imediata causada pelo medo. No entanto, o arguido reagiu de forma diversa. Mesmo após ter sido agredido, recuou 20 metros justamente para evitar a continuação da agressão. Até esse momento, o arguido não havia sacado a arma, somente vindo a fazê-lo ao ver-se sem saída por não ter mais para onde recuar. É evidente que nesse momento o arguido estava perturbado pelo medo. Porém, não é normal uma pessoa que esteja portando uma arma de fogo submeter-se a suportar uma agressão. À luz da concepção mecanicista, se o medo que o arguido sentiu nesse momento tivesse tomado-lhe o controle da sua conduta, ele teria sacado a arma no momento em que sofreu a agressão, ao invés de suportá-la e recuar por 20 metros. Mas não foi isso o que ocorreu. Em clara demonstração de domínio das emoções, aproximando-se da concepção valorativa, o arguido pôde avaliar o medo e somente sacou a arma quando não havia mais outra forma de defender-se.

Por fim, no caso julgado pelo STJ, a conduta praticada pelo arguido aproxima-se muito mais da concepção valorativa do que da concepção mecanicista. O arguido estava em casa com a esposa e os filhos e de repente viu a sua residência invadida, de madrugada, por oito indivíduos. Após a invasão, o arguido efetuou dois disparos para o ar no intuito de expulsar os invasores da sua residência, sem atingir ninguém. Logo depois, os invasores voltaram à residência do arguido para invadi-la, quando então ele efetuou mais dois disparos para o ar. Tendo em vista que mesmo após o segundo disparo da arma (no momento em que os invasores tentaram invadir a residência pela segunda vez) dois dos oito invasores continuaram a invadir a residência, ao arguido não restou outra opção a não ser o disparo em direção aos dois invasores. Fica claro, portanto, que, apesar de estar dominado pelo medo, o arguido somente efetuou os disparos em direção as invasores após ter desferido dois tiros para o ar, por duas vezes, o que demonstra que a sua conduta foi pensada, e não um mero resultado decorrente da emoção do medo como pretende sustentar a concepção mecanicista.

Em relação à voluntariedade das condutas dos arguidos, com base em Santo Tomas de Aquino e Aristóteles, em todos os casos, podemos atribuir às ações dos arguidos a característica de "humanas",[54] pois foram praticadas de acordo com o livre-arbítrio, isso é, como "faculdade da vontade e da razão",[55] e, portanto, voluntárias.[56] Ainda que, por óbvio, tenham sido motivadas pelo medo, não por elas mesmas, e sim, por outro fim de evitar o mal maior de os arguidos verem as suas vidas ou integridades físicas suprimidas pelos agressores.[57] Demais disso, em todos os casos, os arguidos tinham plena ciência das agressões que estavam a sofrer, ou seja, não agiram sob coação ou ignorância. Em outras palavras, cada um dos os arguidos não ignorou quem agia, o que fazia, sobre o que era a ação, a situação particular em que se encontrava, aquilo com o qual se agiu, o fim pelo que se agiu (principal) e a maneira de agir.[58]

Em face do exposto, chegamos à conclusão parcial de que apesar de a emoção causada pelo medo influenciar diretamente no estado de ânimo do agente, a sua conduta passa por uma avaliação ou por uma valoração por parte do agente. A conduta do agente não corresponde, portanto, a uma força, a um impulso consequente da emoção que toma o agente sem o seu consentimento sem a incorporação de avaliações pelo agente. As emoções são dotadas de racionalidade, não dominam o agente e são controláveis.[59] Mes-

---

[54] Característica destacada por Santo Tomas de Aquino.

[55] AQUINO, Santo Tomas de. *Suma de Teología II*, parte I-II. Segunda edición. Colaboradores: Ángel Martínez, Donato González, Luis López de las Heras, Jesús M. Rodríguez Arias, Rafael Larrañeta, Victorino Rodríguez, Antonio Sanchís, Esteban Pérez, Antonio Osuna, Niceto Blázquez, Ramón Hernández. Madrid: Biblioteca de autores cristianos, 1989, pp. 37-38 e 109-110.

[56] FERREIRA, Manuel Cavaleiro de. *Lições de Direito Penal*. Parte Geral . Lisboa: Verbo Editora, 1988, p. 272: "A perturbação, medo ou susto não suprimem a vontade culpável...O medo, que não se transforma em 'anomalia psíquica' nos termos do art. 20º, não suprime a vontade." e FERREIRA, Manuel Cavaleiro de. *O "excesso de legítima defesa" nos Códigos Penais brasileiros de 1830, 1890, 1940 e 1967*. Braga: Livraria Cruz – Braga, 1978, p. 29-30 as emoções e paixões são governadas pela vontade (que é tanto mais forte e decidida quanto mais impulsionada pelo sentimento que a emoção traduz) e são inteiramente compatíveis com os atos dolosos e intencionais e não excluem a voluntariedade.

[57] Nesse sentido, FERREIRA, Manuel Cavaleiro de. *O "excesso de legítima defesa" nos Códigos Penais brasileiros de 1830, 1890, 1940 e 1967*. Braga: Livraria Cruz – Braga, 1978, p. 29-30, ao afirmar que há emoções, como o medo, em que o ato praticado pelo agente não dirige-se diretamente ao objeto da vontade. A vontade é movida pelo temor de um mal que se quer evitar. O agente pratica um ato que não quer diretamente, mas pratica-o para não ter que suportar o mal temido. Mesmo assim, a conduta do agente é voluntária, pois que "voluntário é o acto que se quer como um fim em si mesmo ou como meio para outro fim", como o fim de evitar um mal maior.

[58] Elementos colocados por ARISTÓTELES. *Ética a Nicómaco*. Tradução de: Antônio de Castro Caeiro. Lisboa: Quetzal Editores, 2009, p. 65-69, para definir a ação voluntária.

[59] No mesmo sentido, SOLOMON, Robert C. *Ética Emocional*. Uma teoría de lós sentimientos. Barcelona: Paidós, 2007, p. 173, ao afirmar que os seres humanos têm muito poucas emoções (se é que têm alguma)

mo que o agente que se excede em legítima defesa esteja influenciado pelo medo, a sua conduta continua a ser voluntária, ainda que a sua finalidade seja não o ato em si diretamente, mas sim o fim de evitar um mal maior.

3.2. O deslocamento para a teoria da culpa

Iniciamos esse tópico questionando de que forma o medo influencia a conduta do agente que se excede na legítima defesa e qual é a consequência da ação do agente motivada pelo medo em termos de responsabilidade penal.

A análise do CP nesse aspecto não ajuda o intérprete na definição da localização do tema, isso é, se o medo não censurável deve ser analisado na teoria da conduta ou na teoria da culpa. Note-se que o art. 33º, nº 2 do CP está localizado topograficamente no capítulo III do título II do Livro I, denominado "causas que excluem a ilicitude e a culpa", de forma que o próprio CP não definiu em que terreno o medo não censurável deveria ser analisado.

Como visto, se é verdade que o art. 33º, nº 2 do CP dispõe que o agente não é punido se o excesso resultar de medo não censurável e, como demonstramos, que a conduta do agente continua a ser voluntária porque as emoções são racionais e não dominam o agente, sendo, portanto, controláveis, também é verdade que a influência do medo não reside no âmbito da conduta.

É bem verdade que o excesso na legítima defesa nasce a partir de uma causa de justificação (legítima defesa). Entretanto, a sua consequência deve ser tratada dentro do terreno da desculpa, não sendo admissível que se confundam os dois institutos e que sejam tratados de forma idêntica.[60] Portanto, a influência do medo na conduta do agente para que a torne não censurável deve deslocar-se para o âmbito da culpa, o que analisaremos no próximo capítulo.

4. A análise na teoria da culpa

4.1. Da ausência do critério definidor da não censurabilidade do medo

Pelo que se disse até aqui, é indubitável que estado de afeto asténico no qual o agente se encontra no momento em que reage ao ataque e excede-se

---

que não impliquem ou não incluam de algum modo a reflexão e mediante a reflexão o ser humano pode assumir até certo ponto o controle e a responsabilidade sobre as suas emoções.

[60] Em crítica procedente PALMA, Maria. Fernanda. *O princípio da desculpa em direito penal*. Coimbra: Almedina, 2005, p. 221, afirma que a jurisprudência portuguesa tem uma tendência a não autonomizar a lógica da desculpa da lógica das causas de justificação, situando a desculpa dentro de limites muito rígidos. Concordamos com a crítica em primeiro lugar porque pensamos que não é possível tratar dois institutos diferentes, com naturezas diversas e requisitos distintos como se fossem idênticos. Em segundo lugar, a ilicitude e a desculpa estão topograficamente localizadas em locais distintos dentro da teoria do crime. Em terceiro lugar, ao tratar os dois institutos como idênticos significa fazer uma verdadeira confusão entre a análise do fato e a análise do juízo de censura pessoal que recai sobre o agente, isso é, é não separar o fato praticado do agente que o praticou.

nos meios defensivos influencia a sua capacidade de motivar-se pela norma, suprimindo-lhe a capacidade de avaliar adequadamente os limites da necessidade do meio de defesa.[61] Pensamos, portanto, que a questão deve ser analisada à luz do princípio da desculpa. Mas ainda é preciso dar um passo além. É necessário que o medo fique caracterizado como *não censurável*. Como chegar à determinação do que seja a "não censurabilidade" do medo para fins de desculpa? A resposta a essa indagação deve ser buscada além da redação legal do Código Penal, da doutrina e da jurisprudência.

Em sede de jurisprudência, todos os acórdãos analisados no presente trabalho, bem como outros acórdãos pesquisados, são omissos em determinar o que seria essa não censurabilidade do medo. Não estabelecem um critério definidor do que seria a não censurabilidade do medo. Limitam-se a afirmar se houve ou não uma situação de medo não censurável para condenar ou absolver o arguido. Os acórdãos não define um critério dogmático que funcione com um paradigma na análise do medo não censurável. Portanto, com base na jurisprudência fica muito difícil estabelecer um critério a ser seguido.

Em doutrina também encontramos a mesma dificuldade, tendo em vista a ausência de um critério objetivo-descritivo do que seria a não censurabilidade do medo. Na tentativa de definir um critério a ser seguido, NEVES afirma que a não censurabilidade do medo tem que decorrer de fatores adicionais. Esses fatores adicionais devem ser imputados ao agressor inicial, que é quem vai sofrer as consequências do excesso. Assim, o risco do excesso é criado pelo agressor inicial. Isso acontece quando a agressão é praticada de surpresa, em circunstâncias de tempo ou modo propícias a causar perturbação.[62]

Pedimos licença para discordar e criticar a posição de NEVES. Pensamos que a não censurabilidade do medo não pode ser imputada ao agressor inicial. Em primeiro lugar porque, apesar de ser verdade que o risco do excesso seja criado pelo agressor inicial, o excesso reside na conduta do agente que se defende. Se isso é verdade, o excesso deve ser imputado ao defendente, e não ao agressor inicial. E a interpretação não pode ser outra, pois o próprio CP, quando tratou do excesso por medo não censurável no art. 33º, nº 2, fê-lo dentro do dispositivo da legítima defesa, isso, é, é aplicado ao agente que se defende. Assim, o excesso deve ser atribuído ao defendente, e não ao agressor inicial. Em segundo lugar, se, conforme ficou assentado acima, o medo é uma emoção gerada pelo estado de afeto astênico, esse medo é sentido pelo defendente, e não pelo agressor inicial, razão pela qual deve ser atribuído ao primeiro. Como seria possível atribuir o medo ao agressor se

---

[61] CORREIA, Eduardo. *Direito Criminal*. II. Reimpressão. Coimbra: Almedina, 1968, p. 64, destaca que "compreende-se, na verdade que quem reage a uma agressão ilícita o faça em estado de excitação emotivo (...) que lhe furta, total ou parcialmente, o *poder* da justa avaliação dos limites da necessidade dos meios empregados para a defesa. Assim, o excesso de legítima defesa será, ou um obstáculo à culpa ou, pelo menos, uma causa de diminuição da culpa".

[62] NEVES, João Curado. *A problemática da culpa nos crimes passionais*. Tese (Doutoramento em Direito, Ciências Jurídicas, Direito Penal). Faculdade de Direito, Universidade de Lisboa, Lisboa, 2006, p. 713-716.

emoção geradora do excesso é sentida pelo defendente? Em outras palavras, se o excesso é derivado do medo, como seria possível atribuir a sua não censurabilidade a uma pessoa diversa daquela que o sentiu? Em terceiro lugar, a surpresa da agressão ou a causação da perturbação precedem à legítima defesa. Mesmo que tais elementos ocorram, o defendente pode não incorrer no excesso intensivo, apenas fazendo a agressão cessar. Dito de outra forma, pode haver a surpresa da agressão ou a causação da perturbação e não ocorrer o excesso. A tese defendida por Neves no sentido de que a não censurabilidade seria um fator adicional imputável ao agressor inicial levaria à conclusão de que todas as vezes em que a agressão fosse praticada de surpresa, em circunstâncias de tempo ou modo propícias a causar perturbação, haveria de ocorrer necessariamente o excesso de legítima defesa por medo, o que não é verdade, pois conforme dito acima, pode haver a presença desses elementos na agressão e não haver o excesso por parte do defendente.

4.2. Alguns passos para a noção de não censurabilidade do medo

Diante da ausência de critérios objetivos-descritivos em doutrina e em jurisprudência, optamos por oferecer alguns passos para chegar-se à noção de medo não censurável no excesso de legítima defesa. Inicialmente, alertamos que essa análise deve ser feita à luz de cada caso concreto, e não de forma genérica e abstrata.

Em primeiro lugar, deve ser considerada a realidade vista pelo filtro cognitivo do agente que se defende. Apesar de estar-se diante de um caso concreto, a investigação do intérprete deve ser feita a partir da interpretação da realidade pelo defendente, isso é, como o defendente viu a realidade do caso de acordo com o seu filtro cognitivo. Ficou assentado acima que o nosso relacionamento com o mundo não é direto. Ele passa pelo nosso cérebro, onde o filtro cognitivo está localizado. A realidade para o agente é a realidade interpretada pelo seu filtro cognitivo e por essa razão ela é vista de modo diferente por cada indivíduo, fazendo com que nem sempre a realidade e a percepção da realidade pelo ser humano coincidam. Portanto, o ser humano não vê a realidade, ele vê a sua interpretação da realidade.

A partir disso, diante de um caso concreto, o julgador deve voltar os seus olhos para a interpretação que o agente deu aos fatos. No momento da análise da tipicidade e da ilicitude, o julgador volta os seus olhos para o fato; no momento da análise da culpa, o julgador deve retirar os seus olhos dos fatos e voltar os seus olhos para o agente. Portanto, quando da análise da culpa do defendente, para determinar-se se ele agiu por medo não censurável, o julgador deve analisar as "duas realidades", quais sejam: a realidade dos fatos, ou seja, como eles realmente ocorreram; e a realidade que chegou ao cérebro do agente após passar pelo seu filtro cognitivo no momento em que se defendeu. Somente assim, o julgador terá condições de avaliar se as duas realidades coincidem para determinar se o excesso de legítima defesa ocorreu e deveu-se a um medo não censurável.

Em segundo lugar, deve ser investigado como a inversão temporal ocorrida na mente do defendente afetou o seu discernimento. Afirmamos acima que o medo permite prefigurar a perda supondo uma inversão temporal, e que é por meio do sentimento de pavor daquele que teria sofrido a perda que é possível avaliar a partir do futuro a situação presente. Certamente esse sentimento de perda influencia a mente do agente que se defende e pode chegar ao excesso por medo. A intensidade do excesso de defesa varia de acordo com o sentimento de perda que o defendente sente no momento em que se defende. Não há dúvidas que a ameaça de destruir o veículo do agente é bem diferente da ameaça de lesioná-lo ou de matá-lo. Da mesma forma, o sentimento de pavor gerado pelo sentimento de perda também é diferente. O agente provavelmente terá reações diversas, como intensidades também diversas, diante de uma e de outra ameaça. Não se pode exigir que o agente que se defende tenha a mesma reação ao ver-se diante de uma ameaça de dano ao seu automóvel e outra de lesão ou morte causada a si ou a um familiar. Assim, diante de um caso concreto, o juiz deverá analisar a intensidade da ameaça e de que forma essa inversão temporal com a prefiguração da perda afetou o discernimento do agente.

Em terceiro lugar, deve ser investigada a proporcionalidade entre o risco e o medo. O medo é proporcional ao risco. Conforme a análise feita nos tópicos anteriores, o medo funciona como uma espécie de um alarme calibrado não só na sua ativação, mas também na sua regulação ou normalização, sendo que a sua intensidade é proporcional ao risco. Tratamos do exemplo do tigre e afirmamos que se uma pessoa estiver a três metros de distância de um tigre na floresta, ela terá medo; se o tigre estiver numa jaula, apesar de haver medo da mesma forma, esse medo é bem menor. Essa intensidade do medo deve ser também levada em consideração pelo juiz no momento do julgamento da culpa do agente. A pergunta que o julgador deve se fazer é: o medo que o defendente sentiu foi proporcional ao risco gerado pela agressão inicial? Só que não podemos esquecer que essa pergunta deve ser feita tendo em conta a realidade vista pelo cérebro do agente de acordo com o seu filtro cognitivo, isso é, como o defendente interpretou o risco para agir da maneira que agiu.

Em linhas gerais, esses são os três passos a serem dados na análise da conduta do defendente para que seja perquirido se o medo que sentiu no momento da sua conduta foi não censurável. Em síntese, a não censurabilidade do medo deve ser analisada de acordo com o filtro cognitivo do agente, por meio de uma inversão temporal pela prefiguração da perda e de forma proporcional ao risco.

4.3. Análise da conduta influenciada pelo medo à luz das concepções de culpa

A concepção normativa da culpa parte da ideia da censura pessoal do autor do crime por não ter se motivado pela norma quando lhe era possível fazê-lo.⁶³ Busca-se a situação concreta vivida pelo agente⁶⁴ para, a partir dela, verificar se aquele agente, naquela situação, podia formar a sua decisão de vontade de acordo com o comando normativo, isso é, formar a sua vontade de forma adequada à norma.⁶⁵ A questão a ser respondida é se o agente que se excede na legítima defesa por medo tem dificuldade de motivar-se de acordo com a norma ou então se o medo não gera essa dificuldade e o agente tem plenas condições de decidir agir conforme a norma. As duas opções levar-nos-ão aos seguintes resultados distintos: na primeira hipótese, o agente pode ter a sua culpa excluída; na segunda hipótese, podendo o agente agir de acordo com a norma, mesmo aturdido pelo medo, não haverá a exclusão da sua culpa e o agente responderá normalmente pelo crime que o excesso resultar.

Pensamos que a primeira orientação é a que deve ser adotada. Com efeito, embora a conduta do agente que age por medo seja voluntária, conforme assentado anteriormente, isso não impede que o medo influencie a decisão do agente a agir conforme o Direito. Concordamos com Palma, para quem as condições de se motivar pela norma podem ficar enfraquecidas se se atribuir um valor ético-afetivo à emoção que tomou o agente no momento da prática do fato.⁶⁶ O agente que se defende e age em excesso influenciado pelo medo tem uma grande dificuldade em motivar-se pela norma. Apesar de saber que pode estar a agir em excesso, o medo dificulta-lhe a decisão de agir conforme o comando normativo, de forma a não ser possível exigir do defende uma comportamento diverso do que ele praticou. Dessa forma, a análise da influência do medo na culpa do agente pode levar a uma situação de desculpa ou então de diminuição de pena.⁶⁷ O próprio legislador optou

---

[63] Conforme lembra WELZEL, Hans. *Direito Penal*. Tradução: Afonso Celso Rezende. Campinas: Editora Romana, 2003, p. 220, "Culpabilidade é a censurabilidade da formação de vontade. O autor poderia ter formado uma vontade de ação *adequada à norma* em lugar da vontade *antijurídica* da ação".

[64] Não deve ser aceita a comparação do agente com uma pessoa de prudência mediana, o denominado "homem médio", e sim, considerar a situação concreta que o agente viveu no momento de sua conduta, com todas as circunstâncias fáticas e características pessoais do autor. De acordo com PALMA, Maria. Fernanda. *O princípio da desculpa em direito penal*. Coimbra: Almedina, 2005, p. 222, nas hipóteses de desculpa, o que se pergunta não é se todas as pessoas naquelas circunstâncias podem fazer algo, mas sim, se devem ser desculpadas em função do motivo que as determinou ou do seu estado emotivo. No mesmo sentido, WELZEL, Hans. *Direito Penal*. Tradução: Afonso Celso Rezende. Campinas: Editora Romana, 2003, pp. 210-221 já alertava para isso ao sustentar que a censura da culpabilidade que recai sobre o agente deve ser feita ao no sentido abstrato do que "poderia fazer um *homem qualquer* em lugar do autor, mas sim, e muito de forma definida, de que esse *homem, nessa situação, teria podido formar sua decisão de vontade em forma adequada à norma*" (grifos no original).

[65] No momento em que se analisa a culpa do agente, o juízo de censura recai sobre o próprio agente e já não se está mais no terreno do fato praticado. A tipicidade e a ilicitude pertencem ao fato. A culpa pertence ao agente que praticou aquele fato. Quando se analisa a tipicidade e a ilicitude, olha-se para o fato. De outro giro, quando se analisa a culpa, o intérprete deve voltar os olhos para o agente e perguntar-se se ele merece ser reprovado pelo que fez. Ao diferenciar a antijuridicidade da culpabilidade, comparando-as, WELZEL, Hans. *Direito Penal*. Tradução: Afonso Celso Rezende. Campinas: Editora Romana, 2003, p. 214-125 esclarece que enquanto a ilicitude configura um simples juízo de desvalor, no sentido de que a conduta não é como deveria ser de acordo com o Direito, independentemente de considerar-se se o agente poderia cumprir a exigência do Direito, a análise da culpa do agente vai além para fazer ao autor a censura pessoal de que ao atuou conforme o Direito, embora pudesse fazê-lo.

[66] PALMA, Maria. Fernanda. *O princípio da desculpa em direito penal*. Coimbra: Almedina, 2005, p. 223.

[67] WELZEL, Hans. *Direito Penal*. Tradução: Afonso Celso Rezende. Campinas: Editora Romana, 2003, p. 145 reconheceu essa possibilidade ao afirmar que "o excesso na legítima defesa, por aturdimento (ton-

por essa orientação a prever no art. 33º, nº 2, do CP que se o excesso resultar de *medo não censurável* o agente não será punido.

De acordo com os três passos que tratamos anteriormente, de forma a adequá-los à concepção normativa da culpa, verificamos que em todos os casos inicialmente apresentados, os arguidos internalizaram as agressões, de acordo com os seus filtros cognitivos, como agressões que poderiam levá-los à morte, bem como os seus familiares, prefigurando essa situação para as suas vidas. À essa luz, deve ser buscado o *como* os arguidos interpretaram as realidades por eles vividas. O que um indivíduo, sabedor do comando normativo, imagina que pode acontecer com ele e com a sua família ao ver-se diante de quatro indivíduos embriagados a invadir a sua residência já quase na porta de entrada às 4h30?[68] E diante da hipótese em que é perseguido por outra pessoa que já causou um dano ao seu veículo e ainda está a querer alcançá-lo, o que certamente ocorreria, haja vista estar a dirigir um veículo mais potente?[69] Ou então, de forma mais clara, o que imaginar ao ver-se diante de um agressor que porta uma forquilha para continuar a agressão que já iniciou, encurralado em um penedo sem poder recuar mais?[70] E como interpretar a situação de ver a sua residência invadida por oito indivíduos por volta da 1 hora da madrugada, ser agredido e ver a esposa agredida, e ver todos os indícios de continuação da agressão?[71] Em todos os casos analisados, os arguidos viram-se diante de situações que poderiam levá-los à morte ou sofrer graves lesões corporais. Da mesma forma, em todos os casos, os arguidos puderam prefigurar a perda que teriam caso não agissem da forma que agiram. Fica nítida, portanto, a enorme dificuldade que os arguidos tiveram em motivar-se pela norma e em fazer a análise do que seria o meio necessário para fazer a agressão cessar e tomar todos os cuidados para não incorrer em excesso, razão pela qual na o pode ser exigido outro comportamento dos arguidos,[72] havendo, portanto, a desculpa.

Note-se que em todos os casos a houve proporcionalidade entre o risco e o medo sentido pelos arguidos. O medo que os arguidos sentiram pode ser

---

teira, desorientação), medo ou temor, é antijurídico, mas atenua a culpa, já que a possibilidade de atuar de outro modo é dificultada pela excitação." No mesmo sentido, CORREIA, Eduardo. *Direito Criminal*. II. Reimpressão. Coimbra: Almedina, 1968, pp. 49, 64, para quem os efeitos desse estado de afeto *asténico* não são automáticos, devendo ser relacionados com a teoria da falta da culpa. Também parece ser a ideia de FERREIRA, Manuel Cavaleiro de. *Lições de Direito Penal*. Parte Geral . Lisboa: Verbo Editora, p. 272, ao sustentar que o art. 33º, nº 2 refere-se aos estados emocionais que, somados ao valor positivo do motivo são fundamento da desculpabilidade.

[68] Caso julgado pelo Tribunal de Braga.
[69] Caso julgado pelo TRL.
[70] Caso julgado pelo TRP.
[71] Caso julgado pelo STJ.
[72] Segundo FERREIRA, Manuel Cavaleiro de. *O "excesso de legítima defesa" nos Códigos Penais brasileiros de 1830, 1890, 1940 e 1967*. Braga: Livraria Cruz – Braga, 1978, p. 29-30, "Enquanto capacidade de querer, a vontade não tem valoração ético-jurídica. É o fim a que se dirige que é louvável ou reprovável. Em razão da gravidade do mal temido, o medo pode ser mais ou menos escusável ou inescusável, ou na terminologia de hoje em desuso, irresistível ou resistível, invencível ou vencível, insuportável ou suportável – expressões, todas estas, que não traduzem uma influência do medo que suprima a voluntariedade, mas que torna escusável ou desculpável a preferência da vontade – ou seja, em terminologia ainda mais moderna, que permite julgar, na hipótese concreta, não exigível outro comportamento".

comparado ao exemplo do tigre na floresta e na jaula, situações que geram variação na intensidade do medo. No caso do Tribunal de Braga, o risco de quatro indivíduos ingressarem na residência do arguido de madrugada era e morte ou de lesão corporal. No caso do TRL, o arguido viu-se diante do risco de morte ao ser perseguido pelo agressor inicial, que já havia quebrado os vidros do seu veículo e nem assim desistiu de persegui-lo. Igual situação é a do TRP, em que o arguido foi encurralado pelo agressor que portava uma forquilha depois de ter recuado 20 metros para evitar a continuação da agressão que já havia sofrido. No caso do STJ, o arguido viu-se diante de oito indivíduos dentro de sua casa, a causar lesões corporais nele e em sua esposa. Haveria uma grande diferença em termos de intensidade do medo se no caso do Tribunal de Braga os quatro invasores estivessem ainda do lado de fora do quintal da casa e não a invadissem; no caso do TRL, se o agressor inicial estivesse parado no parque da discoteca a esperar o arguido passar em vez de ter ido em sua perseguição; no caso do TRP se o arguido tivesse para onde fugir, ao invés de ser encurralado sem ter mais para onde ir; e, no caso do STJ, se os oito invasores ficassem do lado de fora da casa do arguido, ao invés de invadirem-na e lesionarem o arguido e a sua esposa.

Por todo o exposto, no horizonte da concepção normativa da culpa, em todos os casos apresentados, o medo pode ser tido por não censurável, de forma a não ser possível exigir dos arguidos uma conduta diversa da que praticaram, com a consequente aplicação da desculpa.[73]

Além da análise da concepção normativa da culpa, a questão pode ser também analisada sob a ótica de outras concepções da culpa.[74] Na concepção da culpa na formação da personalidade do agente de Eduardo Correia,[75] em todos os casos apresentados, verifica-se que em nenhum deles os arguidos demonstraram a sua personalidade voltada para a vida delitiva. Não deram sinais de que estariam a conduzir as suas vidas em desacordo com as normas, desrespeitando o comando normativo. Ao contrário. Todos agiram em legítima defesa e quem age acobertado por essa causa de justificação demonstra exatamente o contrário, que tem a personalidade voltada à obediência ao comando normativo. Justamente por terem atuado em legítima

---

[73] Essa solução, no que tange ao excesso de legítima defesa, já era reconhecida por WELZEL, Hans. *O Novo Sistema Jurídico-Penal*. Uma introdução à doutrina da teoria finalista. Tradução Luiz Regis Prado. São Paulo: Revista dos Tribunais, 2001, p. 139, ao afirmar que "nos delitos dolosos o Direito exige em maior medida ao autor imputável que se decida em favor de uma conduta jurídica em virtude de seu possível conhecimento do injusto. Leva em consideração os estados passionais – quando não excluam ou diminuam a imputabilidade geral –, atenuando somente a culpabilidade, na melhor das hipóteses, com uma única exceção para as paixões "astênicas" (consternação, medo, horror) no excesso de legítima defesa, que excluem completamente a culpabilidade (§ 3º do art. 53)".

[74] Nossa intenção não é esgotar a análise do tema sob todas as concepções de culpa, mas apenas em relação a algumas concepções, em razão do propósito do presente trabalho.

[75] CORREIA, Eduardo. *Direito Criminal*. I. Reimpressão. Coimbra: Almedina, 1971, p. 322-330, busca a concepção da culpa na formação da personalidade do agente, ao fazer corresponder a conduta do agente que o torna censurável pela sua personalidade à omissão permanente em sua vida no sentido de omitir o "cumprimento do dever de orientar a formação ou a preparação da sua personalidade de modo a torná-la apta a respeitar os valores jurídico-criminais". Em outras palavras, o juízo de censura recai sobre a não preparação do delinquente para respeitar os comandos normativos do Direito Penal, o mínimo imposto pela vida em sociedade.

defesa, os arguidos reagiram a uma agressão ilícita e desautorizada pelo Direito. Tendo em contra que a legítima defesa é uma norma permissiva, tal forma de agir configura um comportamento autorizado pelo Direito. Apenas ultrapassaram os limites da norma autorizadora por estarem dominados pelo estado de afeto asténico do medo. Por não poder ser censurada a formação da personalidade dos arguidos, não há que se falar em censurabilidade nessa ótica de concepção de culpa.

Igual solução deve ser preconizada na análise da questão à luz da concepção da culpa pela condução da vida preconizada por Mezger.[76] Segundo o professor da Universidade de München, o juízo de censura recai sobre o caráter do agente, por ter ele construído durante a sua vida, de forma livre, uma forma de ser incompatível com o comando normativo. Em todos os casos apresentados, não se nota que nenhum dos arguidos tenha conduzido a sua vida de forma a contrariar o Direito. Um dos arguidos (no caso julgado pelo TRL) era, inclusive, agente da P.S.P., o que denota ser um agente que tem como função cumprir e fazer cumprir a ordem normativa. Note-se que esse arguido sabia manejar uma arma de fogo por ser agente de Polícia, mas preferiu sacá-la e não efetuar disparos inicialmente, quando ainda estava com o seu veículo estacionado perto da discoteca. Naquele momento, o agressor inicial bateu no vidro do veículo do arguido e disse-lhe que saísse do automóvel, quando então o arguido trancou as portas e tentou arrancar. Somente nesse momento que sacou a sua pistola e empunhou-a de forma visível para o agressor, sem, contudo, dispará-la. Isso demonstra que o arguido conduziu a sua forma de vida ao equilíbrio e a serenidade, mesmo em situações de tensão como essa pela qual passou, somente vindo a efetuar o disparo quando viu que seria alcançado pelo agressor que dirigia um carro mais potente.

O mesmo pode ser verificado nos demais casos. No caso do TRP, o arguido somente reagiu à agressão efetuando os disparos após ser agredido e ver-se encurralado em um penedo sem ter mais para onde fugir, o que denota a sua condução de vida para uma vertente não agressiva de início, somente em caso de impossibilidade de resistência. Note-se que ele já tinha sido agredido e recuado cerca de 20 metros para impedir a continuidade das agressões. Nos casos julgados pelo Tribunal de Braga e pelo STJ, os arguidos também demonstraram uma condução de suas vidas para um atuar conforme o direito, tendo em vista que não efetuaram os disparos contra os invasores logo de início, mas apenas quando viram-se sem outra alternativa, ou seja, quando os invasores já estavam dentro do quintal da casa no primeiro caso, e dentro da residência, no segundo caso. Tivessem os arguidos conduzido suas vidas à vida criminosa, teriam efetuado os disparos logo no início quando os invasores estavam na rua, longe da porta das residências. Dessa forma, na concepção da culpa pela condução da vida preconizada por

---

[76] MEZGER, Edmund. *Derecho Penal. Libro del Estudio*. Tomo I. Parte general. 6. ed. Trad. Conrado A Finzi. Buenos Aires. Librería El Foro, 1955, p. 192 e ss. Segundo o autor, "Se tem tentado encontrar *a essência e o fundamento da culpabilidade* em uma *"possível"* possibilidade de atuar de outra maneira (vale dizer, legitimamente). Mas o Direito vigente reconhece, ainda que o autor *no momento* não "pudesse" atuar de outra maneira, uma "culpabilidade pela condução de vida". (grifos no original).

Mezger, a solução seria idêntica à solução dada à concepção normativa, não havendo, portanto, censura pelo fato, impondo-se a desculpa dos arguidos.

Em FIGUEIREDO DIAS encontramos a concepção da culpa pela personalidade, para quem a culpa deve estar adstrita, sempre na base do fato, "não à vontade que a este presidiu, mas ao caráter ou à personalidade que no facto se exprime", de forma que o conteúdo material da culpa deve residir na violação de um "dever de conformação da pessoa, no seu actuar, às exigências do Direito", e não na "má utilização (na utilização contra o dever) de um qualquer poder de agir de outra maneira".[77] O substrato da culpa como fundamento para a reprovação penal do agente é composto pela personalidade do agente somada ao fato ilícito praticado. Na esteira dessa concepção, deve ser verificada se houve ou não uma personalidade desvalorada manifestada no ato ilícito praticado. Em todos os casos apresentados, os arguidos agiram tão somente no intuito de defender a si próprios ou aos seus familiares. Diante da situação em que se encontravam, não havia alternativa a não ser a reação à agressão ilícita proveniente dos agressores iniciais. Será que um pai que desfere tiros em agressores que já se encontram dentro de sua casa para a sua própria proteção e de sua esposa e seus filhos (casos do Tribunal de Braga e do STJ) manifesta na sua ação uma personalidade eivada de conteúdo ético desvalorado para o Direito? E o agente que mata o seu agressor por estar em um beco sem saída diante de seu agressor que porta uma forquilha (caso do TRP)? E a pessoa que demonstra nitidamente que não quer entrar em agressões, tenta fugir, mas é perseguida e alcançada pelo agressor inicial (caso do TRL)? Em todos esses casos, pensamos que os arguidos não manifestaram personalidades desvaloradas juridicamente somente por terem disparado tiros contra os seus agressores. Se analisarmos os fatos de forma simplesmente objetiva, teremos acontecimentos nos quais se desferiram tiros contra os agressores. Mas se fizermos a análise dos fatos associados à personalidade dos arguidos, concluímos que a personalidade manifestada nos fatos não deve ser censurada pelo Direito Penal, razão pela qual é possível chegar à desculpa em relação aos arguidos.

Por fim, analisemos os casos à luz da concepção da culpa pelo fato, sustentada por Stratenwerth,[78] para quem na determinação da culpa, leva-se em consideração a personalidade do autor de maneira mais completa possível. Isso deve ser feito ainda que o seja somente na medida em que ela apareça expressada no fato punível, isso é, na medida em que alguns elementos (procedência, desenvolvimento, meio circundante, tendência do autor, seu caráter e sua condução de vida) permitam deduzir consequências no que diz respeito à medida de reprovabilidade do fato. A análise da personalidade da forma mais completa possível dos arguidos que agiram motivados pelo medo conduzir-nos-á à mesma solução das concepções anteriores, chegando à desculpa. Nos quatro casos apresentados, qual teria sido a personalidade

---

[77] DIAS, Jorge de Figueiredo. *Direito Penal*. Parte geral. Tomo I. Questões fundamentais a doutrina geral do crime. Coimbra: Coimbra Editora, 2004, p. 482-483.

[78] STRATENWERTH, Günter. *El Futuro del Principio Jurídico Penal de Culpabilidad*. Madrid: Publicaciones del Instituto de Criminología de la Universidad Complutense de Madrid, 1980, p. 47-49.

dos arguidos refletida no fato? Em momento algum os quatro arguidos demonstraram uma personalidade voltada para o fim de apenas matar os seus agressores iniciais ou coisa parecida.

Nos casos julgados pelo Tribunal de Braga e pelo STJ, os arguidos, ao verem as suas residências invadidas por um grande número de pessoas e por isso desferir tiros em direção aos agressores, externaram naquele fato uma intenção puramente defensiva, o único intuito de defesa contra um ataque inesperado e desautorizado. Da mesma forma, no caso do TRL, o arguido ao efetuar os disparos externou uma conduta que teve que ser tomada em último caso, uma vez que externou também antes a vontade de não entrar em combate com o agressor quando entrou no seu veículo, trancou-o, fechou os vidros e arrancou. Somente após ter externado essa vontade e de não ver mais alternativa para não ser mais agredido foi que efetuou os disparos. Por fim, no caso julgado pelo STJ, o arguido, apesar de estar a ser agredido com uma forquilha preferiu não sacar a arma que portava e recuar. Somente resolveu sacar a sua arma e atirar em seu agressor quando se viu encurralado em um penedo. Por esses motivos, as arguidos não externaram nos fatos praticados personalidade agressiva ou coisa parecida, razão pela qual se impõe, também, a desculpa.

Dessa forma, da análise dos casos à luz das demais concepções da culpa, chega-se à mesma conclusão a que se chegou quando da análise à luz da concepção normativa da culpa.

Conclusões

O medo, como espécie de emoção, é um estado de afeto asténico que gera influência na conduta do agente que atua em legítima defesa alterando o seu estado de ânimo.

A definição do medo não censurável, como hipótese de exclusão da punibilidade do agente, não está definida no CP, na doutrina e na jurisprudência, razão pela qual deve ser buscada nas ciências extrajurídicas para que seja adequada à dogmática jurídica do Direito Penal.

O medo é uma emoção que sempre estará presente na vida do ser humano, de forma que é impossível viver sem ele e consiste em um sinal de alerta destinado a ativar o sistema de vigilância do indivíduo contra ataques. Trata-se de uma emoção necessária e imprescindível para a proteção do ser humano diante dos perigos aos quais está exposto. Uma vez internalizado, o medo gera no ser humano duas reações: fugir ou lutar.

O relacionamento do ser humano com o mundo não é direto e passa pelo seu filtro cognitivo. Portanto, nem sempre a realidade dos fatos coincide com a realidade vista pelo se humano, tendo em vista que cada indivíduo tem a sua própria interpretação da realidade de acordo com o seu filtro cognitivo. Por isso, as reações de luta ou de fuga podem variar de acordo com a pessoa que se vê diante do perigo, não sendo possível exigir, dessa forma, reações idênticas diante da mesma fonte de perigo.

O CP Existem duas espécies de medo: o *medo causa* ou *medo finalidade*, que se distinguem por três critérios: temporal, previsibilidade e avaliativo. O CP, no art. 33º, nº 2, tratou do *medo causa*, que consiste na emoção que gera na pessoa agredida uma reação momentânea a um ataque inesperado, sendo que essa reação deve ser pensada e tomada em segundos (ou até mesmo frações de segundos), gerando para o agredido uma dificuldade de avaliação da exata medida da sua reação.

O ser humano está a todo o momento a experimentar emoções e não pode permanecer inabalado diante de uma agressão que ponha em risco a sua vida ou a sua integridade física. Entretanto, o indivíduo que está tomado pelo medo age com o estado de ânimo abalado, de forma a gerar em sua mente certa dificuldade em fazer a justa avaliação ou ponderação da necessidade dos meios de defesa, incorrendo em excesso de legítima defesa, e gera também dificuldade na avaliação da agressão que está a sofrer.

Entre as concepções das emoções no Direito Penal, a que mais se alinha à visão da filosofia é a concepção valorativa. Dessa forma, apesar de a emoção causada pelo medo influenciar diretamente no estado de ânimo do agente, a sua conduta passa por uma avaliação ou por uma valoração por parte do agente.

A conduta do agente que incorre em excesso de legítima defesa motivado pelo medo é voluntária, tendo em vista que o agente não age sob coação e não ignora circunstâncias, como quem age, o que faz, sobre o que é a ação, a situação particular em que ele se encontra, aquilo com o qual se age, o fim pelo que se age e a maneira de agir. Assim, Se a conduta do agente que age por medo é voluntária, a definição do que seja o medo não censurável não pode ser encontrada dentro da teoria da conduta, e sim, na teoria da culpa.

A noção de medo não censurável pode ser definida a partir de três passos. Em primeiro lugar, deve ser considerada a realidade dos fatos vista pelo agente que age em excesso de legítima defesa, de acordo com o seu filtro cognitivo, com ênfase na interpretação que o agente deu aos fatos.

Em segundo lugar, deve ser analisado como a inversão temporal ocorrida na mente do agente afetou as suas intenções normais, o seu discernimento e o impediu de atuar conforme a norma, que pode variar de acordo com o sentimento de perda por meio de uma avaliação da situação futura no presente.

Em terceiro lugar, deve ser perquirida a proporcionalidade entre o risco e o medo, tendo em vista que a intensidade do medo é proporcional ao risco, de forma que o medo somente não será censurável se se concluir que houve a devida proporcionalidade, sempre de acordo com o filtro cognitivo do agente para que se tenha por base a interpretação da realidade feita por ele.

Bibliografia

ANDRÉ, Christophe. *Psicologia do medo*. Como lidar com temores, fobias, angústias e pânicos. 3. ed. Petrópolis: Editora Vozes, 2010.

AQUINO, Santo Tomas de. *Suma de Teología II, parte I-II*. 2. ed. Colaboradores: Ángel Martínez, Donato González, Luis López de las Heras, Jesús M. Rodríguez Arias, Rafael Larrañeta, Victorino Rodríguez, Antonio Sanchís, Esteban Pérez, Antonio Osuna, Niceto Blázquez, Ramón Hernández. Madrid: Biblioteca de autores cristianos, 1989.

ARISTÓTELES. *Ética a Nicómaco*. Tradução de: Antônio de Castro Caeiro. Lisboa: Quetzal Editores, 2009.

——. *Ética a Eudemo*. Tradução de: J. A. Amaral e Arthur Mourão. Lisboa: Tribuna da História edição de livros e revistas, 2005.

BAUMAN, Zygmunt. *Medo líquido*. Rio de Janeiro: Zahar, 2008.

CORREIA, Eduardo. *Direito Criminal. I*. Reimpressão. Coimbra: Almedina, 1971.

—— *Direito Criminal. II*. Reimpressão. Coimbra: Almedina, 1968.

NEVES, João Curado. *A problemática da culpa nos crimes passionais*. Tese (Doutoramento em Direito, Ciências Jurídicas, Direito Penal)-Faculdade de Direito, Universidade de Lisboa, Lisboa, 2006.

DIAS, Jorge de Figueiredo. Direito Penal. Parte geral. Tomo I. Questões fundamentais a doutrina geral do crime. Coimbra: Coimbra Editora, 2004.

FERREIRA, Manuel Cavaleiro de. *Lições de Direito Penal. Parte Geral*. Lisboa: Verbo Editora, 1988.

——. *O "excesso de legítima defesa" nos Códigos Penais brasileiros de 1830, 1890, 1940 e 1967*. Braga: Livraria Cruz – Braga, 1978.

FROGNEUX, Nathalie. *O medo como virtude de substituição*. Org: NOVAES, Adauto. Ensaios sobre o medo. São Paulo: Senac, 2007.

GIACOBBE, Giulio Cesare. *O medo é uma masturbação mental*. Como se livrar dele para sempre. Rio de Janeiro: Bertrand Brasil, 2011.

HUNGRIA, Nélson; FRAGOSO, Heleno Cláudio. *Comentários ao Código Penal*. 5. ed. Rio de Janeiro: Forense, 1978.

JAKOBS, Günter. *Tratado de Direito Penal. Teoria do injusto e culpabilidade*. Trad. Gercélia Batista de Oliveira Mendes. Belo Horizonte: Del Rey, 2009.

KAHAN, Dan M; NUSSBAUM, Martha C. *Two conceptions of emotion in criminal law*. Faculty Scholarship Series. Paper 115. <http://digitalcommons.law.yale.edu/fss_papers/115>. 1996.

LAGIER, Daniel González. *Emociones, responsabilidad y derecho*. Madrid: Marcial Pons, 2009.

LISZT, Franz Von. *Direito Penal Alemão*. Tradução de José Higino Duarte Pereira. Campinas: Russel, 2003.

MEZGER, Edmund. *Derecho Penal. Libro del Estudio. Tomo I. Parte general*. 6. ed. Tradução de Conrado A Finzi. Buenos Aires. Librería El Foro, 1955.

PALMA, Maria Fernanda. *O princípio da desculpa em direito penal*. Coimbra: Almedina, 2005.

——. *Legítima defesa*. Coord.: PALMA, M. F., ALMEIDA, C. P., VILALONGA, J. M. Casos e materiais de direito penal. 3. ed. Coimbra: Almedina, 2004.

ROXIN, Claus. *Derecho Penal. Parte General, Tomo I. Fundamentos*. La Estructura de la Teoría del Delito. Tradução de Diego- -Manuel Luzón Peña, Miguel Díaz y Garcia Conlledo e Javier de Vicente Remesal. Madrid: Civitas Ediciones, S. L., 2006.

SILVA, Ana Beatriz Barbosa. *Mentes Ansiosas. Medo e ansiedade além dos limites*. Rio de Janeiro: Fontanar, 2011.

SOLOMON, Robert C. *Ética Emocional*. Uma teoría de lós sentimientos. Barcelona: Paidós, 2007.

STRATENWERTH, Günter. *Derecho Penal. Parte General. El hecho punible*. Tradução: Manuel Cancio Meliá e Marcelo A. Sancinetti. Navarra: Thomson Civitas, 2005.

——. *El Futuro del Principio Juridico Penal de Culpabilidad*. Madrid: Publicaciones del Instituto de Criminología de la Universidad Complutense de Madrid, 1980.

VENZON, Altayr. *Excessos na Legítima Defesa*. Porto Alegre: Sergio Antonio Fabris Editor, 1989.

WELZEL, Hans. *Direito Penal*. Tradução: Afonso Celso Rezende. Campinas: Editora Romana, 2003.

WITGENSTEIN, Ludwig. *Tratado Lógico-Filosófico. Investigações Filosóficas*. 5. ed. Lisboa: Fundação Calouste Gulbenkian, 2011.

—5—

Humanidade das penas: uma relação com o tempo

LEONARDO ROSA MELO DA CUNHA

Sumário: 1. Introdução; 2. Apropriando-se do tempo: a privação temporal da liberdade como hipótese punitiva; 3. O tempo punitivo; 3.1. "Punir para o passado": o tempo retrospectivo da pena privativa de liberdade; 3.2. "Punir para o futuro": o tempo prospectivo da pena privativa de liberdade; 4. Humanizando o tempo punitivo; 4.1. O tempo "do" e "no" aparelho carcerário; 4.2. O tempo punitivo em tempos de aceleração; 5. Conclusão; Bibliografia.

1. Introdução

A investigação da questão temporal atinente às penas privativas de liberdade revela que o "tempo" é um fator crucial no dimensionamento do caráter de humanidade das reações estatais ao desvio criminal. O princípio humanitário não dita apenas um programa de suavização da sanção criminal que fique confinado no quadro da redução ou abolição de tormentos, suplícios e castigos corporais, como normalmente se concebe o instituto, mas detém íntima conexão com o período de duração da pena de privação de liberdade. Ainda que a pena seja executada em condições internas extremamente favoráveis, uma desmedida e desproporcional estadia temporal na prisão eventualmente contribui para a anulação e/ou degradação da condição intrínseca de ser humano do condenado como membro participativo do jogo social.

A centralidade do estudo recai, como insinuado, na pena privativa de liberdade. Justifica-se a opção por esta modalidade penalógica em virtude de consubstanciar o espaço típico de verificação de maior incidência do efeito temporal que uma sanção criminal pode assumir no sistema punitivo. Em nenhuma outra espécie de pena o "tempo" repercute com tanta intensidade e nitidez como ocorre na pena de privação de liberdade, na medida em que a mensuração de sua duração é dimensionada justamente pelo "tempo". Logo, a precípua convocação desta modelagem punitiva apoia-se no rico manancial que fornece para o estudo da relação que se queira estabelecer com o "tempo".

Mister esclarecer, desde logo, que não se almeja neste espaço descortinar a intrincada questão relativa à substância ou natureza do "tempo" e eventuais definições conceituais que historicamente os estudiosos tentam estabilizar, e muito menos filiar-se rígida e definitivamente a uma qualquer concepção vertida na doutrina. A dúvida que assaltou o espírito de Santo Agostinho quando se autoconfrontou com referida temática[1] parece eternizar-se e aqui não será objeto de escrutínio científico. Mas tal não impede que se trabalhe com o "tempo" como um instituto caro à ciência jurídica,[2] nomeadamente no que pertine à configuração da pena de reclusão prisional.

2. Apropriando-se do tempo: a privação temporal da liberdade como hipótese punitiva

Desumanidade: uma palavra basta para sintetizar a história da pena criminal. A adjetivação pejorativa não é sem sentido ou desprovida de base empírica: a violência proporcionada pelas penas em muito superou a violência produzida pelos próprios delitos, segundo a precisa constatação de Ferrajoli.[3] A criatividade humana se mostrou capaz de produzir métodos punitivos brutais, cruéis e infamantes que poderiam tranquilamente compor um catálogo representativo do mais puro horror punitivo. A resposta ao crime assumiu uma constelação inimaginável de possibilidades, uma gama imensurável de espécies de penas diferentes entre si que muitas vezes descambaram para a atrocidade e ferocidade. Foi preciso o transcurso de um certo tempo histórico para que o "tempo" fosse considerado como um *bem jurídico* digno de apropriação quantitativa pela pena criminal. A evolução do Direito Penal denota o abandono gradativo do parâmetro corporal, do sistema punitivo em que o condenado quitava o crime com o padecimento de seu próprio corpo.

O processo de humanização retirou gradualmente do corpo do condenado o triste atributo de ser "o sujeito de um sofrimento"[4] e a pena criminal passou a se mediatizar em um outro valores humanos. Novas modalidades de punição foram paulatinamente sendo concebidas em substituição às formas medievais. A pena criminal assume outras diversas feições, atinge bens que não impliquem propriamente a degradação humana do condenado como uma meta a ser alcançada. Neste contexto evolutivo, a liberdade do

---

[1] "Que é pois o tempo? Se ninguém mo perguntar, sei o que é; mas se quiser explicá-lo a quem mo perguntar, não sei" (*Confissões*. trad. de Arnaldo do Espírito Santo, João Beato e Maria Cristina de Castro-Maia de Sousa Pimentel. 2. ed. Centro de Literatura e Cultura Portuguesa e Brasileira. Imprensa Nacional-Casa da Moeda, Lisboa, 2004, p. 567).

[2] Na percepção de FARIA COSTA, há uma indissolúvel ligação que conecta o Direito e o tempo (COSTA, José de Faria. O Direito Penal e o Tempo. In: *Linhas de Direito Penal e de Filosofia: alguns cruzamentos reflexivos*. Coimbra Editora, 2005, p. 176).

[3] *Direito e razão: teoria do garantismo pena*. Trad. de Ana Paula Zomer, Fauzi Hassan Choukr, Juarez Tavares e Luiz Flávio Gomes. São Paulo: Revista dos Tribunais, 2002, p. 310.

[4] FOUCAULT, Michel. *Vigiar e punir: nascimento da prisão*. Trad. de Raquel Ramalhete. 39. ed. Petrópolis, RJ: Vozes, 2011, p. 91.

ser humano dimensionada sob o fator "tempo" passa a ser um destes bens jurídicos eleitos para integrar o cardápio punitivo. Eis a *pena privativa de liberdade medida em tempo*.

Esse processo histórico de humanização do poder punitivo não é linear nem homogêneo, sendo caracterizado por avanços e retrocessos. Atualmente ainda se constata a persistência de modelos punitivos baseados na crueldade das penas: a pena de morte não foi totalmente abolida de muitos sistemas penais, e a pena perpétua de privação de liberdade também ainda é um método recorrente de punição em várias comunidades políticas. Castigos corporais infligidos ao condenado, da mesma maneira, também ainda são adotados em países apegados a tradições culturais e religiosas arcaicas de formas de punir. Mas pode-se legitimamente asseverar que a humanização alcançou patamares satisfatórios no mundo moderno e que as penas desumanas, em todas as suas variadas modalidades, constituem, no atual panorama, uma vergonha exceção.

Não constitui um equivocado diagnóstico afirmar que a pena privativa de liberdade, hodiernamente, se encontra na centralidade da esmagadora maioria dos modelos penalógicos estatais assentados em bases racionais de métodos de punição. No entanto, o *tempo como pena* – para nos valermos da expressão cunhada por Messuti[5] – é um paradigma punitivo relativamente recente na historiografia do Direito Penal. Pode-se dizer que a metrificação da pena, tendo como parâmetro diretivo a dimensão temporal operada pela privação de liberdade do condenado, é uma variante punitiva nova se comparada com outras modalidades de sanção criminal que dominaram o percurso histórico do Direito Penal.[6]

A pena privativa de liberdade pressupõe um aparelho específico para ser realizada: a prisão. Mas nem sempre a prisão foi concebida conceitualmente como perímetro espacial típico para o cumprimento da pena privativa de liberdade. Não se deve estabelecer uma correlação necessária logicamente vinculativa entre a *prisão* e a *pena privativa de liberdade*. As origens e finalidades de cada um dos referidos institutos não se confundem, inobstante, em determinado período histórico, se constante a interseção funcional entre um e outro. A prisão é um aparelho de recolhimento compulsório de pessoas destinado ao esgotamento de uma finalidade específica que não está conectada à pena de privação de liberdade como consectário obrigatório de sua concepção finalística. A essência do aprisionamento reside na instrumentalização que a privação da liberdade representa tendo em consideração um determinado contexto ou fim, mas isso não implica que a privação de liberdade na condição de pena criminal que se mediatiza através da prisão

---

[5] *O Tempo como Pena*. trad. de Tadeu Antonio Dix Silva e Maria Clara Veronesi de Toledo. São Paulo: Revista dos Tribunais, 2003.
[6] "La pena privativa de libertad no tiene una larga historia" (VON HENTIG, Hans. *La Pena, Volumen II, Las formas modernas de aparación*. Trad. de José María Rodríguez Devesa. ESPASA-CALPE, Madrid, 1968, p. 185); também ZAFFARONI: "Las penas privativas de libertad son relativamente modernas, puesto que aparecen tardíamente en la ley penal" (*Tratado de Derecho Penal, Parte General, V*. Ediar, Buenos Aires, 1988, p. 122).

seja sua única razão de ser. Em outras palavras: a prisão – o *meio* – acarreta a privação de liberdade – o *efeito* –, que pode ou não se exaurir em si mesmo.

Neste quadro, a prisão não é uma instituição que surge paralelamente à eclosão da pena privativa de liberdade como espécie de sanção criminal.[7] Uma e outra possuem, como apontado, origens diferentes e são temporalmente assimétricas. A prisão, sem dúvida, constitui desde sempre um aparelho instrumentalmente vocacionado a abrigar pessoas privadas de liberdade ambulatorial, mas historicamente não esteve voltada a servir de *locus* de cumprimento de uma pena dimensionada no fator "tempo". Embora não tenha se apresentado como uma modalidade punitiva dotada de autonomia em relação a outros métodos de sancionamento, a privação de liberdade não era uma modalidade desconhecida do sistema penal: a prisão se prestava a assegurar a presença do arguido na fase processual de julgamento e na execução do julgado criminal.[8] Mas, cumpre realçar, a privação de liberdade assim considerada não perspectivava em si mesma a essencialidade de uma sanção penal autonomizada. Se a apropriação do tempo era irremediavelmente um efeito necessário decorrente da prisão, não constituía, por outro lado, uma espécie autônoma de punição criminal. Assim, a privação de liberdade assumia uma função instrumentalmente conectada a outras finalidades, sendo desprovida do caráter autônomo que possui nos sistemas punitivos da atualidade.

Situar historicamente um ponto preciso como marco do surgimento da pena privativa de liberdade constitui uma tarefa ainda hoje não completamente exaurida. Inexiste um divisor de águas propriamente delineado, mas é possível destacar um marco a partir do qual a prisão, aparelho punitivo que se liga instrumentalmente à pena privativa de liberdade, começa a ser gerida como prática de recolhimento massivo de pessoas. As *casas de correção e de trabalho*[9] que surgem e se proliferam no continente europeu no século XVI,[10] nomeadamente na Holanda e Inglaterra, são comumente indicadas como a gênese primitiva da prisão moderna. Referidas instituições não se destivam precipuamente – ou somente – ao abrigo de condenados à pena privativa

---

[7] "... a prisão é uma instituição antiquíssima" (FERRAJOLI, Op. cit., p. 314).

[8] CARNELUTTI, Francesco. *O Problema da Pena*. trad. Hiltomar Martins Oliveira. Belo Horizonte: Líder, 2003, p. 37; BITENCOURT, Cezar, *Falência da Pena de Prisão*. 3. ed. São Paulo: Saraiva, 2004, p. 3; FERRAJOLI, Op. cit., p. 314.

[9] As casas de correção e trabalho mais conhecidas são as *bridewells* e as *rasp-huis*, construídas, respectivamente, na Inglaterra e na Holanda (MELOSI, Dario; PAVARINI, Massimo. *Cárcere e fábrica – As origens do sistema penitenciário (séculos XVI-XIX)*. 2. ed. trad. de Sérgio Lamarão. Rio de Janeiro: Revan: ICC, Pensamento Criminológico v. 11, 2010, p. 36, 37 e 39).

[10] "A origem da pena de prisão encontra-se na tentativa de resolver, em meados do século XVI e início do século XVII, problemas sociais que estavam potencialmente associados à criminalidade: a vagabundagem, a mendicidade, a prostituição e o abandono de crianças. As casas de trabalhos de correção criadas em Londres e Amesterdão visavam educar e transformar pela habituação ao trabalho estes grupos marginais da sociedade" (SÍLVIA, Alves. *Punir e humanizar. O Direito Penal Setecentista*. Dissertação de doutoramento em Ciências Histórico-Jurídicas da Faculdade de Direito da Universidade de Lisboa (Especialidade: História do Direito), 2008, p. 494); também neste sentido, BAUMAN: "O confinamento espacial, o encarceramento sob variados graus de severidade e rigor, tem sido em todas as épocas o método primordial de lidar com setores inassimiláveis e problemáticos da população, difíceis de controlar" (BAUMAN, Zygmunt. *Globalização: as Conseqüências Humanas*. trad. Marcus Penchel. Rio de Janeiro: Jorge Zahar Editor, 1999, p. 114).

de liberdade, mas à formação e disciplinamento de força de trabalho para o incipiente sistema econômico manufatureiro de produção que se insinuava em substituição ao cambalido sistema feudal. Nos citados estabelecimentos se recolhia um grupo específico da sociedade composto por indivíduos pertencentes às camadas mais débeis do corpo comunitário (mendigos, prostitutas, vagabundos, etc.), isto é, uma contingente populacional desocupado e desempregado que se encontrava à disposição das forças econômicas. No entanto, as casas de correção e de trabalho, embora não pudessem ser caracterizadas autonomamente como uma típica técnica punitiva,[11] também se voltavam ao abrigo de criminosos.[12]

A privação de liberdade medida em "tempo" concebida como uma espécie de sanção criminal não aparece inicialmente como uma reação racionalizada a formas desumanas de punição. Não se pode asseverar que um sentimento de humanidade ditou exclusivamente a concepção substancial originária da pena privativa de liberdade. Consoante a hipótese avançada por Rusche e Kirchheiimer, a mudança no paradigma punitivo deflagrado a partir do século XVI, que origina as casas de correção e de trabalho, deve-se muito mais à alteração do sistema econômico então vigente do que propriamente a princípios de dignidade do homem.[13] Assim, segundo os referidos autores, há nítida ligação entre o sistema econômico atuante em determinada sociedade e as respectivas formas com que o sistema punitivo modela as sanções criminais aplicadas aos desviantes.[14]

Neste contexto, a privação de liberdade medida em "tempo" é um instituição penal típica de um sistema econômico em que o trabalho retribuído por uma contraprestação pecuniária (salário) passa a ser dimensionado pelo aspecto temporal. Numa sociedade feudal precedente ao sistema capitalista esta equivalência consubstanciada na relação *trabalho/salário* não se realiza, e, portanto, os valores sociais que se midiatizam como bens jurídicos corporificadores da pena criminal não encontram correspondente equivalente no

---

[11] FERRAJOLI, Op. cit., p. 356.

[12] "Todas estas instituições apresentavam características semelhantes. Hospedavam em geral mendigos, ociosos e vagabundos, prostitutas, ladrões, *petty offenders*, jovens criminosos ou que deviam corrigir-se, loucos" (MELOSI e PAVARINI, Op. cit., p. 57); VON HENTIG, Op. cit., p. 213/214.

[13] "Os métodos de punição começaram a sofrer uma mudança gradual e profunda em fins do século XVI...Essas mudanças não resultaram de considerações humanitárias, mas de um certo desenvolvimento econômico que revelava o valor potencial de uma massa de material humano completamente à disposição das autoridades" (*Punição e Estrutura Social*. trad. Gizlene Neder. Rio de Janeiro: Revan: Instituto Carioca de Criminologia, Coleção Pensamento Criminológico, 2004, p. 43).

[14] "Todo sistema de produção tende a descobrir formas punitivas que correspondem às suas relações de produção. É, pois, necessário pesquisar a origem e a força dos sistemas penais, o uso e a rejeição de certas punições e a intensidade das práticas penais, uma vez que elas são determinadas por forças sociais, sobretudo pelas forças econômicas e, conseqüentemente, fiscais" (RUSCHE; KIRCHHEIMER, Op. cit., p.20); no mesmo sentido, BERGALLI: "Es que resulta por demás evidente el vínculo que liga la ejecución penal con la estructura socio-económica; las etapas que marcan a fuego la evolución social también han dejado su seña sobre el processo ejecutivo-penal. La Edade Media, el origem del capitalismo, el mercantilismo, la Revolución industrial – para citar sólo algunos momentos históricos – son todas épocas que han aportado uma cuota importante en la conformácion de las distintas estructuras socio-económicas nacionales por medio de las relaciones económicas particulares que reinaron en cada una de ellas" (*¿Re-adaptacion Social Por Medio de la Ejecucion Penal?* Coleccion de Criminologia y Drecho Penal, Publicaciones del Instituto de Criminologia Universidad de Madri, Año LXXVI, Madri, 1976, p.22).

"tempo".[15] Mas a partir do momento em que o fator "tempo" se potencializa juridicamente como um bem suscetível de configurar as relações sociais, nomeadamente aquelas relacionadas ao trabalho, é possível encarar a pena privativa de liberdade como uma *retribuição equivalente* do delito.[16] Esta é a concepção de que arranca Pašukanis, para quem a pena privativa de liberdade depende exatamente da redução dos valores sociais ao trabalho medido no tempo.[17] [18]

De tudo resulta que as primeiras experiências propriamente punitivas forjadas sob a privação temporal da liberdade correspondem à passagem histórica do sistema feudal de produção ao incipiente e nascente modo capitalista de produção. As casas de correção e trabalho eclodem justamente neste contexto social de transição entre um e outro sistema. Se, conforme já acentuado algures, estas instituições não estavam vocacionadas nuclearmente ao cumprimento de uma pena privativa de liberdade baseada especificamente no vetor temporal, ali já se depositavam criminosos, juntamente com uma gama diversificada de pessoas rotuladas genericamente como desempregados e desocupados, com o objetivo de disciplinamento e formação de mão de obra para o capital nascente.[19] O desenvolvimento experimentado por estes estabelecimentos, que gradativamente passam a recolher pessoas condenadas por crimes dotados de maior gravidade e a penas mais longas,[20] resultará na configuração do aparelho punitivo específico para o resgate da pena de privação da liberdade.[21]

---

[15] "Num sistema de produção pré-capitalista, o cárcere como pena não existe... Pode-se dizer que a sociedade feudal conhecia o cárcere preventivo e o cárcere por dívidas, mas não se pode afirmar que a simples privação de tempo e não acompanhada por nenhum outro sofrimento, fosse conhecida e portanto prevista como pena autônoma e ordinária..na presença de um sistema socioeconômico como o feudal, no qual ainda não se historicizara completamente a ideia do 'trabalho humano medido no tempo' (leia--se, trabalho assalariado), a pena-retribuição, como troca medida pelo valor, não estava em condições de encontrar na privação do tempo o equivalente do delito. O equivalente do dano produzido pelo delito se realizava, ao contrário, na privação daqueles bens socialmente considerados como valores: a vida, a integridade física, o dinheiro, a perda de *status*" (MELOSI e PAVARINI, Op. cit., p. 21/22).

[16] SANTOS, Juarez Cirino. *Teoria da pena: fundamentos políticos e aplicação judicial*. Curitiba: ICPC; Lumen Juris, 2005, p. 21: "...no âmbito da responsabilidade penal, a retribuição equivalente é instituída sob a forma de *pena privativa de liberdade*, como *valor de troca* do crime medida pelo *tempo* de liberdade suprimida".

[17] *A teoria geral do direito e o marxismo*. trad. de Soveral Martins. Centelha, Coimbra, 1977, p. 237.

[18] FERRAJOLI recusa veementemente esta hipótese histórica: "A relação entre pena e delito não é uma relação de troca como a que se dá entre mercadoria e moeda... e as penas privativas de liberdade...ainda que concebíveis como "equivalentes gerais", não se impõem em razão de uma "troca de equivalentes" como imaginam Pasukanis e seus epígonos... a idéia de que a relação entre delito e pena como relação entre equivalentes seja fruto do moderno capitalismo é simplesmente um absurdo..." (Op. cit., p. 316).

[19] "A essência da casa de correção era uma combinação de princípios das casas de assistência aos pobres (*poorhouse*), oficinas de trabalho (*workhouse*) e instituições penais" (RUSCHE e KIRCHHEIMER, Op. cit., p. 69).

[20] MELOSI e PAVARINI, Op. cit., p. 58.

[21] Discorrendo sobre a generalização da prisão como modelo punitivo, FOUCAULT, invocando como exemplo o "rasphuis" da Holanda, afirma que "historicamente, faz a ligação entre a teoria, característica do século XVI, de uma transformação pedagógica e espiritual dos indivíduos por um exercício contínuo, e as técnicas penitenciárias imaginadas na segunda metade do século XVIII" (Op. cit., p. 117); assim também para MELOSI e PAVARINI: "Os séculos XVII e XVIII foram criando, pouco a pouco, a instituição que primeiro o Iluminismo e depois os reformadores do século XIX completariamm, dando-lhe a forma final do cárcere". Assim, "a forma originária do cárcere moderno era solidamente ligada às casas de correção manufatureias" (Op. cit., p. 58).

A *consolidação* da pena privativa de liberdade como modelo de punição é comumente creditada ao movimento reformador levado a cabo pelo Iluminismo no século XVIII.[22] E, de fato, à brutalidade e crueldade das penas se opôs uma intensa reação racionalista neste período histórico, marcada principalmente pela premente necessidade da suavização das sanções penais.[23] Os suplícios e a pena de morte corporificavam, àquela altura, um esquema punitivo já esgotado e sufocado e cujo ápice de exaurimento ocorre na segunda metade dos oitocentos.[24] Os paradigmas de sanção careciam de modificação. Como diz Foucault, "não é preciso punir menos, mas punir melhor".[25]

No entanto, a pena de privação de liberdade medida em tempo não estava inicialmente no centro do programa punitivo do iluminismo e não substituiu totalmente a falta de humanidade do antigo regime. A esse propósito, é possível diagnosticar, mesmo entre autores predicalizados como propulsores da onda renovatória da reforma penal, traços antigarantísticos que contrariam uma completa humanização das penas. O próprio Beccaria, um declarado utilitarista,[26] não obstante tenha protestado pela proscrição da pena de morte por considerá-la "uma guerra da nação com um cidadão" absolutamente desnecessária e destituída de utilidade na prevenção de delitos,[27] não deixou de convocá-la como indispensável em duas específicas situações.[28] E, mesmo para alguns crimes, admitia a subsistência das penas corporais[29] e de escravidão.[30] Parece então ter razão Foucault ao afirmar que

---

[22] "Com o Iluminismo nasce e propaga-se...uma fortíssima reacção contra o barbarismo das penas e, muito particularmente, contra as *penas corporais* em sentido próprio, então as mais frequentes. Havia pois que substituí-las por outro tipo de sanções, que foi, para todos os sistemas produto do iluminismo, a pena de *prisão*" (CORREIA, Eduardo. *Direito Criminal*, Volume I (com a colaboração de Figueiredo Dias). reimp. Almedina, p. 85).

[23] "...este objetivo da mitigação e minimização das penas inspirado numa ética racional do tipo utilitarista é, talvez, o traço mais característico do movimento penal reformador desenvolvido pelo Iluminismo" (FERRAJOLI, Op. cit., p. 317).

[24] FOUCAULT, Op. cit., p. 71: "O protesto contra os suplícios é encontrado em toda parte na segunda metade do século XVIII...é preciso punir de outro modo: eliminar essa confrontação física entre o soberano e o condenado; esse conflito frontal entre a vingança do príncipe e a cólera contida do povo, por intermédio do suplicado e do carrasco. O suplício se tornou rapidamente intolerável"; em igual passo, VON HENTIG: "En la segunda mitad del siglo XVIII, el arco de la pena de muerte estaba excesivamente tenso. No había contenido el aumento de los delitos ni la agravación de las tensiones sociales, ni tampoco había garantizado la seguridad de las clases superiores" (Op. cit., p. 186); cfr. ainda ZAFFARONI (Op. cit., p. 122).

[25] Op. cit., p. 79.

[26] "O fim, portanto, não é outro senão o de impedir o réu de fazer novos danos aos seus concidadãos e de dissuadir os outros de fazer o mesmo. Devem, assim, escolher-se as penas e o método de infligi-las de tal maneira que, observadas as devidas proporções, se produzirá um efeito mais eficaz e mais duradouro sobre o espírito dos homens, em menos torturante sobre o corpo do réu" (*Dos delitos e das penas*. trad. de José Faria Costa. Lisboa: Fundação Calouste Gulbenkian. Serviço de Educação, 1998, p. 85).

[27] Op. cit., p. 85.

[28] Quando a pessoa, embora presa, continuar a representar risco para os interesses da nação e a segurança institucional, e nos casos em que a morte do condenado fosse o único meio eficaz para desestimular terceiros de praticarem crimes (Op. cit., p. 118/119).

[29] "Há delitos que são atentados contra a pessoa, outros contra os bens. Os primeiros devem infalivelmente ser punidos com penas corporais" (Op. cit., p. 105).

[30] Para o delito de furto praticado *sem* violência, BECCARIA advogava, como dito, a pena de escravidão temporária do trabalho e da própria pessoa; caso o crime de furto fosse praticado *com* violência, como também já ressaltado, a sanção deveria ser corporal (Op. cit., p. 107).

a pena de prisão não cobria todo o projeto dos reformadores e não era prevista como forma geral de punição, mas sim como uma das espécies de sanção cominadas para delitos específicos.[31]

No entanto, é a partir do movimento iluminista que a privação de liberdade como pena criminal temporalmente quantificada passa a integrar progressivamente o catálogo punitivo. Se Foucault não encara esse fenômeno como sendo uma decorrência pura e exclusivamente de um projeto humanizador das penas,[32] não se pode refutar definitivamente que o espírito de humanização se fez presente na reforma. Para Ferrajoli, o argumento central levantado contra a falta de humanidade das sanções penais foi o respeito incondicional à pessoa humana, valor este que passa a constituir um limite quantitativo e qualitativo ao poder punitivo.[33] As penas deixam de ser "aflições" e passam a realizar "privações", atingindo aqueles bens cuja protetividade justifica a conformação do Estado, dentre os quais a liberdade.[34]

3. O tempo punitivo

Uma vez que o "tempo" de liberdade da pessoa condenada foi elevado a bem jurídico-penal autônomo, consolidando definitivamente a pena privativa de liberdade dentre as espécies de sanção criminal no panorama do Direito Penal, tem-se que o "tempo" passa a ser juridicamente manejado[35] como categoria punitiva diante de uma gama de possibilidades variadas conformadas de acordo com as finalidades que se creditem à penalidade.

Configura-se assim ao *tempo punitivo*, manifestação quantitativa de tempo em que a pena privativa de liberdade se equaliza como expressão valorativa da punição. A duração daquele tempo articula-se metodologicamente com as representações simbólicas que o Direito Penal assume num contexto social. O Direito Penal define e atribui ao tempo punitivo um determinado conteúdo que a execução da pena privativa de liberdade significará tanto para o condenado quanto para a sociedade em que se verifica a imposição do ato punitivo.

---

[31] Op. cit., p. 110; ainda sobre assunto, diz FOUCAULT: "Sem dúvida, a prisão é prevista, mas entre outras penas...Mas não cobre todo o campo da penalidade com a duração como único princípio de variação...Qua a reclusão pudesse como hoje, entre a morte e as penas leves, cobrir todo o espaço médio da punição, é uma ideia que os reformadores não podiam ter imediatamente".

[32] "O afrouxamento da severidade penal no decorrer dos últimos séculos é um fenômeno bem conhecido dos historiadores do direito. Entretanto, foi visto, durante muito tempo, de forma geral, como se fosse um fenômeno quantitativo: menos sofrimento, mais suavidade, mais respeito e 'humanidade'. Na verdade, tais modificações se fazem concomitantes ao deslocamento da ação punitiva. Redução de intensidade? Talvez. Mudança de objetivo, certamente" (Op. cit., p. 21).

[33] Op. cit., p. 318.

[34] FERRAJOLI, Op. cit., p. 314.

[35] "A pena é um dos casos em que o direito subordina o tempo aos fins que almeja. Poder-se-ia dizer também que o direito assimila o transcurso de determinado tempo, o tempo do sujeito da pena, a um transcurso que é próprio do direito" (MESSUTI, Op. cit., p. 42).

A configuração do tempo punitivo na qualidade de redutor quantitativo da punição corporificada na pena privativa de liberdade bifurca-se em duas vertentes distintas. Embora situadas em lados opostos no que concerne à finalidade estritamente ligada a cada uma, aquelas variantes possuem um ponto comum que as igualizam no mesmo denominador: tanto uma quanto a outra jogam com o tempo, retiram do tempo seu próprio e específico conteúdo em termos de punição, manejam e se apropriam do tempo em consonância teleológica em que se exterioriza o Direito Penal. Em outras palavras: o tempo assim perspectivado, servo ilustre do sistema punitivo, é dimensionado e sopesado sob a ótica *retrospectiva*, por um lado, ou sob a ótica *prospectiva*, por outro. Daí surge, portanto, as duas variáveis com que se relaciona a pena privativa de liberdade temporalmente mensurada: *"punir para o passado"* e *"punir para o futuro"*.[36]

Deve-se, desde logo, assentar que a dualidade assentada no binômio *"punir para o passado"* e *"punir para o futuro"* não se refere propriamente ao fato delituoso. O crime, como acontecimento histórico, por evidente, sempre está situado num passado que não mais retorna fisicamente. Porém, a irreversibilidade do tempo cronológico não constitui obstáculo impeditivo para que o homem, na sua dimensão criativa – de que o Direito inegavelmente é um aspecto projetado normativamente –, alcance e apreenda o passado e dele retire e projete consequências jurídicas.[37] O julgamento de um caso penal, ápice conclusivo do drama que se desenrola na ambiência processual, necessariamente envolve, na visão de OST, a que o julgador emita uma decisão sobre um fato pretérito.[38] As consequências da decisão penal, ao reverso, dado que a repristinação fática não dita a estrutura normativa do Direito Penal,[39] caminham no sentido do futuro,[40] mesmo sob o peso do tempo punitivo do *"punir para o passado"*.

A dicotomização diferenciada do tempo punitivo articula-se com as tradicionais finalidades historicamente atribuídas à pena privativa de liberdade. A quantificação do lapso temporal da pena privativa de liberdade atrela-se a uma determinada teoria da pena e às finalidades que o sistema punitivo postula da sanção criminal. De acordo com a proposta estatal que se adote em relação à pena e o que dela se espera em termos de finalida-

---

[36] PECH categoriza estes dois aspectos em semelhantes expressões: *"punir puro"* e *"punir para"* (*Neutralizar a pena. in* Punir em democracia – e a justiça será. trad. de Jorge Pinheiro. Instituto Piaget, p. 158).

[37] OST, François. *O tempo do direito*. trad. de Élcio Fernandes e revisão técnica de Carlos Aurélio Mota de Sousa. Bauru, SP: EDUSC, 2005, p. 28.

[38] Op. cit., p. 179: "Enquanto a lei só dispõe para o futuro, o julgamento, por sua vez, só preceitua em relação ao passado...Pelos fatos que visa, o julgamento é necessariamente voltado para o passado..."; com semelhante diagnóstico, FARIA COSTA: "Assim, de um jeito intencionalmente esquemático, poderemos referir que o processo que acompanha a procura e a aplicação do direito (penal) ao caso concreto faz-se olhando este de um modo pré-compreensivo (passado), através da norma (presente) que comporta também uma vertente teleológica (futuro)" (*O perigo em Direito Penal (contributo para a sua fundamentação e comopreensão dogmáticas).* reimp. Coimbra Editora, 2000, p. 147).

[39] Já dizia BECCARIA que o "fim das penas não é atormentar e afligir um ser sensível, nem desfazer o delito já cometido" (Op. cit., p. 84).

[40] "Ora, a decisão se limita, como uma condenação penal, por exemplo, a extrair para o futuro novas consequências de um comportamento passado" (OST, Op. cit., p. 179).

de, a quantidade do tempo punitivo cambiará entre um *quantum* rígido e inflexível ou será modulado de forma mais ou menos maleável, podendo até mesmo atingir um patamar de indeterminabilidade temporal absoluta. Porém, não cabe aqui investigar propriamente a opção que o Direito Penal faz sobre uma ou outra finalidade atribuída à pena privativa de liberdade. À política-criminal compete definir o sentido que uma sanção criminal assume no sistema punitivo. Se se pune com o objetivo de retribuição ou com o fim de prevenção, tal não constitui o âmago da relação entre o tempo e o Direito Penal que se pretende escrutinar. Portanto, as premissas teóricas sobre as finalidades da pena criminal já consolidadas pela dogmática são adotadas sem o aprofundamento do juízo crítico que sobre cada qual se poderia legitimamente emitir.

3.1. *"Punir para o passado"*: *o tempo retrospectivo da pena privativa de liberdade*

Sob o manto do *"punir para o passado"*, o tempo punitivo da pena de privação de liberdade adquire um significado estritamente ligado ao fato criminoso e dele retira exclusivamente sua duração temporal. A quantificação do lapso temporal da sanção é buscada e fundamentada no próprio crime, é proporcional ao delito e com ele pretende manter uma relação equitativa. A pena constitui uma justa reparação ao crime, é sua correspondência jurídica. O tempo punitivo é mensurado, portanto, em consideração ao fato e à culpa do agente. Neste domínio se inscrevem as *teorias absolutas da pena* e todas as suas variantes teóricas possíveis.

A essência das teorias absolutas reside, como se salientou, em promover um equilíbrio entre a punição imposta ao condenado e gravidade do fato criminoso por ele cometido. A sanção criminal não guarda nenhuma outra finalidade[41] senão a de evidenciar a retribuição, a expiação ou a compensação do mal que o crime exterioriza.[42] A fórmula kantiana segundo a qual a "pena judicial (*poena forensis*) há de ser-lhe [ao condenado] sempre infligida somente porque cometeu um crime"[43] não deixa qualquer dúvida sobre o sentido da pena no modelo retributivista. A sanção criminal infligida em decorrência do cometimento de um crime exaure-se em si mesma, detém

---

[41] Não se deve olvidar que renomados autores negam que a pena encarada sob a teoria retributiva detenha alguma finalidade (exemplificativamente, cfr. RODRIGUES, Anabela Miranda. *A determinação da medida da pena privativa de liberdade*. Coimbra Editora, 1995, p. 154/155; FIGUEIREDO DIAS, Op. cit., p. 45); por seu turno, FARIA COSTA entende que no modelo retributivo a pena é hóspede de uma finalidade: "O direito, enquanto disciplina prático-normativa, mormente o direito penal, cuja intencionalidade última é sempre a de aplicar uma pena que visa indiscutivelmente uma certa finalidade, nem que esta se esgote, quando assim se entenda, na mais pura das retribuições...(Op. cit., p. 146).

[42] DIAS, Jorge de Figueiredo. *Direito Penal, Parte Geral, Tomo I, Questões Fundamentais, A Doutrina Geral do Crime*. 2ª edição (reimpressão). Coimbra Editora, 2011, p. 45.

[43] *A Metafísica dos Costumes*. trad. de José Lamego. Fundação Calouste Gulbenkian, p. 208/209; ainda segundo KANT: "Só a lei de retribuição (*ius talionis*), mas, bem entendido, na condição de se efectuar perante a barra do tribunal (não no teu juízo privado), pode indicar de maneira precisa a qualidade e a quantidade da pena" (Op. cit., p. 209/210).

um valor intrínseco desligado de qualquer finalidade externa que não seja a própria retribuição da prática do fato delituoso.[44] A imposição da pena e o seu cumprimento significam a devolução de um mal (crime) por outro mal (pena) de igual intensidade, numa equação matemática equivalente ao milenar princípio taliônico de retribuição.[45]

Ora, se o crime constitui o ponto de arranque da metrificação da pena de privação de liberdade, o tempo punitivo resolve-se unicamente numa dimensão temporal que justamente corresponda à gravidade do fato delituoso e que, na condição de retribuição, o compense.[46] Critérios retributivos equacionados pela relação naturalística e substancialista entre pena e crime, portanto, conformam a quantificação da duração temporal da sanção penal.[47]

As teorias absolutas pretendem configurar a pena em uma forma *absolutamente* correspondente ao fato e à culpa do agente: o tempo de privação da liberdade do condenado se perspectiva como contraponto equivalente ao crime e à sua gravidade. A duração da pena, assim, tende a se ajustar idealmente ao fato, a medida temporal da pena estará relacionada equitativamente ao crime, embora nem sempre – ou nunca – seja possível encontrar uma relação simétrica entre a pena e o crime. Neste ponto, Roxin visualiza um inegável mérito de tais doutrinas retributivistas: limitação do poder punitivo do Estado,[48] na medida em que o tempo punitivo, isto é, a medida quantitativa da pena, não ultrapassa a dimensão de gravidade do ilícito.

Se a concepção retributiva da pena exige "tornar presente o mal passado",[49] o tempo punitivo correspondente, por seu turno, não está ligado a qualquer outra possibilidade que a dimensão temporal poderia perspectivar para o condenado ou para a sociedade que não a mera realização da justiça. A privação de liberdade, na lógica inata inerente do *"punir para o passado"*, significa justamente que a sanção criminal, embora seja executada e cumprida pelo condenado perspectivamente (a pena, uma vez estipulada judicialmente, torna-se exequível com a consolidação do título executivo – *nulla executio sine titulo* – momento a partir do qual a sanção pode ser cumprida pelo condenado), visa recuperar um fato pretérito, já acontecido e exaurido historicamente, compensando-o com o mal da pena. Enfim, trata-se de um

---

[44] "As doutrinas absolutas ou retributivistas fundam-se todas na expressão de que é justo 'transformar mal em mal'. Trata-se de um princípio com origens seculares, e que está à base daquele arcaico instituto, comum a todos ordenamentos primitivos, que é a 'vingança de sangue' ... tal concepção gira em torno de três idéias fundamentais de caráter religioso, vale dizer, aquelas da 'vingança' ... da 'expiação' ... e do 'reequilíbrio' entre pena e delito"(FERRAJOLI, Op. cit., p. 205).

[45] ROXIN, Claus. *Derecho Penal: parte general*. trad. de Diego-Manuel Luzón Pena, Miguel Diaz y Garcia Conlledo, Javier de Vicente Remesal. Madrid: Civitas, 1997, p. 82.

[46] "... la pena debe ser justa y eso presupone que se corresponda en su duración e intensidad com la gravedad del delito, que lo compense" (ROXIN, Op. cit., p. 82).

[47] "Mais que um futuro pacífico e radioso, os partidários do 'punir puro' visam a aplicação de uma estrita equivalência penal que determina uma 'tarefa' justa. A pena encontra-se desde já sujeita a uma racionalidade matemática que serve ao mesmo tempo de instrumento de avaliação do acto e o torna comparável a outros" (PECH, Op. cit., p. 161)

[48] Op. cit., p. 85.

[49] OST, Op. cit., p. 122.

verdadeiro exercício de anamnésia que se realiza mediante a retributividade penal.[50]

De tudo dito resulta que o tempo punitivo do *"punir para o passado"* pressupõe um olhar sobre os ombros, uma mirada voltada para trás, em que o objeto de consideração penal se centre unicamente no crime ocorrido para, a partir desta objetividade, mensurar quantitativamente a dimensão temporal da pena privativa de liberdade. E, assim sendo, a essência da punição esgota-se na mera e simples retribuição, e o tempo da pena nada mais representa do que a medida justa e adequada à devolução da infração ao criminoso: *punitur quia peccatum est*.[51]

3.2. *"Punir para o futuro"*: o tempo prospectivo da pena privativa de liberdade

Noutro giro, em polo diametralmente oposto, o tempo punitivo no quadro do *"punir para o futuro"* vai encontrar a razão de ser da punição criminal fora do perímetro típico da concepção retributivista. Se esta, como visto, manipula o tempo de privação de liberdade num domínio de pura retribuição e dimensiona o lapso temporal da sanção em correspondência ao fato praticado, o Direito Penal orientado às finalidades preventivas troca radicalmente de parâmetro punitivo: abandona a ideia substancialista da tendencial igualdade entre crime e pena, própria do retribucionismo, e se estriba na consecução de uma finalidade comum ao sistema penal vincada axiologicamente à evitação de novos delitos.[52] De uma maneira geral, neste domínio agrupa-se uma constelação de vertentes teóricas que, se muitas vezes estão ancoradas em fundamentos diferenciados e pretendem alcançar os respectivos objetivos por caminhos diversos, tem em comum entre si um objetivo que se projeta em prospectiva: garantir ao futuro uma existência, tanto quanto possível, imune ao fenômeno criminal.

Na concepção preventística da pena privativa de liberdade, a consideração do tempo punitivo adquire variadas tonalidades de acordo com a matriz teórica que o sistema punitivo consagre. Tradicionalmente,[53] as teorias da prevenção da pena privativa de liberdade são categorizadas de acordo com o *destinatário* que os aspectos relacional e comunicativo da sanção visam alcançar e influenciar: *prevenção geral*, de um lado, em que o foco do

---

[50] "Se é verdade que 'retribuir é dar o troco', a função retributiva da pena supõe uma concepção de justiça, com o eixo no mal passado (a infração), ao qual nos dedicamos fazer corresponder o mal equivalente (a pena)...esta concepção da pena pressupõe um trabalho de anamnésia..." (OST, Op. cit., p. 122).

[51] Na acepção apresentada por CARTUYVELS e OST, "une conception vindicative et rétributive de la peine domine une économie des peines largement associé au passé" (CARTUYVELS, Yves e OST, François. *Crise du lien social et crise du temps juridique: le droit est-il encore en mesure d'instituer la societé? L'exemple du droit pénal. Séminaire interdisciplinaire d'études juridiques*. Facultés universitaires Saint-Louis, Bruxelles, Fevrier 1998, p. 73).

[52] "À une conception rétributive de la peine largement déterminée par le passé, la nouvelle économie des peines substituerait un régime à finalité préventive orientée sur un futur à préserver ou à construire" (CARTUYVELS e OST, Op. cit., p. 73)

[53] FIGUEIREDO DIAS, Op. cit., p. 50; ROXIN, Op. cit., p. 85/92.

contraestímulo motivacional que a pena pretende operar é endereçado ao corpo comunitário como um todo indivisível, e, por outro, *prevenção especial*, terreno em que a finalidade de prevenção não mais considera um número indistinto e indeterminado de pessoas agrupadas organicamente sob a forma societária, mas sim a própria individualidade do criminoso encarado como sujeito suscetível de submeter-se também a mecanismos de contenção criminosa.

Expectativa: eis o ponto comum que une categorialmente aquelas duas vertentes teóricas da teoria preventiva da pena. Se a finalidade a que se propõe a sanção criminal consiste na aptidão de evitar crimes, quer por parte da generalidade dos indivíduos (criminosos potenciais ou virtuais), quer por parte de um único indivíduo (criminoso real), resta claro que a pena se torna a portadora virtuosa de uma expectativa que se projeta no futuro tanto destes quanto daqueles.[54] Expectativa que reside justamente na prognose propiciada pelo modelo preventivo: impedir novos crimes. À pena, assim, se liga uma determinada e precisa utilidade social, não se esgota em si mesma, como na concepção retributiva, mas se configura como um instrumento que extravava suas próprias barreiras e se projeta em razão da finalidade que lhe é confiada.

Para se aferir, portanto, o que o tempo punitivo representa em termos de prevenção de novos crimes, há de examinar separadamente aqueles dois grupos de variantes penalógicas. Cada qual, pelas suas peculiaridades, possui características próprias sobre o emprego que o Direito Penal faz do tempo referido à pena privativa de liberdade quando objetiva imprimir à marca da preventividade à sanção criminal.

Tanto a prevenção geral quanto a prevenção especial ostentam finalidades comuns – prevenção de crimes – e ainda se subdividem, cada uma de per si, em dois grandes grupos: *prevenção geral negativa e positiva*, e *prevenção especial negativa e positiva*. Esta nova divisão esquemática dentro do grupo das teorias de prevenção da criminalidade refere-se "à natureza das prestações da pena",[55] vale dizer, está ubicada à forma com que a pena pretende operar em termos de evitação de novos delitos.

Em termos de *prevenção geral negativa*, a finalidade da pena está situada na tendência da norma penal de transmitir ao destinatário uma contramotivação psicológica para que este se abstenha da prática de crimes. A crença própria da prevenção geral funda-se na expectativa de que a generalidade do corpo comunitário, diante da cominação abstrata da pena no plano da norma penal incriminadora e sua aplicação concreta no plano judicial, se iniba ou se contenha quando eclodir internamente o impulso criminoso. A simples ameaça normativa da pena[56] é, segundo esta concepção, um poderoso constraestímulo a potenciais desviantes.

---

[54] PECH, Op. cit., p. 159.

[55] FERRAJOLI, Op. cit., p. 212.

[56] Para FERRAJOLI, a prevenção geral negativa admite dois subgrupos: "a) as doutrinas da intimidação exercida sobre a generalidade dos associados através do *exemplo* fornecido pela aplicação da pena que se dá com a *condenação*; b) aquelas da intimidação também voltada para a generalidade, mas, por seu tunro,

A lógica de operatividade do aspecto negativo da prevenção geral centra-se no poder dissuasório que a intimidação da pena transmite a todos que integram a sociedade. Potenciais criminosos, diante da possibilidade de sofrerem a imposição da pena caso realizem a conduta criminalizada no tipo penal incriminador, se conteriam psicologicamente segundo uma regra que envolve a consideração de custos e benefícios. A pena deve significar sempre um custo superior a eventuais vantagens e prazeres que a atividade criminosa propicia para o criminoso potencial.[57] Na lógica ponderativa desta relação, o custo corporificado pela sanção criminal deve se sobrepor sobre os benefícios do crime, com o que se alcança o efeito intimidatório e dissuasório atribuído à pena.

O tempo punitivo sob o influxo da *prevenção geral negativa* da pena deve ser, portanto, suficientemente apto a servir de fator inibitório da prática de crimes. Da mesma forma, a pena concretamente aplicada ao criminoso real também deve significar um exemplo eficiente ao corpo comunitário. Uma punição escalonada quantitativamente em patamares relativamente baixos não comportaria de forma eficaz o fim preventivo de que se trata, de modo que, quanto maior for o patamar punitivo, mais se reforça a tendência preventística sob o ângulo negativo da prevenção geral.[58] A duração temporal da pena vincula-se ao grau de eficiência proporcionado pela ameaça penal e por sua aplicação: o maior deficit de eficácia verificável no meio social postula o aumento quantitativo da pena.

Já a feição *positiva* da *prevenção geral* não se difere substancialmente da vertente negativa no que concerne ao tempo punitivo. Também aqui a pena se funcionaliza como instrumento de evitação de *novos crimes*.[59] A discrepân-

---

através da *ameaça* da pena contida na *lei*" (Op. cit.p. 222/223); assim, a finalidade da prevenção se concretizaria em dois estádios diversos: no plano normativo abstrato da lei e no ato sentencial de aplicação concreta da pena; já para JUAREZ CIRINO, a "função de prevenção geral negativa corresponde à *cominação*" da ameaça penal no tipo penal", embora também conceba a pena no momento de sua concreção judicial (Op. cit., p. 09/10 e 13/14); em semelhante perspectiva, FIGUEIREDO DIAS (Op. cit., p. 50/51).

[57] EDUARDO CORREIA, Op. cit., p. 47/48.

[58] Neste particular ponto residem as maiores críticas à teoria da prevenção geral negativa: a progressiva tendência de maximização das cargas punitivas do Direito Penal diante do fracasso de evitação. Se a ameaça e o caráter exemplar da pena não se mostram idôneos a refrear a criminalidade, o *quantum* da penalidade deve ser graduado em patamares mais elevados, o que conduz a uma falta de limitação do poder punitivo: cada crime praticado representa uma fissura no modelo de prevenção e, portanto, sugre a necessidade de reforço da escala penal através do aumento das penas e sua severidade, podendo desaguar no que FIGUEIREDO DIAS denomina o "direito penal do terror" (Op. cit., p. 53). E, no mesmo diapasão, ao criminoso real devem-se aplicar penas mais altas, o que resulta na instrumentalização da pessoa humana em função de uma finalidade que lhe é totalmente alheia (JUAREZ CIRINO, Op. cit., p. 10). Por fim, cabe colacionar a visão crítica de ZAFFARONI, BATISTA, ALAGIA e SLOKAR: "Na prática, a ilusão da prevenção geral negativa faz as agências políticas elevarem os patamares máximos e mínimos das escalas penais e as judiciais – atemorizadas ante as agências políticas e as agências de comunicação – imporem penas irracionais a algumas poucas pessoas inábeis, que terminam levando a carga de todo o mal social. Trata-se de uma racionalização que acaba propondo aos operadores judiciais sua degradação funcional" (*Direito Penal Brasileiro, Primeiro Volume, Teoria Geral do Direito Penal*. 2. ed. Rio de Janeiro: Revan, 2003, p. 119).

[59] JAKOBS, partidário de uma concepção de prevenção geral positiva em que "la función de la punición estatal se trata de *prevención general mediante el ejercicio en el reconocimiento de la norma*", entende que o efeito de intimidação que a pena provoca é meramente secundário, não sendo sua função primordial produzir aquele dito efeito (*Derecho Penal, Parte General, Fundamentos y teoría de la imputación*. 2ª ed. corri-

cia entre um modelo e outro se constata precipuamente no tipo específico de mecanismo de prevenção adotado: ao contrário do cariz negativo já exposto, a prevenção geral positiva almeja, através da cominação e aplicação judicial da pena, fixar no corpo comunitário um sentimento comum de confiança na vigência e validade da norma jurídico-penal.[60] A pena opera dentro do sistema punitivo como elemento de "restauração da paz jurídica"[61] e tem a missão, segundo Roxin, de denotar a inviolabilidade do ordenamento jurídico e reforçar a confiança jurídica da comunidade no Direito.[62]

Sob o pálio da prevenção geral positiva, deste modo, o *quantum* de pena de privação de liberdade afere-se em consonância com as necessidades de estabilização da norma jurídico-penal em prol da normalidade do trânsito inerente à vida societária. O dimensionamento do tempo punitivo se instrumentaliza à função conferida à pena de promover a estabilização da norma, de modo que a medida da pena é aquela adequada a "renormatizar o sistema, criando consenso, embora o grau de desequilíbrio nele considerado não dependa da conduta do apenado nem de seu respectivo conteúdo do injusto ou culpável, mas sim da credulidade dos outros".[63] Assim, a capacidade de rendimento quantitativo da pena se desloca do fato praticado pelo agente para a necessidade de vigência e reforço do ordenamento jurídico, reduzindo o indivíduo, nesta ponto, na visão de Ferrajoli, a um "subsistema físico-psíquico" subordinado "às exigências do sistema social geral".[64]

De todo o visto, pode-se asseverar que o tempo punitivo inerente às teorias da prevenção geral no duplo enfoque negativo e positivo tende a ser quantificado em conexão teleológica não diretamente em função exclusiva referenciada ao fato criminoso praticado pelo agente, mas sim *também* e *principalmente* em razão de exigências externas – intimidação coletiva do corpo comunitário e reforço na confiança da vigência normativa.

Por fim, cumpre avaliar o papel do tempo punitivo no bojo das concepções de *prevenção especial*. Neste domínio, ao contrário do que sucede no campo da prevenção geral, a meta preventiva postulada da pena não se destina a uma generalidade de indivíduos: o foco de incidência recai diretamente sobre a própria pessoa que praticou o crime, o criminalizado. A finalidade perseguida sempre será de prevenir a reincidência,[65] operando sobre o criminoso de modo que este, individualmente considerado, não caia na recidiva

---

gida. trad. de Joaquin Cuello Contreras e Jose Luis Serrano Gonzalez de Murillo. Marcial Pons, Ediciones Juridicas, Madrid, 1997, p. 18/19).

[60] "... ganhou força, nas últimas décadas, a legitimação discursiva que pretende atribuir ao poder punitivo a função manifesta de prevenção geral positiva sobre os não-criminalizados, não porém para dissuadi-los pela intimidação, e sim como valor simbólico produtor de consenso, e, portanto, *reforçador de sua confiança no sistema social em geral (e no sistema penal em particular)*"(ZAFFARONI, BATISTA, ALAGIA e SLOKAR, Op. cit., p. 121).

[61] FIGUEIREDO DIAS, Op. cit., p. 53.

[62] Op. cit., p. 91.

[63] ZAFFARONI, BATISTA, ALAGIA e SLOKAR, Op. cit., p. 123.

[64] Op. cit., p. 222.

[65] FIGUEIREDO DIAS, Op. cit., p. 54.

criminal. Aqui também se visualiza com nitidez o aspecto futurístico imprimido à sanção penal: pune-se para evitar novos crimes.

Entre os aspectos negativo e positivo da prevenção especial não se estabelece uma relação antitética, como à primeira vista se poderia imaginar. Em muitas hipóteses, uma complementa ou é corolário natural da outra. De pronto, a pena privativa de liberdade implica a segregação compulsória do criminoso do meio social, com o que já se alcança o objetivo de impedir que este volte a delinquir no espaço comunitário enquanto perdurar o lapso temporal da sanção. Este tempo de encarceramento, já representativo do lado negativo da teoria, pode ser devidamente utilizado ou aproveitado para que o condenado seja, de alguma forma, habituado ou conduzido a dirigir sua vida *a latere* da atividade criminosa, evidenciando-se o ângulo positivo da prevenção.

A *prevenção especial negativa* pode ser resumida basicamente em uma acepção: *neutralização* do condenado. A imposição da pena privativa de liberdade perfectibiliza sobremaneira o objetivo neutralizador: com seu recolhimento forçado ao aparelho punitivo (prisão), o condenado está impedido de prosseguir ou retomar o caminho da ilicitude, ao menos no ambiente externo dos muros prisionais.[66] A sanção criminal de privação da liberdade por si só já implementa, pois, a meta de prevenção negativa outorgada à pena. Neste quadrante, a inocuização do condenado pode atingir escalas variadas de intensidade, tudo a depender da orientação de político-criminal que dite os rumos do sistema punitivo. Desde um grau neutralizante limitado até a completa e total exclusão do condenado, as formas operativas da prevenção especial negativa estão estritamente vinculadas ao manejo do tempo punitivo pertinente à pena privativa de liberdade.[67]

Com efeito, podem-se conceber basicamente duas formas com que o tempo punitivo realiza a privação de liberdade excludente, ou, reversamente, duas formas de formatação da pena privativa de liberdade temporalmente mensuradas que resultam na inocuização do condenado. Em ambas, verifica-se o efeito neutralizante de sua reclusão temporal na prisão. A diferença repousa na duração que o tempo punitivo vai assumir em cada uma delas.

A primeira forma refere-se à pena privativa de liberdade dimensionada sob um tempo limitado e determinado. O aprisionamento do condenado não se projeta indefinidamente no tempo, não se pereniza e possui uma duração que não se eterniza sem qualquer vetor limitativo. Esta é a forma da privação de liberdade adotada majoritariamente pelos sistemas punitivos modernos e se conforma legislativamente através da previsão normativa de escalas punitivas balizadas por um *quantum* mínimo e um *quantum* máximo de pena relacionados a cada tipo de delito. A fixação definitiva da pena a ser cumprida pelo condenado é tarefa confiada ao julgador, o qual, dentro dos parâmetros normativos do ordenamento jurídico-penal, individualizará a

---

[66] JUAREZ CIRINO, Op. cit., p. 24/25.

[67] Não se olvide que a pena de morte, que muitas vezes se liga estruturalmente ao retribucionismo, também cumpre a função de prevenção especial negativa: a eliminação física do condenado, por evidente, constitui o modelo mais radicalizado de neutralização.

quantidade da sanção imposta. A pena privativa de liberdade própria deste modelo normalmente não se perspectiva unicamente à função de neutralização do condenado – embora, como visto, o efeito exclusivo da apartação compulsória inevitavelmente se verifique na prevenção especial negativa, ainda que secundariamente –, mas está instrumentalmente correlacionada à outra função credita à pena.

Noutro giro, a segunda forma em que o tempo punitivo conforma a privação de liberdade no panorama negativo da prevenção especial refere-se às sanções criminais temporalmente indefinidas e ilimitadas no tempo, de que é exemplo clássico a pena de prisão perpétua.[68] Nesta espécie de pena, o patamar máximo de neutralização do condenado é irremediavelmente atingido com a exclusão decorrente de seu encarceramento definitivo na prisão.[69] A pena assim considerada não detém qualquer outra finalidade que não o austero afastamento do condenado da sociedade, sendo um mecanismo poderoso de defesa social em prol de muitos e em detrimento de poucos.

Se a vertente negativa da prevenção especial reconfigura o tempo punitivo numa grandeza de pura neutralização, do que se conclui que o lapso temporal de aprisionamento pode ser legitimamente encarado como um período vazio e destituído de sentido útil (ao menos para o condenado, diga-se), a *prevenção especial positiva*, ao contrário, resignifica a pena privativa de liberdade como uma sanção criminal dotada de alguma densificação social e/ou individual. Para tanto, o tempo punitivo da privação de liberdade é manejado e quantificado de acordo com a espécie de atuação que sobre a pessoa do condenado a proposta penalógica visa a projetar.

Genericamente, sob o pálio da prevenção especial positiva, agrupam-se unitariamente vertentes teóricas que atribuem à sanção a finalidade comum de servir de instrumento destinado a evitar que o condenado especificamente individualizado volte a cometer novos crimes. A atuação da pena, neste domínio, se efetiva precipuamente na fase de cumprimento da sanção penal e visa, basicamente, *corrigir, emendar, ressocializar ou socialiazar* o condenado (esta polissemia denota as inúmeras variáveis que a prevenção especial assumiu ao longo do curso da história do Direito Penal), preparando-o para uma vida *post* cárcere sem o risco futuro da reincidência. Em resumo: moldar, prospectivamente, o "homem bom" através do cumprimento da sanção penal.

Nesta quadra, considerando a perspectiva própria da prevenção especial como mecanismo de atuação sobre o condenado, o tempo punitivo da pena privativa de liberdade poderia tender naturalmente à infinitude, uma vez que as finalidades acima enunciadas se inserem em um juízo prognós-

---

[68] A pena de prisão perpétua ganhou novo fôlego com a instituição do Tribunal Penal Internacional pelo Estatuto de Roma, cujo art. 77, nº 1, letra "b", expressamente comina esta modalidade de sanção criminal, embora a sua duração temporal possa ser revista após o cumprimento de 25 anos da pena (art. 110, nº 3).

[69] Não se pode refutar que a pena de prisão perpétua também congregue uma feição retributiva da pena, não obstante seja dificilmente concebível a equalização igualitária entre esta espécie de sanção penal e o bem jurídico violado pela conduta criminosa.

tico cujo efetivo implemento não se pode antever com precisão, seja pelo legislador, seja pelo próprio julgador. A formatação do tempo punitivo estaria assim na estrita dependência da consecução prática da correção, emenda, ressocialização ou socialização[70] do condenado na fase de resgate da sanção penal. A pena privativa de liberdade não teria, a princípio, limite temporal fixo neste modelo punitivo orientado funcionalmente à readaptação do condenado.

Significativa orientação representativa da prevenção especial advém da *Escola Correcionalista*, surgida no século XIX,[71] e que em Portugal encontrou em Levy Maria Jordão um de seus maiores expoentes. Corrigir o condenado, seu impulso criminoso, eis a concepção finalística de pena proposta pelos partidários do correcionalismo. Arrancando do pressuposto de que todo homem é passível de correção,[72] a vontade do criminoso[73] é o objeto da sanção e a pena, portanto, busca alcançar a correção moral[74] do condenado para que este não volte a delinquir. Neste contexto, a duração temporal da pena privativa de liberdade não pode ser desde logo determinada para o fim a que se pretende: o lapso da sanção fica a depender exatamente do estágio de correção atingido pelo condenado durante seu cumprimento. Não sendo possível mensurar *ex ante* a quantidade de tempo da pena, na medida em que a "maior ou menor duração depende do melhoramento do condenado",[75] a pena privativa de liberdade deve ser prolongada por um período de tempo não fixado rigidamente.[76] [77]

---

[70] Na concepção mais moderna e avançada, não mais se cogita de uma suposta ressocialização ou socialização do condenado, mas sim e precipuamente em evitar os efeitos dessocializadores do cárcere, conforme exposto em tópico posterior.

[71] FIGUEIREDO DIAS, Op. cit., p. 55; FERRAJOLI, Op. cit., p. 215.

[72] FIGUEIREDO DIAS, Op. cit., p. 55.

[73] EDUARDO CORREIA, Op. cit., p. 49.

[74] JORDÃO, Levy Maria. *Código Penal Portuguez, Tomo I, Relatório*. Imprensa Nacional, 1864, Projecto de Levy Maria Jordão, p. 28. Para este autor português, "a vontade humana...desconhecendo o princípio do justo, causa no indivíduo a desharmonia" e, portanto, o crime, sendo que a pena deve atuar justamente sobre a vontade do homem que delinquiu (*O fundamento do direito de punir*. Dissertação inaugural para o acto de Conclusões Magnas, 1853, p. 25).

[75] JORDÃO (*Código Penal Portuguez, Tomo I, Relatório*. Imprensa Nacional, 1864, Projecto de Levy Maria Jordão, p. 81).

[76] JORDÃO, Op. cit., p. 81; FERRAJOLI, Op. cit., p. 214; segundo CUELLO CALÓN, "si se proclama que la pena ha de tender principalmente a procurar la correción y la reforma del reo, las penas predeterminadas caen por sin base, porque el reo puede corrigirse antes de la expiración de lá pena a que fué condenado, o ésta puede terminar sin haberse obtenido aún la enmienda propuesta... El legislador no conoce, ni puede conocer de antemano, a los futuros delinquentes, que ejecutarán los hechos que castiga con una pena determinada; no puede apreciar qué pena seria lá más adecuada, ni qué duración habrá de tener para alcanzar su reforma moral; el juez tampoco tiene tiempo, ni medios de adaptar eficazmente la pena a la personalidad del delincuente, para obtener el fin correccional que se busca; así, pues, en un sistema penal que tienda especialmente a adaptar la pena al factor personal del reo, y que relegue a segundo término la apreciación de la entidad jurídica del delito, la pena no puede estar determinada por la ley de antemano; debe ser indeterminada, debe durar tanto tiempo como dure la perversidad del delincuente, cesar si se corrige y continuar obrando sobre el penado si éste no da muestras de corrección y enmienda" (*Penalogia, las penas y las medidas de seguridad: su ejecución*. Editorial Reus, Madrid, 1920, p. 28).

[77] Segundo JIMÉNEZ ASÚA, há três sistemas de penas indeterminadas no tempo: o sistema de indeterminação absoluta, o sistema de indeterminação relativa e o sistema de trânsito entre a ideia determinista e a indeterminista. No que toca ao aspecto temporal, as penas absolutamente indeterminadas se caracterizam por não terem limites mínimo nem máximo de duração; já no sistema de penas relativamente

Não somente o correcionalismo[78] postulou da pena uma indeterminação temporal relacionada correção do condenado. Todas as orientações fundadas em um modelo punitivo que priorizavam preponderantemente características inatas do ser humano ou de sua personalidade como critério de aferição do tempo punitivo – perigosidade, tendência criminosa, perversidade, degeneração da personalidade, etc. – concebem a privação de liberdade desconectada de um tempo rigidamente predeterminado. Assim, por exemplo, para a *Escola Positiva* italiana, assentada na consecução de defesa social que a punição deve realizar,[79] a duração temporal da privação de liberdade também é indeterminada[80] no tempo.

No entanto, ao menos na maioria dos sistemas penais contemporâneos, predomina *um* limite temporal da pena privativa de liberdade cujo modelo executório esteja fincado em bases de prevenção especial positiva, de modo que, ainda que por ventura não se atinja a mítica e utópica meta de ressocialização ou de socialização do recluso durante o resgate da reprimenda, a liberdade do condenado está assegurada ao cabo do período punitivo fixado no título executivo.

4. Humanizando o tempo punitivo

4.1. O tempo "do" e "no" aparelho carcerário

A execução da pena privativa de liberdade acarreta para o condenado a sua apartação compulsória do contexto social em que se encontrava inserido. Esta exclusão geográfica opera dentro de um espaço especificamente destinado ao cumprimento da sanção reclusiva. A prisão, como já visto, é o *locus* em que a pena privativa de liberdade se realiza e onde toda a essencialidade da punição se exaure. Poder-se-ia mesmo dizer, neste contexto, que a segregação compulsória do condenado do meio comunitário evidencia a principal característica ou efeito da privação de liberdade.

---

indeterminadas, as sanções podem ter um tempo mínimo de duração, um limite máximo ou haver tanto um quanto outro; no terceiro grupo estão variados modelos em que a uma pena determinada se acrescem correções adaptativas no curso ou após o respectivo cumprimento (*La sentencia indeterminada: el sistema de penas determinadas "`posteriori"*. Hijos de Reus Editores, Madrid, 1913, p. 75/86).

[78] Menção ímpar neste campo merece a pena relativamente indeterminada, adotada, por exemplo, pela legislação de Portugal, cujo Código Penal a comina para os denominados "delinquentes por tendência" e para "alcoólicos e equiparados" (arts. nº 83 e 86, respectivamente), mas limitando-a ao máximo de 25 anos de encarceramento; para PIZARRO BELEZA, a pena relativamente indeterminada, justamente por sua indefinição temporal, contraria o disposto no art. 30 da CRP, sendo, portanto, inconstitucional (BELEZA, Carlota Pizarro. *Estrutura e limites da pena relativamente indeterminada*. Relatório final da disciplina de Direito Penal do curso de Mestrado em Ciências Jurídico-Criminais da Faculdade de Direito da Universidade de Lisboa, setembro de 1996, p. 10); o Tribunal Constitucional, no entanto, positivou a compatibilidade material da pena relativamente indeterminada com a CRP, conforme decisão vazada no Acórdão nº 43/86.

[79] SALEILLES, p. 111; FERRAJOLI, Op. cit., p. 215; segundo EDUARDO CORREIA, "a pena é defesa social" na concepção da Escola Positiva (Op. cit., p. 49).

[80] FERRAJOLI, Op. cit., p. 215; CARTUYVELS e OST, Op. cit., p. 81.

No entanto, a pena privativa de liberdade, correlatamente à apartação espacial que inevitavelmente provoca em desfavor do condenado, também carrega outro significativo inseparável em sua estrutura nuclear: a liberdade cerceada pela punição estatal igualmente acarreta uma *ruptura no tempo*.[81] O corte temporal provocado pela reclusão, em realidade, se potencializa em relação ao aspecto espacial da privação de liberdade.[82] Isto porque o aprisionamento do condenado, de per si, pouco representa se for considerado como um fator isolado do esquema punitivo. Deste modo, o encarceramento espacial da pessoa privada de liberdade somente pode assumir alguma densificação própria se for devidamente perspectivado em razão do lapso temporal de duração quantitativa da pena de prisão. Quer isso dizer que o tempo é o vetor que confere à pena privativa de liberdade sua inegável substância intrínseca.

A referida ruptura temporal que decorre da privação de liberdade do condenado no aparelho carcerário não se refere propriamente – ou apenas – ao tempo cronológico que naturalmente flui de forma linear em toda a sociedade. O tempo, como dado físico, escoa inelutavelmente durante a história e não sofre interrupções em seu percurso. A sucessão de dias e noites, o passado, o presente e o futuro, são experiências objetivas que se pulverizam universalmente a todos os indivíduos de forma homogênea.[83] O calendário e o relógio,[84] tradicionais instrumentos de medição do tempo cronológico, apresentam uma irreversível lógica de encadeamento temporal em que o tempo se apresenta absolutamente idêntico para todas as pessoas e para todas as situações. A unidade de medida de tempo perspectivada sob o ponto de vista objetivo (horas, dias, meses, anos, etc.), nesta quadra, não oferece distinções de quantidade, sendo mensurado de modo uniforme.[85]

Por outro lado, o tempo de *um* não é o mesmo tempo do *outro*. A sensação do tempo, ou melhor, a percepção do escoamento do tempo que uma pessoa experimenta normalmente se difere totalmente da vivência que uma outra pessoa pode eventualmente sentir, não obstante o tempo cronológico que rege as experiências humanas permaneça linear e inalterado. Embora o escoamento temporal cronologicamente calendarizado seja irreversível e

---

[81] "Assim como há uma ruptura no espaço marcada pelos muros da prisão, há também uma ruptura no tempo" (MESSUTI, Op. cit., p. 33).

[82] MESSUTI, Op. cit., p. 33

[83] Na concepção de WHITROW, apesar de sua unidimensionalidade, o tempo apresenta duas características: a flecha e a passagem; aquela refere-se à sucessão irreversível de eventos "antes-e-depois", enquanto esta pertine à diferença entre passado, presente e futuro (WHITROW, G. J. *What is time? The classic account of the nature of time*. Oxford University Press, p. 130).

[84] Segundo GIDDENS, todas as culturas pré-modernas detinham formas de calcular o tempo, sendo o calendário um dos instrumentos utilizados, e a noção de tempo estava vinculada à de espaço; somente com a invenção do relógio mecânico no final do século XVIII é que foi possível a separação entre tempo e espaço (GIDDENS, Anthony. *Consecuencias de la modernidad*. trad. de Ana Lizón Ramón. Alianza Editorial, p. 28/29).

[85] "In contrast to the variable parameters created by the birth-death cycle, by night and day and by seasons, the time-frames generated by seconds, minutes, hours and days are characterized by invariance, context independence and precision. The twenty-four-hour clock measures the ´same´ twenty-four-hours in Iceland during the winter as in Britain during the summer" (ADAM, Barbara. *Timewatch: the social analysis of time*. Polity Press, p. 24).

igualitário sob a ótica objetiva, para cada indivíduo a passagem do tempo é um dado único e particular e constitui uma vivência específica de sua subjetividade psicológica. E, ainda que considerando apenas uma pessoa específica, pode-se asseverar que a sensação que esta possua acerca do transcurso do tempo varia conforme o contexto situacional em que estiver inserida. O clássico exemplo formulado por Einstein[86] evidencia indiscutivelmente a relatividade do tempo que os indivíduos percepcionam de acordo com cada experiência de vida. Aqui, em contraposição ao tempo objetivo, exsurge o tempo subjetivo, o tempo próprio e peculiar de cada pessoa no seu mundo particular, dimensionado em conformidade com suas vivências individuais.

A ruptura temporal decorrente da execução da pena privativa de liberdade no espaço prisional não se refere ao tempo cronológico propriamente dito. De fato, o curso do tempo e a sucessão dos fenômenos físicos que lhe dão expressão não são alterados ou modificados pelo simples cumprimento da sanção criminal. Para o condenado, objetivamente o tempo de resgate da pena de privação da liberdade é exatamente o mesmo se comparado com o que vivenciava no período antecedente ao encarceramento. A quantidade de tempo – dias, meses e anos – concernente à vida livre não se diferencia matematicamente do lapso temporal vivido no espaço prisional. Logo, por exemplo, 01 ano de cumprimento da pena privativa de liberdade tem a mesma equivalência dimensional que 01 ano de vida livre.

Já assim não será se o tempo for perspectivado sob o aspecto subjetivo do condenado.[87] Neste domínio, o encarceramento propicia uma experiência temporal absolutamente distinta daquela que a pessoa privada de liberdade vivenciava antes de seu aprisionamento para o cumprimento da pena. O tempo que flui do lado de dentro dos muros da prisão corre de forma qualitativamente diferenciada, possui um passo marcadamente distinto e uma cadência rítmica própria que o destaca do tempo social.[88] A população carcerária submete-se a um tempo específico e ritualizado que a afasta paulatinamente da vida gregária, formatando um novo tempo de vida substancialmente diferenciado.

Com efeito, a prisão, categorizada por Goffman como uma das modalidades de instituição total,[89] sequestra do condenado parte de seu

---

[86] "quando um homem se senta ao lado de uma moça bonita, durante uma hora, tem a impressão de que passou apenas um minuto. Deixe-o sentar-se sobre um fogão quente durante um minuto somente – e esse minuto lhe parecerá mais comprido que uma hora. – Isso é relatividade" (EINSTEIN, Albert. *Vida e pensamentos*. Martin Claret: São Paulo, 2002, p. 100); em igual sentido, ROSA: "Half an hour can be incredibly short or excruciatingly long, depending on the circumnstances and activities we are engaged in" (ROSA, Hartmut. *Alienation and acceleration: towards a critical theory of late-modern temporality*. NSU Summertalk, vol. 3, 2010, p. 92).

[87] "Mas também o tempo da pena é experimentado na consciência do sujeito que a vive. Também a pena tem sua terceira dimensão termporal: a do tempo subjetivo, o tempo da consciência" (MESSUTI, Op. cit., p. 43).

[88] "A qualidade do tempo que se vive durante a pena, por ser precisamente o 'tempo da pena', não pode ser a mesma daquele que vive livre da pena" (MESSUTI, Op. cit., p. 44).

[89] GOFFMAN, Erving. *Manicônios, prisões e conventos*. trad. de Dante Moreira Leite. São Paulo: Perspectiva, 2010, p. 16: "As instituições totais de nossa sociedade podem ser, *grosso modo*, enumeradas em cinco

tempo[90] e o substitui por uma temporalidade própria que impõe regras de convivência que vão ditar o ritmo de vida no interior do aparelho punitivo. A economia doméstica do cárcere é dominada por um regramento minucioso e articulado que se estende por todos os aspectos da vida cotidiana do condenado: os horários[91] de trabalho, diversão, alimentação e visitação, por exemplo, são estipulados e fixados não propriamente de acordo com a conveniência e possibilidades do condenado, mas sim, em conformidade com os interesses que regem o funcionamento do cárcere. A administração penitenciária exercita sistematicamente um controle total ou quase total[92] sobre a rotina dos reclusos, estabelecendo-se entre estes dois específicos e distintos grupos[93] que coexistem na prisão uma relação hieraquizada e verticalizada de poder. O condenado perde o direito ao seu tempo, o direito de regular e determinar por si sua própria temporalidade, e cede, contra sua vontade, este direito a terceiros, os quais passam a ser o senhor absoluto do seu tempo.[94]

Para além da expropriação do tempo pessoal do condenado pelo aparato penitenciário no que toca à regulamentação de sua vida no interior do cárcere, fato que de per si o torna praticamente um autômato no jogo que se estabelece intramuros, outro importante aspecto – e talvez mais significativo – relaciona-se com a mesma ruptura temporal, porém perspectivada sob diverso ângulo.

De fato, trata-se do inquestionável distanciamento temporal verificável entre o tempo que o condenado coativamente dispende durante o período de cumprimento da pena privativa de liberdade e o tempo que inexoravel-

---

agrupamentos....Um terceiro tipo de instituição total é organizado para proteger a comunidade contra perigos intencionais, e o bem-estar das pessoas assim isoladas não constitui o problema imediato: cadeias, penitenciárias, campos de prisioneiros de guerra, campos de concentração".

[90] GOFFMAN, Op. cit., p. 16.

[91] "En la cárcel, el horario constituye una trama fija y heterodirecta, sustancialmente no modificable, en la que incluso los espacios que el sujeto logra sustraer a la definición institucional resultan invadidos por la privación tendente a la pasividad de estímulos y motivaciones que induce la rígida alienación de la institución" (MOSCONI, Giussepe. *Tiempo social y tiempo de cárcel. in* Secuestros institucionales y derechos humanos: la cárcel y el manicomio como laberintos de obediencias fingidas. org. de Iñaki Rivera Beiras e Juan Dobón. Editorial María Jesús Bosch, Barcelona, 1997, p. 94).

[92] THOMPSON, Augusto. *A Questão Penitenciária*. 5. ed. Rio de Janeiro: Forense, 2002, p. 22; também FOUCAULT, embora sob ao aspecto disciplinar, enumera características típicas do poder que se realiza na prisão: "A prisão deve ser um aparelho disciplinar exaustivo. Em vários sentidos: deve tomar a seu cargo todos os aspectos do indivíduo, seu treinamento físico, sua aptidão para o trabalho, seu comportamento cotidiano, sua atitude moral, suas disposições; a prisão, muito mais que a escola, a oficina ou o exército, que implicam sempre numa certa especialização, é 'onidisciplinar'. Além disso, a prisão é sem exterior nem lacuna; não se interrompe, a não ser depois de terminada totalmente sua tarefa; sua ação sobre o indivíduo deve ser ininterrupta: a disciplina incessante. Enfim, ela dá um poder quase total sobre os detentos; tem seus mecanismos internos de repressão e de castigo: disciplina despótica. Leva à mais forte intensidade todos os processos que encontramos nos outros dispositivos de disciplina. Ela tem que ser a maquinaria mais potente para impor uma nova forma ao indivíduo pervertido; seu modo de ação é a coação de uma educação total" (Op. cit., p. 222).

[93] "Como já fizemos notar anteriormente, os internos não estão sós: partilhando da vida atrás dos muros, ainda que no desempenho de outros papéis, está o pessoal custodiador" (THOMPSON, Op. cit., p. 25/26); segundo VON HENTIG, "la comunidad penitenciaria está composta por dos campos enemigos", representados, por um lado, pelas forças de vigilância, e, por outro, pelos presos (Op. cit., p. 324).

[94] MOSCONI, Op. cit., p. 98.

mente transcorre de forma contínua e ininterrupta na sociedade. Em outros termos: o tempo social, em que pese seja dimensionado quantitativamente nos mesmos parâmetros, é absolutamente diverso quando comparado com o tempo de aprisionamento. Neste domínio, avulta a discrepância qualitativa entre o tempo social e o tempo vivido no interior da prisão, cujas respectivas "velocidades" caminham em ritmos assimétricos um do outro, provocando uma verdadeira alienação social do condenado.

Na perspectiva de Mosconi, há profundas diferenças estruturais entre o tempo do cárcere e o tempo externo, ou social.[95] A análise levada a cabo pelo autor denota, através de um juízo comparatístico que contrapõe a temporalidade ínsita às sociedades contemporâneas e aquela inerente à prisão, que a experiência vivida no interior do aparelho punitivo no curso do resgate da pena privativa de liberdade se distancia temporalmente do trânsito societário.[96] Assim, se não é equivocado afirmar que naturalmente existe uma diferença entre o tempo social e o tempo da pena historicamente constatada, também se mostra legítimo assentar que o grau de distanciamento qualitativo que se verifica entre o tempo social e o tempo subtraído pela pena privativa de liberdade se agudiza dramaticamente na medida proporcional de desenvolvimento que uma dada organização social alcança. No atual estágio de progresso instalado nas sociedades contemporâneas ocidentais propiciado pelo exponencial avanço da tecnologia, o abismo de que se cogita tende a aumentar exponencialmente, abrindo uma larga fenda temporal exclusiva do condenado do meio gregário que vai além da mera segregação físico-espacial.

Uma das características que marcam a contemporaneidade concerne com a transformação do tempo, ou melhor, da percepção que se tem da passagem do tempo. Não se está a referir, evidentemente, ao tempo físico, cronologicamente mensurado e invariável objetivamente, dotado de imutabilidade reversiva. Se nas sociedades pré-industriais de formação agrícola a noção de tempo estava umbilicalmente conectada com a noção de espaço e com fenômenos da natureza,[97] tal já não se verifica nas sociedades contemporâneas, nas quais o progresso tecnológico, mormente no campo dos processos comunicativos atinentes às telecomunicações, operou a sobreposição do tempo sobre o espaço, formatando o que Virilio denomina de "tempo mundial, universal".[98] A sensação da passagem do tempo, neste sentido, é absolutamente diversa na atualidade, e é caracterizada pela instantaneidade[99] resultante da compressão do presente.[100]

---

[95] Op. cit., p. 94.
[96] "Si considerarmos que la cárcel representa de modo notorio una deformación caricaturizada y extremada de distintos aspectos de la sociedad que la produce, también podemos pensar que la organización social del tiempo y la relación entre tiempo social y tiempo subjetivo pueden extremarse de modo dramático en el interior de la instituición penitenciaria y en el marco de la experiencia de la detención" (Op. cit., p. 92).
[97] GIDDENS, Op. cit., p. 29.
[98] VIRILIO, Paul. *A velocidade de libertação.* trad. de Edmundo Cordeiro. Mediações, p. 101.
[99] NOWOTNY, Helga. *Time: the modern and postmodern experience.* Polity Press, p. 27.
[100] ROSA, Op. cit., p. 32.

Neste contexto, nas sociedades contemporâneas o tempo, ao lado de outras categorias da vida, sofre um processo de aceleração que Rosa identifica num amplo contexto de *aceleração social*.[101] Conforme avança o referido autor, três fatores distintos integram o processo de aceleração social: a aceleração tecnológica,[102] a aceleração das mudanças sociais[103] e aceleração do ritmo de vida,[104] cada qual apresentando características distintas umas das outras. No que toca ao terceiro aspecto, Rosa diagnostica que os protagonistas da sociedade percebem cada vez mais que o tempo passa mais rapidamente, gerando uma nítida sensação de escassez temporal[105] para as múltiplas atividades postas pela modernidade. E, de fato, se a tecnologia propicia, por um lado, um aumento do tempo livre em virtude das inúmeras facilidades que oferece para a consecução das tarefas rotineiras com menor gasto de tempo, gerando um *tempo abundante*,[106] por outro, paradoxalmente, subtrai mais tempo das pessoas na medida em que disponibiliza maiores recursos para a realização de uma gama maior de atividades.[107] [108] O inquestionável fato é que a sociedade, em vista do processo de aceleração derivado daqueles três fatores enunciados por Rosa, cada vez mais se transforma e se modifica numa velocidade vertiginosa, produzindo reflexos diretos no modo de vida e no modo com que os autores sociais percebem a si mesmos no mundo.[109]

Se o tempo social típico das sociedades contemporâneas é caracterizado pelo incremento da aceleração em vários aspectos da vida, o mesmo fenômeno não se visualiza no contexto prisional, ao menos com a mesma ou próxima intensidade. No cárcere, ao revés do que se passa no meio comunitário, o que se verifica é justamente o inverso. Imunizada pelo corte geográfico e impregnada pela lógica totalizadora e funcionalmente excludente que a domina, a prisão permanece *a latere* do ritmo de vida da sociedade e das transformações nas estruturas sociais que ocorrem à sua margem.[110] Como

---

[101] ROSA, Op. cit., p. 14.
[102] ROSA, Op. cit., p. 16.
[103] ROSA, Op. cit., p. 17.
[104] ROSA, Op. cit., p. 20.
[105] "Typically, people will feel that time goes by faster than before and they will complain that 'everything' goes too fast; they will worry that they might not be able to keep up with the pace of social life" (Op. cit., p. 21).
[106] ROSA, Op. cit., p. 24.
[107] ROSA, Op. cit., p. 31/32.
[108] "En la sociedad postindustrial a menudo se ha subrayado el contraste entre un tiempo que, en cuanto liberado por una tecnología que abrevia el tiempo necesario para numerosas actividades, se transforma en abundante y amplio, y un tiempo que, invadido por la necesidad de llevar a cabo una cantidad cada vez más anormal de incumbencias que se han hecho necesarias o simplemente posibles debido a la complejidad del contexto social, se transforma en un tiempo cada vez más escaso y alterado" (MOSCONI, Op. cit., p. 95).
[109] "In short, social acceleration produces new experiences of time and space, new patterns of social interaction and new forms of subjectivity, and by consequence, it transforms the ways human beings are set or *placed* in the world – and the ways *move* and *orient themselves* in the world" (ROSA, Op. cit., p. 47).
[110] Segundo GOFFMAN, uma das características de uma instituição total é o seu "fechamento" para o mundo externo (Op. cit., p. 16).

um peculiar modelo organizativo de um grupo social[111] particularizado pela reunião forçada de pessoas confinadas em um único perímetro territorial, a prisão igualmente é detentora de uma temporalidade própria, distinta das demais instituições, e, em certa perspectiva, praticamente inescrutável. Neste quadrante, obtusamente alheia aos processos sociais transformativos – e, por assim dizer, talvez quase que propositalmente autista –, a instituição praticamente reduz e diminui drasticamente o ritmo do tempo social e dele se aparta, ou seja, o sequestra e o domina na precisa acepção de que o ignora e o substitui por seu próprio tempo. Com inteira razão Mosconi, portanto, ao diagnosticar a defasagem existente entre "el tiempo ideológico momificado por la instituición y el tiempo cada vez más dinámico y complejo de la realidad externa".[112]

Assim sendo, não constitui qualquer equívoco encarar a instituição prisional como uma das categorias sociais que, em contraposição à aceleração social, se integra harmonicamente na concepção de *desaceleração da vida social*.[113] Forjada com o objetivo precípuo de segregar pessoas rotuladas de desviantes, a prisão inevitavelmente provoca a completa alteração da cadência vivencial dos indivíduos nela segregados, acarretando, conseguintemente, a ruptura do tempo social experimentado pelo condenado à pena privativa de liberdade até o momento de sua reclusão. A desaceleração é inevitável no ambiente carcerário e uma consequência inafastável da exclusão propiciada pela condenação criminal. O dinamismo característico do jogo social de transformações e mudanças que se processam no mundo exterior não faz parte e não invade a instituição prisional.[114] O tempo social lhe é uma categoria estranha e indiferente. O seu tempo é artificial, quase estático, tendencialmente inerte e potencialmente desprovido de mobilidade, e, por isso, substancialmente diferente do tempo social. Atravessar os portões e muros da prisão não se resume a um mero ingresso numa outra e diferenciada realidade. Transpor os limites do cárcere significa vivenciar uma experiência temporal nitidamente distinta, qualitativamente redutora e materialmente imobilizadora.

---

[111] "Si en los establecimientos penales encontramos una sociedad en pequeños o en grandes grupos, o inclusive como una pluralidad de grupos, aparecerán, desde un punto de vista formal, los elementos típicos de todos los grupos o sociedades. Estos fenómenos sociales adquieren una fisionomía típica en relación al medio social de un establecimiento penal. Tal fenómeno, perceptible en todo grupo o sociedade, está constituído, por ejemplo, por la existencia de determinadas reglas o normas para la vida en común, sin lãs cuales ningún grupo podría existir" (KAUFMANN, Hilde. *Principios para la Reforma de la Ejecución Penal*. Buenos Aires: Ediciones Depalma, Biblioteca de Ciencias Penales, 1977, p. 37).

[112] Op. cit., p. 100.

[113] Ainda segundo ROSA, há 05 fatores que causam ou representam formas de desaceleração ou inércia da vida social em qualquer sociedade; não cabe aqui escrutinar detalhadamente cada uma delas, sendo relevante apenas mencionar que algumas são decorrências naturais do próprio processo de aceleração e, portanto, *não – intencionais* – o tráfico viário e o desemprego derivado da incapacidade do trabalhador em manter-se competitivo incluem-se nesta categoria –, e outras fruto de processos intencionais (*intentional deceleration*), de que são exemplos movimentos ideológicos oposicionistas à aceleração social e o retiro voluntário e temporário de pessoas para monastérios com o objetivo de usufruírem de um tempo próprio (Op. cit., p. 33/39).

[114] "Ao construir a prisão, pretende-se imobilizar o tempo da pena. Separá-lo do tempo social que transcorre no espaço social" (MESSUTI, Op. cit., p. 33).

De tudo resulta que o tempo *do* e *no* cárcere escoa ritmicamente numa velocidade inferior àquela do tempo social, podendo-se dizer, com Mosconi, que, o comparando com o tempo externo, "el tiempo de la cárcel parece proporcionalmente mucho más lento y, por conseguiente, más largo que hace algún tiempo".[115]

4.2. O tempo punitivo em tempos de aceleração

Tendo em mira ser a ruptura temporal uma inevitável consequência advinda do encarceramento, uma execução penal vincada axiologicamente a postulados humanistas próprias do Estado Democrático de Direito impõe que o tempo punitivo concernente à pena privativa de liberdade represente para o condenado um período que não seja contributivo – ou que contribua o menos possível – para o incremento de seu afastamento do meio social. Em outras palavras: o distanciamento do condenado da sociedade, sendo uma característica inata provocada pela pena reclusiva e, portanto, indissociável da própria punição criminal, não deve atingir níveis significativos de agudização eliminatória durante o cumprimento da pena privativa de liberdade. Ao revés, a execução da reprimenda há de ser perspectivada de modo a operar a redução qualitativa do efeito excludente do cárcere.

Tal possibilidade somente se apresenta factível em esquemas penais estruturados sob uma visão da pena privativa de liberdade instrumentalmente devotada à promoção da minoração que naturalmente existe entre o espaço prisional e o tecido sociocomunitário. Uma vez formatada neste modelo aproximativo, a pena privativa de liberdade tenderá a realizar a diminuição entre aqueles dois contextos diversos, com o que se alcançará um grau satisfatório ou minimamente aceitável de racionalidade no interior de um sistema punitivo que não esteja assentado em ideais meramente retribucionistas e/ou segregacionistas.

Sendo assim, o tempo punitivo que pretenda se ajustar funcionalmente a um modelo daquela espécie necessariamente deve estar desvinculado das concepções penalógicas que atribuem à pena privativa de liberdade na fase executiva qualquer outra objetividade que não seja a de proporcionar ao condenado que a cumpre a possibilidade de voluntariamente aderir a um plano de vida futura à margem da atividade criminosa. Desta feita, descartam-se de pronto os modelos retributivos da pena, na medida em que fulcrados tão somente ou precipuamente na punitividade do agente e, portanto, desprovidos conteudisticamente de significação social ou individual útil.[116] Do mesmo modo, refutam-se igualmente as ideologias da punição centradas no paradigma neutralizador, em que o tempo punitivo – salvo, por evidente, a pena de morte – é forjado com o único objetivo de proporcionar a exclusão provisória ou definitiva do condenado em prol da defesa social. Todos esses grupos são materialmente incompatíveis com a execução da pena privativa

---

[115] Op. cit., p. 100.
[116] FIGUEIRDO DIAS, Op. cit., p. 48; ROXIN, Op. cit., p. 84.

de liberdade focada diretamente na pessoa do condenado e, assim, absolutamente ilegítimos.

Neste quadro, somente se concebe válido e legítimo o tempo punitivo quando este estiver vocacionado a promover o harmônico encontro de finalidades que, por um lado, realizem de forma apropriada a proteção subsidiária de bens jurídicos dignos da tutela do Direito Penal e, por outro, mediatizem condições estimulantes para que o condenado conduza licitamente sua vida. Mesmo que se encare como possível e não se desconsidere a incidência de teorias diferenciadas como reitoras conjuntas da finalidade da pena privativa de liberdade,[117] sem dúvida que a prevenção especial positiva releva no campo analítico do tempo punitivo porque permite que se configure um modelo de cumprimento da sanção criminal que não importe na total exclusão do condenado.

Um importante fator a ser devidamente considerado quando se trata da pena privativa de liberdade condiz com os efeitos deletérios que o encarceramento inevitavelmente produz em detrimento do condenado. A influência negativa do ambiente prisional é um dado empírico concreto já assaz diagnosticado e denunciado pela literatura especializada. A prisão é um espaço naturalmente modificador da pessoa privada de liberdade submetida a processos intensos de institucionalização, ainda que se possa admitir que não há, em todas as hipóteses punitivas, um programa deliberadamente pautado com o objetivo de promover a alteração ou manipulação do ser humano. No entanto, ninguém está imune ou escapa impunemente aos efeitos e consequências do aprisionamento. Pode-se dizer que a simples inserção da pessoa no aparelho punitivo já acarreta o fenômeno que Goffman denomina como *mortificação*.[118] [119] Esse processo de anulação da autorreferenciação pessoal em relação a si mesmo tende a aumentar exponencialmente conforme o condenado seja paulatinamente sujeito à exposição contaminadora[120] do cárcere.

---

[117] Significativo setor doutrinário, partindo do pressuposto de que a sanção criminal somente pode ter uma finalidade preventiva voltada à proteção de bens jurídicos que o Direito Penal visa realizar, vem acentuando a possibilidade de concordância teórica e prática entre os postulados das teorias da prevenção geral e especial (FIGUEIREDO DIAS, Op. cit., p. 78/79); no eventual conflito entre a necessidade de concreção da prevenção geral e especial, ROXIN atribui predominância a esta última (Op. cit., p. 97); em sentido contrário à promiscuidade entre diversas teorias, e partidários da *Teoria Agnóstica e Negativa da Pena*, ZAFFARONI, BATISTA, ALAGIA e SLOKAR: "As combinações teóricas incoerentes, em matéria de pena, são muito mais autoritárias do que qualquer uma das teorias puras, pois somam as objeções de todas as que pretendem combinar e permitem escolher a pior decisão em cada caso. Não se trata de uma solução jurídico-penal, mas de uma entrega do direito penal à arbitrariedade e da conseqüente renúncia à sua função mais importante" (Op. cit., p. 141).

[118] Op. cit., p. 24: "O novato chega ao estabelecimento com um concepção de si mesmo que se tornou possível por algumas disposições sociais estáveis no seu mundo doméstico. Ao entrar, é imediatamente despido do apoio dado por tais disposições. Na linguagem exata de algumas de nossas antigas instituições totais, começa uma série de rebaixamentos, degradações, humilhações e profanações do eu. O seu eu é sistematicamente, embora muitas vezes não intencionalmente, mortificado".

[119] No campo literário, apenas para convocar um célebre exemplo, DOSTOIEVSKI, autor russo que experimentou as agruras do cárcere siberiano, assim se referiu, em clássica obra, à prisão: *"Este lugar é uma casa de mortos"* (Dostoievski, Fiódor. *Recordação da Casa dos Mortos*. trad. Nicolau S. Peticov. São Paulo: Nova Alexandria, 2006, p. 95).

[120] GOFFMAN, Op. cit., p. 31.

Em igual sentido, Clemmer, autor intelectual do famoso e difundido termo *prisonization*,[121] identifica o progressivo processo de *prisonização* que o condenado à pena privativa de liberdade sofre durante sua estadia na prisão. A prisonização é um efeito natural do encarceramento cujos graus de intensidade podem variar caso a caso, não obstante uma conjugação de múltiplos fatores cumulativos esteja sempre presente e verificável no mecanismo de prisonização que atinge a todo e qualquer preso.[122] Daí o seu alerta de que "every man who enters the penitentiary undergoes prisonization to some extent".[123]

A ordem de fatores conduz Ferrajoli a caracterizar a prisão como uma instituição irremediavelmente antiliberal, desigual, atípica, extralegal e extrajudicial,[124] e que produz, em desfavor da pessoa privada de liberdade, aflição física e aflição psicológica[125] no curso do período de encarceramento. Além disso, ainda segundo a hipótese ferrajoliana, a prisão ostenta um caráter criminógeno[126] próprio, diagnóstico do qual não se aparta Eduardo Correia, para quem, em igual passo, a prisão "se é escola, é escola do crime".[127] [128]

Se o mínimo contato do condenado com o ambiente prisional já é suficiente para expô-lo ao processo de prisonização, evidentemente que o prolongamento deste estado de vulnerabilidade pessoal incrementa sobremaneira o patamar evolutivo de seu grau de inserção no mundo carcerário. Desta feita, constata-se uma equação inversiva na relação entre a experiência do condenado na vida extramuros e aquela que passa a experimentar no cotidiano prisional: quanto maior for o tempo de duração quantitativa da pena privativa de liberdade, quanto mais permanecer sob o influxo deletério da cultura e regras da instituição, aumenta exponencialmente a escala qualitativa de seu distanciamento do meio social; no reverso, uma reduzida experiência na prisão tende a não acarretar a mesma intensidade assimilatória carcerária, não obstante igualmente projete reflexos negativos sobre o

---

[121] "So as we use the term Americanization do describe a greater or less degree of the immigrant´s integration into the American scheme of life we may use the term *prisonization* to indicate the taking on in greater or less degree of the folkways, mores, customs, and general culture of the penitentiary" (CLEMMER, Donald. *The prison community*. HOLT, HOLT, RINEHART AND WINSTON, p. 299).

[122] "Acceptance of an interior rôle, accumulation of facts concerning the organization of the prison, the development of somewhat new habits of eating, dressing, working, sleeping, the adoption of local language, the recognition that nothing is owed to the environment for supplying of needs, and the eventual desire for a good job are aspects of prisonization which are operative for all inmates" (CLEMMER, Op. cit., p. 300).

[123] Op. cit., p. 299.

[124] Op. cit., p. 331.

[125] Op. cit., p. 331; GOFFMAN categoriza este processo como "deformação pessoal" (Op. cit., p. 29).

[126] Op. cit., p. 330: "... dado o caráter criminógeno das prisões destinadas de fato, como nos dias de hoje é unanimemente reconhecido, a funcionar como escolas de delinquência e de recrutamento da criminalidade".

[127] *Código Penal, Projecto da Parte Geral*. Separata do "Boletim do Ministério da Justiça" nº 127, 1963, p. 42.

[128] "... por um lado, a prisão produz um efeito de intimidação sobre o recluso, criando um estímulo de adaptação às regras de vida em sociedade; por outro, segrega o indivíduo do seu estatuto jurídico normal, atinge a personalidade, favorece a aprendizagem de novas técnicas criminosasa e propõe valores e normas contrários aos 'oficiais'" (RODRIGUES, Anabela Miranda. *Novo olhar sobre a questão penitenciária: estatuto jurídico do recluso e socialização, jurisdicionalização, consensualismo e prisão*. São Paulo: Editora Revista dos Tribunais, 2001, p. 46).

condenado. Daí resulta que o *quantum* de pena privativa de liberdade seja um dos critérios invocados por Clemmer como indicativo de um menor ou maior grau de prisonização do condenado.[129]

Assim sendo, resta claro que o tempo de permanência do condenado no cárcere é critério decisivo a ser sopesado na execução da pena privativa de liberdade presidida sob o pálio da prevenção especial positiva. Num quadro dominado pela observância do princípio da humanidade das penas que decorre diretamente do postulado da dignidade da pessoa humana, o cumprimento da sanção criminal não deve reforçar ou contribuir para a alienação social do condenado. Pelo contrário, a experiência carcerária, se inevitavelmente apresenta suas agruras e desvantagens já há muito descortinadas, deve ser planificada no sentido de preservar e respeitar ao máximo a higidez psíquico-social da pessoa privada de liberdade. Para tanto, indispensável que se tome em consideração que a pessoa que transpõe os limites físicos da prisão em virtude da coatividade derivada do título executivo judicial corporificador da condenação criminal certamente não será a mesma que, uma vez descontada a reprimenda, deixará o perímetro prisional e retornará à sociedade.

Portanto, o tempo punitivo da pena privativa de liberdade deve ser perspectivado como um período que não signifique para o condenado uma maior exclusão social além daquela que naturalmente decorre da apartação compulsória inerente à sanção criminal reclusiva. Tal somente se afigura possível, conforme já realçado algures, dentro de um quadro presidido pela predominância da prevenção especial positiva no contexto do cumprimento da pena. Mas não conforme uma concepção ressocializadora que esta vertente teórica se revestiu tradicionalmente, e cujo discurso retórico restou já desmistificado à exaustão,[130] e sim, de acordo com a consideração de que o recluso, igualmente detentor do *status* jurídico de titular de direitos, carece de protetividade estatal durante o cumprimento da pena justamente por se encontrar num inegável estado de debilidade em relação ao poder punitivo estatal, de modo que o objetivo a ser perseguido incessantemente no curso da execução penal consiste na aniquilação ou redução dos efeitos dessocializadores do encarceramento.[131]

Combater a *dessocialização acelerada*,[132] portanto, se afigura como a tarefa primordial do Estado-Carcereiro a ser desenvolvida no domínio da execu-

---

[129] Op. cit., p. 301: "In the least or lowest degree of prisonization the following factors may be enumerated: 1. A short sentence... In the highest or greatest degree of prisonization the following factors may be enumerated: 1. A sentence of many years...".

[130] Inúmeras são as objeções que podem ser invocadas como fatores de deslegitimação do projeto ressocializador, dentre as quais a irremovível contradição apontada por BARATTA verificável na (i)lógica operatividade dualizada pela relação exclusão x inclusão: "não se pode, ao mesmo tempo, excluir e incluir" (BARATTA, Alessandro. *Criminologia Crítica e Crítica do Direito Penal – Introdução à Sociologia do Direito Penal*. 3. ed. trad. Juarez Cirino dos Santos. Rio de Janeiro: Revan: Instituto Carioca de Criminologia, Coleção Pensamento Criminológico, 2002, p.186).

[131] ANABELA, a propósito do tema, assevera que o "primeiro objetivo da prisão deve ser o de *evitar a dessocialização do recluso*" (Op. cit., p. 45 e 47).

[132] Trata-se de expressão empregada por RICOUER para descrever a transformação do condenado: "Pode-se presumir que, além de certa duração, a execução da pena equivale a um processo de desso-

ção da pena privativa de liberdade. A consecução desta tarefa pode ser efetivada mediante a implementação de providências relacionadas ao tempo punitivo da sanção criminal tendentes a minorar o quanto possível o grau de inserção carcerária do condenado.

A drástica redução dos parâmetros objetivos de quantidade da pena privativa de liberdade surge como uma daquelas medidas salutares para obviar o processo de prisonização e, consequentemente, o coeficiente dessocializador derivado do aprisionamento do condenado. Se a completa abolição da sanção criminal carcerária parece ainda não ser uma ideia plenamente consensualizada,[133] a diminuição dos patamares da carga punitiva[134][135] cominados nos modelos legais de crimes certamente contribui para a atenuar os efeitos degradantes do cárcere. A longa e extenuante estadia na prisão opera a transformação do condenado,[136] o qual, após a hospedagem forçada, não será a mesma pessoa ao término do cumprimento da sanção. O tempo punitivo, nesta perspectiva, constitui um fator de contrariedade à preservação da personalidade da pessoa privada de liberdade, e somente o encurtamento do período temporal de aprisionamento detém a idoneidade de contrapor o fluxo modificativo que naturalmente se verifica.

Ao lado da aventada minoração quantitativa da carga temporal da pena privativa de liberdade, a parificação entre o mundo prisional e a vida livre igualmente se apresenta como providência contributiva para a redução do processo de dessocialização. Assim, o tempo punitivo inerente à sanção criminal na sua dimensão qualitativa há de ser dimensionado de forma a promover a máxima igualização possível dos meios carcerário e social através da instituição de um diálogo constante e ininterrupto entre estas duas esferas. Isto significa por em prática a implementação da equalização temporal que rege o cotidiano de ambas as instituições, nomeadamente a instituição prisional,[137] com o fito de encurtar a "justa distância entre o detento e o res-

---

cialização acelerada. Uma fera, e não uma pessoa livre, é progressivamente engendrada pela exclusão, em detrimento de qualquer projeto de reinserção" (RICOEUR, Paul. Condenação, reabilitação, perdão. In: O justo 1: a justiça como regra moral e como instituição. trad. de Icone C. Benedetti. São Paulo: WMF Martins Fontes, 2008, p. 194).

[133] A supressão da pena privativa de liberdade consta da pauta concebida por FERRAJOLI como uma das medidas de concreção do sistema garantista (Op. cit., p. 332).

[134] Tanto EDUARDO CORREIA (Op. cit., p. 50) quanto FERRAJOLI (Op. cit., p. 333), embora fulcrados em diversas premissas teóricas, propugnam o estabelecimento do tempo máximo das penas privativa de liberdade no patamar de 10 anos.

[135] Não se deve olvidar que a diminuição da previsão de penas privativas de liberdade também se enquadra neste preciso panorama, reservando-a para os casos mais graves que, por critérios de necessidade e proporcionalidade, convocam a sua indispensabilidade, concretizando o que ANABELA denomina de "política deflacionária da pena de prisão" (Op. cit., p. 49).

[136] "O sujeito que, expulso da comunidade de pessoas, entra na prisão, não será o mesmo que sairá da prisão e que se reintegrará a essa comunidade da qual foi expulso. O tempo (independentemente das condições em que transcorra, operará sua gradual transformação. Porque o tempo, por mais peculiar que seja, escoa-se em comum com o tempo que transcorre livre de pena – o tempo de vida de um ser humano. E, na medida em que vão se descontando os anos de pena, igualmente vão se descontando os anos de vida" (MESSUTI, Op. cit., p. 50); com o mesmo diagnóstico, FERRAJOLI (Op. cit., p. 333).

[137] Segundo a conceção de EDUARDO CORREIA, tendo em conta os "conhecidos efeitos nocivos da privação muito prolongada da liberdade", a pena de prisão "está condicionada pela garantia de que a

tante da sociedade".[138] O parâmetro a ser adotado como paradigma aproximativo concerne ao tempo social, na medida em que a perspectiva futura de (re)ingresso do condenado na sociedade domina e confere sentido finalístico ao cumprimento da pena privativa de liberdade e, portanto, é o tempo punitivo que carece de acelaração com o objetivo de homogeneizar-se com aquele,[139] não obstante, na perspectiva avançada por Mosconi, não seja possível metrificar o tempo externo e interno a partir dos mesmos paradigmas.[140]

5. Conclusão

Todo o percurso trilhado evidencia que o tempo é um fator crucial no cumprimento da pena privativa de liberdade. Devido aos efeitos nitidamente excludentes desta modalidade de sanção criminal e o concorrente processo de aceleração social atualmente verificável nas sociedades contemporâneas, a tendência dessocializadora operada pelo cárcere se agudiza sobremaneira em detrimento do condenado.

Desta forma, a orientação da execução da pena privativa de liberdade em consonância com o postulado da humanidade das penas reclama a conformação do tempo punitivo em consideração à dignidade do condenado. O período de encarceramento, portanto, não deve significar o sequestro estatal do tempo próprio da pessoa privada de liberdade,[141] uma vez que o Estado não detém o direito de dispor e apropriar-se aflitivamente da temporalidade do ser humano.[142] Restam afastadas, por absoluta e irremovível incompatibilidade substancial com o sentido humanístico da sanção criminal, todas as modalidades penalógicas puramente excludentes e punitivistas cujo único e exclusivo produto é a configuração de um verdadeiro de *apátrida social*.

Bibliografia

ADAM, Barbara. *Timewatch*: the social analysis of time. Polity Press.

ALMEIDA, Carlota Pizarro de. *Estrutura e limites da pena relativamente indeterminada*. Relatório final da disciplina de direito penal do curso de mestrado em Ciências Jurídico-criminais. Setembro 1996.

ASÚA, Luis Jiménez de. La sentencia indeterminada: el sistema de penas determinadas ("posteriori". Hijos de Reus Editores, Madrid, 1913.

---

forma de a executar seja tornada mais plástica, mais aproximada da vida em liberdade.." (Op. cit., p. 52 e 54, respectivamente)

[138] RICOEUR, Op. cit., p. 194.

[139] Neste preciso sentido, art. 60, nº 1, das Regras Mínimas para o Tratamento de Prisioneiros da ONU: "O regime do estabelecimento prisional deve tentar reduzir as diferenças existentes entre a vida na prisão e a vida livre quando tais diferenças contribuirem para debilitar o sentido de responsabilidade do preso ou o respeito à dignidade de sua pessoa".

[140] Op. cit., p. 101.

[141] Consoante GOFFMAN, entre as pessoas que cumprem a pena privativa de liberdade permeia o sentimento de que o período despendido no cárcere é um "tempo perdido, destruído ou tirado da vida da pessoa", configurando um "tempo morto" (Op. cit., p. 64/65).

[142] Na precisa afirmação de ANABELA, "a pena de prisão não é uma pena de banimento" (Op. cit., p. 52).

BARATTA, Alessandro. *Criminologia Crítica e Critica do Direito Penal- Introdução à Sociologia do Direito Penal.* 3. ed. trad. Juarez Cirino dos Santos. Rio de Janeiro: Revan: ICC, Coleção Pensamento Criminológico, 2002.

BAUMAN, Zygmunt. *Globalização. As Conseqüências Humanas.* trad. Marcus Penchel. Rio de Janeiro: Jorge Zahar Editor, 1999

BECCARIA, Cesare Bonesana. *Dos delitos e das penas.* trad. de José Faria Costa. Lisboa: Fundação Calouste Gulbenkian. Serviço de Educação, 1998.

BELEZA, Carlota Pizarro. *Estrutura e limites da pena relativamente indeterminada.* Relatório final da disciplina de Direito Penal do curso de Mestrado em Ciências Jurídico-Criminais da Faculdade de Direito da Universidade de Lisboa, setembro de 1996.

BELEZA, Teresa Pizarro. A "reinserção social dos delinquentes": recuperação da utopia ou utopia da recuperação? In: *Cidadão delinquente: reinserção social?* Instituto de Reinserção Social, 1983, p. 159/173.

BENTHAM, Jeremias. *Teoria das penas legais.* São Paulo: Livraria e Editora Logos.

BERGALLI, Roberto. *¿Readaptacion Social Por Medio de la Ejecucion Penal?* Coleccion de Criminologia y Derecho Penal, Publicaciones del Instituto de Criminologia Universidad de Madri, Año LXXVI, Madri, 1976.

BITENCOURT, Cezar. *Falência da Pena de Prisão.* 3. ed. São Paulo: Saraiva, 2004.

CUELLO CALON, Eugenio. *Penalogia, las penas y las medidas de seguridad*: su ejecución. Editorial Reus, Madrid, 1920.

CANOTILHO, J. J. Gomes/MOREIRA, Vital. *Constituição da República Portuguesa Anotada, Volume I, Artigos 1º a 107º.* 4. ed. Coimbra Editora, 2007.

CARNELUTTI, Francesco. *O Problema da Pena.* trad. Hiltomar Martins Oliveira. Belo Horizonte: Líder, 2003.

CARTUYVELS, Yves e OST, François. *Crise du lien social et crise du temps juridique*: le droit est-il encore en mesure d´instituer la societé? L´exemple du droit pénal. Séminaire interdisciplinaire d´études juridiques. Facultés universitaires Saint-Louis, Bruxelles, Fevrier 1998.

CLEMMER, Donald. *The prison community.* HOLT, HOLT, RINEHART AND WINSTON.

CORREIA, Eduardo. *Direito Criminal,* Volume I (com a colaboração de Figueiredo Dias). reimp. Almedina.

——. A influência de Franz V. Liszt sobre a reforma penal portuguesa. In: *Boletim da Faculdade de Direito*, Vol. XLVI. Coimbra, 1970, p. 01/34.

——. *Código Penal, Projecto da Parte Geral.* Separata do "Boletim do Ministério da Justiça" nº 127, 1963.

CASTELLS, Manuel. *A Era da Informação: Economia, Sociedade e Cultura, Volume I, A Sociedade em Rede.* 4. ed. tradução de Alexandra Lemos, Catarina Lorga e Tânia Soares. Fundação Calouste Gulbenkian.

COSTA, Helena Regina Lobo. *A dignidade humana*: teorias de prevenção geral positiva. São Paulo: Revista dos Tribunais, 2008.

COSTA, José de Faria. O Direito Penal e o Tempo. In: *Linhas de Direito Penal e de Filosofia*: alguns cruzamentos reflexivos. Coimbra Editora, 2005, p. 163/190.

——. *O perigo em Direito Penal* (contributo para a sua fundamentação e compreensão dogmáticas). Reimp. Coimbra Editora, 2000.

CUNHA, Paulo Ferreira da. Das penas e seus fins – Recordando narrativas fundadoras em direito penal. In: *Revista Portuguesa de Ciências Criminais,* ano 21, nº 1, Janeiro-Março 2011, p. 07/38.

DIAS, Jorge de Figueiredo. *Direito Penal,* Parte Geral, Tomo I, Questões Fundamentais, A Doutrina Geral do Crime. 2. ed. (reimpressão). Coimbra Editora, 2011.

——. *Direito penal português,* Parte Geral, II, As consequências jurídicas do crime. Reimpressão. Coimbra Editora, 2005.

DOSTOIEVSKI, Fiódor. *Recordação da Casa dos Mortos.* trad. de Nicolau S. Peticov. São Paulo: Nova Alexandria, 2006.

EASTON, Susan. *Prisioner´s rights*: principle and practice. Routledge, 2011.

EINSTEIN, Albert. *Vida e pensamentos.* Martin Claret: São Paulo, 2002.

FALCÓN Y TELLA, María Jose e FALCÓN Y TELLA, Fernando. *Fundamento e finalidade da sanção: existe um direito de castigar?* tradução de Claudia de Miranda Avena e revisão de Luiz Flávio Gomes. São Paulo: Editora Revista dos Tribunais, 2008.

FERRAJOLI, Luigi. *Direito e razão*: teoria do garantismo penal (tradução de Ana Paula Zomer, Fauzi Hassan Choukr, Juarez Tavares e Luiz Flávio Gomes). São Paulo: Revista dos Tribunais, 2002.

FERREIRA, Manuel Cavaleiro de. *Lições de Direito Penal,* Parte Geral, I. reimpressão. Almedina.

FOUCAULT, Michel. *Vigiar e punir*: nascimento da prisão. tradução de Raquel Ramalhete. 39ª ed. Petrópolis, RJ: Vozes, 2011.

GARRAUD, René. *Compêndio de Direito Criminal, Volumes I e II.* Trad. de Ricardo Rodrigues Gama. Campinas/SP: LZN Editora, 21003.

GIDDENS, Anthony. *Consecuencias de la modernidad.* Trad. de Ana Lizón Ramón. Alianza Editorial.

GOFFMAN, Erving. *Manicônios, prisões e conventos.* Trad. de Dante Moreira Leite. São Paulo: Perspectiva, 2010.

GROS, Frédéric. Os quatro centros de sentido da pena. In: *Punir em democracia* – e a justiça será. trad. de Jorge Pinheiro. Instituto Piaget, p. 11/143.

JAKOBS, Günther. *Derecho Penal, Parte General, Fundamentos y teoría de la imputación.* 2. ed. corrigida. trad. de Joaquin Cuello Contreras e Jose Luis Serrano Gonzalez de Murillo. Marcial Pons, Ediciones Juridicas, Madrid, 1997.

JORDÃO, Levy Maria. *Código Penal Portuguez, Tomo I, Relatório.* Imprensa Nacional, 1864, Projecto de Levy Maria Jordão.

——. *O fundamento do direito de punir.* Dissertação inaugural para o acto de Conclusões Magnas, 1853.

KANT, Immanuel. *A Metafísica dos Costumes.* trad. de José Lamego. Fundação Calouste Gulbenkian.

KAUFMANN, Hilde. *Principios para la Reforma de la Ejecución Penal.* Buenos Aires: Ediciones Depalma, Biblioteca de Ciencias Penales, 1977.

LOPES, José Guardado. *Achegas para a história do direito penitenciário português.* Lisboa, 1995.

MELOSI, Dario e PAVARINI, Massimo. *Cárcere e fábrica – As origens do sistema penitenciário (séculos XVI-XIX).* 2. ed. trad. de Sérgio Lamarão. Rio de Janeiro: Revan: ICC, Pensamento Criminológico v. 11, 2010.

MESSUTI. Ana. *O Tempo como Pena.* trad. Tadeu Antonio Dix Silva e Maria Clara Veronesi de Toledo. São Paulo: Revista dos Tribunais, 2003.

MIRANDA, Jorge/MEDEIROS, Rui. *Constituição Portuguesa Anotada, Tomo I.* 2. ed., revista, actualizada e ampliada (com a colaboração de Maria da Glória Garcia, Germano Marques da Silva, Américo Taipa de Carvalho, Damião da Cunha, José Lobo Moutinho, Paula Ribeiro de Faria, José de Melo Alexandrino, Pedro Machete, António Cortês, Evaristo Ferreira Mendes, Henrique Salinas, Jorge Pereira da Silva, Pedro Garcia Marques, Gonçalo Matias, Fernando Sá e Margarida Menéres Pimentel). Wolters Kluwer/Coimbra Editora, 2010.

MOSCONI, Giussepe. Tiempo social y tiempo de cárcel. In: *Secuestros institucionales y derechos humanos*: la cárcel y el manicomio como laberintos de obediencias fingidas. org. de Iñaki Rivera Beiras e Juan Dobón. Editorial María Jesús Bosch, Barcelona, 1997, p. 91/103.

NOWOTNY, Helga. *Time*: the modern and postmodern experience. Polity Press.

OST, François. *O tempo do direito.* tradução de Élcio Fernandes e revisão técnica de Carlos Aurélio Mota de Sousa. Bauru, SP: EDUSC, 2005.

PALMA, Maria Fernanda. *Direito Constitucional Penal.* Almedina.

——. Tribunal Penal Internacional e Constituição penal. In: *Revista Portuguesa de Ciências Criminais*, ano 11, fasc. 1º, Janeiro-Março 2001, p. 7/38.

PAŠUKANIS, Evgeny. *A teoria geral do direito e o marxismo.* trad. de Soveral Martins. Centelha, Coimbra, 1977.

PECH, Thierry. Neutralizar a pena. In: *Punir em democracia* – e a justiça será. tradução Jorge Pinheiro. Instituto Piaget, p. 145/251.

PEREIRA, Armando Simões. *Em defesa das sentenças indeterminadas*: um aspecto da política criminal. Coimbra Editora: Coimbra, 1927.

PEREIRA, Luís de Miranda. As Misericórdias e os presos: renovação ou esquecimento? In: *Revista Portuguesa de Ciências Criminais*, ano 10, fasc. 3º, Jaulho-Setembro 2000, p. 389/417.

RICOEUR, Paul. Condenação, reabilitação, perdão. In: *O justo 1*: a justiça como regra moral e como instituição. trad. de Ivone C. Benedetti. São Paulo: WMF Martins Fontes, 2008, p. 183/197.

RIVERA BEIRAS, Iñaki. *La cuestión carcelaria: historia, epistmologia, derecho y política penitenciaria.* 2. ed. Ciudad Autónoma de Buenos Aires: Del Puerto, 2009.

RODRIGUES, Anabela Miranda. *Novo olhar sobre a questão penitenciária*: estatuto jurídico do recluso e socialização, jurisdicionalização, consensualismo e prisão. São Paulo: Revista dos Tribunais, 2001.

——. *A determinação da medida da pena privativa de liberdade.* Coimbra Editora, 1995.

——. A pena relativamente indeterminada na perspectiva da reinserção social do recluso. In: *Jornadas de Direito Criminal, O Novo Código Penal Português e Legislação Complementar, Fase I.* CEJ: Lisboa, 1983, p. 285/314.

ROSA, Hartmut. *Alienation and acceleration: towards a critical theory of late-modern temporality.* NSU Summertalk, vol. 3, 2010.

ROXIN, Claus. *Derecho Penal, Parte General,* Tomo I, Fundamentos. La Estructura de la teoria del delito. Tradución de la 2ª edición alemana y notas por Diego-Manuel Luzón Peña, Miguel Díaz y Garcia Conlledo e Javier de Vicente Remesal. Thomson/Civitas.

——. Sentido y limites de la pena estatal. trad. e notas de Diego Manuel Luzon Peña. In: *Fundamentos político-criminales del Derecho penal.* Hammurabi: Buenos Aires, 2008, p. 47/90.

RUSCHE, Georg; KIRCHHEIMER, Otto. *Punição e Estrutura Social.* Trad. Gizlene Neder. Rio de Janeiro: Revan: Instituto Carioca de Criminologia, Coleção Pensamento Criminológico, 2004.

SALEILLES, Raymond. *A individualização da pena.* trad. de Thais Miremis Sanfelippo da Silva Amadio. São Paulo: Ridell.

SÁNCHEZ, Bernardo Feijoo. *Retribución y Prevención General*: un estudio sobre la teoría de la pena y las funciones del Derecho Penal. Editorial IBdef, Montevideo-Buenos Aires, 2007.

SANTO AGOSTINHO. *Confissões.* trad. de Arnaldo do Espírito Santo, João Beato e Maria Cristina de Castro-Maia de Sousa Pimentel. 2. ed. Centro de Literatura e Cultura Portuguesa e Brasileira. Imprensa Nacional-Casa da Moeda, Lisboa, 2004.

SANTOS, José Beleza dos. *Nova organização prisional portuguesa* (alguns princípios e realizações). Coimbra Editora: Coimbra, 1947.

SANTOS, Juarez Cirino. *Teoria da pena: fundamentos políticos e aplicação judicial.* Curitiba: ICPC; Lumen Juris, 2005.

SÍLVIA, Alves. *Punir e humanizar.* O Direito Penal Setecentista. Dissertação de doutoramento em Ciências Histórico-Jurídicas da Faculdade de Direito da Universidade de Lisboa (Especialidade: História do Direito), 2008.

SOUSA E BRITO, José. Os fins das penas no Código Penal. In: *Problemas fundamentais de Direito Penal*: homenagem a Claus Roxin. Lisboa: Universidade Lusíada Editora, 2002, p. 155/175.

THOMPSON, Augusto. *A Questão Penitenciária.* 5. ed. Rio de Janeiro: Forense, 2002.

VIRILIO, Paul. *A velocidade de libertação.* trad. de Edmundo Cordeiro. Mediações.

VON HENTIG, Hans. *La Pena*, Volumen II, Las formas modernas de aparación. Trad. de José María Rodríguez Devesa. ESPASA-CALPE, Madrid, 1968.

WHITROW, G. J. *What is time?* The classic account of the nature of time. Oxford University Press.

ZAFFARONI, Eugenio Raúl; BATISTA, Nilo; ALAGIA, Alejandro; SLOKAR, Alejandro. *Direito Penal Brasileiro*, Primeiro Volume, Teoria Geral do Direito Penal. 2. ed. Rio de Janeiro: Revan, 2003.

——. *Tratado de Derecho Penal*, Parte General, V. Ediar, Buenos Aires, 1988.

ZIFER, Patricia S. Problemas de legitimación de la aplicación de medidas privativas de libertad a partir de los pronósticos de peligrosidad. In: *¿Tiene un futuro el Derecho penal?* Compilado por Julio B. J. Maier e Gabriela E. Córdoba. Buenos Aires, Ad-Hoc, 2009, p. 289/326.

— 6 —

Ciúme e Direito Penal

MÁRCIO SCHLEE GOMES

Sumário: 1. Introdução; 2. Um caso de homicídio por ciúme: "Caso cantanhede"; 3. Emoções e responsabilidade penal; 3.1 Ciúme e crime; 3.2. Emoções e responsabilidade penal; 4. O ciúme e a responsabilidade penal; 4.1. Posição da doutrina sobre o ciúme; 4.2. Posição da jurisprudência sobre o ciúme; 4.2.1. Análise comparada de casos; 4.2.2. Análise crítica da jurisprudência; 5. Discussão da relevância das emoções no direito penal: perspectivas sobre o ciúme; 5.1. Ciúme, política criminal e homem médio; 5.2. A relevância das emoções: juízo de censura ético; 6. Conclusões; Bibliografia.

1. Introdução

O presente trabalho busca analisar como o ciúme é tratado pelo Direito Penal, identificando-se posições doutrinárias e jurisprudenciais sobre o tema e analisando se há novas perspectivas para a abordagem da questão, a partir de uma possível maior consideração das emoções no campo do Direito Penal.

O ciúme é sempre uma emoção negativa e reprovável ou há possibilidade de ser compreendido ou até mesmo ser visto como algo positivo? A prática de um homicídio motivado por ciúmes deve ser considerada um homicídio qualificado, simples ou privilegiado? Há campo para atenuação de pena ou merece sempre um total agravamento?

Esses são questionamentos que se lançam neste estudo, que importam uma análise de ponderações não só na esfera do próprio Direito Penal, mas, também, na filosofia e psicologia, para que o juízo de culpabilidade lançado pela Justiça Criminal não seja simplesmente mero formalismo e deixe de considerar as circunstâncias pessoais do agente, sobretudo, relacionadas com as emoções experimentadas no momento do delito que direcionaram sua vontade e sua ação.[1]

---

[1] Como adverte PALMA, "Estaremos, então, precipitados numa justiça estética das emoções, que só pode identificar a responsabilidade do agente como 'castigo', por não ter inevitavelmente actuado com as melhores emoções? Assemelhar-se-á essa justiça 'estética' a um concurso de beleza em que inevitavelmente feios perdem e os inevitavelmente belos ganham" (*O princípio da desculpa em Direito Penal*. Coimbra: Almedina, 2005, p. 189).

Os chamados "crimes passionais"[2] sempre foram motivo de interesse e curiosidade das pessoas, pois dizem respeito ao conflito existente em relações amorosas, as quais são vivenciadas por todos na busca da felicidade. E, como observava Léon Rabinowicz, "o ciúme segue o amor, como a sombra segue o homem",[3] algo que sempre foi retratado nas grandes estórias de amor, sendo o ciúme a fonte de desconfiança e desagregação, o que, por sinal, vem descrito na literatura, no cinema, nas novelas, despertando um intenso debate sobre a compatibilidade do ciúme com o amor e, também, da capacidade desta emoção levar o homem a situações extremas que deságuem em atos de violência, como um homicídio.[4]

Assim, se no passado remoto os criminosos passionais recebiam um tratamento indulgente por parte da Justiça Penal, principalmente, a partir do século XIX e até meados do século XX, época do romantismo e em que a alegação de legítima defesa da honra em casos de homicídios por infidelidade conjugal levava à absolvição, com entendimento de que o estado emocional do agente, de total "cegueira" em face da intensa perturbação psíquica, justificaria seu agir criminoso, tem-se, atualmente, diante da modificação dos padrões culturais da sociedade e a própria indignação decorrente do lamentável quadro de violência doméstica contra mulheres, um tratamento rigoroso que afasta qualquer benesse aos passionais, não se admitindo maior influência e consideração das emoções para efeito de responsabilidade penal.[5]

Nesse contexto, necessário questionar se o Direito Penal, na busca de combater determinadas condutas criminosas, pode simplesmente deixar de considerar as emoções vivenciadas pelo agente e fazer um juízo de culpabilidade baseado na ideia de prevenção e por política criminal.

Determinadas emoções são decorrentes das próprias crenças, da cultura, das regras sociais em que certa pessoa está inserida.[6] Sua resposta a uma

---

[2] NEVES, na obra "*A problemática da culpa nos crimes passionais*", Coimbra Editora, 2009, p. 21-23, ressalta a questão da nomenclatura, observando que se usam as expressões "estados afectivos", "acções de afecto", "estados passionais", "homicídios passionais" ou "estados de afecto", as quais são decorrentes das expressões alemãs *Affektdelikt* ou *Leidenschaftsdelikt*. Porém, por entender que a palavra "afecto", em português, tem uma conotação mais ampla, julga ser melhor a expressão "estados passionais", a qual adota em sua obra.

[3] RABINOWICZ, Léon. *O crime passional*. São Paulo: Mundo Jurídico, 2007, p. 59.

[4] Veja-se "Othello, o Mouro de Veneza" de William SHAKESPEARE, obra clássica sobre o amor e o ciúme, retratando essas emoções de modo plenamente rico e detalhado em suas personagens Othello, Iago e Desdêmona (*Otelo*. Tradução de Beatriz Viégas-Faria. Porto Alegre: L&PM, 1999). Também, vale lembrar a obra de Enrico FERRI, "*Os criminosos na arte e na literatura*", Porto Alegre, Ricardo Lenz Editor, 2001, em que comenta vários casos de crimes passionais que são narrados na literatura.

[5] ELUF, na obra "*A paixão no banco dos réus*", São Paulo, Saraiva, 2002, narra mais de 15 casos históricos de crimes passionais cometidos no Brasil, com grande repercussão na opinião pública, como os casos "Doca Street", "Daniela Perez", "Pimenta Neves" e outros, trazendo dados concretos sobre a mudança de resultado nos julgamentos que, até a década de 70, eram de total complacência com os crimes cometidos por ciúmes, em estados passionais, para um atual quadro de reprovação total e consideração do crime como homicídio qualificado.

[6] Nesse sentido, veja-se, por exemplo, o pensamento de ARISTÓTELES, na obra "*Ética a Nicómaco*", Lisboa, Quetzal, 2004, bem como a posição de Martha NUSSBAUM em "*Fragilidade da bondade: fortuna e ética na tragédia e na filosofia grega*", trad. de Ana de Aguiar Cotrim, São Paulo, Marins Fontes, 2009; e William LYONS em "*Emoción*", Barcelona, Anthropos, 1993, acerca de uma concepção valorativa sobre as emoções.

determinada situação e que repercuta na esfera criminal pode, então, ser dissociada de seu estado emocional e ser julgada por um juízo normativo de culpa, em que nada disso seja considerado?

Seria ético e legítimo um julgamento sem considerar validamente as emoções? No caso, se o agente agiu por ciúme, partindo-se da ideia de que, hoje em dia, pela igualdade entre homens e mulheres e necessidade de ser coibida a violência doméstica, por uma finalidade preventivista, deve o agente receber uma pena agravada, não se aceitando discutir as *nuances* do caso concreto, as circunstâncias, a possibilidade de ocorrência de uma intensa provocação?

Portanto, a partir da análise da fundamentação da jurisprudência para um caso concreto, será feita a relação entre o ciúme e a prática de crimes, para posterior verificação do contraste entre as emoções e a responsabilidade penal. Em seguida, serão abordadas as posições da doutrina e da jurisprudência sobre o ciúme, com a comparação de vários casos pesquisados em acórdãos do Supremo Tribunal de Justiça e Tribunal da Relação, com a identificação dos fundamentos adotados, para posterior realização de uma abordagem crítica e confrontação com as ideias defendidas no campo da teoria das emoções, o que leva à identificação da adoção de uma concepção mecanicista ou valorativa.

Por fim, será abordada a discussão sobre a possibilidade de novas perspectivas do tratamento do Direito Penal em relação ao ciúme, partindo-se de um debate que considere as emoções com um maior protagonismo e, então, qual o efeito dessa consequência no campo da responsabilidade penal, na busca de um Direito Penal que se legitime pela aplicação de uma pena justa e adequada às circunstâncias do caso concreto.[7]

2. Um caso de homicídio por ciúme: "caso cantanhede"

Para o início da presente discussão, analisa-se um caso de homicídio ocorrido na Comarca de Cantanhede, especificamente, na Vila de Tocha, Portugal, em 28 de abril de 2008, que foi julgado pelo Supremo Tribunal de Justiça, em 05 de maio de 2010, acórdão nº 90/08.0GCCNT1, relator Armindo Monteiro, para identificação dos fundamentos da decisão.

Em uma síntese apertada do histórico dos fatos, observa-se que o arguido deste processo manteve relacionamento amoroso com a vítima, uma mulher oriunda do Brasil, pelo período de seis meses. Como o arguido trabalhava em uma cidade vizinha, acabava muitas vezes por não pernoitar em

---

[7] Karl LARENZ refere-se ao princípio da proporcionalidade, ressaltando que "el principio de la culpa señala que sólo se puede castigar donde hay un fundado reproche de culpabilidad y que la gravedad, de la pena debe corresponder a la gravedad de la culpa. Aquí entra em juego otro principio Del Derecho justo, que es el principio de proporcionalidad. La pena justa es la pena adecuada a la culpa". Refere, ainda, que para que isso seja efetivado no caso concreto, o juiz tem o espaço para análise das circunstâncias do caso, a motivação do agente, as formas de sua participação no fato, de maneira a, realmente, chegar a uma "pena justa" (*Derecho justo: fundamentos de ética jurídica*. Madrid: Civitas, 1985, p. 113).

casa e sentia muito ciúme da mulher, que cuidava de uma idosa durante as noites e mantinha alguns contatos com outros homens, principalmente, por telefone, o que gerava muita desconfiança no arguido.

Durante o tempo em que estiveram juntos, em razão do ciúme, as discussões e brigas eram normais, o que levou a mulher a romper o relacionamento. Entretanto, o arguido não aceitava a situação e seguia com seu comportamento ciumento. No dia do crime, o arguido foi à residência da companheira e, após novamente discutirem, esta atendeu um telefonema de um homem de quem o arguido já desconfiava de uma suposta traição. A mulher, então, disse "ele hoje não sai daqui nem com uma bomba" e seguiu conversando com esse outro homem. Diante dessa provocação, enfurecido e tomado pelo ciúme, o arguido retirou-se da residência, pegou uma pá e retornou, indo até o quarto, onde se encontrava a vítima. Imediatamente, passou a desferir vários golpes na cabeça, tronco e membros da vítima, causando-lhe a morte.

O Ministério Público apresentou denúncia contra o arguido, imputando-lhe a prática do crime de homicídio qualificado, com base nos artigos 131º e 132º, nº 1º e 2º, "b" e "h", do Código Penal. A defesa, durante todo o trâmite processual, alegou a prática de um homicídio privilegiado, na forma do artigo 133º do Código Penal, por ocorrência de compreensível emoção violenta. Julgado em 1ª instância, o arguido foi condenado nos exatos termos postulados pelo Ministério Público, à pena de 16 anos de prisão. A defesa interpôs recurso, porém o Tribunal da Relação manteve a condenação.

Novamente, a defesa recorreu, agora, ao Supremo Tribunal de Justiça, o qual, ao analisar o pedido, também negou-lhe provimento, de modo unânime, com a fundamentação que se passa a analisar.

A posição do tribunal foi no sentido de que o ciúme é um sentimento de mero egoísmo e que merece total reprovação, podendo, dependendo do caso, caracterizar a qualificadora do motivo fútil, por tratar-se de uma reação desproporcional e inaceitável pela ideia do "homem médio", não se podendo vislumbrar um motivo legítimo frente padrões culturais atuais da sociedade.[8]

Identifica-se, assim, no teor do acórdão, que se funda em diversas citações doutrinárias de política criminal e, inclusive, refere precedentes sobre o ciúme enquadrado como motivo fútil, que se parte da ideia de um valor negativo do ciúme, como uma emoção que é geradora de atos de violên-

---

[8] Conforme trecho que se extrai do acórdão, a posição do Supremo Tribunal de Justiça, pelo voto do relator, é no seguinte sentido: "De consignar que o ciúme não tem merecido da parte do STJ uma atitude privilegiante, como regra, da responsabilidade penal do agente. Em via de regra, por puro egoísmo, o agente por ciúme não se autodemarca, ultrapassando-o, do sentimento exclusivo de posse da pessoa sua vítima, incapaz comoé de sobrepor o seu ressentimento pessoal face ao risco iminente de perda. Por isso já se tem até configurado como motivo fútil por traduzir uma reacção desproporcionada relativamente à gravidade da acção penal, não podendo razoavelmente explicar, à luz da consciência do homem médio, um ataque tão forte à vida da pessoa, sem motivo que o legitime ou esbata segundo as concepções sociais, morais e económicas reinantes, que o condenam, sem o desculpabilizarem". Acórdão disponível em <http://www.dgsi.pt/jstj.nsf/954f0ce6ad9dd8b980256b5f003fa814/9c793a13bd86764580257723003d82a3?OpenDocument&Highlight=0,homicidio,ci%C3%BAmes>, consultado em 12 dez. 2011.

cia, o que, por si só, já faz desmerecer qualquer atenuação, como regra. Fica evidente, também, na decisão, que na discussão da "compreensível emoção" violenta, o tribunal exige a proporcionalidade entre a reação do arguido frente à ação da vítima, o que traz como pressuposto a existência de uma provocação, bem como coloca a questão no patamar do "homem médio". Além disso, mesmo com a demonstração de que o arguido sofria de sérios problemas psíquicos, conforme perícia que comprovou estar em estado de depressão, o tribunal, justificando-se no caráter preventivo da pena, manteve a condenação em 16 anos de prisão.

Na realidade, pouco se analisou sobre a perturbação emocional derivada do ciúme e seus reflexos na ação, a questão da influência das emoções sobre a motivação e essa consequente ação, já partindo-se de seu caráter negativo por uma perspectiva moral e sociológica, com a condenação do arguido por homicídio qualificado e afastamento de sua alegação de homicídio privilegiado, o que adere, de certo modo, a uma concepção mecanicista das emoções como se verá adiante, sendo excluída a hipótese de aceitação das circunstâncias vivenciadas pelo próprio agente e seus valores e condições culturais, exigindo uma causa externa que guarde uma relação de causalidade com o estado emocional despertado.

Diante desse panorama, essa é a discussão que deverá ser travada no presente trabalho, a verificação se essa fundamentação encontra um suporte ético suficiente para um julgamento humano e democrático frente a cada caso concreto, e não em decisões predeterminadas de acordo com uma orientação político-criminal.

3. Emoções e responsabilidade penal

3.1 Ciúme e crime

O ciúme sempre foi objeto de estudo na filosofia e na psicologia, com a ideia de analisar os estados emocionais e seus reflexos no comportamento humano. A definição do ciúme, de um modo geral, é dada como a sensação de perda daquilo que possuímos ou acreditamos possuir e temos afeto, fato que é gerador de medo, angústia, perturbação.[9]

Nos mais diversos momentos do desenvolvimento do pensamento filosófico, verifica-se que houve a abordagem do ciúme. Aristóteles, embora viesse a tratá-lo como uma inveja, já relacionava essa forma de emoção com o sentido de ter, de possuir.[10] Santo Agostinho,[11] em suas confissões, também

---

[9] SOLOMON, Robert C. *Etica emocional: una teoria de los sentimientos*. Barcelona: Paidós, 2007, p. 152.
[10] ARISTOTELES. *A retórica das paixões*. São Paulo: Martins Fontes, 2000, p. 67.
[11] Santo AGOSTINHO, tratando do "gosto do amor", refere: "fui amado, e cheguei secretamente aos laços do prazer, e me deixei alegremente enredar com trabalhosos laços, para ser logo açoitado com as varas de ferro ardente do ciúme, das suspeitas, dos temores, das iras e das contendas" (*Confissões*. Lisboa: Imprensa Nacional, 2001, p. 47).

tratou do ciúme, imputando-lhe as "desconfianças", as "suspeitas" que arrebatavam a alma, o que é o traço mais característico do ciúme. Entretanto, foi Spinoza que trouxe um dos mais relevantes dados para a discussão sobre o ciúme, inserindo a questão do sexo como um dos elementos que incendeia a mente do indivíduo, fazendo brotar toda a angústia e intranquilidade derivada do ciúme.[12]

Na psicologia, o estudo sobre o ciúme, principalmente, pelas desavenças que acaba gerando no ambiente doméstico, familiar, é uma constante. A principal ideia, em termos conceituais, é da sensação de perda do ente querido, o que acaba por gerar inúmeras consequências na conduta de uma pessoa.

A transformação do espírito a partir do domínio pelo ciúme é uma conclusão inegável, a sensação de insegurança, intranquilidade, angústia. E, como definem diversos autores acerca do tema, é uma perturbação que gera como resposta a dúvida, a falta de confiança, a quebra do amor-próprio, situação que, então, enseja a tendência a sentimentos de raiva e ódio, potencializando o desencadeamento de um agir violento, seja contra o ser antes amado, seja contra terceiros que estejam a também despertar essa emoção no agente.[13]

A maioria dos especialistas sobre o assunto diferencia o ciúme em normal ou anormal (ou patológico). A ideia de normalidade do ciúme estaria ligada a situações e fatos concretos que são efetivamente perceptíveis e que podem gerar a suspeita ou desconfiança e a sensação de possível perda. Já o ciúme anormal ou patológico refere-se a situações imaginárias ou com a supervaloração de pequenos fatos, levando o agente a interpretações fantasiosas e equivocadas que desencadeiam atos de perseguição.[14]

Não cabe aqui aprofundar essa análise, pois o que se busca é a constatação do quadro que relaciona o "ciumento" com o potencial criminoso, observando-se que essa verificação é incontestável. Porém, como se verá adiante,

---

[12] SPINOZA, nesse aspecto, sustentava que "aquele que imagina que a mulher que ama está com outro não se entristece só com o obstáculo que essa infelicidade pode erguer contra a sua paixão, mas é forçado a unir à imagem daquilo que ama, a imagem do sexo [...] a essa visão começa a odiar a mulher e o surge o ciúme, que consiste em uma perturbação da alma, obrigada a amar e odiar ao mesmo tempo o mesmo objeto" (*Ética*. Madrid: Nacional, 1980, parte III, XXXV).

[13] STRONGMANN observa que "O ciúme é a reacção à ameaça de podermos perder o afecto de alguém que é importante para nós e que esse afecto seja dedicado a outra pessoa" (*A psicologia da emoção*. 2. ed. Lisboa: Climpesi, 2004, p. 153). Interessante, também, a avaliação de ALVES sobre o ciúme: "psicologicamente, o ciúme origina-se, alimenta-se e vive de dúvidas, suspeitas ou desconfianças que atormentam a mente do indivíduo. O ciumento considera ou julga como 'certeza' ou 'prova' aquilo que comumente existe em sua imaginação ou em seu espírito e não na realidade. A dúvida ou a desconfiança de tudo e de todos como que passa a fazer parte de sua própria personalidade, com suas falsas percepções ou interpretações de fatos, gestos e palavras por mais insignificantes que sejam [...] O ciúme é a paixão mais homicida" (*Ciúme e Crime – Crime e Loucura*. Rio de Janeiro: Forense, 1996, p. 11-13).

[14] Conforme CAVALCANTE, as características do ciúme patológico são as seguintes: "uma perturbação total, um transtorno afetivo grave. O ciumento sofre em seu amor: em sua confiança, em sua tranquilidade, em seu amor próprio, em seu espírito de dominação e em seu espírito de posse. O ciúme corrói-lhe o sentimento em sua base e destrói, com uma raiva furiosa, suas próprias raízes. Propicia a invasão da dúvida que perturba a alma, fazendo com que ame e odeie ao mesmo tempo, a pessoa objeto de sua afeição. O maior sofrimento do ciumento é a incerteza em que vive, pela impossibilidade de saber, com segurança, se o(a) parceiro(a) o engana ou não" (*O ciúme patológico*. Rio de Janeiro: Record, 1997, p. 24).

importante será a análise de como isso poderá ser abordado no campo da responsabilidade penal, em que se verifica a influência das emoções na liberdade de ação ou não, o que, consequentemente, será relevante para um julgamento na esfera criminal em termos atenuados ou agravados, em que prepondere uma posição causal-mecanicista ou cognitiva-valorativa.[15]

Diante deste quadro traçado tanto na filosofia como na psicologia sobre em que consiste o ciúme e os reflexos na conduta humana, observa-se que é potencialmente capaz de levar uma pessoa à prática de um crime violento. Mesmo num quadro de normalidade, a frustração pela sensação de possível perda, a ideia fixa no sentido de que a pessoa amada terá outro, ferem a autoestima, a confiança, gerando, em sentido oposto, raiva, ódio e, inclusive, desejo de vingança pela perda.

Altavilla já chamava a atenção para essa situação e, na mesma esteira de Rabinowicz, a constatação é de que, embora o ciúme esteja presente tanto nos homens como nas mulheres, a ideia de amor-sexual é muito mais intensa nos homens, por um instinto primitivo.[16] A perturbação pelo ciúme, principalmente nos homens, pode, assim, gerar uma ação criminosa violenta, em um quadro de raiva.

Cordeiro, ao abordar a perturbação ocasionada pelo ciúme, refere, em seu aprofundado estudo, a chamada "síndrome de Othello", que é mais comum em homens e constitui uma afetação extremamente perigosa, pois culmina, muitas vezes, além de gerar a separação e problemas familiares, com a própria morte da mulher.[17]

---

[15] GONZÁLES LAGIER faz um paralelo interessante entre as teorias mecanicistas e valorativas das emoções e seu reflexo no campo da responsabilidade penal, o que é de fundamental importância, no que diz respeito à análise do ciúme e a posição atual da doutrina e jurisprudência, com os reflexos na responsabilidade penal (*Emociones, responsabilidad y derecho*. Madrid: Marcial Pons, 2009).

[16] SOKOLOFF observa que a origem do ciúme estaria nos primórdios da humanidade, no caráter do "homem selvagem e primitivo", porém, mesmo com a civilização, as normas de convívio social, "não diminuiu, sequer, a intensidade do ciúme, o que permanece tão enigmático e complexo como o próprio homem" (*O ciúme: um estudo psiquiátrico*. Rio de Janeiro: O Cruzeiro, 1954, p. 23). Essa é a posição adotada por RABINOWICZ (*O crime passional*. São Paulo: Mundo Jurídico, 2007) e ALTAVILLA (*Psicologia Judiciária*. v. 1. Coimbra: Almedina, 2003), que no campo das emoções, por uma visão simplesmente causal das emoções, poderiam levar ao acolhimento de uma absolvição por total perda dos sentidos, embora estes autores fossem defensores de um maior rigor contra os criminosos passionais. Emílio MIRA Y LOPEZ também analisava a questão sob essa ótica e classificava o ciúme entre "os sentimentos (tendências afetivas) derivados do instinto de conservação da espécie (ligados à função de reprodução e relação), em sua forma negativa ofensiva pura" (*Manual de Psicologia Jurídica*. 2.ed. São Paulo: Vida Livros, 2011, p. 49). ITAGIBA, igualmente, recorda que "para Freud, o ciúme forma-se como complexo de Édipo. Afiança o fundador da psicanálise que as perturbações afetivo-psíquicas, com as consequências neuróticas partem da fase edipiana. O ciúme, que são zelos amorosos, quando desarrazoado, de tudo suspeita. Desconfianças ligeiras de amor atraiçoado motivam desgraças. O gênio de Shakespeare na imortal tragédia Otelo, escreveu que bagatelas leves como o ar parecem ao ciúme provas tão fortes como as tiradas da escritura santa" (*Do homicídio*. Rio de Janeiro: Revista Forense, 1945, p. 211).

[17] Veja-se a descrição feita por CORDEIRO, ao analisar as transformações geradas no agente pela perturbação delirante tipo ciúme: "psicose de início agudo e evolução arrastada pela crença delirante de que a sua companheira lhe é infiel. A perturbação, também conhecida por Síndrome de Othello ou paranoia conjugal, é mais comum nos homens do que nas mulheres, sendo habitual que a pessoa afectada colleccione indícios que contribuam para a elaboração de seu delírio. Olhares, gestos, atrasos ocasionais, vestuário desarrumado, são coincidências fortuitas prontamente tornadas provas irrefutáveis [...] A perturbação delirante tipo ciúme é uma afectação potencialmente muito perigosa. Provoca intenso sofrimento a nível conjugal e familiar, sendo acompanhada de ameaças constantes, de violência verbal e física frequente e

Com a ideia da possível traição, da infidelidade, os pensamentos de que a pessoa amada está nos braços de outro acabam por originar uma intensa revolta, e este estado emocional, alimentado pelo desejo de vingança, poderá ensejar consequências nefastas.

A partir disso, poderá haver tanto a premeditação de uma ação criminosa, caracterizada por hesitações, pensamentos dúbios, reflexão sobre as consequências, ou, por outro lado, a ocorrência de uma ação súbita diante uma situação concreta que possa ocasionar um ataque repentino.

Assim, pode-se ter tanto um estado duradouro de ciúme (paixão), com uma fase de hesitação para uma resposta criminosa, como uma ação abrupta, repentina (emoção).[18]

A doutrina identifica que na maioria dos casos, mesmo que o ato criminoso venha a ocorrer em uma situação limite, como, por exemplo, um flagrante de adultério, a situação do ciúme já vem corroendo os sentimentos do ciumento, com falsas ou reais percepções de infidelidade, o que faz nascer a ideia delituosa, a vingança contra o ser amado ou contra aquele que está em seu lugar.

Certo que, embora ocorra entre homossexuais e por mulheres, o grande predomínio é da prática de homicídios por ciúme por homens, certamente pelas razões acima expostas, de caráter instintivo e primitivo, arraigado, ainda, em critérios socioculturais, em que o homem dominava a mulher e a tinha como um objeto de posse, sendo este um padrão aceito em sociedade.[19] Apesar de haver uma grande mudança cultural com a emancipação da mulher e a conquista da igualdade em relação ao homem, não se pode fechar os olhos para a continuação de atos de violência doméstica, agressões e homicídios de mulheres.

---

muitas vezes a sintomatologia só remite com a separação ou a morte da esposa ou companheira" (*Manual de Psiquiatria Clínica*. 2. ed. Lisboa: Fundação Calouste Gulbenkian, 2003, p. 616).

[18] Nesse sentido, MANNHEIM pondera que "Etienne De Greef descreve desenvolvidamente o que designa por *désengagement* e *révalorisation*. São fenômenos que ocorrem quando um indivíduo sofre uma desilusão muito aguda ou uma traição, sentimentos que levam a uma rápida e completa subversão de todas as suas crenças e valores e são causa frequente de homicídios e/ou suicídios. O caminho até à catástrofe final pode ser muito curto ou muito longo [...] Embora tanto a personalidade como o teor dos motivos possam favorecer decididamente o cometimento do crime, requere-se igualmente uma certa atmosfera, um estado de espírito, uma situação correspondente e uma oportunidade. Depois de estas condições se terem alterado, o crime pode parecer sem sentido. Poderia recordar-se de Otelo como um caso paradigmático" (*Criminologia comparada*. Lisboa: Fundação Calouste Guilbenkian, 1985, p. 431). Também, nessa linha, veja-se Hans von HENTING (*Estudos de Psicología Criminal. El asesinato*. vol. II. Madrid: Espasa-Calpe, 1980).

[19] Como aponta FERRI, "no caso de adultério, manifesta-se o egoísmo possessório – ciúme, que representa na civilização contemporânea a sobrevivência bárbara do domínio e da opressão marital sobre a mulher escrava [...] antes a supressão que a perda da posse exclusiva. Tudo isto está fora de quanto a ciência admite como do ímpeto passional excusável" (*O delito passional na civilização contemporânea*. Campinas/SP: Servanda, 1999, p. 64). RABINOWICZ, fazendo interessante análise sobre a diferenciação das formas de amor, em amor-platônico, amor-fraternal e amor-sexual, refere que este último é o responsável pelos delitos passionais, cometidos, quase que na totalidade, por homens (*O crime passional*. São Paulo: Mundo Jurídico, 2007). Mais atual, há uma importante análise de SOLOMON sobre essa questão, ciúme como um valor inserido no contexto social quase como um dever do homem, o que vem sendo, gradativamente, mitigado diante da mudança dos tempos, e leva a uma avalição pela ótica de uma concepção valorativa das emoções (*Ética emocional: una teoria de los sentimientos*. Barcelona: Paidós, 2007, p. 152 e ss).

Veja-se que dados da "UMAR" (União de Mulheres Alternativa e Resposta), pelo Observatório de Mulheres Assassinadas, do Centro de Documentação e Arquivo Feminista de Portugal, apontam o número de homicídios praticados contra mulheres em Portugal, de 2004 a 2010, relacionando com o autor do crime. Observa-se, com clareza, que, em cerca de 90% dos casos, os crimes foram praticados por marido, companheiro, namorado ou na condição de ex-marido, ex-companheiro ou ex-namorado, tendo sido vitimadas, no período, 230 mulheres nessas condições, em um total de 250 homicídios,[20] o que configura um número alarmante.

O estado passional é levado ao extremo por um sentimento iniciado pelo ardor do ciúme, que recebe uma carga incendiária a partir do desejo de separação, o qual, além de concretizar a sensação de perda, traz pensamentos de que a mulher se realizará com outro homem. É o que se extrai dos vários casos analisados e que serão debatidos no capítulo três deste estudo, em que se observam os homens expressarem "se ela não é minha, não será de mais ninguém", partindo, então, para a prática do homicídio.

Porém, com tanta violência – e os dados da UMAR comprovam isso –, e a mudança dos costumes, a evolução da sociedade, a igualdade entre homens e mulheres, tem-se que a aceitação social que poderia existir em relação à conduta violenta perpetrada por homens ciumentos e passionais é algo que diminuiu sensivelmente e, de possíveis absolvições ou atenuações, passou-se a uma ideia firme de total reprovação dessa espécie de crime.[21]

Desse modo, sendo o ciúme uma fonte para desencadear atos violentos e criminosos, cabe investigar como o Direito Penal vem tratando a questão do ciúme nesses casos de homicídio, verificando a posição da doutrina e da jurisprudência, mas, sobretudo, relacionando-a com a valoração das emoções.

3.2. *Emoções e responsabilidade penal*

As emoções propulsionam determinadas ações, as quais, dependendo da situação, poderão gerar fatos criminosos, como, inclusive, pôde-se ver, anteriormente, em relação ao ciúme. Nesse aspecto, deveria possuir fundamental importância no Direito Penal, pois se as ações são motivadas por emoções sentidas ou provocadas no agente, a questão da responsabilidade penal não poderia deixar esse fator em um campo secundário.

Entretanto, constata-se, de modo geral, uma tendência em afastar a relevância das emoções, no sentido de que a sua alegação, em um caso concreto, teria o caráter único de atenuação de pena, o que se põe em contrariedade

---

[20] Dados disponíveis em <http://www.umarfeminismos.org/index>, acesso em 25 jan. 2012.
[21] NUSSBAUM, na obra *El ocultamiento de lo humano*: repugnancia, vergüenza y ley, tradução de Gabriel Zadunaisky, Buenos Aires, Katz, 2006, p. 62-65, traz o exemplo de "Keith Peacock" que matou, nos Estados Unidos, sua esposa em situação de flagrante adultério e foi condenado à pena de 01 ano e 06 meses de prisão, recebendo palavras de comiseração pelo juiz, em 1994, fato que gerou grande repercussão na opinião pública. NUSSBAUM reflete que "debido a que las emociones involucran una valoración, ésta reflejará las normas de la sociedad. Cuando una sociedad se interroga acerca de qué casos de temor e ira considerarse razonables y cuáles son las emociones que el hipotético hombre razonable tendría en tal situación, está preguntando implícitamente qué es razonable valorar profundamente" (op. cit., p. 64).

aos fins preventivos do Direito Penal em muitas situações.[22] Tenta-se, assim, enfrentar a ideia mecanicista de que as emoções podem diminuir o autocontrole do agente e isso servir, em alguns casos, de base para a diminuição de sua culpabilidade, por não ter capacidade de entendimento em razão da intensidade do estado emocional experimentado.

Mas, partindo-se de uma corrente valorativa das emoções, como tratam, por exemplo, Martha Nussbaum, William Lyons, Robert Solomon, que trazem à tona as posições de Aristóteles sobre o tema, é possível tanto atenuar como agravar a responsabilidade, com a ideia de que as emoções carregam juízos de valor que podem estar adequados ou não ao convívio social, fator que poderá ser preponderante em termos de responsabilidade. Importa muito mais que a intensidade da emoção, o seu conteúdo, o que deverá ser avaliado.[23]

Veja-se o exemplo do próprio ciúme, nos crimes passionais. O agente mata a sua mulher, imaginando que esta esteja lhe traindo, vindo a cometer o crime de modo premeditado. Outra situação, o agente, ciumento, é provocado ao extremo por sua mulher, que o desrespeita, humilha, traindo-o de forma contumaz e deixando-o em um estado de perturbação total. Nos dois casos, pode ser vislumbrada a possível diminuição da vontade do agente pela influência da emoção, porém, no campo valorativo, embora reprovável a prática do homicídio, as situações não podem ser avaliadas de forma igual. Importaria, então, um juízo de valor sobre esse próprio estado emocional.

Isso passa pela análise do que Nussbaum chama a atenção, referindo-se às emoções de um "homem razoável" no contexto da sociedade em que está inserido e, nesse caminho, explica a modificação da aceitação por parte dos jurados em julgamentos de homicídios de passionais, citando, como exemplo, o caso do "marido ciumento",[24] para a reprovação nos dias atuais, com a modificação da sociedade machista em que se vivia há tempos atrás, para outra, em que a mulher passa a ter os mesmos direitos e muito maior protagonismo.

Nesse mesmo caminho, Solomon também ressalta que "somos nossas emoções, na mesma medida em que somos nossos pensamentos e ações",

---

[22] PALMA sobre essa questão destaca que "o problema que se reflecte na hesitação dos sistemas penais em admitirem que certos motivos ou estados psicológicos, que designarei genericamente como emoções, constituam em si mesmos, critérios de desculpa ou de atenuação da culpa apenas em constatação de uma menor possibilidade do agente, em concreto e no momento da ação, evitar os comportamentos criminosos e escolher uma alternativa lícita" (*O princípio da desculpa em Direito Penal*. Coimbra: Almedina, 2005, p. 20). Nessa linha de raciocínio, por exemplo, a legislação penal brasileira, no artigo 28, I, do Código Penal, é expressa ao prever que "a emoção e a paixão não excluem a imputabilidade", regra inserida em 1940 e mantida em 1984 com a reforma do Código Penal, sendo uma previsão com a finalidade política criminal de maior repressão aos passionais, conforme posição de Nelson HUNGRIA (*Comentários ao Código Penal*. v. 5. 4. ed. Rio de Janeiro: Forense, 1958) e pode ser analisada em Luiza Nagib ELUF (*A paixão no banco dos réus*. São Paulo: Saraiva, 2002) e Fernando Almeida PEDROSO (*Homicídio*. Rio de Janeiro: Aide, 1995).

[23] NUSSBAUM, Martha; KAHN, Dan M. Two Conceptions of Emotions in Criminal Law. *Columbia Law Review*, v. 96, n. 2, 1996, p. 290 e ss; LYONS, William. *Emoción*. Barcelona: Anthropos, 1993; SOLOMON, Robert C. *Ética emocional: una teoría de los sentimientos*. Barcelona: Paidós, 2007.

[24] NUSSBAUM, Martha. *El ocultamiento de lo humano: repugnancia, vergüenza y ley*. Tradução de Gabriel Zadunaisky. Buenos Aires: Katz, 2006, p. 64. A referida autora ressalta que o marido que flagra a mulher em adultério tem despertada uma ira "razoável", porém, não que possa justificar um homicídio, pois seria admitir que a mulher é de sua propriedade, algo que, nos dias de hoje, não é mais aceito pela sociedade contemporânea e plural.

afirmando que somos, sim, responsáveis por nossas emoções,[25] em que se verifica que o indivíduo está inserido naquela comunidade em que há valores definidos e que as emoções são consequências de caminhos que são percorridos pelo próprio indivíduo, sob a influência do meio, o que lhe pode ser cobrado (e não irracionais como sustentam os mecanicistas).

Contudo, interessante observar que a ideia de uma avaliação ética sobre as emoções e, então, sobre a consequente responsabilidade, viabiliza uma discussão quanto ao ciúme que pode, em muitos casos, não ser tratado como uma emoção somente negativa e má. O próprio Solomon observa que emoções como a própria ira podem ter seu lado positivo, mesma posição de Gonzáles Lagier.[26] Mas, se isso é uma possibilidade, não se perde de vista a observação de Gonzáles Lagier de que somente a teoria valorativa sobre as emoções poderia encaminhar a uma ideia de "perfeccionismo moral", situação que acabaria por afastar-se daquele juízo de culpabilidade justo e adequado ao caso concreto. E, em razão disso, tenta conciliar aspectos da teoria mecanicista com a valorativa, chamando-a de "teoria integradora", em que se admite que as emoções são motivos para as ações e que podem diminuir a margem de liberdade do agente, porém, com a análise do conteúdo da emoção e seu contexto (não são irracionais).[27]

Cabe aqui, então, fazer a análise de como a doutrina e a jurisprudência vêm tratando a questão do ciúme, diante dessas concepções sobre as emoções no campo da responsabilidade penal e qual a sua influência na questão da classificação jurídica do delito, justificação, atenuação ou agravamento de pena.

4. O ciúme e a responsabilidade penal

4.1. Posição da doutrina sobre o ciúme

Identificada a situação originada pelo ciúme e sua capacidade de levar um indivíduo a praticar um crime violento, não se pode perder de vista que a pergunta que surge é se há uma perturbação intensa da consciência

---

[25] SOLOMON, Robert C. *Ética emocional: una teoria de los sentimientos*. Barcelona: Paidós, 2007, p. 17.

[26] SOLOMON observa que "mirar las emociones através de las lentes de la ética no implica tanto condenar y elogiar cuanto apreciar las intuiciones, los valores y los sutiles matices de la emoción, así como su múltiples funciones a la hora de hacer valiosa e significativa nuestra vida. Por emplear la tópica imagem de la ética popular, las emociones no son blancas ni negras, sino que exhiben toda una compleja gama de tonalidades (odio la sombria imagen de los 'tonos grises') [...] Somos nuestras emociones, en la misma medida en que somos nuestros pensamientos y acciones" (op. cit., p. 16-17). GONZÁLES LÁGIER ressalta que "las emociones que se han considerado tracionalmente negativas o destructivas 'tienen su lado positivo', o non son necesariamente negativas y tal cualificación es fruto de una generalización exagerada" (*Emociones, responsabilidad y derecho*. Madrid: Marcial Pons, 2009, p. 116).

[27] GONZALES LÁGIER, nessa linha, ressalta que é possível conjugar posições da teoria mecanicista e da teoria valorativa, o que, por sinal, defende ser a posição que se extrai das decisões dos tribunais espanhóis. Defende que "esta concepción integradora nos muestra lo que he llamado la dualidad de las emociones. Por un lado, forman parte del entremado de las razones para la acción; por outro, de las causas de la misma. Por un lado, apoyan a la razón; por outro, la limitan. Por un lado, impulsan nuestras acciones; por outro, reducen nuestro control sobre ella. Por un lado diminuyen nuestra responsabilidad; por outro, pueden aumentarla" (op. cit., p. 152).

do agente, terá ele domínio sobre sua vontade? E como fica a situação para efeitos de responsabilidade penal? Nos crimes passionais, uma das primeiras questões levantadas é que o agente perdeu a noção sobre seus atos, ficou "louco", "não sabia o que estava a fazer", algo observado no próprio senso comum, como aponta Neves.[28]

Porém, como este referido autor observa, baseado na doutrina de Wilfried Rasch, na realidade, o "homicídio é o culminar de um processo que ultrapassa o agente, de que este nem se dá bem conta; o indivíduo é colocado como objecto na realização de um processo causal", o que a doutrina passou a denominar de "Síndrome de Rasch",[29] tratando-se de um processo de degradação, em que, embora não se possa precisar a intensidade de liberdade no agir no momento em que o crime é executado, é certo que o fato, em si, o delito, é apenas a concretização daquilo que a vontade do agente já aprovou como o caminho a ser seguido.

Como aponta Ferreira,[30] "comum a todas as situações é a fase da emoção propriamente dita, que precede a descarga. É aquilo a que vários autores chamam o túnel da emoção (*affekttunnel*), do qual só se sai pela descarga: o agente é como que empurrado para a saída do túnel, para o crime, sem se poder desviar".

Neves, em profundo estudo sobre o tema, afasta a possibilidade de inimputabilidade nos casos passionais, com a posição de que o agente, já no início da situação que enseja o ciúme, tem ideia e consciência daquilo que pode vir a fazer e que, lamentavelmente, em muitos casos, culmina por fazer, com a prática de um homicídio. Citando Werner Janzarik, observa que "revela-se muito céptico perante a possibilidade de o agente ser arrastado no torvelinho de emoções sem possibilidade se controlar. A integridade da estrutura mental garante normalmente a possibilidade de desactualização mesmo em caso de actualização no campo psíquico de disposições de acção com forte carga dinâmica – entende que não cabe no art. 20".[31]

E a posição da doutrina penal, efetivamente, não deixa margem para a inimputabilidade, embora possa vislumbrar uma diminuição da imputabilidade, em que a vontade do agente persiste, mas a situação pode levar a uma pena atenuada. O estado emocional, o ciúme sentido pelo agente, perturba a sua ação, entretanto, remanesce sua vontade, o dolo de praticar o crime.

Todavia, a discussão sobre o domínio da vontade e a influência dos estados passionais sempre causou extrema dificuldade no campo doutrinário, pois a posição da psiquiatria, por exemplo, nem sempre servirá ao Direito Penal, que, orientado por sua finalidade preventiva, acaba, em muitos casos, mantendo o entendimento de que a vontade do agente está preservada por

---

[28] NEVES, João Curado. *A problemática da culpa nos crimes passionais*. Coimbra: Coimbra Editora, 2008, p. 11-12.

[29] NEVES observa que Krümpelmann denominou esse processo emocional como "Síndrome de Rasch" (op. cit., p. 65).

[30] FERREIRA, Amadeu. *Homicídio privilegiado*. Coimbra: Almedina, 2004, p. 105.

[31] NEVES, João Curado. *A problemática da culpa nos crimes passionais*. Coimbra: Coimbra Editora, 2008, p. 588.

uma interpretação normativa.[32] O agente, mesmo que "tomado" por ciúme, age voluntariamente e de forma consciente, com intenção de atingir o resultado morte.

A partir disso, o ponto de maior discussão, que vai dominar inclusive o debate nos casos concretos e na jurisprudência, é a classificação do delito como homicídio qualificado, simples ou privilegiado.

O agente acaba por praticar o crime com violência extremada, muitas vezes de modo premeditado, situações que podem ser enquadradas na figura do homicídio qualificado, em face da maior censurabilidade ou perversidade da conduta, agregadas às hipóteses previstas no nº 2º do art. 132º do Código Penal. Entretanto, se o indivíduo está "dominado" pelo ciúme, com uma evidente e comprovada perturbação psíquica, esse quadro mental poderia impossibilitar o reconhecimento da figurada qualificada.[33] Em alguns casos, inclusive, dependendo da situação fática, poderia ser cogitada a compreensível emoção violenta, prevista no art. 133º.

Figueiredo Dias sustenta que a qualificação do homicídio passional por motivo fútil não seria aceitável, observando o estado emocional do agente,[34] não sendo essa posição de Teresa Serra, que já vislumbra a possibilidade de, em algumas situações, ser considerado fútil o homicídio cometido nessas circunstâncias.[35]

Em que pese não haver uma análise da doutrina no campo específico das emoções, observa-se que a adoção de uma teoria mecanicista ou valorativa e a corrente que é seguida pelo intérprete, é um importante dado para a classificação do delito. Se, como vimos, o agente é dominado por uma emoção que influencia diretamente sua vontade, na concepção mecanicista

---

[32] Nelson HUNGRIA (*Comentários ao Código Penal*. v. 5. 4. ed. Rio de Janeiro: Forense, 1958) e Roberto LYRA (*O amor e a responsabilidade criminal*. São Paulo: Saraiva, 1932), no Direito Penal Brasileiro, foram os grandes inimigos dos "passionais", conseguindo que o Código Penal de 1940 abolisse a regra que previa a possibilidade de absolvição por "perturbação dos sentidos ou da inteligência" que consideravam a válvula de escape para a "impunidade dos passionais", restando expresso, no atual Código Penal, que a emoção e a paixão não excluem a imputabilidade e que a violenta emoção, para privilegiar o homicídio, deve ser mediante a injusta provocação da vítima e logo após a sua ocorrência, tudo baseado na política criminal de punir com maior rigor esse tipo de criminosos e, assim, garantir a finalidade preventiva do Direito Penal, não pactuando com excessos emocionais.

[33] Nesse sentido, a recente obra de Elisabete Amarelo MONTEIRO, "*Crime de homicídio qualificado e imputabilidade diminuída*" (Coimbra, Coimbra Editora, 2012), que trata com profundidade a questão demonstrando a celeuma existente na doutrina e na jurisprudência, com a observação de que em vários casos a forma qualificada deveria ser afastada pelo fato de o agente ter reconhecida a imputabilidade diminuída, porém, essa posição não é adotada nos tribunais, que tratam a matéria de modo rígido, apenas com algumas exceções.

[34] FIGUEIREDO DIAS, ao comentar o art. 132º, 2, "d", do Código Penal, que trata do motivo fútil ou torpe, observa que "a situação não possa em definitivo valer como especial censurabilidade ou perversidade, maxime, por se ligar a um estado de afecto particularmente intenso (v. g., o ciúme ligado à paixão)" (*Comentário Conimbricense do Código Penal*, Tomo I, Coimbra, Coimbra Editora, p. 33). Veja-se, ainda, a citação de vários casos apontados por Paulo Pinto de ALBUQUERQUE (*Comentário ao Código Penal à luz da Constituição da República e da Convenção Europeia dos Direitos do Homem*. Lisboa: Universidade Católica Editora, 2008) e Maia GONÇALVES (*Código Penal Português. Anotado e comentado e legislação complementar*. 12.ed. Coimbra: Almedina, 1998).

[35] SERRA ressalta que "vingança e ciúme podem, em certas condições, preencher os conceitos indeterminados de motivo torpe ou fútil" (*Homicídio qualificado. Tipo de culpa e medida de pena*. Coimbra: Almedina, 1990, p. 75).

haveria vasto campo para a absolvição em face da perturbação total da consciência. Isso foi travado por previsões normativas, formais e restritivas, que buscam impedir atenuações de pena aos passionais. Por outro lado, se levado em conta que as emoções são baseadas em crenças, influências culturais e fazem parte de um contexto, sendo racionais, uma concepção valorativa dá possibilidade de um tratamento até mesmo mais severo ao agente, o que é apontado por Nussbaum e Gonzáles Lagier.[36]

Assim, não há uma definição na doutrina, em casos de homicídios por ciúme, sobre a atenuação ou agravação da pena, mas resta evidenciado que há o reconhecimento da perturbação causada pelo estado emocional que leva o agente à prática do crime, possibilitando a qualificação do delito ou, de acordo com as circunstâncias específicas do caso, que seja classificado como homicídio simples ou privilegiado.[37]

Concluindo, o entendimento da doutrina é pela imputabilidade do agente, que pode ser considerada diminuída em alguns casos, por anomalias psíquicas ou pela própria emoção violenta sofrida em razão do ciúme, ensejando, a depender do caso concreto, um homicídio qualificado, simples ou privilegiado, porém com a ressalva que a qualificação do crime, dificilmente, poderá ser estabelecida pela suposta futilidade da motivação, acabando por ocorrer pela forma de execução e circunstâncias objetivas do delito.

4.2. Posição da jurisprudência sobre o ciúme

4.2.1. Análise comparada de casos

No primeiro capítulo do presente trabalho, para o início da discussão do tema, abordou-se o "Caso Cantanhede", em que se pode identificar um exemplo da posição do Supremo Tribunal de Justiça (STJ) em relação ao ciúme. Essencial, entretanto, que seja realizada uma análise comparativa de casos, partindo-se da ideia inicial do caso proposto, a sua situação fática e a fundamentação do acórdão.

Com a presente comparação de casos, será possível traçar um panorama de como a jurisprudência portuguesa vem tratando a questão do ciúme em matéria de Direito Penal, se o crime é considerado qualificado, simples ou privilegiado, se pode ser entendido como "motivo fútil", se há atenuação ou majoração da pena, bem como a constatação de situações fáticas impor-

---

[36] NUSSBAUM, Martha. *El ocultamiento de lo humano: repugnancia, vergüenza y ley*. Tradução de Gabriel Zadunaisky. Buenos Aires: Katz, 2006; GONZÁLES LAGIER, Daniel. *Emociones, responsabilidad y derecho*. Madrid: Marcial Pons, 2009.

[37] Nessa questão, cabe observar a discussão na doutrina portuguesa se o homicídio privilegiado constitui caso de imputabilidade diminuída ou de situação relativa à inexigibilidade. Maria Fernanda PALMA, Frederico da Costa PINTO, José de Sousa e BRITO, Amadeu FERREIRA, por exemplo, entendem pela primeira posição, enquanto FIGUEIREDO DIAS, João Curado NEVES, Paulo Pinto de ALBUQUERQUE defendem a segunda, conforme vem indicado por Teresa Quintela de BRITO, no texto "Homicídio privilegiado", em que confronta essas posições (*Direito Penal – Parte Especial. Lições, estudos e casos*. Coimbra: Coimbra Editora, 2007, p. 330-339).

tantes, tais como quem comete essa espécie de crime, em que circunstâncias, com que meio de execução e o reflexo disso no campo da responsabilidade penal. Mais, com essa análise, será possível verificar se o critério adotado pela jurisprudência é no sentido de adoção de uma corrente mecanicista ou valorativa em termos de emoções e seu reflexo na responsabilidade penal.

No total, serão estudados 20 casos, pesquisados em acórdãos do STJ de Portugal e um do Tribunal da Relação de Lisboa, no período de 2002 a 2012, com maior concentração de acórdãos de 2008 a 2011, já analisada a situação inicial, no acórdão 90/08 do STJ.

Pela análise de outros 19 casos, constata-se que o rumo adotado pela jurisprudência não se diferencia deste adotado no "Caso Cantanhede".

De plano, algumas questões já devem ser destacadas: os crimes, sem exceção, foram cometidos por homens. Como já observado na doutrina penal e na psicologia, o ciúme vinculado ao amor-sexual masculino[38] torna-se um combustível para atos de violência dirigidos contra a mulher ou seu novo parceiro, a partir da ideia fixa de traição, infidelidade.

Embora, sabidamente, haja a prática de homicídios por mulheres ou entre homossexuais, conforme se pode verificar, na análise de 20 casos de homicídio julgados pelos tribunais, todos foram cometidos por homens, em atos de extrema violência, dirigidos contra a própria mulher ou contra seu novo companheiro, em uma explosão violenta de sentimentos, culminando numa ação que extravasa ódio e vingança, em atos de selvageria e crueldade, que demonstra a fúria assassina e indica o grau de perturbação e vontade de desforra que experimenta o autor do crime.

A discussão jurídica, nos processos criminais, é dominada pela alegação de homicídio simples ou privilegiado, sempre a defesa buscando afastar a figura do homicídio qualificado. Debate-se, em todos os casos, a pena aplicada na sentença.

Questão a ser perquirida é se há a adoção de uma corrente mecanicista ou valorativa em relação a uma emoção como o ciúme, nesses casos, de forma a verificar a posição da jurisprudência sobre a responsabilidade penal, para observar como são tratadas as emoções (no caso específico, o ciúme) pelo Direito Penal.

Entretanto, de plano, chama a atenção que, em 20 casos analisados, 14 foram considerados homicídios qualificados, 06 homicídios simples e em nenhum houve o reconhecimento da figura privilegiada pela "compreensível emoção violenta", o que é algo que já aponta o caminho adotado pela jurisprudência penal em relação ao ciúme.

No acórdão 459/05,[39] por exemplo, o arguido ateou fogo na companheira, tendo sido condenado à pena de 20 anos. A defesa pugnou a fixação

---

[38] Como sustenta RABINOWICZ (*O crime passional*. São Paulo: Mundo Jurídico, 2007) e há também interessante ponderação de SOLOMON, sendo que este, porém, por uma ótica de valoração das emoções, ressalta a possibilidade de uma educação emocional, conjugada a questão dos valores (*Ética emocional: una teoria de los sentimientos*. Barcelona: Paidós, 2007).

[39] Acórdão do STJ nº 459/05, relator Fernando Frois, julgado em 19.05.2010, disponível em <www.dgsi.pt>.

da pena entre 12 e 14 anos, porém, o tribunal manteve a pena de 20 anos, negando provimento ao recurso defensivo. Essa mesma situação pode ser constatada no acórdão 1909/10,[40] em que o arguido, de 73 anos de idade, após jogar gasolina na companheira, lançou-lhe fogo, matando-a queimada. Restou condenado à pena de 23 anos, discutindo-se apenas o *quantum* de pena fixada na sentença. Em ambos os casos, arguidos de idade avançada, movidos pela intenção da vítima em separar-se e por ciúmes, agindo em situação de violência doméstica e de forma premeditada. Mesmo levando-se em conta a perturbação psíquica e idade avançada dos agentes, foram crimes bárbaros, em que o STJ não aceitou a argumentação de imputabilidade diminuída e condenou os arguidos em penas severas.

No acórdão 434/07,[41] observa-se que o arguido matou a tiros o novo companheiro de sua ex-mulher, sendo condenado à pena de 15 anos e 06 meses de prisão por homicídio qualificado pela surpresa no ataque. No STJ, a discussão centrou-se na pena aplicada. Já no acórdão 1064/10,[42] o arguido, pessoa considerada violenta, matou a companheira com vários tiros, sendo condenado a 22 anos, tendo o STJ afirmado, categoricamente, que o ciúme não pode atenuar a conduta nos tempos atuais.

Os acórdãos 1112/10,[43] 238/10,[44] 600/09,[45] 517/08,[46] 108/08,[47] 08P292,[48] todos do STJ, foram considerados homicídios qualificados, tendo a defesa, apenas em alguns dos casos, conseguido uma pequena redução da pena aplicada em primeiro grau ou no Tribunal da Relação, sendo, porém, afastadas todas as tentativas de reconhecimento de homicídio simples ou privilegiado. Em nenhum desses casos a qualificadora foi diretamente relativa ao ciúme, mas, sim, pela forma de execução do crime. Todavia, no acórdão 08P3706,[49] o STJ considerou o ciúme como "motivo fútil", estando a acusação baseada nesta única qualificadora (art. 132, nº 2, "d", do Código Penal). O arguido executou a vítima com tiros na nuca e nas costas, com uma "caçadeira", movido pela desconfiança que a mulher tivesse um amante e até mesmo que o filho que esperava fosse de outro homem. Foi condenado à pena de 16 anos e 06 meses, havendo, no acórdão, a citação da posição de Teresa Serra. Deci-

---

[40] Acórdão do STJ nº 1909/10, relator Maia Costa, julgado em 20.10.2011, disponível em <www.dgsi.pt>.

[41] Acórdão do STJ nº 434/07, relator Maia Costa, julgado em 29.04.2009, disponível em <www.dgsi.pt>.

[42] Acórdão do STJ nº 1064/10, relator Maia Costa, julgado em 23.11.2011, disponível em <www.dgsi.pt>.

[43] Acórdão do STJ nº 1112/10, relator Sousa Fonte, julgado em 07.09.2011, arguido condenado à pena de 17 anos, disponível em <www.dgsi.pt>.

[44] Acórdão do STJ nº 238/10, relator Raul Borges, julgado em 30.11.2011, arguido condenado à pena de 19 anos, disponível em <www.dgsi.pt>.

[45] Acórdão do STJ nº 600/09, relatora Isabel Pais Martins, julgado em 16.06.2011, arguido condenado à pena 18 anos, disponível em <www.dgsi.pt>.

[46] Acórdão do STJ nº 517/08, relator Souto de Moura, julgado em 27.05.2010, arguido condenado à pena 21 anos, disponível em <www.dgsi.pt>.

[47] Acórdão do STJ nº 108/08, relator Armenio Sottomayor, julgado em 25.02.2010, arguido condenado à pena 20 anos, disponível em <www.dgsi.pt>.

[48] Acórdão do STJ nº 08P292, relator Maia Costa, julgado em 26.03.2008, arguido condenado à pena de 21 anos e 10 meses, disponível em <www.dgsi.pt>.

[49] Acórdão do STJ nº 08P3706, relator Fernando Frois, julgado em 26.11.2008, disponível em <www.dgsi.pt>.

são nesse mesmo sentido foi adotada pelo Tribunal da Relação de Lisboa, no acórdão 7217/06-5,[50] ao considerar o ciúme como motivo fútil e condenar o arguido que matou sua mulher com 26 facadas à pena de 18 anos de prisão.

Ainda, no campo do homicídio qualificado, há o acórdão 07P4730,[51] em que o arguido matou a sua esposa, na cozinha da residência, na frente da filha do casal, logo após uma discussão, em que a vítima, que sofria maus-tratos do marido, disse para este que "não sei por que chegas todos os dias a casa a esta hora da manhã, deves ser paneleiro", o que, somado ao ciúme doentio que o arguido sentia, fez com que pegasse a arma e passasse a alvejar a mulher.

Alegou a ocorrência de compreensível emoção violenta, diante da provocação da vítima, com o que não concordou o STJ, que, embora reduzindo a pena de 20 anos para 18 anos e 03 meses, manteve o crime como homicídio qualificado.

Porém, em algumas decisões, o STJ entendeu pela prática de homicídio na forma simples, seja afastando a qualificadora ou mantendo a acusação já nestes termos postulada pelo Ministério Público.

Exemplo da primeira situação é o acórdão 894/09,[52] caso em que o arguido desferiu várias facadas contra o novo companheiro de sua ex-mulher, dominado pelo ciúme e não aceitando a separação e a nova vida que ela estava determinada a levar. Em primeiro grau e no Tribunal da Relação houve condenação por homicídio qualificado pelo motivo fútil, à pena de 17 anos e 06 meses.

No STJ, todavia, a posição foi diversa, decidindo-se por afastar a qualificadora,[53] com entendimento de que a motivação passional não pode ser considerada uma "futilidade". Apesar desse afastamento, a pena foi fixada em 14 anos de prisão, muito próxima da máxima de um homicídio simples e pouco acima da mínima de um homicídio qualificado, ou seja, uma pena extremamente rigorosa.

Outros casos de homicídio simples são os julgados pelo STJ. Nos acórdãos 02P2812,[54] 07P2430,[55] 07P291,[56] 08P1212[57] e 238/08.2.[58] Em três destes

---

[50] Acórdão do Tribunal da Relação de Lisboa nº 7217/06-5, relator José Adriano, julgado em 24.10.2006, disponível em <www.dgsi.pt>.

[51] Acórdão do STJ nº 07P4730, relator Raul Borges, julgado em 02.04.2008, disponível em <www.dgsi.pt>.

[52] Acórdão do STJ nº 894/09, relator Maia Costa, julgado em 31.01.2012, disponível em <www.dgsi.pt>.

[53] Conforme consta na fundamentação do acórdão *"A motivação passional não constitui de forma nenhuma um motivo fútil – eliminar o rival"*.

[54] Acórdão do STJ nº 02P2812, relator Lourenço Martins, julgado em 20.11.2002, arguido condenado à pena de 10 anos e 04 meses, disponível em <www.dgsi.pt>.

[55] Acórdão do STJ nº 07P2430, relator Oliveira Mendes, julgado em 05.09.2007, arguido condenado à pena de 03 anos e 06 meses por tentativa de homicídio simples, disponível em <www.dgsi.pt>.

[56] Acórdão STJ nº 07P2791, relator Maia Costa, julgado em 03.09.2007, arguido condenado à pena de 09 anos, disponível em <www.dgsi.pt>.

[57] Acórdão do STJ nº 08P1212, relator Rodrigues da Costa, julgado em 23.10.2008, arguido condenado à pena de 09 anos, disponível em <www.dgsi.pt>.

[58] Acórdão STJ nº 238/08.2, relator Oliveira Mendes, julgado em 06.01.2010, arguido condenado à pena de 14 anos e 06 meses, disponível em <www.dgsi.pt>.

casos há situação de grave perturbação psíquica e em dois deles houve tentativa de suicídio. No caso analisado no acórdão 02P2812, perícia psiquiátrica confirmou ser o réu portador de grave distúrbio mental, com conclusão pela inimputabilidade, observada a existência de "ciúme delirante" (infidelidade imaginária). O acusado atraiu a mulher para um mato perto da residência, para uma suposta tarefa agrícola, momento em que lhe desferiu dois disparos à queima-roupa, matando-a na hora.

O STJ, mesmo com essa situação bem delineada na prova, rechaçou a qualificadora da traição e condenou o réu à pena de 10 anos e 04 meses por homicídio simples, ressaltando, também, que o arguido era imputável, pois o laudo pericial, mesmo concluindo pela inimputabilidade, havia evidenciado que ele possuía plena capacidade de entendimento, o que justificou a posição pela imputabilidade com atenuação de pena. Esse mesmo caminho foi adotado no acórdão 238/08.2, em que foram afastadas as qualificadoras do motivo fútil e frieza de ânimo, sendo o arguido condenado à pena de 14 anos e 06 meses, porém, por homicídio simples (pena também elevadíssima), sendo pessoa com anomalia psíquica, confirmada por laudo pericial, e com ciúme doentio.

No acórdão 07P2430, o arguido foi condenado à pena de 03 anos e 06 meses, por tentativa de homicídio simples, por ter invadido a residência da ex-mulher, efetuando-lhe disparos que a atingiram no ombro, mesmo quando estava com um filho no colo. O Tribunal não acolheu a tese do Ministério Público, de tentativa de homicídio qualificado pelo motivo fútil e à traição, sendo a condenação na forma simples por entender o STJ que não havia elementos suficientes a dar suporte à acusação por crime mais grave.

Por fim, em dois casos houve ampla discussão sobre a tese do homicídio privilegiado pela compreensível emoção violenta.

Nos acórdãos 08P1212 e 07P291, verifica-se efetivo debate da tese. No primeiro caso, o arguido atropelou a vítima, que seria o amante de sua esposa. Teria surpreendido a vítima e sua mulher conversando em via pública e, como já desconfiava (e foi provada a traição ao longo do processo, que era ostensiva), "perdeu a cabeça" e acelerou o veículo em direção à vítima (amante da mulher), causando-lhe a morte. Foi condenado à pena de 09 anos nos primeiros julgamentos, tendo o STJ reduzido a pena para 08 anos e 06 meses. A tese foi afastada por entender o Tribunal que o arguido agiu de modo deliberado, desproporcional, ao eliminar o "rival", o que não se conjugaria com "compreensível" emoção violenta. Contudo, foi totalmente desprezada a situação do flagrante adultério e desespero do agente.

No acórdão 07P7291, em que o arguido matou a mulher com 13 facadas e, de imediato, tentou o suicídio na Ponte 25 de Abril, em Lisboa, houve, igualmente, ampla discussão da privilegiadora. O arguido e a vítima foram casados durante 25 anos e aquele começou a desconfiar de que estava sendo traído, sentindo forte ciúme da esposa, a qual havia passado a dizer que desejava a separação. Em determinado momento, após a vítima receber mensagens de outro homem no seu telemóvel, o acusado desferiu várias facadas na vítima e dirigiu-se à ponte para cometer suicídio, ato que foi impedido por populares e policiais.

O Tribunal, ponderando a situação, não reconheceu o privilégio e condenou o arguido à pena de 09 anos de reclusão, afirmando que o ato era desproporcional, não houve provocação e deveria a situação ser lida pelo que seria exigível ao homem médio num caso desses.

Em todos os casos, há sempre a fundamentação na prevenção geral para aplicação da pena, com a referência a casos de violência doméstica contra mulheres e a necessidade de acautelar-se o meio social, fator preponderante, então, na fase da aplicação da pena.

Como se pode observar, portanto, a posição da jurisprudência é firme e rígida nos casos de homicídios praticados por ciúme.

Em que pese as mais diversas formas de prática dos crimes e as diferentes situações que desencadearam a ação violenta e criminosa, não se perde de vista que os tribunais, nesses 20 casos analisados, não acolheram a tese de homicídio privilegiado por compreensível emoção violenta em nenhum deles. Na realidade, verifica-se que exigem a presença de requisitos que vão além dos previstos no artigo 133º do Código Penal (no sentido mecanicista) e, agregado a essa posição, cobram uma adequação ética da suposta "reação" (no sentido da concepção valorativa), o que termina por inviabilizar a concessão do privilégio, mesmo em situações que seria viável, por uma interpretação restritiva e aliada, sobretudo, ao caráter simbólico da punição.

Diante desse quadro, cabe, agora, a pergunta: há espaço para outra interpretação no campo do Direito Penal em situações como estas?

4.2.2. *Análise crítica da jurisprudência*

De 20 casos analisados na jurisprudência, tem-se o número de 14 homicídios qualificados e 06 homicídios simples. Em casos de inimputabilidade confirmada por prova pericial, foi reconhecida a imputabilidade diminuída com condenação por homicídio simples, mas com penas elevadas. Além disso, em dois casos o ciúme foi causa para a afirmação da qualificadora do motivo fútil. Em nenhum caso houve o reconhecimento do homicídio privilegiado.

Assim, de modo geral, conclui-se que, pela jurisprudência:

a) o ciúme pode configurar motivo fútil ou, agregado à motivação ligada à separação, conflitos no relacionamento amoroso, qualifica o crime de homicídio até pela forma genérica: especial censurabilidade ou perversidade, mas, principalmente, pela frieza de ânimo, traição ou surpresa no ataque, etc., classificação que é a mais corrente.

b) casos de homicídio simples, em que não foram sustentadas qualificadoras ou estas foram afastadas no curso do processo, não se aceita o ciúme como "compreensível emoção violenta", ensejadora do homicídio privilegiado, com a utilização do argumento da necessidade de proporcionalidade entre a ação da vítima e reação do agente, o que pressupõe a existência de uma provocação injusta da vítima. Além disso, a questão do "homem médio" e da prevenção geral também reforçam a fundamentação para não ser admitido o privilégio.

c) arguidos com perturbação psíquica comprovada no processo apenas recebem uma atenuação na pena, porém, na maioria dos casos o crime é considerado homicídio simples, restando afastadas possíveis qualificadoras.[59]

Como se pode ver, em alguns dos casos expostos e no próprio "Caso Cantanhede", a crise passional perdura por longo período, há um avanço de uma situação que vai aumentando com o tempo. Entretanto, obviamente, cada pessoa tem suas próprias limitações e mesmo que se espere determinado comportamento de uma forma geral, não se pode deixar de serem analisadas as circunstâncias de cada caso e o estado emocional do agente.

Do modo que a jurisprudência restringe a aplicação do homicídio privilegiado, por exemplo, parte de um pressuposto que deve haver uma provocação, como previsto no Código Penal anterior[60] e que não encontra arrimo na atual legislação penal portuguesa.

Segue exigindo um critério de proporcionalidade pressupondo a existência de provocação da vítima e, além disso, partindo a análise pelo critério do homem médio e da função preventivista do Direito Penal.

Isso, sem dúvida, posto neste tom, coloca as emoções do agente em um plano totalmente secundário, quando, na realidade, seria o ponto crucial para análise.

Porém, no que respeita ao homicídio privilegiado, impende ressaltar que a doutrina aponta em sentido absolutamente contrário ao afirmado na jurisprudência, o que chama a atenção. Figueiredo Dias,[61] Teresa Serra,[62]

---

[59] Sobre essa questão, veja-se a análise da jurisprudência portuguesa feita por MONTEIRO, na obra "Crime de homicídio qualificado e imputabilidade diminuída", em que também afirma: "na verdade, são diversas as decisões jurisprudenciais que, sem qualquer pejo, condenam um agente declarado imputável diminuído por um crime de homicídio qualificado, sem procederem a uma prévia reflexão sobre conceitos e consequências resultantes da respectiva interligação" (*Crime de homicídio qualificado e imputabilidade diminuída*. Coimbra: Coimbra Editora, 2012, p. 147).

[60] Como é analisado por FERREIRA (*Homicídio Privilegiado*. Coimbra: Almedina, 2004), ao efetuar um histórico sobre a evolução legislativa portuguesa e no Direito comparado. No sistema anterior, o artigo 370º do Código Penal regulava a figura do homicídio privilegiado, com a exigência de provocação da vítima, mais, de acordo com a doutrina da época, proporcionalidade na reação e em curto espaço temporal.

[61] De acordo com FIGUEIREDO DIAS, "nunca pode existir proporcionalidade entre uma qualquer emoção e a morte dolosa de uma pessoa; por se exigir que, além de compreensível, diminua sensivelmente a culpa é que não assume relevo a questão de saber se houve uma provocação injusta anterior" (*Comentário Conimbricense do Código Penal*. Parte Especial. Tomo I. Coimbra: Coimbra Editora, 2003, p. 51).

[62] SERRA observa que "o problema da aplicação do artigo 133º continua, no entanto, a residir na posição jurisprudencial dominante que reconduz, de forma sistemática, as situações subsumíveis à compreensibilidade como um conceito de adequação e proporcionalidade entre a ofensa geradora da emoção no agente e o facto praticado [...] O critério para aferir da diminuição sensível da culpa provocada por uma emoção violenta deve ser concretizado por referência à personalidade do agente individual que atua" (Homicídios em série. In: PALMA, Maria Fernanda; BELEZA, Teresa Pizarro [org.]. *Jornadas sobre a revisão do Código Penal*. Lisboa: AAFDL, 1998, p. 140-145).

Carlota Pizarro Almeida,[63] Augusto Silva Dias,[64] Maria Fernanda Palma,[65] Amadeu Ferreira,[66] Maria Margarida Silva Pereira,[67] todos, de modo unânime, salientam que a exigência da proporcionalidade e da provocação é critério que não deveria ser decisivo para a verificação da compreensibilidade da emoção violenta.

Assim, pode ser extraído dos acórdãos estudados que, efetivamente, a posição da jurisprudência, desacompanhada da doutrina, é muito restritiva em relação ao ciúme, não possibilitando maior análise da situação pessoal do agente, de forma a influenciar o entendimento jurídico e a classificação do crime, que fica sempre no campo do homicídio qualificado ou simples. Lida a questão pela ótica da teoria das emoções, vê-se a adoção de uma concepção que busca a afirmação de valores da sociedade pelo Direito Penal, em que a jurisprudência exige o autocontrole do agente.

Constata-se, nos acórdãos, que, embora haja, em alguns casos, a aceitação de que a vontade do agente recebeu certo impacto antes do crime em face do ciúme, os tribunais não admitem que isso possa preponderar diante dos valores em causa e exigem que o agente deva, obrigatoriamente, contornar esse seu estado emocional e, assim, evitar a prática do crime.

Observa-se, entretanto, que tal posição é, como a própria doutrina defende na questão do homicídio privilegiado, por demais rígida e deixa de considerar questões que realmente podem afetar a consciência do agente e que poderiam levar a uma imputabilidade diminuída.

A concepção mecanicista, assim, é adotada pela jurisprudência, ao exigir que a emoção surja por uma causa externa (provocação), e que o agente aja dentro de certos limites, proporcionais ao estímulo, contudo, vislumbra-se, de certa forma, um excesso, que acaba por colocar os fins preventivos do Direito Penal e sua concepção funcionalista acima de um juízo ético sobre as emoções, com uma delimitação mais específica no caso concreto, pois, ao ser a questão abordada por essa ótica, usam-se argumentos também da concepção valorativa, deixando o agente, mesmo em casos de provocação, séria e contundente (flagrante adultério, ofensas sérias), sem receber qualquer ate-

---

[63] ALMEIDA, acerca da questão, ressalta: "a jurisprudência é restritiva o que conduz a duvidar da legitimidade de um paradigma que não logra aplicação prática (sobre a inimputabilidade, art. 20º do CP)" (*Modelos de inimputabilidade. Da teoria à prática*. Coimbra: Almedina, 2004, p. 152).

[64] DIAS critica, aduzindo que a "jurisprudência segue exigindo a proporcionalidade entre o fato injusto do provocador e o fato ilícito do provocado. Compreensível emoção violenta: socialmente tolerável ou razoável, critério do 'tipo social do agente' (não o homem médio)" (*Direito Penal. Parte Especial. Crimes contra a vida e a integridade física*. 2. ed. Lisboa: AAFDL, 2007 p. 38).

[65] PALMA registra essa "via de anulação da relevância do estado emotivo" nas interpretações do art. 133º do Código Penal, questionando a legitimidade desses entendimentos no campo ético (*O Princípio da Desculpa em Direito Penal*. Coimbra: Almedina, 2005, p. 243).

[66] Igualmente, FERREIRA aponta que "para a jurisprudência portuguesa, a compreensibilidade da emoção violenta significa a exigência de uma adequada relação de proporcionalidade entre o fato injusto do provocador e o facto ilícito do provocado – violação do princípio da legalidade – completa desvalorização da emoção" (*Homicídio Privilegiado*. Coimbra: Almedina, 2004, p. 121).

[67] PEREIRA, também aborda a questão, concluindo que há "duas dificuldades – problema de concretizar a cláusula de compreensibilidade, com a jurisprudência a exigir uma provocação injusta e proporcionalidade – inutiliza a privilegiadora" (*Direito Penal II. Os homicídios*. Lisboa: AAFDL, 2008, p. 114).

nuante na pena e sendo totalmente inviabilizada, ressalte-se, em todos os casos, a admissão do homicídio privilegiado.

Inclusive, Gonzáles Lagier refere que, ao pesquisar a jurisprudência espanhola,[68] verificou essa mesma situação, em que são utilizados fundamentos da teoria mecanicista, mas, igualmente, conjugados com a teoria valorativa, em face da exigência de alguns requisitos nos julgamentos, incluindo a "razoabilidade" da emoção e sua adequação a padrões morais.

Claramente, na prática, vê-se que esse critério, adotado dessa forma, no caso dos crimes passionais cometidos por ciúme, enseja uma total restrição à atenuação de pena, pois vem somado, pelos tribunais, à finalidade preventiva do Direito Penal, o que acaba por formatar os julgamentos em limites padronizados, sem separar, ao menos, algumas situações excepcionais, fator que é merecedor de crítica pela não individualização efetiva do juízo de culpabilidade.

5. Discussão da relevância das emoções no direito penal: perspectivas sobre o ciúme

5.1. Ciúme, política criminal e homem médio

Como se pode ver, nos casos dos chamados crimes passionais, cometidos efetivamente por uma dominação do ciúme, a jurisprudência apresenta, então, uma posição rígida e fechada para o privilégio ou penas mais brandas.

Isso permite uma leitura de que o ciúme é uma forma de emoção valorada de forma efetivamente negativa e que merece ser reprovada pelo Estado, sobretudo, em situações extremas que levem o agente à prática de um crime doloso contra a vida. Porém, se a posição da jurisprudência, em casos em que há uma perturbação psíquica do agente, o qual poderia ter sido até

---

[68] GONZÁLES LAGIER, fazendo a análise da posição da jurisprudência espanhola, observa que para haver a atenuação de pena ou privilégio, há a exigência: de um estímulo externo ao agente; haja uma alteração da consciência e da vontade; que haja proporcionalidade entre o estímulo e a alteração psíquica do agente; que o estímulo proceda da vítima; que haja relação causal e temporal entre a conduta da vítima e a reação; que a resposta ao estímulo não seja repudiável do ponto de vista sociocultural. Como ressalta, na maioria das condições verifica-se a adoção de uma concepção mecanicista, exigindo-se uma causa externa que gere o estado emocional no agente, porém, o autor observa que ao exigir-se que "la emoción debe adecuarse a determinados estándares sociales (que a respuesta no sea despreciable), puede interpretarse este requisito en el sentido de que se exige que la emoción sea razonable, de acuerdo com algún patrón social o moral", há a adoção de uma concepção valorativa, ou seja, embora preponderem critérios mecanicistas, há possibilidade de conciliação das concepções, ao que chama de teoria "integradora" (*Emociones, responsabilidad y derecho*. Madrid: Marcial Pons, 2009, p. 142-144). No Direto Penal alemão, o seu § 213 prevê o "homicídio por provocação", com redução da pena, conforme Hans-Joachim RUDOLPHI (*Systematischer Kommentar zum Strafgesetzbuch. Besonder Teil*. Band II. Berlin: Luchterhand, 2003), mesma situação do homicídio privilegiado no Direito Penal Brasileiro, em que se exige a injusta provocação da vítima e a reação imediata, previsão do artigo 121, § 1º, do Código Penal Brasileiro (observa-se que esses casos de homicídio são julgados pelo Júri, num sistema sem fundamentação escrita, em que os tribunais de juízes de carreira devem respeitar a soberania popular expressa no julgamento). Na Espanha, como se vê, também se exige a provocação.

mesmo provocado por atitudes agressivas da vítima e que, por certo, poderiam levar o agente ao desespero, mesmo assim, há o afastamento da tese da privilegiadora da compreensível emoção violenta, fica evidente a sobreposição do caráter preventivo da pena, um juízo de culpabilidade formal, em relação às circunstâncias específicas do caso e o estado anímico e emocional do próprio agente.

Em diversos acórdãos analisados, observou-se a referência ao problema da violência contra as mulheres e a necessidade de maior punição para efeitos de prevenção dessa espécie de delito. E, para a fixação dessa sanção penal, o critério do "homem médio" é o ponto de referência em todos os acórdãos, agregado a uma visão funcionalista do Direito Penal.

Figueiredo Dias refere-se ao "homem fiel ao direito",[69] sendo esse o critério da jurisprudência, que também fundamenta suas decisões na posição defendida por Neves,[70] o qual também refere-se ao "homem médio". E isso, buscando a verificação de como deveria agir aquela determinada pessoa naquela situação, partindo-se da comparação com uma outra que vivenciasse aqueles mesmos estímulos. A posição da jurisprudência alia a essa argumentação, a necessidade da prevenção geral positiva, trazendo como referência as posições de Claus Roxin e Günther Jakobs.

Roxin ressalta que "a matéria reportada à culpa tem que ser apreciada, essencialmente, de pontos de vista político-criminais, a partir da análise dos fins das penas".[71] Por sua vez, para Jakobs, o conceito de culpa é parte de seu próprio conceito funcional de Direito Penal: manutenção do sistema social através da estabilização de expectativas normativas, cada um dos membros da sociedade orienta a sua conduta em função da lealdade a cada uma dessas normas – prevenção geral positiva: pena para afirmar a vigência das normas.[72]

Assim, trabalha-se na jurisprudência com a ideia do "homem médio" ou, na linha de Figueiredo Dias, "homem fiel ao direito" e com a ideia preventiva-geral positiva dos fins das penas, nos termos defendidos por Roxin e Jakobs em modo geral (observadas as divergências).

Entretanto, essa posição pode, caso levada ao extremo (e é o que se denota pela neutralização da figura do homicídio privilegiado), restringir a análise das emoções do agente no caso concreto e sua influência no Direito Penal. Um juízo formal de culpabilidade e levando-se ao extremo o caráter simbólico da pena, não deixa qualquer espaço para uma análise ética das emoções sofridas pelo agente, que deveriam ser consideradas.

Não por acaso, alguns autores chamam à atenção que essa ideia de um Direito Penal simbólico pode não cumprir seu papel ético e justo. Peter-Ale-

---

[69] FIGUEIREDO DIAS, Jorge de. *Direito Penal. Parte Geral*. São Paulo: Coimbra Editora e Revista dos Tribunais, 2007.

[70] NEVES, Curado. O homicídio privilegiado na doutrina e na jurisprudência do Supremo Tribunal de Justiça. *Revista Portuguesa de Ciência Criminal*, ano 11, fasc. 2º, abr./jun., 2001, p. 289.

[71] ROXIN, Claus. A culpabilidade e sua exclusão no Direito Penal. *Revista Brasileira de Ciências Criminais*, ano 12, n. 46, p. 46-72, jan./fev., 2004 e em *Estudos de Direito Penal*. 2. ed. Rio de Janeiro: Renovar, 2008.

[72] JAKOBS, Günther. *Fundamentos do Direito Penal*. São Paulo: Revista dos Tribunais, 2003.

xis Albrecht observa, por exemplo, que "demonstra-se a preocupação com a ideia de um Direito Penal Simbólico do Risco, que com sua orientação sistêmica impulsiona desindividualização e, primeiramente, está vinculado à proteção do sistema".[73]

Nesse mesmo caminho, Bernd Schünemann também crítica essa visão, aduzindo que "sino la conservación de la validez del orden jurídico y, por eso, se quiere legitimar la pena solamente a través de su significado simbólico".[74] Tanto Albrecht como Schünemann salientam, também, a necessidade de que o Direito Penal tenha seu foco no indivíduo. Urs Kindhäuser, igualmente, defende a importância de verificar-se cada caso e as circunstâncias do agente.[75]

No caso do ciúme, como é, de regra, um estado emocional que é avaliado negativamente, como algo reprovável, acaba-se por fechar totalmente a porta de uma solução que tenda a uma consideração de imputabilidade diminuída ou desculpa. Todavia, colocando-se o lado simbólico e preventivo do Direito Penal e sua função na sociedade em primeiro lugar, cabe questionar se isso afirma um critério adequado, justo e ético diante de um processo criminal determinado, em que "aquele agente", "naquele momento" e "naquelas circunstâncias" cometeu o crime movido por ciúmes.

Deixar a análise do indivíduo e suas circunstâncias em segundo plano parece não ser o caminho mais correto, pois se a maioria não cometeria o delito ("homem médio") ou não houve "proporcionalidade" (e não se está falando de legítima defesa), não se pode deixar de observar que, para um julgamento justo, devem ser consideradas as próprias circunstâncias daquela pessoa que veio a praticar o ato criminoso.

E, frise-se, certamente, seu estado emocional não pode ser, simplesmente, desconsiderado por questões ligadas à política criminal, o que, de certo modo, é o que se verifica pela posição firmada pela jurisprudência (havendo, ao menos em relação ao homicídio privilegiado, total discordância da doutrina).

Nem todo o ciúme pode ser considerado negativo, como vimos na própria filosofia. Ora, todos afirmam que aquele que ama "deve" sentir "um pouco de ciúme", caso contrário entende-se que não sente amor. Esse valor é passado de gerações em gerações.[76]

Obviamente, mesmo com todos os freios sociais e evolução da sociedade, não se pode deixar de considerar que em alguns casos, o ciumento acaba por vivenciar uma situação dramática, perturbadora ao extremo, sobretudo,

---

[73] ALBRECHT, Peter-Alexis. *Criminologia: uma fundamentação para o Direito Penal*. Rio de Janeiro: ICPC e Lumen Juris. 2010 p. 182.

[74] SCHÜNEMANN, Bernd. *Derecho Penal contemporâneo*: sistema y desarollo, peligro y límites. Buenos Aires: Hamurabi, 2010, p. 48.

[75] KINDHÄUSER, Urs. *El tipo subjetivo en la construcción del delito*. Disponível em <www.indret.com>, acesso em 10 fev. 2012.

[76] Sobre a questão vejam-se as ponderações de SOLOMON, ao tratar da ira, da vingança, do ódio e do ciúme (*Ética emocional: una teoria de los sentimientos*. Barcelona: Paidós, 2007).

se considerada uma possível colaboração da vítima, o que pode levar à explosão do ato criminoso.

Então, fechar-se totalmente a possibilidade de um julgamento ético e que considere os aspectos pessoais do agente e as minúcias do caso, parece transcender à realidade e colocar o Direito Penal como um fim em si mesmo, apenas pelo aspecto preventivo e de mostrar que há punição (simbolismo) para esses casos.[77]

Nesse ponto, surgem, então, alguns argumentos que devem ser debatidos, como se verá a seguir, que apontam a possibilidade e, até mesmo, a necessidade de uma maior consideração das emoções.

5.2. A relevância das emoções: juízo de censura ético

A jurisprudência possui posição totalmente restritiva em relação aos crimes cometidos por ciúme, classificando-os como homicídios qualificados na grande maioria dos casos. Sem dúvida, como se pode constatar, em muitos dos casos pesquisados, o que veio a qualificar o delito é a forma de execução extremamente violenta ou o modo insidioso, traiçoeiro do ataque, além da própria motivação. Contudo, certo que, pelas razões já expostas, os tribunais não abrem caminho nem mesmo para o privilégio em razão da compreensível emoção violenta para tais casos.

Essa linha encontra respaldo na posição de Neves, para o qual, baseado na doutrina de Jakobs, a desculpa não é possível porque na prática traduziria uma permissão de modelos de comportamento que, de modo geral, não são desejados pela ordem jurídica, "o problema transcende a simples apreciação da justiça do caso",[78] na sua expressão.

Todavia, por esse prisma, a exigir-se a conduta do "homem médio" e tendo como mira apenas os fins preventivos da pena, além de exigir-se proporcionalidade e provocação da vítima para admitir-se a "compreensível" emoção violenta, é o mesmo que fazer *tabula rasa* do artigo 133º do Código Penal e tornar sua aplicação uma tarefa impossível.

Como pondera Palma, será que não haveria a possibilidade de um reconhecimento de uma "solução intermediária", entre uma retribuição dura e simplista e a política criminal preventivista?[79] Esse é ponto. Como se pode ver, o quadro de 230 homicídios de mulheres de 2004 a 2010 (em um total

---

[77] Como recorda HASSEMER, "si la práxis de la aplicación de la pena toma por conocimiento en su totalidad a la prevención general, es legítima la aplicación preventivo-general de la pena hasta aquel momento donde sea posible una valoración precisa, basada em un conocimiento empírico asegurado" (HASSEMER, Winfried; NAUCKE, Wolfgang; LÜDERSSEN, Klaus. *Principales problemas de la prevención gereral*. Buenos Aires: Editorial B de f, 2006, p. 82).

[78] NEVES, João Curado. *A Problemática da Culpa nos Crimes Passionais*. Coimbra: Coimbra Editora, 2008, p. 670. Igualmente, afirma Neves que "aquele que age em coerência com a sua ordem pessoal de valores nunca poderia ser responsabilizado pelos seus actos, por muito gravosos que fossem" (op. cit., p. 684).

[79] PALMA, Maria Fernanda. *O Princípio da Desculpa em Direito Penal*. Coimbra: Almedina, 2005, p. 221 e ss.

de 250) demonstra uma situação grave de violência doméstica, sendo que os crimes foram cometidos por maridos, companheiros, namorados, homens em sua quase totalidade, agindo por motivos passionais, alavancados por ciúmes.

Nos casos analisados, verificou-se que alguns dos crimes são hediondos, cometidos de forma bárbara e cruel, ensejando severa reprimenda penal. Entretanto, e essa é a questão que merece ser aqui ponderada, o ciúme (crime passional) não pode ser tratado somente pela ótica das funções retributivas e preventivas do Direito Penal, no estilo de "mostrar que há punição" para esses crimes.

É legítimo o julgamento que não considere o homem e as suas circunstâncias, a individualidade do caso, todas nuances possíveis? O ciúme é uma emoção que merece, de antemão, ser estigmatizada como má e, assim, receber a total reprovação sem ser compreendida? Pensa-se que não pode ser assim. Por isso, Palma ressalta que é necessária uma justiça "ética" frente a uma ideia de justiça "estética",[80] mesmo caminho apontado por John Sabini e Mauri Silver.[81]

O ciumento deve controlar-se, sim, isso é uma realidade. Extrapolar o que seria um valor aceitável (mas discutível) de que "todos têm ciúme" em uma relação amorosa, já pode denotar condições patológicas, as quais poderão, então, desaguar na prática de um ato de violência até um homicídio. E, nesse ponto, entra a questão da ética das emoções, que não pode ser deixada de lado pelo Direito Penal e merece ser considerada, inclusive, em relação ao ciúme, podendo levar a uma compreensão que não seja tão formal e definitiva, que acaba, em certos casos, por ser injusta.

O Direito, sem apelar à emoção, é praticamente impensável, como recorda Martha Nussbaum. Mas, no juízo normativo de culpa, extremamente formal, há evidente restrição às emoções (veja-se a jurisprudência analisada). A referida autora salienta que importará a qualidade moral dos valores que a emoção daquela certa pessoa expressará, valores daquela sociedade, e, em certos casos, inclusive, em relação ao ciúme, haverá maior aceitação ou não daquela ação motivada por essa própria emoção".[82]

Há a possibilidade de uma "educação emocional", como o próprio Aristóteles já projetava como ideal de um homem virtuoso,[83] o que também é apontado por Martha Nussbaum[84] na sua concepção valorativa das emoções, e é muito bem trabalhado por Gonzáles Lagier.[85] Apesar disso, há "casos e casos", e a adoção de uma única formatação de julgamentos é algo que não

---

[80] PALMA, Maria Fernanda. *O Princípio da Desculpa em Direito Penal*. Coimbra: Almedina, 2005, p. 189.

[81] SABINI, John; SILVER, Mauri. Emotions, responsability, and character. In: SCHOEMAN, Ferdinand (org.). *Responsabilty, Character, and the Emotions: new essays in moral psychology*. Cambridge: Cambridge University Press, 1988, p. 172.

[82] NUSSBAUM, Martha. *El Ocultamiento de lo humano: repugnancia, vergüenza y ley*. Tradução de Gabriel Zadunaisky. Buenos Aires: Katz, 2006

[83] ARISTÓTELES. *Ética a Nicómaco*. Lisboa: Quetzal, 2004, p. 49.

[84] NUSSBAUM, Martha, op. cit., p. 32.

[85] GONZÁLES LAGIER, Daniel. *Emociones, responsabilidad y derecho*. Madrid: Marcial Pons, 2009.

se enquadra num conceito de justiça ética e deixa de lado todas as questões relativas à moral, ética, relacionadas com as emoções que experimentamos e que direcionam nossas ações, como lembra Michael S. Moore.[86]

Veja-se a própria distinção de situações. O agente, pessoa com conduta adequada aos padrões culturais em que vive, mata seu cônjuge em flagrante adultério, ao ser surpreendido por este fato, que, por seus valores, naquele instante, não consegue manter o autocontrole; ou, em situação diversa, ciumento, perturbado, com conduta inadequada, vê o cônjuge conversando com alguém e, por mera suspeita infundada, mata. São situações distintas, em que o ato derivado da emoção não pode ser valorado da mesma forma, sendo necessário um juízo ético que contemple as emoções no juízo de culpabilidade, que não pode ser realizado, unicamente, no aspecto da finalidade preventivista da pena.

E se a análise do privilégio deve ser realizada pela "compreensibilidade" da emoção violenta, não resta dúvida de que, em situações extremas, de um agente ciumento (que não conseguiu educar-se para controlar esse excessivo estado passional – visão por uma concepção valorativa), uma provocação por parte da vítima a extrapolar essa situação não pode ser desprezada e gerar a mesma classificação do delito.[87]

Ora, no mínimo, no campo do ciúme, a provocação séria, que seja suficientemente forte a ensejar uma perturbação no provocado, não pode ser desprezada como um fator de possível atenuação da pena, pois não se poderiam colocar as funções do Direito Penal acima de situações fáticas que merecem ser consideradas, por mais que se exija o autocontrole por freios sociais.[88]

Ingeborg Puppe, também discute essa posição tão fechada em relação às emoções e ressalta que "por motivos preventivos-gerais teme-se reconhecer à emoção ou à paixão intensas um efeito de diminuição ou exclusão de imputabilidade",[89] situação que se pode ver na jurisprudência analisada no presente trabalho.

---

[86] MOORE, nesse aspecto, refere que "the epistemic connection of the emotions to morality is quite different from the substantive connection. With the latter, we judge the emotions as virtuous or not; the emotions in such a case are the object of moral evaluation. With the former, we are not seeking to judge the moral worth of na emotion as virtue; rather, we seek to learn from such emotions the correct moral judgements to make about some other institution, practice, act, or agent" (The moral worth of retribution. In: SCHOEMAN, Ferdinand (org.). *Responsabilty, Character, and the Emotions: new essays in moral psychology*. Cambridge: Cambridge University Press, 1988, p. 204).

[87] Sobre a questão da provocação, cabe analisar os diversos casos mencionados por Jeremy HORDER na obra "*Provocation and Responsibility*", Oxford, Clarendon Press, 1992.

[88] FERRI, na clássica obra "Discursos forenses: defesa penais", ressalta, na defesa de Carlos Cienfuegos, que matou a Condessa Hamilton, pelo "fogo do ciúme", que falar numa "responsabilidade normal é proferir uma heresia contra a mais evidente verdade humana" (São Paulo: Martin Claret, 2004, p. 59). E, nesse sentido, não se pode deixar de lembrar a observação de Aníbal BRUNO, ao referir que em casos excepcionais, a força do estado emocional causa profunda perturbação psíquica, que poderia excluir as "condições exigidas para a imputabilidade", porém, ressalva, que a lei penal brasileira não foi nesse caminho, de modo que "por mais violentos e absorventes que se mostrem, não criam, em nosso Direito, nenhum problema de imputabilidade" (*Direito Penal. Parte Geral*. Tomo II. Rio de Janeiro: Forense, 2005, p. 107).

[89] PUPPE observa, ainda, que "nos casos de homicídio por emoção ou paixão, ou seja, num autor cujo horizonte de percepção está estreitado, cuja capacidade de juízo encontra-se turva, cuja motivação está dominada por uma tempestade de sentimentos e cuja liberdade de decisão está de tal maneira restrin-

Se o não conseguiu controlar-se (questão da "educação emocional") em uma situação que demonstra sua hipersensibilidade que o leva à prática de um homicídio por ciúme, dificilmente, pelos valores inseridos nessa relação, pelos valores atuais da sociedade e também pelos rumos de uma linha preventivista do Direito Penal, haveria possibilidade de atenuação de pena para o autor do delito. Porém, em casos que esse ciúme, que se pressupõe aqui, hipoteticamemente, como inerente ao agente, mas que é provocado intensamente pela vítima (como no caso de um flagrante adultério), não se pode ter o mesmo tratamento penal, o que configura um evidente excesso de rigor, ultrapassando o Direito Penal os limites de uma responsabilidade baseada em um compromisso ético e de justiça.[90]

Desse modo, mesmo que haja uma discussão doutrinária sobre a necessidade de provocação para o reconhecimento do privilégio no homicídio, diante da atual redação do artigo 133º do Código Penal, com o que a jurisprudência não concorda, exigindo essa provocação, importa que, ao estar presente, sendo séria e suficiente,[91] deve ser no mínimo admissível para levar à classificação do crime como homicídio privilegiado.

No presente trabalho, o que chama à atenção, é o critério extremamente rigoroso adotado pela jurisprudência portuguesa, não admitindo a privilegiadora mesmo em casos em que o agente, ciumento, é, intensamente, provocado pela vítima, o que acaba por motivar o homicídio. Obviamente, o crime deveria ser evitado. Porém, na questão da responsabilidade, por um critério de justiça, ético, não pode ser admitido que sejam adotados critérios preventivistas e totalmente imutáveis para "todos" os casos. E, sem dúvida, esse é o aspecto crucial na questão do tratamento do ciúme, do crime passional, na jurisprudência.

A preocupação com as finalidades da pena, de sua função preventivista, da ideia de repelir condutas criminosas contra mulheres, tudo isso é adequado e denota um valor importante da sociedade nos dias atuais, que não pode pactuar com comportamentos machistas, violentos, quase primitivos. Mas, também, por outro lado, não se pode deixar de, em certos casos excepcionais, reconhecer que um agente com problemas psíquicos, com

---

gida, que a plena imputabilidade se torna duvidosa" (*A distinção entre Dolo e Culpa*. Tradução de Luís Greco. Barueri/SP: Manole, 2004, p.). Não por acaso, veja-se a posição de JESCHECK que apontava que, em situações de homicídios passionais, caberia a aplicação da teoria *actio libera in causa* para ser aferida a responsabilidade penal (*Tratado de Derecho Penal. Parte General*. vol. 1. Barcelona: Bosch Editorial, 1981, p. 602-603). Igualmente, chama à atenção a posição de BETTIOL, ao referir que em muitos casos passionais, a questão da responsabilidade "trata-se essencialmente, dentro de certos limites, de uma ficção de capacidade" (BETTIOL, Giuseppe. *Direito Penal*. v. II. São Paulo: RT, 1982, p. 84).

[90] Sobre essa questão, vale observar as lições de HIRSCH e JAREBORG: "We also hope that our discussion of provocation makes it clear that culpability is a much more complex notion than legal writers have traditionally assumed. It is not enough to consider questions of volition and self-control: the reasons for the actor's conduct are equally important. Those reasons, moreover, cannot be boiled down to concerns about defending specific interests; the actor's feelings, and their moral basis, are likewise important" (Provocation and culpability. In: SCHOEMAN, Ferdinand [org.]. *Responsabilty, Character, and the Emotions: new essays in moral psychology*. Cambridge: Cambridge University Press, 1988, p. 255).

[91] Veja-se Jeremy HORDER, sobre a questão da provocação, analisando, inclusive, casos em situações que fala na *trivial provocation* ou *sufficient provocation* (*Provocation and Responsability*. Oxford: Clarendon Press, 1992, p. 96 e ss.)

quadro de ciúme patológico, ou que mesmo com uma conduta dentro de padrões normais venha a ser provocado intensamente por quem ama e, desatinadamente, cometa um delito de homicídio, não tenha consideradas essas circunstâncias, fazendo-se um julgamento que caia na retórica, o que deslegitima a punição.[92]

Se, no campo da teoria das emoções, uma ideia mecanicista pressupõe uma relação causal externa ao agente que gere uma reação, admitindo-se que, em certos casos, haja a perda do autocontrole, uma ideia valorativa, que considera as emoções como inerentes ao agente por suas próprias crenças e valores, uma ideia racional das emoções, em que há um processo de avaliação, a adoção de parte de cada uma dessas teorias, nos casos concretos, pelo o que se pode ver da posição da jurisprudência portuguesa,[93] tem literalmente fechado a porta para qualquer atenuação de um crime cometido por ciúme, mesmo quando haja provocação, fato que demonstra a utilização de critérios político-criminais acima de um juízo de culpabilidade individualizado no caso concreto.[94]

Isso, sem dúvida, continua a deixar as emoções num campo mínimo de abordagem, em plano secundário, de alguma atenuação de pena, mas, com a consideração do crime como homicídio qualificado ou simples (com penas de 12 anos ou mais, equivalendo a um homicídio qualificado, como se pode observar nos acórdãos).

Uma outra perspectiva, na questão do ciúme, mesmo considerando-se o problema da violência contra as mulheres, a violência doméstica, a mudança dos padrões culturais (questões que são importantíssimas e devem ser observadas pelo Direito Penal), é que, ao menos em algumas situações, deve ser compreendido e, mesmo que se exija o autocontrole ou a educação do agente em adequar-se aos valores atuais da sociedade, principalmente, em situações em que há uma provocação séria que, aliada ao estado emocional do agente, lhe retire o autocontrole, causando-lhe uma perturbação profunda e que acabe gerando a conduta delituosa, pode ser caso de reconhecimento do homicídio privilegiado.

Embora, nos acórdãos pesquisados, observe-se a menção aos atuais padrões culturais e a ideia de que os crimes passionais não devem ser tolerados, não se deveria perder de vista que a ação ou reação do ciumento expressa valores que foram agregados de geração em geração, como bem ponderam

---

[92] Jeremy HORDER, observa, nesse ponto que "in order to support this claim, something more Just be said about de nature of emotions. First we must understand how ethical distinctions are drawn between different kind of emotion, and how some emotions can constitute a structure of ethical considerations. We will tehn consider how emotions, viewed as structures of ethical considerations, displace or outweigh the obligations of reliability, in such a way as to remove the moral conditions in which conformity with the law can be expected" (*Provocation and Responsability*. Oxford: Clarendon Press, 1992, p. 170).

[93] E, como se observou anteriormente, essa é a mesma linha adotada na jurisprudência espanhola, conforme GONZÁLES LAGIER (ver nota 69).

[94] Como defende PALMA, "a referência exclusiva, a partir de critérios de exigência social, ao homem médio na posição do agente, nas circunstâncias em que actuou, nega a relevância para o Direito da falibilidade individual e da singularidade do caso. Um tal entendimento restritivo tende a erigir as convicções morais dominantes sobre o dever numa limitação inultrapassável para a desculpa" (*O princípio da desculpa em Direito Penal*. Coimbra: Almedina, 2005 p. 143).

Nussbaum e Solomon. Nesse sentido, inclusive, Nussbaum faz uma análise sobre a relação entre a mudança dos valores da sociedade ao longo dos anos e o reflexo disso nas emoções, na sua aceitação ou reprovação.[95]

Nesse caminho, se hoje é certo que o ciúme que leva ao homicídio é plenamente reprovável, sendo inadmissível uma desculpa nesses casos, a impossibilidade de reconhecer-se a emoção como "compreensível", em casos excepcionais, representa um exagero nessa valoração, colocando-se o indivíduo em um segundo plano e sem respeitar, muitas vezes, os padrões ético-culturais que se denotam em sua conduta.

Por exemplo, no "Caso Cantanhede" ou no acórdão 08P1212 do STJ, há uma situação de conflito prolongada no tempo, que culmina com uma provocação da vítima séria e contundente, no primeiro por palavras e, no segundo, uma situação de flagrante adultério. Em ambos, os agentes não usaram arma de fogo ou faca, mas, num ataque súbito, utilizaram qualquer meio para agredir. Se não há inimputabilidade, como demonstrado por Neves,[96] no mínimo a emoção deveria ser considerada compreensível, embora seja certo que não devessem ter cometido o crime (isso, por óbvio, nem cabe discutir).

Mas a questão é o reconhecimento dessa emoção violenta e sua compreensibilidade, que, em casos excepcionais, deve preponderar e ser admitida. Pois se a posição é no sentido de uma restrição absoluta, não haveria lógica na previsão da regra do artigo 133º do Código Penal.

Portanto, levando-se em conta os atuais valores da sociedade, no caso do ciúme, o que se sustenta, é que, existindo uma provocação intensa, séria, não se pode deixar de considerar "compreensível" a emoção violenta que motiva a prática delituosa, o que enseja a configuração do homicídio privilegiado e, assim, faz prevalecer, na análise do caso, as emoções experimentadas pela agente, fator que, então, será devidamente considerado e sopesado no juízo de censura penal.

6. Conclusões

Por tudo que foi exposto e analisado, verifica-se que os crimes cometidos por ciúme recebem um tratamento extremamente rigoroso pelos tribunais portugueses, que adotam critérios rígidos e que, praticamente, impossibilitam o reconhecimento da figura do homicídio privilegiado, mesmo em casos extremos de provocação.

Entretanto, como se pode observar, essa posição não encontra respaldo unânime no campo doutrinário e, muito menos, a partir de uma análise no campo da filosofia e da psicologia, com a devida relevância do assunto na

---

[95] NUSSBAUM, Martha. *El ocultamiento de lo humano: repugnancia, vergüenza y ley*. Tradução de Gabriel Zadunaisky. Buenos Aires: Katz, 2006; SOLOMON, Robert C. *Ética emocional: una teoria de los sentimientos*. Barcelona: Paidós, 2007.

[96] NEVES, João Curado. *A problemática da culpa nos crimes passionais*. Coimbra: Coimbra Editora, 2008.

seara da teoria das emoções, que é discutida em estreita ligação com a questão da responsabilidade penal.

O juízo de censura baseado nas funções da pena e na política-criminal, mesmo que tenha a sua relevância em termos de segurança jurídica e, especialmente, na ideia de prevenção no caso de crimes cometidos contra mulheres (problema sério na questão da violência doméstica), não pode ser levado ao extremo, lançando-se para um formalismo que deixa de analisar as circunstâncias específicas e concretas do caso determinado, do agente que cometeu o delito.

O ciúme, mesmo que, em regra, seja uma emoção considerada negativa pelos padrões socioculturais atuais, em muitas situações ainda está inserido como necessário a manter relacionamentos, a sustentar o amor. Essas situações devem ser diferenciadas e avaliadas. As condições do agente, a sua formação, seu caráter, seu ambiente, são questões que devem ser valoradas e, sobretudo, consideradas em um juízo de culpabilidade que se deseja ético e justo.

No "Caso Cantanhede", com o qual se iniciou o presente trabalho, vê-se que um homem trabalhador, honesto, de limitadas condições, com sérios problemas psíquicos, manteve o relacionamento amoroso com a vítima, que, mesmo que não lhe tenha traído, efetivamente, provocava-o, desprezava-o e, de certa forma, humilhou-o, o que veio a repetir no momento em que foi desencadeada a ação criminosa. Assim, no mínimo, houve uma provocação séria, geradora de uma ação criminosa repentina, tanto que o arguido pegou uma pá (não foi armado ao local com revólver ou faca) e acabou por, totalmente perturbado, cometer o homicídio.

A fundamentação do acórdão 90/08, no sentido da prevenção de outros casos, de que o ciúme deve ser repelido, que de um homem "médio" espera-se outra conduta, e que a perturbação psíquica do agente (comprovada por perícia), não afasta a gravidade da sua conduta, é baseada em argumentos que soam retóricos, deixando de avaliar as condições concretas do agente, que, realmente, poderia ter reconhecida a "compreensível emoção violenta", prevista no artigo 133º do Código Penal.

Assim, tal situação constitui-se em injustiça e deixa de ser legítima uma punição nesses termos, sobrepondo a finalidade punitiva às condições efetivas do agente no caso concreto.

No caso do ciúme, acolhido o entendimento da imputabilidade do agente, na esteira do que foi visto no presente trabalho, ao menos, em situações excepcionais, preenchidos os requisitos do artigo 133º do Código Penal, ainda mais em casos em que haja provocação séria e suficiente, deve ser admitido o privilégio,[97] com a correta leitura da construção dogmática do instituto pela doutrina penal baseada na teoria das emoções, de modo que a censura penal corresponda a um juízo ético e que a culpabilidade não seja apenas um juízo simbólico, desfazendo da pessoa acusada.[98]

---

[97] Considerando que nem mesmo há previsão expressa desse requisito no artigo 133º do Código Penal.
[98] Como adverte KINDHÄUSER, "El origen e la legitimación del derecho solo pueden encontrarse em la autonomia del indivíduo. Respecto del Derecho Penal, de esto tiene que extraerse de la consecuencia

A imposição de uma concepção mecanicista por parte da jurisprudência (pressupõe uma causa externa), mas totalmente fechada por requisitos que, como aponta Gonzáles Lagier, são retirados, mesmo que instintivamente pelos julgadores, também de uma concepção valorativa,[99] acabam por levar a uma fundamentação retórica, pragmática e objetiva nas decisões dos processos de homicídios cometidos por ciúme.

Necessário, então, que o ciúme que levou o agente a praticar o crime seja avaliado caso a caso, com todas as nuances e circunstâncias do fato e do próprio autor do delito, partindo-se de uma concepção valorativa das emoções em que se possa compreender, no mínimo, para efeito de atenuação (e a privilegiadora é uma das situações) de pena, mesmo que, por outro lado, dependendo do caso, seja possível uma agravação da pena.

O contexto social, a formação do caráter, a influência do meio, tais dados devem ser efetivamente considerados, mesmo sendo o ciúme preconcebido como uma emoção negativa e, diferentemente do que vem fazendo a jurisprudência, em casos de estado passional provocado, é inegável a injustiça da sobreposição dos fins preventivos da pena a um juízo de culpabilidade ético e a necessidade de, no mínimo, ser admitido o menor grau de culpabilidade do agente.

Nessa perspectiva, que não busca o prejulgamento de uma emoção como ocorre nos casos do ciúme, há campo, partindo-se de uma concepção ética das emoções e de um juízo de responsabilidade justo, para que a censura penal seja legítima e realmente adequada ao caso concreto.

Bibliografia

AGOSTINHO, Santo. *Confissões*. Lisboa: Imprensa Nacional, 2001.
ALBRECHT, Peter-Alexis. *Criminologia*: uma fundamentação para o Direito Penal. Rio de Janeiro: ICPC e Lumen Juris. 2010.
ALBUQUERQUE, Paulo Pinto de. *Comentário ao Código Penal à luz da Constituição da República e da Convenção Europeia dos Direitos do Homem*. Lisboa: Universidade Católica Editora, 2008.
ALMEIDA, Carlotta Pizarro. *Modelos de inimputabilidade: da teoria à prática*. Coimbra: Almedina, 2004.
ALTAVILLA, Enrico. *Psicologia Judiciária*. v. 1. Coimbra: Almedina, 2003.
ALVES, Roque de Brito. *Ciúme e Crime – Crime e Loucura*. Rio de Janeiro: Forense, 1996.
ARISTÓTELES. *Ética a Nicómaco*. Lisboa: Quetzal, 2004.
——. *Retórica das paixões*. São Paulo: Martins Fontes, 1998.
BETTIOL, Giuseppe. *Direito Penal*. v. II. São Paulo: RT, 1982.
BRITO, José de Sousa e. Um caso de homicídio privilegiado. In: DIAS, Augusto Silva et al. *Colectânea de Textos de Parte Especial do Direito Penal*. Lisboa: 2008, AAFDL, p. 19
BRITO, Teresa Quintela de, et al. *Direito Penal – Parte Especial. Lições, estudos e casos*. Coimbra: Coimbra Editora, 2007.
BRUNO, Aníbal. *Direito Penal: Parte Geral*. Tomo II. Rio de Janeiro: Forense, 2005.
CAVALCANTE, Mourão. *O ciúme patológico*. Rio de Janeiro: Record, 1997.
CORDEIRO, J. C. Dias. *Manual de Psiquiatria Clínica*. 2. ed. Lisboa: Fundação Calouste Gulbenkian, 2003.
DIAS, Augusto Silva. Direito Penal – Parte Especial. Crimes contra a vida e a integridade física. 2. ed. Lisboa: AAFDL, 2007.

---

de que tambíen la culpabilidad jurídico-penal há de determinarse de confirmidad con la autonomia que corresponde a cada ciudadano (*Pena y culpabilidad en el Estado democrático de derecho*. Buenos Aires: B de f, 2011, p. 231).

[99] GONZÁLES LAGIER, Daniel. *Emociones, responsabilidad y derecho*. Madrid: Marcial Pons, 2009.

ELUF, Luiza Nagib. *A paixão no banco dos réus*. São Paulo: Saraiva, 2002.
FERREIRA, Amadeu. *Homicídio privilegiado*. Coimbra: Almedina, 2004.
FERRI, Enrico. *O delito passional na civilização contemporânea*. Campinas/SP: Servanda, 1999.
——. *Discursos forenses: Defesas Penais*. São Paulo: Martin Claret, 2004.
——. *Os criminosos na arte e na literatura*. Porto Alegre: Ricardo Lenz Editor, 2001.
FIGUEIREDO DIAS, Jorge de. *Direito Penal – Parte Geral*. São Paulo: Coimbra Editora e Revista dos Tribunais, 2007.
——. *Comentário Conimbricense do Código Penal*. Parte Especial. Tomo I. Coimbra: Coimbra Editora, 2003.
GONÇALVES, M. Maia. *Código Penal Português*. Anotado e comentado e legislação complementar. 12.ed. Coimbra: Almedina, 1998.
GONZÁLES LAGIER, Daniel. *Emociones, responsabilidad y derecho*. Madrid: Marcial Pons, 2009.
HASSEMER, Winfried; NAUCKE, Wolfgang; LÜDERSSEN, Klaus. *Principales problemas de la prevención gereral*. Buenos Aires: Editorial B de f, 2006.
HENTING, Hans Von. *Estudos de Psicología Criminal. El Asesinato*. Vol. II. Madrid: Espasa-Calpe, 1980.
HIRSCH, Andrew von; JAREBORG, Nils. Provocation and culpability. In: SCHOEMAN, Ferdinand. *Responsabilty, Character, and the Emotions: new essays in moral psychology*. Cambridge: Cambridge University Press, 1988, p. 241-255.
HORDER, Jeremy. *Provocation and responsability*. Oxford: Clarendon Press, 1992.
HUNGRIA, Nelson. *Comentários ao Código Penal*. v. 5. 4. ed. Rio de Janeiro: Forense, 1958.
ITAGIBA, Ivair Nogueira. *Do homicídio*. Rio de Janeiro: Revista Forense, 1945.
JAKOBS, Günther. *Fundamentos do Direito Penal*. São Paulo: Revista dos Tribunais, 2003.
JESCHECK, Hans-Heinrich. *Tratado de Derecho Penal*. Parte General. Vol. 1. Barcelona: Bosch Editorial, 1981.
KINDHÄUSER, Urs. *El tipo subjetivo en la construcción del delito*. Disponível em <www.indret.com>, acesso em 10 fev. 2012.
——. *Pena y culpabilidad en el Estado democrático de derecho*. Buenos Aires: Editorial B de f, 2011.
LARENZ, Karl. *Derecho justo*: fundamentos de ética jurídica. Madrid: Civitas, 1985.
LYONS, William. *Emoción*. Barcelona: Anthropos, 1993.
LYRA, Roberto. *O amor e a responsabilidade criminal*. São Paulo: Saraiva, 1932.
MANNHEIM, Hermann. *Criminologia comparada*. Lisboa: Fundação Calouste Gulbenkian, 1985.
MIRA Y LÓPEZ, Emílio. *Manual de Psicologia Jurídica*. 2.ed. São Paulo: Vida Livros, 2011.
MONTEIRO, Elisabete Amarelo. *Crime de homicídio qualificado e imputabilidade diminuída*. Coimbra: Coimbra Editora, 2012.
MOORE, Michael S. The moral worth of retribution. In: SCHOEMAN, Ferdinand (org.). *Responsabilty, Character, and the Emotions:* new essays in moral psychology. Cambridge: Cambridge University Press, 1988, p. 179-219.
NEVES, João Curado. *A problemática da culpa nos crimes passionais*. Coimbra: Coimbra Editora, 2008.
——. O homicídio privilegiado na doutrina e na jurisprudência do Supremo Tribunal de Justiça. *Revista Portuguesa de Ciência Criminal*, ano 11, fasc. 2º, abr./jun., 2001.
NUSSBAUM, Martha; KAHN, Dan M. Two Conceptions of Emotions in Criminal Law. *Columbia Law Review*, v. 96, n. 2, 1996, p. 290 e ss.
——. *Fragilidade da bondade: fortuna e ética na tragédia e na filosofia grega*. Tradução de Ana de Aguiar Cotrim. São Paulo: Marins Fontes, 2009.
——. *El Ocultamiento de lo humano: repugnancia, vergüenza y ley*. Tradução de Gabriel Zadunaisky. Buenos Aires: Katz, 2006.
PALMA, Maria Fernanda. *O princípio da desculpa em Direito Penal*. Coimbra: Almedina, 2005.
PEDROSO. Fernando Almeida. *Homicídio*. Rio de Janeiro: Aide, 1995.
PEREIRA, Maria Margarida Silva. *Direito Penal II. Os homicídios*. Lisboa: AAFDL, 2008.
PINTO, Frederico de Lacerda da Costa. Crimes de homicídio privilegiado. *Revista Portuguesa de Ciência Criminal*, ano 8, fasc. 2º, abr./jun., 1998.
PUPPE, Inguelore. *A distinção entre Dolo e Culpa*. Tradução de Luís Greco. Barueri/SP: Manole, 2004.
RABINOWICZ, Leon. *O Crime Passional*. São Paulo: Mundo Jurídico, 2007.
ROXIN, Claus. *Estudos de Direito Penal*. 2. ed. Rio de Janeiro: Renovar, 2008.
——. A culpabilidade e sua exclusão no Direito Penal. *Revista Brasileira de Ciências Criminais*, ano 12, n. 46, p. 46-72, jan./fev., 2004.
RUDOLPHI, Hans-Joachim (coord.). *Systematischer Kommentar zum Strafgesetzbuch*. Besonder Teil. Band II. Berlin: Luchterhand, 2003.
SABINI, John; SILVER, Mauri. Emotions, responsability, and character. In: SCHOEMAN, Ferdinand. *Responsabilty, Character, and the Emotions: new essays in moral psychology*. Cambridge: Cambridge University Press, 1988, p. 165-175.
SCHOEMAN, Ferdinand (org.). *Responsibility, Character and the Emotions*. Cambridge: Cambridge University Press, 1988.
SCHÜNEMANN, Bernd. *Derecho Penal contemporáneo*: sistema y desarrollo, peligro y límites. Buenos Aires: Hamurabi, 2010.
SERRA, Teresa. *Homicídio qualificado*. Tipo de culpa e medida de pena. Coimbra: Almedina, 1990.

———. Homicídios em série. In: PALMA, Maria Fernanda; BELEZA, Teresa Pizarro. *Jornadas sobre a revisão do Código Penal*. Lisboa: AAFDL, 1998, p. 119-156.
SHAKESPEARE, William. *Otelo*. Tradução de Beatriz Viégas-Faria. Porto Alegre: L&PM, 1999.
SOKOLOFF, Boris. *O ciúme*: um estudo psiquiátrico. Rio de Janeiro: O Cruzeiro, 1954.
SOLOMON, Robert. *Ética emocional*: una teoria de los sentimientos. Barcelona: Paidós, 2007.
SPINOZA, Baruch de. *Ética*. Madrid: Nacional, 1980.
STRONGMAN, Kenneth. *A psicologia da emoção*. 2. ed. Lisboa: Climpesi, 2004.

— 7 —

Reflexões sobre a *indiferença* e o *indiferente* no Direito Penal

ORLANDO FACCINI NETO

Sumário: 1. Introdução; 2. Ainda a questão da liberdade: a modo de premissa; 2.1. Esboço do problema; 2.2. Repercussão na teoria das penas; 3. O estatuto jurídico das emoções; 3.1. Um escorço; 3.2. Ambivalência das emoções; 4. A indiferença como emoção; 5. Tratamentos jurídicos possíveis à indiferença; 5.1. Apelo normativo contra a indiferença: a questão da omissão de auxílio; 5.2. A indiferença na encruzilhada dos elementos subjetivos do tipo; 6. Da indiferença indesculpável: tipos de sujeitos indiferentes; 6.1. De que culpa não se está a cogitar: crítica à culpa do caráter e da personalidade; 6.2. Os indiferentes e a sua culpa; 7. Conclusão; Bibliografia.

1. Introdução[1]

Caminhamos pela sombra. Eram variados os percursos por que poderíamos seguir, e optamos pela sombra. Talvez pela razão de ser o Direito Penal aquilo que, no âmbito jurídico, aluda ao que de mais sombrio há no homem; talvez porque mirando a nossa sombra, vemo-nos.

Há razões que não conseguimos explicar; as sombras escondem-nas.

Num universo plural de emoções ou de estados afetivos, com os quais poderíamos laborar, para desenvolver as nossas reflexões, nossa opção consistiu em sua ausência. Se era possível aludir ao ciúme, à ira, à concupiscência, enfim, a um quadro vasto de estados emocionais, como vasta e complexa é a dimensão humana, elegemos, não obstante, permanecer em sua falta. Na sombra.

Na *indiferença* que, entretanto, permite convocar a discussão sobre de que maneira, e sob quais premissas, há o Direito Penal de lidar com as emo-

---

[1] O presente texto corresponde, no essencial, ao Relatório que apresentamos na disciplina de Direito Penal-A, em nosso curso de Doutoramento na Faculdade de Direito da Universidade de Lisboa. Nosso seminário aludia à influência das emoções para a teoria do crime, particularmente no âmbito da responsabilidade penal, à luz do pensamento filosófico e psicológico sobre os estados afetivos. Como o leitor verá, nossa opção foi abordar a *indiferença*, como seja a ausência mesmo dessas emoções, isto é, algo como um *paradoxo*, porquanto a partir de uma potencial ausência de um qualquer estado afetivo pretendemos refletir sobre como o Direito Penal haveria de, com idoneidade, tratar essas situações.

ções. E também com aquele que, em nossa linguagem, qualificamos como *indiferente*.

São diversos os modos pelos quais o Direito pode fazê-lo. Alguns, elegemos; outros mereceram notas breves, em que refletimos sumariamente sobre temas que, sabemos, exigiriam maior desenvolvimento. Risco consciente, nestes casos, de deixar muito por dizer. Mas há assuntos sobre os quais não conseguimos ser indiferentes.

De que maneira há de ser idôneo o tratamento penal da indiferença, se numa certa medida somos todos um pouco indiferentes? Sequer podemos afiançar que no final do trajeto estará a resposta a essa indagação. O trajeto se fez pela sombra.

Percorrê-lo, assim, já terá esgotado o objeto de nossa pretensão.

2. Ainda a questão da liberdade: a modo de premissa

2.1. Esboço do problema

> "E, supondo que por necessidade
> Nascesse todo o amor, que vos incende,
> Tendes para contê-lo potestade".
> (Dante, *A Divina Comédia* – Purgatório, Canto XVIII).

Não será contrário ao escopo deste trabalho procurar-se, à partida, o enfrentamento de uma questão que, noutro nível metodológico, poderia ter-se como um efeito colateral da discussão sobre as emoções, e particularmente a indiferença, no campo do Direito Penal. Pois uma das vias possíveis seria a de pretender-se estabelecer uma noção a respeito do que sejam as emoções, inserindo-as, evidentemente, no campo jurídico, para, posteriormente, indagar-se dos consectários de uma percepção, quiçá vindoura, de que delas, das emoções, não se pode alhear o Direito Penal. Mas como? A pergunta, em si, já embute a necessidade de, independentemente da consideração que se venha a ter sobre certos estados afetivos – isto é, concebamo-los como forças contrapostas à racionalidade ou como parte dela –, situarmo-nos sobre de que forma isto haverá de afetar a responsabilidade criminal do sujeito.

Em outras palavras, a indagação que se põe é, seja como forem as emoções e os estados afetivos, de que modo o atuar humano, sob o seu influxo, pode, se é que pode, propender a um juízo de culpa. Na suma, está-se a falar da liberdade de vontade, mais propriamente da liberdade de vontade do sujeito delinquente.

Não se é de olvidar a significativa importância do tema no que diz respeito ao sentido da pena criminal. Supomos que uma reflexão se ligue à outra e, de maneira geral, a asserção de que o indivíduo, diante da situação precedente à da prática do crime, poderia, à sua conta, não o ter cometido

– e, em consequência, ao se afirmar que poderia ter atuado de outro modo –, acaba por inserir no juízo de culpa um caráter de reprovação que, digamos ainda sinteticamente, conduziria a alguma espécie de retribuição, por meio da pena. De outro modo, se compreendido o sujeito como uma espécie de elo de uma cadeia causal inevitável, sobre cuja força a sua vontade seria vazia de sentido, nenhuma outra legitimação para a pena remanesceria, exceto a de tratar-se de uma pena de proteção.[2]

A discussão, portanto, alçada em termos da contraposição entre o determinismo e o livre-arbítrio, é-nos irrenunciável. Naquele, a ideia de liberdade mostrar-se-ia uma ruptura inaceitável a uma causalidade, que subordina todo o acontecer e, assim também, a ocorrência do crime, de modo que este derivaria de condições internas do agente ou ambientais;[3] neste, assume-se a possibilidade de que o sujeito poderia ter atuado de forma diversa da que elegeu e, assim, a pena se aplicaria em virtude da reprovação de seu direcionamento contra o Direito.[4]

Convém examinar melhor a formulação de Engisch. Diante de uma situação concreta, que suscita estímulos de atuação, poderia um homem, com suas características particulares, dominar as conexões "anímico-espirituales de los motivos" ou seja, atuar de maneira diversa da que precisamente atuou?[5]

Ao princípio da resposta a que se dedica Engisch, não se há de opor objeção. A indagação sobre se poderia ter havido atuação de outra maneira compreende, e deve compreender, o sujeito concreto, e não a generalidade das demais pessoas que, potencialmente, estivessem na situação do agente. Não se mostra idôneo formular-se um sujeito hipotético, dotado de meridiana compreensão do direito, para, também por hipótese, lançá-lo na conjun-

---

[2] Trata-se de brevíssima síntese da conhecida luta de Escolas, que opôs Binding e Liszt; de um lado, a concepção de que a pena é retribuição da culpa, e, portanto, supõe reprovação, que, por sua vez, requer atuação ilícita, apesar de o agente ter podido agir confirme ao Direito; de outro, a formulação de que o crime foi o efeito necessário e inevitável de condições dadas, no que se mostrava carente de sentido reprovar-se aquilo que se não podia evitar. A este respeito, entre tantos, Cf. WELZEL, Hans. *Derecho penal, parte general*. Traducción del alemán por Carlos Fontán Balestra. Buenos Aires: Roque Depalma Editor, 1956, p. 18; ENGISCH, Karl. *La teoría de la libertad de la voluntad en la actual doctrina filosófica del Derecho Penal*. Tradução de José Luiz Guzmán Dalbora. Montevideo-Buenos Aires: 2008, p. 58-61. No sentido de que saber-se se o delinquente podia, no caso concreto, ter atuado de outro modo, como sintoma da crise do princípio da culpa, Cf. CEREZO MIR, José. *Problemas fundamentales del Derecho Penal*. Madrid: Tecnos, 1982, p. 179-180.

[3] Nessa abordagem, todo crime é "el producto forzoso del carácter y de la situación. Quién ha obrado de la manera como actuó, no podía haberse comportado de otra forma". ENGISCH, op. cit., p. 65. Em consequência, a pena há de assumir um sentido distinto que o da retribuição, uma vez que essa supõe a reprovação ao sujeito por ter atuado de forma contrária do Direito, quando podia tê-lo atendido.

[4] A síntese de MAYER sobre as duas concepções é importante: o determinismo sustenta que o ato humano voluntário possui um fundamento suficiente; o indeterminismo, que não o tem. O que segue a um fundamento suficiente é o adjetivo "necessário", a que se poderia chamar, também, de "não livre". Portanto, o determinista afirma a falta de liberdade de vontade; o indeterminista, a vontade livre. MAYER, Max Ernest. *Derecho Penal, parte general*. Tradução de Sergio Politoff Lifschitz. Montevideo-Buenos Aires: B de F, 2007, p. 548. De modo mais amplo a este respeito, Cf. PALOPOLI, Nicola. *Le teoriche sull'imputabilità e il pressuposto del libero arbítrio*. In: Scritti in onore di Enrico Ferri. Torino: Unione Tipografico-Editrice Torinese, 1929, p. 336-352.

[5] ENGISCH, Op. cit., p. 72.

tura em que se encontrava o agente e, a partir daí, buscar-se responder se o *homem médio* teria o mesmo comportamento.[6]

Mas também ao juízo de potencial atuação de outra forma, sobre o autor mesmo, opõe-se Engisch. Tratar-se-ia, segundo seu pensamento, daquele gênero de avaliação que corre o risco de recair em absurdo, em virtude da insuscetibilidade de verificação – visto que mesmo que fosse possível experimentalmente recolocar o sujeito nas mesmas condições, na mesma situação em que tenha atuado, já se tratará de um sujeito com a memória do fato pretérito e, portanto, não haveria idoneidade empírica no corolário.[7] [8] Assim ter-se-ia, segundo indica, em torno da falta de cuidado ou de força de vontade para a atuação diversa da realizada, radicadas na *personalidade* do agente, a revelação da culpa,[9] que, entretanto, levará à pergunta sobre como se pode fazer alguém responsável por algo a cujo efeito nada pode,[10] isto é, por sua personalidade, seja essa congênita ou modelada pelas circunstâncias.[11]

A sua pretensão, então, será a de adotar o determinismo como uma verdade hipotética, de que derivará a sua formulação de uma *culpa pelo caráter*.[12]

---

[6] Neste sentido, veja-se WELZEL: "el reproche de culpabilidad presupone, por lo tanto, que el autor hubiera podido formar su decisión antijurídica de acción en forma más correcta, adecuada a la norma, y esto no en el sentido abstracto de lo que hubiera podido hacer un hombre cualquiera, en lugar del autor, sino, y muy concretamente, de que ese hombre, en esa situación, hubiera podido formar su decisión de voluntad en forma adecuada a la norma". WELZEL, op. cit., p. 153. A este respeito, com a mesma conclusão, ainda: ENGISCH, op. cit., p. 86 e MEZGER, Edmund. *Derecho Penal*. Parte general. Tradução da 6ª edição alemã, por Conrado A. Finzi. Buenos Aires: Editorial Bibliográfica Argentina, 1955, p. 197. Partindo de outra premissa, também SCHÜNEMANN critica a adoção do critério geral do denominado homem médio. Cf. SCHÜNEMANN, Bernd. *La culpabilidad: estado de la cuestión*. In: Sobre el estado de la teoria del delito (seminario en la Universität Pompeu Fabra). Edición a cargo de Jesús María Silva Sánchez. Madrid: Civitas, 2000, p. 95. Diferentemente, aceitando que o juízo se funde sobre saber-se se outro homem teria atuado de modo diverso, empregando a força de vontade que possivelmente faltou ao autor, Cf. JESCHECK, Hans-Heinrich. *Tratado de Derecho Penal*, parte general. Volume I. Tradução de Santiago Mir Puig e Francisco Muñoz Conde. Barcelona: Bosch, Casa Editorial, 1981, p. 565.

[7] ENGISCH, op. cit., p. 74-8. Neste ponto, Cf. ainda: FIGUEIREDO DIAS, Jorge de. *O problema da consciência da ilicitude em Direito Penal*. 6 ed. Coimbra: Coimbra Editora, 2009, p. 187; FIGUEIREDO DIAS, Jorge de. *Liberdade, Culpa, Direito Penal*. 3 ed. Coimbra: Coimbra Editora, 1995, p. 34-5 e p. 84-5.

[8] Em sentido crítico a tal perspectiva, VIVES ANTÓN assevera ser excessivo o rigor de prova requerido por Engisch, rigor que, ao fim, não solicita para a afirmação de seu determinismo hipotético; o "*determinista hipotético* muestra, al decir que la prueba ofrecida no prueba nada, lo que realmente es, a saber: un determinista". VIVES ANTÓN, Tomás S. *Fundamentos del sistema penal: acción significativa y derechos constitucionales*. 2 edición. Valencia: Tirant lo Blanch, 2011, p. 851.

[9] Seria fundamento da culpa a disposição caraterológica do autor, e a este "se le reprocharía que a lo largo de su vida no haya adquirido la fuerza de voluntad ni la prudencia ética que hubieran sido necesarias para resistir a los impulsos que llevaron a lo hecho antijurídico". JESCHECK, Hans-Heinrich. *Tratado de Derecho Penal*, parte general. Volume I. Tradução de Santiago Mir Puig e Francisco Muñoz Conde. Barcelona: Bosch, Casa Editorial, 1981, p. 564.

[10] O pessimismo de MAYER bem revela a questão em que se vê envolvido o determinista – ponto de vista com o qual o próprio Mayer está de acordo. Daí que afirme ser a salvação determinista da responsabilidade um legado sem esperanças, do que decorreriam o que designa como três ideias simples: a vontade livre é impensável; a falta de responsabilidade, insuportável; a contradição entre falta de liberdade e responsabilidade, incontestável. MAYER, Max Ernest. *Derecho Penal*, parte general. Tradução de Sergio Politoff Lifschitz. Montevideo-Buenos Aires: B de F, 2007, p. 551.

[11] ENGISCH, op. cit., p. 95-7.

[12] ENGISCH, op. cit., p. 108. Embora não se lance a fornecer com precisão um conceito de caráter, ENGISCH assinala que este é capaz de reagir à pena, porque, em vista dela, o autor é obrigado a analisar-se interiormente, de modo que se "asume juiciosamente una pena, si está preparado para la 'expiación',

Antes de uma tentativa de crítica a essa concepção – e refutando o *determinismo hipotético* estamos em afastar as demais concepções deterministas –, que, calha dizer, tem repercussões significativas se a adotamos como premissa e conjecturamos com as emoções no Direito – pois não será um consectário desprezível tê-las como parte da inexcedível causalidade interna, a que haverá de resistir o homem, com toda a força de sua vontade/racionalidade[13] –, parece importante uma análise mais próxima do ponto de vista contrário. Essa análise, ademais, não poderá deixar de enfrentar o problema que Vives Antón qualifica como um certo escrúpulo dos penalistas quanto à justificação do castigo, *rectius*: da pena criminal.[14] Trata-se, então, de saber se ao indeterminismo liga-se, deveras e necessariamente, o caráter retributivo da pena e se este, no fim, revela necessariamente algo como a expiação.[15]

O princípio da causalidade, em ordem a que cada fenômeno seja considerado não em sua singularidade, mas na sua relação com um fenômeno precedente, por certo está para as ciências naturais como um axioma – de resto suscetível de alguma refutação na atualidade[16] –, mas, digamos sem peias, sua força há de ser minorada se estamos a tratar de Direito Penal.[17] Se a explicação causal leva à redução sistemática dos fenômenos às suas condições determinantes segundo um esquema algo mecânico, é certo, de outra parte, que a partir dela não nos é possível "distinguere i *valori* delle cose".[18] [19]

---

podemos aguardar en el futuro una conducta fiel al Derecho". IDEM, p. 111. Nem se diga, como objeção, sugerida aliás por ENGISCH, da possibilidade inversa; parece mesmo que a realidade está em demonstrar efetivamente que a pena criminal antes degenera, do que se mostra apta a propiciar a análise pessoal, de resto profunda e difícil, de que cogita o autor. O tema, de todo modo, será retomado adiante.

[13] Lembremos que o processo causal aqui está na conjugação de fatores internos e ambientais, de forma que entre os primeiros situar-se-iam os estados afetivos.

[14] VIVES ANTÓN, *Fundamentos*..., p. 864-5. Em sentido semelhante, Cf. FIGUEIREDO DIAS, Jorge de. *Algumas questões no âmbito da culpa*. In: Jornadas de Direito Criminal: O Novo Código Penal Português e Legislação Complementar. Centro de Estudos Judiciários. Lisboa: CEJ, 1983, p. 65.

[15] Consoante ALBUQUERQUE, de algum modo a recusa da "pena retributiva está intimamente relacionada com a recusa da liberdade como fundamento da culpa". ALBUQUERQUE, Paulo Sérgio Pinto de. *Introdução à actual discussão sobre o problema da culpa em Direito* Penal. Coimbra: Almedina, 1994, p. 74.

[16] Evidentemente não ingressaremos neste campo. Para o efeito, Cf. JESCHECK, Hans-Heinrich. *Tratado de Derecho Penal*, parte general. Volume I. Tradução de Santiago Mir Puig e Francisco Muñoz Conde. Barcelona: Bosch, casa editorial, 1981, p. 563.

[17] Na expressiva nota em que trata do tema, HUNGRIA acentua que a moral humana transcende à biologia e escapa à jurisdição científica, uma vez que o homem comporta-se em face dos motivos não "como o animal (que reage aos estímulos necessariamente), mas ativamente, escolhendo os rumos da sua atividade, entre os muitos que se lhe deparam". HUNGRIA, Nélson. *Comentários ao Código Penal*. Volume I, tomo 2. 3 edição. Rio de Janeiro: Forense, 1955, p. 319. Nem por isso, destaca, estar-se-ia a sustentar uma atividade voluntária sem qualquer causa; mas esta não exclui que a vontade possa "guiar-se por si mesma na avaliação dos motivos". IDEM, op., loc. cit.

[18] DEL VECCHIO, Giorgio. *Lezioni di filosofia del diritto*. Seconda edizione. Città di Castello: Società anonima tipográfica Leonardo da Vinci: 1932, p. 340. Poder-se-ia aludir no sentido de que a concepção determinista conduziria a uma espécie de objetivação das emoções, que se situarão no plano da irracionalidade, e qualificar-se-iam justamente a força que o sujeito nem sempre consegue conter.

[19] Também DAVIDSON, embora numa perspectiva diversa, alude à impossibilidade de uma psicologia incorporar-se a uma espécie de teoria científica unificada do mundo. Segundo diz, a psicologia "en tanto que incluya conceptos como acción intencional, creencia, percepción y las actitudes afectivas, no puede formar parte de la física o de cualquier otra ciencia *natural*". DAVIDSON, Donald. *El indeterminismo y el antirrealismo*. In: Subjetivo, Intersubjetivo, Objetivo. Tradução de Olga Fernández Prat. Madrid: Cátedra, 2003, p. 114.

Dito de outro modo, cuida-se de conceber que *status* pretende-se dar ao homem; ou, como diz Del Vecchio a propósito da condição do homem na natureza – de que ele faz parte com todas suas condicionantes, é certo, porém sem deixar de lado a qualidade constitutiva e característica de seu ser –, de concebê-lo como *"soggetto pensante"*, que se afirma em sua autonomia, e não apenas como personalidade empírica.[20] Que não é, portanto, apenas veículo das forças da natureza, mas *ser* livre, ainda que dotado de limites e imperfeições. Pois é iniludível que se "tutto ci appare determinato nel mondo; la libertà sembra irremediablemente soppressa".[21]

Se bem que na estreiteza das categorias se pudesse incluir Del Vecchio entre os denominados indeterministas[22] – não estamos propriamente de acordo com isso, visto que o italiano reconhece o princípio da causalidade, como aquele em que o homem se move no *âmbito* de sua liberdade –, ainda assim, não seria írrita a análise de um outro ponto de vista, que se pretende para além da discussão. Trata-se da abordagem de Recaséns Siches, que afirma (a) que os indeterministas insistem que apesar de todas as forças externas e dos fatores íntimos que atuam sobre os homens, estes são livres para tomarem uma decisão, e, portanto, são responsáveis por ela; (b) que os deterministas sustentam não ser o homem uma exceção na trama da causalidade, de forma que o comportamento é produto dos diversos fatores que impelem a ação.[23] Colocando numa síntese, de que para os primeiros o homem tem livre-arbítrio e para os últimos, não, alude que em verdade o arbítrio não é algo que se possa ou não ter, não se cuida de uma faculdade ou um predicado, se não que "el hombre *es* albedrío, con lo cual se expresa su situación respecto del contorno que lo enmarca, su inserción en la circunstancia, o lo que es lo mismo, su situación ontológica en el universo".[24]

A concepção não parece trivial, porque significará que o arbítrio não é algo que se tenha em maior ou menor grau, como a memória; trata-se, isto sim, da situação existencial do homem, do modo de sua inserção no mundo,

---

[20] DEL VECCHIO, op. cit., p. 343.

[21] IDEM, p. 344. Como consequência do determinismo, já não haveria sentido os juízos valorativos, a respeito das ações do sujeito, que se converte em mero instrumento da necessidade natural e da causalidade. Entrementes, é no reconhecimento da liberdade que se constitui o fundamento e a essência da própria ética, pois as ações "acquistano un significato e un valore ético, da che e in quanto le riferiamo al soggetto, come a loro assoluto principio". IBIDEM, p. 345.

[22] Veja-se que, por exemplo, FIGUEIREDO DIAS assenta que quando se coloca a liberdade como pressuposto do conceito material da culpa, essa liberdade se tomaria como possibilidade de atuar sem perturbações invencíveis, endógenas ou exógenas, do mecanismo psicológico da vontade. FIGUEIREDO DIAS, Jorge de. *Direito Penal: parte geral*. Tomo I. Questões fundamentais; a doutrina geral do crime. Coimbra: Coimbra Editora, 2004, p. 477. Não estamos de acordo com isso, porquanto, embora num outro contexto e com outro enfoque, aproveitando a lição de AMARTYA SEN, é correto dizer que há várias contingências que têm por resultado variações, no que toca ao rendimento dos diversos gêneros de vida que as pessoas podem levar, a exemplo das heterogeneidades pessoais, as diversidades no ambiente físico, variações no clima social e diferenças nas perspectivas relacionais. Nem isso, entretanto, está em afastar a suposição de que, ainda que em vista das características das pessoas e do ambiente em que vivam, atuem no campo da liberdade. SEN, Amartya. *A ideia de Justiça*. Tradução de Nuno Castello.Branco Bastos. Coimbra: Almedina, 2010, p. 346-9.

[23] RECASÉNS SICHES, Luis. *Tratado general de filosofia del derecho*. Sexta edición. México: Editorial Porrua, 1978, p. 83-4.

[24] RECASÉNS SICHES, op. cit., p. 85.

em que se acha sempre diante de uma pluralidade limitada e concreta de possibilidades, como seja, de caminhos a seguir, e, portanto, da afirmação de que lhe cabe decidir, por sua conta e sua responsabilidade, por uma dessas vias.[25]

Essa discussão não se situa no passado; não é celeuma assemelhada a uma peça de museu. A assunção de um espaço de liberdade no interior do qual o homem pode mover-se – em maior ou menor medida –, é, inclusive, tema que se aborda em virtude de certos avanços em termos de neurociência, para ficar apenas num exemplo.[26] E mesmo Dworkin, em seu livro mais recente, fez questão de enfrentar, em capítulo próprio,[27] as diversas questões, portanto sempre presentes, a este respeito.

Aqui é necessário dizer algo mais. Pois a sua crítica contrapõe, sobretudo, as vertentes do compatibilismo[28][29] e do incompatibilismo, já acenando

---

[25] O que significa dizer que "ese âmbito ofrece al sujeto, en cada uno de los momentos de su vida, un repertorio de varias posibilidades, pocas o muchas, pero siempre en número plural, entre las cuales el hombre tiene que optar, decidiendo por su propia cuenta, porque no se halla forzosamente predeterminado a seguir una sola de dichas posibilidades y evitar las demás". IDEM, p. 86. São diversos os fatores que ensejam o entorno dentro do qual o homem se move, a exemplo da circunstância geográfica, sua condição histórica, econômica e também biológica; tudo a determinar o catálogo de possibilidades de que cada um disporá – catálogo para uns mais amplo, para outros nem tanto –, mas sempre a revelar espaço para ação, espaço para a liberdade. E "esto es algo diáfano por completo, porque nos hallamos ante un número de posibles comportamientos a seguir, de quehaceres que emprender, entre los cuales, aunque de ellos emanen inducciones a obrar en una dirección, merced a móviles poderosos, tenemos que *decidir por propia cuenta*". IBIDEM, p. 96.

[26] Não será enfrentada essa temática. Estamos, porém, entre aqueles que concebem, mesmo diante de certos condicionamentos de ordem biológica ou de índole neuronal e, obviamente, em vista de fatores ambientais em geral relevantes, que, mesmo assim, haja de ser suposto um grau de liberdade na atuação humana, de que deriva a responsabilidade. Segundo HASSEMER: "quien –por las razones que fuere– niegue que los seres humanos pueden ser responsables de lo que hacen, elimina una pieza clave no sólo de nuestro ordenamiento jurídico, sino también de nuestro mundo. Vulnera el fundamento normativo de nuestro trato social, el reconocimiento como personas. La base de ese reconocimiento es la expectativa recíproca de que nuestros congéneres no nos ven como un sistema compuesto por huesos, músculos y nervios, sino que nos perciben también como persona y se conducen en función de esa percepción". HASSEMER, Winfried. *Neurociencias y culpabilidad en Derecho Penal*. In: Indret-Revista para el análisis del Derecho, n. 02/2011. Barcelona, 2011, p. 10.

[27] DWORKIN, Ronald. *Justice for Hedgehoogs*. Cambridge-London. The Belknap Press of Harvard University Press, 2011, p. 219-252.

[28] Não teríamos condições de realizar uma abordagem mais ampla sobre os diversos pontos de vista que encerram a vertente compatibilista. Numa súmula radical, dir-se-ia que se cuida de conciliar a liberdade, ou a possibilidade de eleição daquilo que se realizou, com algum grau de determinismo, o que dizemos cientes das múltiplas abordagens que se podem dar a cada um destes aspectos. Com maior desenvolvimento desta linha de argumentação, entre tantos, Cf. MOORE, G.E. *Ethics*. London: Thornton Butterworth, 1928, p. 210-2 e, do mesmo autor: MOORE, G.E. *Principia Ethica*. Tradução de Maria Manuela Rocheta Santos e Isabel Pedro dos Santos. Lisboa: Fundação Calouste Gulbenkian, 1999, p. 376-9. Para uma análise dessa concepção, Cf. VON WRIGHT, Georg Henrik. *Of Human Freedom*. In: The Tanner Lectures on Human Values, VI. Cambridge: Cambridge University Press, 1985, p. 151-153. É, aliás, o mesmo VON WRIGHT exemplo das variantes compatibilistas porque, não obstante indique a possibilidade de conciliarem-se o determinismo com a responsabilidade moral, alude que a imputação de responsabilidade consiste, antes de tudo, numa imputação pela intencionalidade e pela consciência virtual das consequências dos próprios atos, sendo, contudo, falso "to assimilate this case to the determinism of causal necessitation". Assim, segundo diz: "any claim that human action is always, in this rationalist-teleological sense, determined, would also be false". VON WRIGHT, Georg Henrik. *Explanation and Understanding*. London: Routledge-Kegan Paul, 1971, p. 166. Conforme VIVES ANTÓN, que remete à abordagem de Von Wright neste ponto, se a ação fosse inteiramente explicada por causas, isto é, se não houvesse lugar para as razões, então não haveria ação; porém, ao contrário, se "hay lugar para las razones, entonces hay la libertad (...)".VIVES ANTÓN, op. cit., p. 326-7.

que os últimos – e o faz com fina ironia –, em geral vocacionados ao determinismo, se estivessem certos, ora, ninguém os poderia reverenciar por terem adotado uma sábia decisão, visto que já estariam a ela determinados.[30] De maneira que se o determinismo estiver correto, não se poderia, já o assinalamos, cogitar-se de responsabilidade.[31]

O que parece inequívoco, ademais, é que faz parte de nossa linguagem cotidiana o reconhecimento de que atuamos com certa margem de liberdade e não submetidos a um processo causal inexorável; assim nos reconhecemos, e assim estabelecemos os nossos juízos a respeito do modo de atuação de nossos semelhantes. Isto é, o homem se imputa as suas ações e omissões, de modo que, conforme Larenz, reconhece-se em situação de decidir, o que equivale a dizer que está certo do poder de atuar de um ou outro modo.[32]

De que isto afeta os fundamentos alusivos às consequências das ações praticadas é o que exporemos sinteticamente na sequência.

2.2. Repercussão na teoria das penas

> "Não há nada mais sedutor aos olhos dos homens do que a liberdade de consciência, mas também não há nada mais terrível. Em lugar de pacificar a consciência humana de uma vez por todas mediante sólidos princípios, Tu lhe ofereceste o que há de mais estranho, de mais enigmático, de mais indeterminado, tudo o que ultrapassava as forças humanas: a liberdade. Agiste, pois, como se não amasses os homens... Em vez de Te apoderares da liberdade humana, Tu a multiplicaste, e assim fazendo, envenenaste com tormentos a vida do homem, para toda a eternidade".
> (Dostoiévski, *O Grande Inquisidor* – Os Irmãos Karamazov).

Vejamos uma vez mais a controvérsia, sob a luz, agora, da responsabilidade criminal, mas já avançando uma crítica.

---

[29] Sobre as denominadas ideias compatibilistas clássica e contemporânea, Cf. PALMA, Maria Fernanda. *O princípio da desculpa em Direito Penal*. Coimbra: Almedina, 2005, p. 53-60. Em sentido crítico ao compatibilismo em geral, Cf. BRITO, António José de. *Valor e realidade*. Lisboa: Imprensa Nacional Casa da Moeda, 1999, p. 115-133.

[30] DWORKIN, op. cit., p. 225.

[31] Em suas palavras: "if the causal principle is correct, (..) my assumption of responsibility is hostage to science or mystery". DWORKIN, op, cit., p. 231. Ao contrário: "if we accept the capacity principle as the ethical basis for our responsibility system, we can await the latest discoveries about the electrodynamics of our brain with boundless curiosity but no terror". IDEM, p. 247.

[32] LARENZ, Karl. *Derecho Justo: fundamentos de ética jurídica*. Tradução de Luis Díez-Picazo. Madrid: Civitas, 2001, p. 102. É claro que não há o Direito Penal de submeter-se irrefletidamente à generalização de tal ponto de vista; todavia: "si queremos construir un sistema de Derecho Penal sobre la base de nuestros conceptos ordinarios, tenemos entonces que atender a la forma en la que esos conceptos funcionan en nuestra vida cotidiana". FLETCHER, George P. *Conceptos básicos de Derecho Penal*. Tradução de Francisco Muñoz Conde. Valencia: Tirant lo Blanch, 1997, p. 114. Segundo SCHÜNEMANN: "la libertad de un ser humano normal para comportarse en una situación normal de una manera u otra y, por tanto, para comportarse también conforme a Derecho se asienta firmemente en nuestra realidad (que está constituida lingüísticamente y que es ineludible para cualquier función social vinculada al lenguaje) no como una mera ficción o una aserción normativa, sino como parte de la realidad social". SCHÜNEMANN, Bernd. *La culpabilidad: estado de la cuestión*. In: Sobre el estado de la teoría del delito (seminario en la Universität Pompeu Fabra). Edición a cargo de Jesús María Silva Sánchez. Madrid: Civitas, 2000, p. 112-3. Para uma discussão, em outra perspectiva, sobre a legitimidade da culpa, *rectius*: do Direito Penal mesmo, sobre a autonomia ética, Cf. PALMA, Maria Fernanda. *Crimes de terrorismo e culpa penal*. Separata de *Liber Discipulorum* para Jorge de Figueiredo Dias. Coimbra: Coimbra Editora, 2002, p. 235-258.

O determinismo não comporta o juízo de culpa fundado na possibilidade de agir d´outro modo.[33] [34] Em não havendo, remanesce incompatível uma ideia de pena fundamentada na prevenção geral.[35]

Com efeito, para Schünemann, a imposição da pena com o fundamento da prevenção geral apenas ver-se-ia justificada, numa concepção determinista, pelo juízo hipotético de, retrospectivamente, ter produzido no agente renitência diante da ameaça de sanção; ocorre que a premissa determinista é a de que o autor, no momento do fato, não poderia ter-se portado de outra maneira. E, portanto, não poderia ter sido motivado pela ameaça da pena. Em consequência, a teoria da prevenção geral ameaçadora se anula a si mesma na perspectiva determinista.[36]

Como a reprovação da conduta, por evidente, ver-se-ia dificultada[37] pela concepção determinista, faltar-lhe-ia fundamento para a culpa, e, consequentemente, para justificar a pena criminal.[38]

---

[33] A fundamentação da responsabilidade penal, ou seja, a reprovação do fato pela possibilidade que tem o autor de comportar-se de outro modo, pressupõe, evidentemente, a liberdade para comportar-se de outra maneira, visto que não teria sentido "formular un reproche jurídico o moral contra un suceso determinado por la ley de la causalidad y que se produce, por eso, de forma necessária". SCHÜNEMANN, Bernd. *Libertad de voluntad y culpabilidad en Derecho Penal*. Tradução de Lourdes Baza. In: Temas actuales y permanentes del Derecho penal después del milenio. Madrid: Tecnos, 2002, p. 24. Mais amplamente, inclusive com aportes da filosofia da linguagem, Cf. SCHÜNEMANN, Bernd. *La función del principio de culpabilidad en el Derecho Penal preventivo*. In: El sistema moderno del Derecho Penal: cuestiones fundamentales. Madrid: Tecnos, 1991, p. 155. Sem desprezar a evidência dos fatores causais, indica BERLIN que a liberdade de atuação requer uma situação tal em que a soma destes fatores não exclua a existência de um âmbito "por muy estrecho que sea, en el que la elección no esté determinada del todo". BERLIN, Isaiah. *Sobre la libertad*. Tradução de Julio Bayon e outros. Madrid: Alianza Editorial, 2009, p. 154, nota 15.

[34] Já em ARISTÓTELES se recolhe que apenas os atos voluntários relacionar-se-iam à virtude e ao vício. ARISTÓTELES. *Ética a Eudemo* (1223a20). Tradução de J. A. Amaral e Artur Morão. Lisboa: Tribuna da História, 2005, p. 41. Neste sentido, ainda, Cf. NUSSBAUM, Martha C. *A fragilidade da bondade*: fortuna e ética na tragédia e na filosofia grega. Tradução de Ana Aguiar Cotrim. São Paulo: Martins Fontes, 2009, p. 248.

[35] Segundo VIVES ANTÓN, se "damos por buena la duda determinista, hemos caído en una trampa: o renunciamos a la idea del poder actuar de otro modo como fundamento de la pena, quedando así sin base desde la que rechazar que el sistema penal trate el hombre como un simple objeto", ou reconhecemos que a pena criminal se estabelece sem um fundamento seguro. VIVES ANTÓN, op. cit., p. 852.

[36] Por isso que considera SCHÜNEMANN impossível justificar a imposição de pena "si es que no se puede reprochar al autor su acción como evitable individualmente". SCHÜNEMANN, *Libertad de voluntad,...*, p. 33. Em sentido contrário, SILVA-SÁNCHES, que, no prefácio da coletânea Pena y culpabilidad, de Kindhäuser, expressamente afirma que "sostener una concepción determinista no impide hacer recaer consecuencias jurídicas lesivas sobre quién actuó determinado, bien para reforzar la intensidad de la norma frente a terceros, bien frente a él mismo". In: *Pena y culpabilidad en el Estado democrático de derecho*. KINDHÄUSER, Urs; MAÑALICH, Juan Pablo. Buenos Aires: B de F Editorial, 2011, p. XV. Não concordamos com essa última posição, primeiro porque o reforço da norma, perante terceiros, como justificativa da imposição de pena, recai no evidente equívoco de tornar o sujeito meio, instrumento para a consecução de fins; além disso, mesmo a suposição de uma espécie de análise interior do agente, ou do reforço de seus padrões normativos, parece algo que destoa do empirismo inexcedível das consequências da pena, que em pouco parece contribuir para uma espécie de evolução interior do sujeito delinquente. Neste ponto, Cf. SCHÜNEMANN, Bernd. *Nuevas Tendencias en el concepto jurídico-penal de culpabilidad*. Tradução de Mariana Sacher. In: Temas actuales y permanentes del Derecho penal después del milenio. Madrid: Tecnos, 2002, p. 113-4. De modo que a pergunta formulada por PALMA, deveras, ficaria sem resposta convincente a partir de tal ponto de vista: "a prevenção do que, em certo sentido, está determinado não será também um mito?". PALMA, Maria Fernanda. *O princípio da desculpa em Direito Penal*. Coimbra: Almedina, 2005, p. 24.

[37] Assim, não se poderia "hacer un reproche al hombre porque ha adoptado la decisión equivocada en lugar de la correcta, ya que toda decisión – indiferentemente de que sea equivocada o correcta- ha de

O que não equivale à adesão de um ponto de vista puramente indeterminista, pelo qual se tornaria impossível o controle dos atos que a liberdade reclama.[39] Seja dito que há mais de uma maneira de se entender a liberdade,[40] e que essa, como já se acentuou, exerce-se não em um vácuo, compreensivo da totalidade das coisas, mas, mesmo limitada que seja, não deixa de ser, para o homem, liberdade.

E seja dito também que desta concepção não deriva, como consequência necessária, um reclamo de pena retributiva,[41] como expiação. Retributiva, frise-se não ser esse o caso, no sentido absoluto[42] e, dir-se-ia, de convocação de imposição de um *mal* ao delinquente, o que, por evidente, é inaceitável e se não pode conceber na atualidade. Não se cuida, portanto, de uma *duplicação do mal* já provocado pelo autor. Mas parece relevante a ideia de um sentido retributivo-simbólico, na medida em que a "pena concreta cumpre a

---

estar fijada forzosamente desde el principio". WELZEL, Hans. *Derecho penal, parte general*. Traducción del alemán por Carlos Fontán Balestra. Buenos Aires: Roque Depalma Editor, 1956, p. 158.

[38] Não é sem razão que BETTIOL, em uma de suas elaborações a respeito do Direito Penal da atitude interior, tenha afirmado que "tutti gli autori, i quali usano il concetto della *Gesinnung*, sono dei retribuzionisti (...) la retribuzione è un concetto al quale deve essere dato un mínimo di concretezza in funzione della personalità del reo". BETTIOL, Giuseppe. *Sul Diritto Penale dell'atteggiamento interiore*. In: Rivista Italiana di Diritto e Procedura Penale. Nuova serie-anno XIV. Milano, Giuffrè Editore, 1971, p. 12. O abandono quase generalizado dessa concepção de pena – que, veja-se bem, fundava a retribuição num sentido referente a "l'espiazione e l'emenda perche perfezionano e completano l'uomo nella sua fisionomia morale", como dizia BETTIOL, op. cit., p. 13 –, fez surgir o dilema apontado, isto é, de se não mostrar compatível uma ideia de prevenção, se não se concebe a liberdade. Para uma crítica à forma de utilização do conceito de *Gesinnung* por Bettiol, Cf. MORSELLI, Elio. *Il ruolo dell'atteggiamento interiore nella struttura del reato*. Padova: Cedam, 1989, p. 58-66. Já em 1974 BETTIOL rebate algumas objeções à sua teoria, em texto publicado no Brasil. Cf. BETTIOL, Giuseppe. *Estado de Direito e «Gesinnungsstrafrecht»*. Tradução de Luiz Alberto Machado. In: Revista de Direito Penal, n. 15/16, Julho-Dezembro de 1974. Direcção de Heleno Claudio Fragoso. Rio de Janeiro: Revista dos Tribunais, 1974, p. 07-18.

[39] PALMA, Maria Fernanda. *O princípio da desculpa em Direito Penal*. Coimbra: Almedina, 2005, p. 42. No mesmo sentido, Cf. WELZEL, Op. cit., p. 158-9.

[40] Inclusive por decorrência das etimologias possíveis do termo. A tomar-se como derivação do verbo *libero*, opõe-se a servidão; do verbo *libet*, pode ser entendida como oposta à necessidade, e, portanto, mais afeita à análise das ações com repercussão moral A este respeito, e para a análise de críticas à compreensão de liberdade como *libet*, veja-se: ROMANO, Orlando. *O molinismo: esboço histórico da génese de conceitos filosóficos*. Tomo I: o livre arbítrio e as virtudes naturais. Lisboa: MCMLXVIII, p. 317. A referência à obra de ROMANO explica-se ademais para o fim de revelar que, também no âmbito religioso, a questão se mostra relevante. Em sua obra trata, sobretudo, da polêmica da liberdade, e do livre arbítrio concebido pelo *molinismo*, no confronto com o *tomismo*. Para outra vertente de discussão, mas ainda a partir da análise das ideias *molinistas*: Cf. GUIMARÃES OLIVA, Luís César. *Graça e Livre Arbítrio em Blaise Pascal*. In: Cadernos de história e filosofia da ciência.Série 3, volume 12, n. 1-2, Janeiro-Dezembro de 2002. Campinas: Unicamp, 2002, p. 327-338. Mais amplamente sobre o *molinismo*, Cf. KENNY, Anthony. *Nova História da filosofia ocidental*. Vol. 3: ascensão da filosofia moderna. Tradução de Célia Teixeira. Lisboa: Gradiva, 2011, p. 318-320. De modo distinto, fundado nas concepções de *freedom* e *liberty*, Cf. SEN, Amartya. *A ideia de Justiça*. Tradução de Nuno Castello.Branco Bastos. Coimbra: Almedina, 2010, p. 403-8.

[41] Refira-se, por exemplo, a perspectiva de SCHÜNEMANN, que, mesmo defendendo a ausência de fundamento para suplantar-se a *ideia clássica de culpabilidade no Direito Penal*, não a identifica com a necessidade de manter-se à pena uma ideia de retribuição expiatória, muito embora qualifique de insustentável fundar-se a pena em considerações de pura prevenção geral. SCHÜNEMANN, Bernd. *Nuevas Tendencias en el concepto jurídico-penal de culpabilidad*. Tradução de Mariana Sacher. In: Temas actuales y permanentes del Derecho penal después del milenio. Madrid: Tecnos, 2002, p. 114-120.

[42] Que a subsidiariedade e a secularização do Direito Penal conduzam à superação de "concepções absolutas da pena" não é o mesmo que aderir-se a qualquer opção determinística ou agnóstica e nem implica a recusa do "carácter fundante da liberdade para a responsabilidade penal". ALBUQUERQUE, Paulo Sérgio Pinto de. *Introdução à actual discussão sobre o problema da culpa em Direito Penal*. Coimbra: Almedina, 1994, p. 76.

mensagem contida na ameaça e repara o dano causado pelo crime no valor do reconhecimento".[43]

Quer dizer, e independentemente de estar-se ou não de acordo com as premissas em que se funda Silva Dias,[44] que se tem como correto o resgate do caráter retributivo da pena, neste exato sentido, de restaurar simbolicamente as estruturas normativas de reconhecimento recíproco atingidas pela prática do crime. E há, nisso, uma virtude a se não desconsiderar. Porque uma concepção determinista, ao aliar-se à prevenção como único fundamento da pena – abandonado que foi o alvitre expiatório referido por autores mais antigos –, para além da aporia em que recai – *como prevenir o que parece inevitável? Qual o efeito de dissuasão se, ao fim, não conta a vontade do agente?* –, conduzir-nos-ia, inevitavelmente: (a) a uma pena sem legitimação consistente,[45] ou (b) a um direito penal preventivo, quiçá de medidas de segurança apenas, e cujos efeitos não prestam melhor reverência aos indivíduos.[46] Ao passo que a retribuição, em tal perspectiva trabalhada, tem como exigência a proporcionalidade, no sentido da conexão da pena com o significado da lesão do reconhecimento, empreendido pelo agente.[47][48]

---

[43] SILVA DIAS, Augusto. *"Delicta in se" e "Delicta mere prohibita"*: uma análise das descontinuidades do ilícito penal moderno à luz da reconstrução de uma distinção clássica. Coimbra: Coimbra Editora, 2008, p. 749.

[44] É reconhecida a importância de KINDHÄUSER em sua abordagem sobre o fundamento da culpa, de modo que a liberdade do sujeito decorreria de um consenso anterior, a partir de entendimento comunicativo ao qual o agente deve ser leal, de maneira que a culpa se entende como deslealdade comunicativa ou falta de fidelidade ao direito. Neste sentido: KINDHÄUSER, Urs. *Culpabilidad jurídico-penal en el Estado democrático de derecho*. In: Pena y culpabilidad en el Estado democrático de derecho. Buenos Aires: B de F Editorial, 2011, p. 212-231. Ter-se-ia como justificação da atribuição de culpa o duplo papel atribuído ao agente, que é participante no entendimento normativo que dá origem às normas, das quais é, ademais, destinatário e "con la infracción de la norma (...) niega la comprensión comunicativa en el que se basa la norma y, también, la autonomía comunicativa de los partícipes, con independencia de si el autor considera – por las razones que fuere- que la norma es irracional o injusta". KINDHÄUSER, Urs. *La fidelidad al Derecho como categoría de la culpabilidad*. In: Revista Brasileira de Ciências Criminais, vol. 72, Maio de 2008. São Paulo: Revista dos Tribunais, 2008, p. 25. Detalhadamente, a este respeito, Cf. SILVA DIAS, Augusto. *"Delicta in se"*..., p. 701-717. Para uma crítica desta concepção, Cf. CURADO NEVES, João Luís Urbano. *A problemática da culpa nos crimes passionais*. Dissertação de doutoramento apresentada na Faculdade de Direito de Lisboa, 2006, p. 300-5.

[45] Que a dimensão ética constitutiva do Direito implica o princípio da culpa, é o que assevera CASTANHEIRA NEVES, segundo o qual a aplicação de uma pena que se não condicionasse normativamente pela imputação ético-subjetiva da responsabilidade seria "decerto a forma mais flagrante de negar a dignidade ético-pessoal ao sujeito punido", porque se o degradaria a objeto de uma qualquer funcional instrumentalização; deste modo, segundo o autor, se há de recusar à "culpa quer apenas o relevo de um limite pragmático posto à teleologia preventiva da punição, quer, muito menos, o seu entendimento tão--só funcional num sistémico finalismo de prevenção". CASTANHEIRA NEVES, António. O princípio da legalidade criminal: o seu problema jurídico e o seu critério dogmático. In: *Estudos em homenagem ao Prof. Doutor Eduardo Correia* – I. Coimbra: Boletim da Faculdade de Direito da Universidade de Coimbra, 1984, p. 395, nota 222.

[46] Conforme DWORKIN: "some criminologists say that because the science has shown that no one has free will, it´s wrong to punish anyone for anything. We should treat those we now style criminals medically rather than as criminals, hoping to reprogram rather than punish them". DWORKIN, *Justice*..., p. 246-7.

[47] Caso contrário, segundo SILVA DIAS, a pena não é compreendida como justa, por isso que a pena exige uma igualdade "geométrica-distributiva (e não aritmética-comutativa) entre o mal do crime e o mal da pena". Op. cit., p. 750. Também MIR PUIG está em que, deste modo: "no se podía castigar más allá de la gravedad del delito cometido, ni siquiera por consideraciones preventivas, porque la dignidad humana se oponía a que el individuo fuese utilizado como instrumento de consecución de fines sociales de prevención a él transcendentes". MIR PUIG, Santiago. *Introducción a Las Bases Del Derecho Penal*, 2ª

Se o determinismo, como acentua Berlin,[49] claramente priva a vida de toda uma escala de expressões morais, é de ser dito, para que mudemos o tópico, que a sua aceitação, mesmo que *por hipótese*, haveria de ensejar uma drástica mudança no significado e uso de certos conceitos e palavras que são nada menos que "fundamentais no pensamento humano",[50] isto é, em nossa própria linguagem e na linguagem do Direito – algo que nenhum defensor da tese determinista se dispôs a fazer.

Enfim, é a própria ideia de responsabilidade moral que estaria em xeque,[51] [52] ou, para dizer com Berlin, se a história do mundo e nossa história pessoal se devem à atuação de forças e causas que precisamente não são a vontade e as eleições humanas, resulta que a explicação do que sucede deve ser dada a partir dessas mesmas forças, e não dos indivíduos.

Culpar e louvar perdem todo o sentido e, no fim, acusar ou defender as figuras da história, pelo modo como atuaram, deixa de ter alguma razão.[53] Numa palavra, substitui-se a ética pela *estética*.[54]

---

ed. Montevideo: B de F, 2002, p. 51. Sobre ser uma exigência de justiça que as sanções sejam proporcionalmente severas à gravidade das infrações, indicando censura, sem prejuízo do caráter preventivo, Cf. VON HIRSCH, Andrew. *Censurar y Castigar*. Tradução de Elena Larrauri. Valladolid: Editorial Trotta, 1998, p. 31-47. Aliás, para este autor, é a circunstância de não ser a pena neutra, nesta medida, que revela estar-se a tratar o infrator como *pessoa*. Com efeito, uma sanção neutra "trataria a los infractores o potenciales infractores como pueden ser tratados los tigres en el circo, como seres que deben ser refrenados, intimidados o condicionados para cumplir, porque son incapaces de entender que morder a la gente (o a otros tigres) está mal (...) Tratar al individuo como a alguien capaz de elección, y no como a un tigre, significa reconocer su dignidad como persona humana". VON HIRSCH, op. cit., p. 37.

[48] Fica ressalvada a posição de SILVA DIAS, que aqui não é caso de comentar, sobre ser diferente o enfrentamento da temática no que concerne aos *delicta mere prohibita*. Neste ponto, Cf. SILVA DIAS, op. cit., p. 754.

[49] BERLIN, Isaiah. *Sobre la libertad*. Tradução de Julio Bayon e outros. Madrid: Alianza Editorial, 2009, p. 44.

[50] IDEM, p. 43. Tarefa que, segundo BERLIN, mostra-se muito mais inquietante do que parece darem-se conta os deterministas contemporâneos. O autor, aliás, acena com uma necessária revisão de conceitos básicos, como o de justiça, equidade e merecimento, impor-se-ia, por parte dos defensores da concepção determinista. A este respeito, seu conhecido texto sobre A Inevitabilidade Histórica, publicada na edição espanhola a que estamos fazendo referência, isto é: BERLIN, Isaiah. *Sobre la libertad*. Tradução de Julio Bayon e outros. Madrid: Alianza Editorial, 2009, p. 131-203.

[51] E isto se pode inferir de autores tão diversos como CHALLAYE e HESSEN, para citar apenas estes. Segundo o primeiro a moralidade parece exigir a liberdade de eleição entre diversas ações igualmente possíveis e, à indagação sobre qual haveria de ser a razão psicológica para crer na liberdade, responde que uma só, porém decisiva: a consciência da liberdade. CHALLAYE, Félicien. *Filosofia Moral*. Tradução de Emilio Huidobro e Edith Tech de Huidobro. Barcelona-Madrid-Buenos Aires-Rio de Janeiro: Editorial Labor S.A, 1936, p. 81. HESSEN, reconhecendo embora o princípio da causalidade, não obstante já o apontasse em crise, assinala a existência de fato da liberdade porque "a consciência da liberdade acompanha sempre invariavelmente todo o nosso autêntico querer", sem o que não se poderia cogitar de responsabilidade. HESSEN, Johannes. *Filosofia dos valores*. Tradução de L. Cabral de Moncada. Coimbra: Armênio Amado Editor, 1944, p. 238.

[52] Mais ainda, pois *a liberdade é condição transcendental da normatividade*. Ou seja, em palavras de CASTANHEIRA NEVES, a "normatividade não é decerto pensável sem o pressuposto da liberdade (que sentido tem o ´dever´, a exigência normativa, sem o ´poder?´), além de ser igualmente categoria da compreensão antropológico-existencial do homem". CASTANHEIRA NEVES, A. *Coordenadas de uma reflexão sobre o problema universal do Direito – ou as condições de emergência do Direito como Direito*. In: Estudos em homenagem à Professora Doutora Isabel de Magalhães Collaço, volume II. Coimbra: Almedina, 2002, p. 862.

[53] BERLIN, Op. cit., p. 152-3.

[54] Mais à frente teremos ocasião de retornar a isto; basta-nos, por ora, aludir que talvez resida aqui uma das raízes da tragédia humana: apesar de nossas limitações, temos de assumir a responsabilidade pelas nossas ações e sofrer os seus efeitos.

Do que é possível extrair a pretensão de, sem prejuízo do caráter preventivo da pena[55] – de resto não explicado por uma suposição excludente da liberdade –, e considerada a superação da crítica a uma vingança retributiva por uma retribuição situada ao nível simbólico – quando menos porque como tal recebe a pena o delinquente,[56] pois supor que a encare como um *bem* em favor de sua socialização parece um desvario –, abrir-se o caminho para seguir adiante; para avançar e tentar ver que essa liberdade não é fruto de processo exclusivamente racional, porquanto não é opaca, infensa às emoções e afetividade do agente.

Corrijamo-nos, para dizer melhor, isto é, de que faz parte mesmo disso que se convencionou chamar de racionalidade a presença das emoções; quase nos arriscaríamos a sustentar o inverso, de que justamente a ausência desses componentes é que nos conduziria à *irracionalidade* completa.[57]

3. O estatuto jurídico das emoções

> "Tolo é o mortal que, ao prosperar, pense que sua vida
> tenha sólido alicerce; uma vez que o curso de acção da nossa
> fortuna é o ébrio caminho que o louco toma,
> e nenhuma pessoa jamais é feliz por todo o tempo".
>
> (Eurípedes, *As Troianas*).

3.1. Um escorço

Se é do âmbito do Direito Penal uma compreensão das condutas não apenas do ponto de vista externo e objetivo, o estudo das emoções não lhe pode ser alheio. As emoções, então, interessam ao Direito e, sobretudo ao

---

[55] Pensamos mesmo na ambivalência da pena, embora em sentido um pouco diverso do que apontado por SILVA DIAS. Op. cit., p. 752. Neste ponto: Cf. FACCINI NETO, Orlando. *Notas sobre a pena criminal e o conceito de expectativa normativa: aproximações possíveis entre Luhmann e Jakobs*. In: Revista de Direito, volume 13, n. 18. São Paulo: Faculdade Anhanguera Editora, 2010, p. 09-24 e, ainda: FACCINI NETO, Orlando. *Corolários da Lei 10792/03 no panorama da execução penal*. In: Revista da AJURIS, ano XXIII, volume 32, n. 97, Março de 2005. Porto Alegre: Associação dos Juízes do Rio Grande do Sul, 2005, p. 255-264. No sentido de que não se deve conferir exclusividade aos aspectos aqui relacionados, com a importante alusão às particularidades dos tipos de crime, para a delimitação dos fins da pena criminal, Cf. STRATENWERTH, Günter. *Qué aporta la teoría de los fines de la pena?* Tradução de Marcelo Sancinetti. Bogotá: Universidad Externado de Colombia, 1996, p. 32-5.

[56] LARENZ sustenta que toda pena é um mal para quem a sofre "y es recibida así por él". LARENZ, Karl. *Derecho Justo: fundamentos de ética jurídica*. Tradução de Luis Díez-Picazo. Madrid: Civitas, 2001, p. 99.

[57] A este respeito, em análise à passagem de Eurípedes, com a qual iniciaremos o próximo tópico, Cf. NUSSBAUM, Martha C. *A fragilidade da bondade: fortuna e ética na tragédia e na filosofia grega*. Tradução de Ana Aguiar Cotrim. São Paulo: Martins Fontes, 2009, p. 274-6. Segundo SHERMAN, uma eventual visão de mundo sem a implicação das emoções encerraria o risco de perdermos o mais relevante. SHERMAN, Nancy. *The Fabric of Character: Aristotle´sTheory of Virtue*. Oxford: Oxford University Press, 1989, p. 45. É nesta direcção a asserção de SOLOMON, para quem existem bons argumentos para sustentar que sem as nossas emoções seríamos totalmente incapazes de tomar decisões racionais. SOLOMON, Robert C. *Ética emocional: una teoría de los sentimientos*. Tradução de Pablo Hermida. Barcelona: Paidós, 2007, p. 18.

Direito Penal, naquilo em que, pode-se dizer, dão o colorido[58] às ações e omissões que repercutam em seu campo.[59] Mas é preciso uma certa noção do que seja *emoção*.[60]

Já em 1958, Ruggiero reconhecia que o problema da relevância jurídica das emoções estava entre aqueles que suscitava mais fervor doutrinário, não obstante desde aquela época tomasse por equivocada a percepção que reduzia a análise à sua influência na imputabilidade, afastando a necessária compreensão do "concreto contegno psicológico dell'agente nel momento della comissione del fatto".[61] Isto para reclamar a exigência de exame dos efeitos da emoção não mais sob o enfoque da estática categoria da capacidade de entender e querer – na qual a discussão do tema se fazia mais presente[62] –, mas, sim, "sul concreto attegiarsi della conscienza e della volontà nella realizzazione del fatto".[63] [64] Noutras palavras, cuida(va)-se da "necessità di va-

---

[58] Está-se a tomar de empréstimo a frase de WOLLHEIM, para quem a crença cria o mapa do mundo, os desejos apontam até ele e as emoções o pintam ou colorem. WOLLHEIM, Richard. *On the emotion*. New Haven: Yale University, 1999, p. 28. Conforme SOLOMON – e mais adiante procuraremos esmiuçar este ponto de vista –, as emoções se constituem na fonte da maioria dos nossos valores. SOLOMON, Robert C. *The passions: emotions and meaning of life*. New York: Anchor Press, 1977, p. 14.

[59] Segundo NUSSBAUM, o Direito, em geral, leva em conta o estado emocional das pessoas e muitas de nossas práticas jurídicas seriam difíceis de entender a menos que consideremos as emoções. NUSSBAUM, Martha. *El ocultamiento de lo humano: repugnancia, vergüenza y ley*. Traducido por Gabriel Zadunaisky. Buenos Aires: Katz, 2006, p. 18.

[60] Noção que, antecipe-se, vem sempre dificultada pela dependência da variedade (a) de seu conteúdo e (b) de sua intensidade, de sujeito a sujeito. Isto não obstante, ao tratar das emoções não se pode olvidar que "costituiscono un fenómeno constante e normale nella vita degli essere viventi". RUGGIERO, Giuseppe. *La rilevanza giuridico-penale degli stati emotivi e passionali*. Napoli: Casa Editrice Dott. Eugenio Jovene, 1958, p. 54. Procuraremos restringir a abordagem aos termos que mais de perto interessam ao plano do Direito Penal. Para uma visão mais ampla, Cf. SOUSA, Ronald de. *Emotion*. In: Stanford Encyclopedia of Philosophy. Versão electronica, disponível em <http://plato.stanford.edu/entries/emotion/>, acesso em 10 maio 2012.

[61] RUGGIERO, op. cit., p. 02. Autores mais antigos do Direito Penal brasileiro assentavam também que a emoção e a paixão constituiriam problema relativo ao campo da imputabilidade, indicando a influência da legislação italiana ao tratamento do tema no Brasil. Neste sentido, Cf. BRUNO, Aníbal. *Direito Penal, parte geral*, tomo 2 – fato punível. 3 ed. Rio de Janeiro: Forense, 1967, p. 159-161. No mesmo sentido, aduzindo ainda que a previsão legal do Código Penal brasileiro, sobre a imputabilidade não se excluir pelo influxo da emoção e da paixão, afirmava GARCIA tratar-se de imperativo de defesa social, visto que "a paixão sempre foi explorada, durante a vigência do antigo Código Penal, como escapatória de delinquentes. Criminosos temíveis logravam eximir-se a merecidas sanções, inculcando-se perturbados nas suas faculdades psíquicas por uma obsessão passional". GARCIA, Basileu. *Instituições de Direito Penal*, vol. 1, Tomo I, 3 ed. São Paulo: Max Limonad, 1956, p. 342-3.

[62] É sintomático que, por exemplo, STRATENWERTH aluda aos estados emocionais no tópico em que aborda a incapacidade de culpa como consequência de perturbações psicológicas. STRATENWERTH, Günter. *Derecho Penal, parte general*. Tradução de Gladys Romero. Madrid: Edersa, 1982, p. 171.

[63] RUGGIERO, op. cit., p. 02-3.

[64] Isto sem prejuízo do texto estabelecido pelo artigo 90 do Código Penal Italiano. RUGGIERO, com vasta citação bibliográfica, dá conta do debate legislativo e do acolhimento da proposta de Manzini, segundo a qual, uma vez que o homem não é um ser apático, admitir-se a diminuição da culpa ou a sua exclusão, por conta de estados mentais que lhe são próprios, seria um absurdo. Na verdade, se bem que com todas as particularidades da época em que escreveu seu texto, mostra-se interessante a asserção de RUGGIERO, no sentido da idoneidade de se não reduzir a análise dos estados emotivos ao campo da imputabilidade, reclamando a sua apreciação na referência à "concreta manifestazione di volontà nel momento della comissione del fatto". RUGGIERO, op. cit., p. 18. Mesmo o fundamento alusivo à redação do artigo 90 do Código Penal Italiano, no sentido de "evitare gli scandalosi verdetti assolutori delle giurie" não se lhe afigurava "valido elemento giustificativo della norma". IDEM, p. 29. Para uma abordagem crítica do conceito de imputabilidade, Cf. BERTOLINO, Marta. *La Crisi Del Conceto di Imputabilità*. In: Diritto Penale in Trasformazione, a cura di Giorgio Marinucci e Emilio Dolcini. Milano: Giuffrè Editore, 1985, p. 245 e segs.

lutare il motivo delle passioni e delle emozioni (...) mediante un appropriato inquadramento nell'ambito della personalità del soggetto".[65]

Não será irrisória a afirmação de que as crenças, que se encontram na origem das emoções, se mostram suscetíveis de análise. São-no, efetivamente, pela compreensão de que firmamos, já, uma rejeição à tese determinista. Pois nesta, apenas teria sentido falar de emoções, ou de crenças sob as quais se fundamentam, como forças a que o sujeito há, ou não, de poder resistir, como se a dizer que se lhe aparecem como *causas* de comportamentos.[66]

Mas entre um estado afetivo, uma crença, um desejo e uma ação, não se acha a mesma conjunção que se dá entre objetos naturais.[67] As emoções não são logicamente independentes da ação a que se acham vinculadas; dá-se, sim, uma conexão de sentido. É o colorido ao qual, no início deste tópico, fizemos referência.[68] Por isso que não se cuidam de uma espécie de força, ou imperativo causal endógeno, estão as emoções em efetivamente contribuir para a tomada de decisões racionais[69] e, deste modo, permitem, como consequência, a sua *avaliação*, em vista das crenças e dos motivos que lhe são subjacentes. Ao dizer-se isso, de que as crenças subjacentes às emoções se podem avaliar, aponta-se a uma indicação de sentido, uma intencionalidade, que repercutirá com firmeza no Direito Penal.[70]

Este passo, contudo, é demasiado largo, se antes não for estabelecida uma breve reflexão; há mais de um modo de se conceberem as emoções e, não obstante qualquer pretensão de ser exaustivo revelar-se frustrante, é possível distinguirem-se duas tradições, que, em simples palavras, seriam: (a) a que aponta para uma certa irracionalidade das emoções, na medida em que atuariam como forças cegas, sem conteúdo significativo, em confronto com o pensamento racional, que haveria de buscar preponderância;[71] (b) a

---

[65] RUGGIERO, op. cit., p. 27.

[66] Se bem o lemos, este parece ser o equivocado entendimento de WALTON, quando, além de atribuir às emoções em geral uma carga de associações negativas, assinala que todas elas demandam "la existência de una virtud moral correspondiente que se erija como su antítesis y sea antídoto de sus efectos". WALTON, Stuart. *Humanidad: una historia de las emociones*. Tradução de Amado Diéguez Rodríguez. Madrid: Taurus, 2005, p. 18. Nesta perspectiva, dir-se-ia que a liberdade moral somente se conceberia para "designar el estado de un alma libertada de la tiranía de las pasiones". CHALLAYE, Félicien. *Filosofía Moral*. Tradução de Emilio Huidobro e Edith Tech de Huidobro. Barcelona-Madrid-Buenos Aires-Rio de Janeiro: Editorial Labor S.A, 1936, p. 70.

[67] VON WRIGHT, Georg Henrik. *Of Human Freedom*. In: The Tanner Lectures on Human Values, VI. Cambridge: Cambridge University Press, 1985, p. 155-7; VIVES ANTÓN, op. cit., p. 843.

[68] Na esteira do que afirma SEN, compreender o papel amplificador e libertador dos nossos sentimentos – e emoções – pode constituir um bom objeto de estudo para nossa própria razão. SEN, Amartya. *A ideia de Justiça*. Tradução de Nuno Castello.Branco Bastos. Coimbra: Almedina, 2010, p. 93.

[69] NUSSBAUM, *El ocultamiento...*, p. 39.

[70] Não fosse isso, e consideradas as emoções como impulsos irrefletidos, algo como correntes elétricas a que haveria o sujeito de resistir ou não, sequer se conseguiria diferenciar em termos de culpa o homicídio de quem, com repugnância, mata o violador de sua filha, e o daquele que, sob o influxo da mesma emoção, mata outro, pelo só fato de pertencer a uma etnia ou um comportamento sexual diferente. NUSSBAUM, *El ocultamiento...*, p. 48 e segs.

[71] Seríamos algo como sujeitos passivos das emoções, que, por um lado, escapariam do âmbito da razão e, por outro, entorpeceriam o raciocínio correto. Sobre tal concepção, tida como mecanicista, e que deita raízes na filosofia platônica, Cf. KAHAN, Dan M; NUSSBAUM, Martha. *Two conceptions of emotion in criminal Law*. In: Columbia Law Review, vol. 96, n. 02, march 1996, p. 278-282. Conforme NUSSBAUM,

que sustenta para as emoções um pertencimento à racionalidade, como componente irrecusável ao processo de tomada de decisões.

A preponderância da primeira concepção, se estamos em termos jurídicos, repercutiria num certo esvaziamento da subjetividade, em ordem a excluir o relevo de certos estados afetivos do agente que, supostos como forças tendentes ao potencial afastamento de sua racionalidade,[72] no limite se reduziriam a uma questão de capacidade de ser imputável.[73] E aí, tanto quanto o artigo 90 do Código Penal Italiano já o fizera, tratar-se-ia de desconsiderar a singularidade do sujeito, em decorrência de parâmetros puramente normativos.[74]

Quando se aceita que as emoções podem ser objetos de valoração, admite-se que se as tenha como justificadas ou reprováveis.[75] A razoabilidade ou não das emoções, assim, estará na justificação das crenças que lhe são subjacentes.[76] Pode-se, destarte, dizer que as emoções não geram diretamente as ações, mas contribuem ou dão sentido às intenções de que decorrem

---

sobretudo em A República, Platão advertia contra a influência das paixões, que seriam impróprias como guias da conduta humana – e, deste modo, qualificar-se-ia como *loucura* a subjugação da razão por aquelas. NUSSBAUM, Martha. *The fragility of goodness: luck and ethics in Greek tragedy and philosophy*. Cambridge: Cambridge University Press, 1994, p. 200-4. Para uma análise, inclusive em termos políticos, de A República, Cf. NUSSBAUM, Martha. *A República de Platão: a boa sociedade e a deformação do desejo*. Tradução de Ana Carolina da Costa e Fonseca e outros. Porto Alegre: Editora Bestiário, 2004, *passim*. Sobre as questões políticas que suscita a obra de Nussbaum, Cf. POLLASTRI, Di Neri. *Martha Nussbaum, L'intelligenza delle emozioni*. In: Phronesis, Ano 3, n. 04, Abril de 2005. Firenze: Associazione Italiana per la Consulenza Filosofica, 2005, p. 159-160.

[72] Essa atitude é considerada como depreciativa para com as emoções, segundo OATLEY e JENKINS, uma vez que seriam consideradas "como estando fora do controlo e sendo destrutivas, em comparação com os produtos constitutivos do raciocínio cuidadoso". OATLEY, Keith; JENKINS, Jenniffer M. *Compreender as emoções*. Tradução Aurora narciso Rosa. Lisboa: Instituto Piaget, 2002, p. 60. Mais adiante dirão que em boa verdade as emoções "ligam o que é importante para nós com o mundo das pessoas, das coisas e dos acontecimentos". IDEM, op. cit., p. 154.

[73] Parece ser este o ponto de contato entre uma concepção mecanicista das emoções e a temática determinista; no limite, tratar-se-ia de uma mera explicação causal do comportamento, que, como corolário, dispensaria a análise do *conteúdo* do estado afetivo. Quando o nosso tema é exatamente a indiferença, entre cujos significados está efetivamente a ausência de emoção no agir, a aporia resultaria inevitável.

[74] O Código Penal brasileiro, por exemplo, preceitua em seu artigo 28, I, que a emoção e a paixão não excluem a imputabilidade penal. O artigo 90 do Código Penal italiano, por sua vez, estabelece: "gli stati emotivi o passionali non escludono né diminuiscono l'imputabilità". Mesmo em Portugal, em que a questão geralmente se põe para a análise do disposto no artigo 133 do Código Penal, em termos do crime de homicídio, não é incomum ver-se a análise do conceito da *compreensível emoção violenta* a partir de uma força que há de ser irremovível, em seu atuar, contra o que haveria de se compreender como algum padrão de racionalidade, geralmente do *homem médio*. Disto dá testemunho o seguinte trecho de julgado do Supremo Tribunal de Justiça, no processo 06P360, relatado por Oliveira Mendes: "*Melhor analisando o requisito da compreensibilidade da emoção, dir-se-á que o mesmo consiste no entendimento, compreensibilidade e perceptibilidade da emoção, no sentido de que esta só será relevante quando aceitável. Esta aferição deve ser avaliada em função de um padrão de homem médio, colocado nas condições do agente, com as suas características, o seu grau de cultura e formação, sem perder de vista o agente em concreto; a partir da imagem do homem médio (diligente, fiel ao direito, bom chefe de família) tentar-se-á apurar se, colocado perante o facto desencadeador da emoção, nas mesmas circunstâncias de tempo e lugar em que o agente se encontrava, se conseguiria ou não libertar da emoção violenta que dele se apoderou, sem esquecer que o que se pretende apurar não é se o homem médio também mataria a vítima ou se reagia em termos idênticos (o que interessa averiguar é se a emoção é ou não compreensível), mas sim se o homem médio não deixaria de ser sensível àquela situação, sem se conseguir libertar da emoção, para se compreender se é menos exigível ao agente que não mate naquelas circunstâncias*".

[75] GONZÁLEZ LAGIER, Daniel. *Emociones, responsabilidad y Derecho*. Madrid: Marcial Pons, 2009, p. 28.

[76] Com mais detalhes, Cf. LYONS, William. *Emoción*. Tradução de Inés Jurado. Barcelona: Anthropos, 1993, p. 47-9.

as últimas. Noutros termos, isto significa que para as intenções a emoção é elemento essencial.[77]

Pretendemos deixar de lado a compreensão de que, em se contrapondo à ação racional, as emoções situar-se-iam no campo da exclusão de imputabilidade, facilitando soluções normativas. Não que seja de excluir a inimputabilidade em casos muito específicos, que, entretanto, para aqui não nos interessa examinar. É que nos importa mais a indagação sobre se as condutas relacionadas às emoções podem ser tidas como voluntárias. Já foi dito que as ações que possuem valor moral[78] são aquelas voluntárias, pois se o agente não agir por opção própria, não haverá como lhe imputar a responsabilidade pelo realizado.[79] Mas será que somos responsáveis por nossas emoções? Não seria estranho aduzir-se que muitas vezes é possível alcançar as razões por que se fazem brotar certas emoções, e, como muitas vezes será a nossa visão de mundo que dará ensejo a que certa situação se nos afigure de um ou de outro modo afetivo, pode-se inferir que nos é dado "inducir una emoción en nosotros mismos, sino también evitar que nos subyugue".[80] [81]

---

[77] Segundo PFÄNDER, não existe volição em que "algún pensamiento y sentimiento no constituya un elemento esencial". PFÄNDER, Alexander. *Fenomenologia de la voluntad* Traducción del alemán por Manuel G. Morente. Madrid: Revista de Occidente, 1931, p. 09. Para o autor mostrava-se impossível "determinar la volición mediante movimientos corporales", cuja execução é frequentemente o meio para a obtenção de um fim desejado, e definir, assim, a volição simplesmente como causa de movimentos corporais; concluía para assentar que a volição contém, já em si mesma, as representações e sentimentos. IDEM, p. 18-9.

[78] Não estamos, portanto, de acordo com a perspectiva de VON WRIGHT – se bem que não se possa enquadrar seu pensamento numa concepção mecanicista das emoções –, ao associar à virtude, efetivamente, o papel de "contrapesar, eliminar, excluir los oscuros efectos que la emoción puede causar en nuestro juicio práctico". VON WRIGHT, Georg Henrik. *La diversidad de lo bueno*. Tradução de Daniel González Lagier e Victoria Roca. Madrid: Marcial Pons, 2010, p. 171. Nem nos parece que o homem virtuoso seria aquele que aprendeu a "vencer los oscuros efectos de la pasión sobre sus juicios acerca de lo bueno y lo malo" – op., loc. cit, –, se não o que cultivou adequadamente este aspecto formador da *racionalidade*.

[79] SCHIO, Sonia Maria. *Aristóteles e ação humana*. In: Revista Conjectura, v. 14, n. 1, Jan/Maio 2009. Caxias do Sul: UCS, 2009, p. 79. Por isso que em ARISTÓTELES depreende-se que a virtude se relaciona com paixões e ações, e é às paixões e ações voluntárias que se dispensa louvor e censura, em ordem a que através delas sejam avaliados os fundamentos morais que as originaram e as sustentam. ARISTÓTELES. *Ética a Nicómaco*, III, 1, 1109b30. Tradução de António de Castro Caeiro. Lisboa: Quetzal, 2009, p. 65-9.

[80] LYONS, William. *Emoción*. Tradução de Inés Jurado. Barcelona: Anthropos, 1993, p. 258. Aqui se consigna breve alusão sobre debates havidos em nosso Seminário de Direito Penal, no Curso de Doutoramento da Faculdade de Direito de Lisboa, em que, por mais de uma vez, demos como exemplo o ciúme, em casos em que – geralmente o homem – por significativo intervalo de tempo revela comportamentos violentos, possessivos e, por fim, acaba por realizar um homicídio contra a cônjuge ou companheira. Nesta hipótese, mormente na atualidade, em que diversas abordagens de ordem médica, psicológica e terapêutica se poderiam realizar, não cremos seja possível cogitar-se – dizemo-lo em linhas muito gerais –, de alguma espécie de desculpa. Isto para não referir que o ciúme, quando culmina nesta situação limite, é revelador de uma espécie de *subjugação feminina*, com a qual o Direito, que se quer *democrático*, não mais pode se compadecer. Recordamo-nos – os limites desta nota não permitam alcançar a riqueza dos debates – de uma e outra objeção, que nos imputava uma espécie de adoção da culpa pela má formação do caráter. Diríamos que é tudo, menos isso. A parte final deste texto, segundo cremos, dará conta de refutar essa asserção, mas por ora registamos que é justamente a crença na possibilidade de alteração de um tal estado emocional, de uma educação sentimental fundada no princípio – *valor* – da igualdade, que já nos permite afastar esta concepção. A este respeito, embora sob um outro ponto de vista, Cf. CURADO NEVES, João Luís Urbano. *A problemática da culpa nos crimes passionais*. Dissertação de doutoramento apresentada na Faculdade de Direito de Lisboa, 2006, p. 729-732, sem que a referência, entretanto, signifique adesão à sua refutação mais fundamental ao *princípio da desculpa*, porquanto o aceitamos em diversas outras situações, que aqui não é caso de examinar, mas não na genericamente apontada nesta nota. As relações entre os *valores* – de que nos ocuparemos adiante numa perspectiva diversa –, e os princípios

Dir-se-ia também, ao revés, que podemos alimentá-la,[82] provendo as condições em que terá condições de prosperar,[83] tudo em ordem a que a dualidade entre o que seria racional e o que derivaria de um estado emocional careça de ser rechaçada.[84]

Disto, entretanto, não decorre que sejam as emoções mesmas a fonte de nossa culpa. E esta questão nos parece crucial. Enquanto não escaparem do âmbito privado; enquanto não forem exteriorizadas, ou, digamos de outra forma, enquanto não adquiram significado por meio da linguagem, como tal pública e compartilhada,[85] mostram-se infensas a qualquer tipo de valora-

---

constitucionais, sobretudo no marco do Estado de Direito Democrático, não passaram ao largo da doutrina e nos convida a investigações futuras que, todavia, neste momento não há como empreender. Neste sentido, Cf. ALEXY, Robert. *Teoria dos Direitos Fundamentais*. Tradução de Virgilio Afonso da Silva. 2 ed. São Paulo: Malheiros, 2011, p. 144-153. Contrariamente a essa relação, e pessimista quanto a temas relevantes da filosofia dos valores, Cf. SCHIMITT, Carl. *La tirannia dei valori*. Tradução de Giovanni Gurisatti. Milano: Adelphi Edizioni, 2009, p. 46-68.

[81] Estamos de acordo com a ideia de NUSSBAUM, a respeito de que certas emoções e desejos se mostram tão perniciosos para a sociedade, que deveríamos de algum modo "discriminá-los na formação do direito e de políticas públicas". NUSBAUM, Martha. *A República de Platão: a boa sociedade e a deformação do desejo*. Tradução de Ana Carolina da Costa e Fonseca e outros. Porto Alegre: Editora Bestiário, 2004, p. 23. A autora está atenta particularmente às questões raciais e às discriminações de grupos, e, nestes casos, associa uma espécie de estrutura institucional aos desejos, o que haveria de ser conciliado com a democracia, no sentido de que devemos solucionar o problema da deformação do desejo sem remover as liberdades democráticas. IDEM, p. 43. Em sentido semelhante, de há muito DEWEY já ressaltava o papel da educação e a incumbência das instituições sociais de "liberar e desenvolver as capacidades pessoais sem preconceito de raça, sexo, classe ou situação econômica". DEWEY, John. *A filosofia em reconstrução*. Tradução de Eugênio Marcondes Rocha. São Paulo: Companhia Editora Nacional, 1958, p. 182-4.

[82] SOLOMON, Robert C. *Ética emocional: una teoria de los sentimientos*. Tradução de Pablo Hermida. Barcelona: Paidós, 2007, p. 17 e, principalmente, p. 201.

[83] LYONS, op. cit., p. 261. É o que se daria, num exemplo elementar, e menos raro do que triste, nos casos de ódio racial, religioso ou mesmo contra homossexuais, quando indivíduos agrupam-se, para exteriorizar práticas violentas. Que o Direito lhes agrave as consequências de seus atos, é sinal inequívoco do maior repúdio ao valor deturpado que orienta tais condutas. Bastar-nos-ia citar o artigo 132, n. 2, letra f, do Código Penal de Portugal, para este efeito, isto para não dizer que autores há, como AMBROSI, que apontam em documentos internacionais o caráter de fonte de incriminações a manifestações racistas no contexto europeu. AMBROSI, Andrea. *Costituizione Italiana e manifestazione di idee razziste o xenofobe*. In: Discriminazione razziale, xenofobia, odio religioso: Diritto fondamentali e tutela penale. Verona: Cedam, 2006, p. 38.

[84] Que à capacidade racional, portanto, não sejam alheios os desejos e as paixões – diríamos nós, as emoções –, é o que lemos em ARISTÓTELES. ARISTÓTELES. *Ética a Eudemo* (1220a). Tradução de J. A. Amaral e Artur Morão. Lisboa: Tribuna da História, 2005, p. 32.

[85] KENNY, Anthony. *Action, Emotion and Will*. Ebook, 2. ed. London-New York: Routledge, 2003, p. 43-52; SOLOMON, Robert C. *Ética emocional: una teoría de los sentimientos*. Tradução de Pablo Hermida. Barcelona: Paidós, 2007, p. 188-9. A discussão, portanto, situa-se no âmbito da linguagem, com evidente influência do pensamento de WITTGENSTEIN. WITTGENSTEIN, Ludwig. *Investigações filosóficas*. Coleção Os Pensadores. Tradução de José Carlos Bruni. São Paulo: Abril Cultural, 1975, p. 98-102. Tudo a revelar que "a expressão de significado está situada para além do privado, ou seja, a significatividade não pode ser concebida como um produto da mente, como resultado de uma operação privada ou subjetiva, ela é fundamentalmente algo intersubjetivo". VALLE, Bortolo. *A filosofia da psicologia em Ludwig Wittgenstein: sobre o "plano de tratamento" dos conceitos psicológicos*. In: Revista AdVerbum, n. 02, vol. 01, Jan-Jun de 2007. Curitiba: PUCPR, 2007, p. 105. Resta dizer, então, que "la creencia, la intención y las otras actitudes proposicionales son todas sociales en el sentido de que son estados en que una criatura no puede estar sin tener el concepto de verdad intersubjetiva", e este é um conceito que não se pode ter "sin compartir y saber que uno comparte con alguien más un mundo y una manera de pensar acerca del mismo". DAVIDSON, Donald. *La segunda persona*. In: Subjetivo, Intersubjetivo, Objetivo. Tradução de Olga Fernández Prat. Madrid: Cátedra, 2003, p. 175. Do mesmo autor, ainda, Cf. DAVIDSON, Donald. *Tres variedades de conocimiento*. In: Subjetivo, Intersubjetivo, Objetivo. Tradução de Olga Fernández Prat. Madrid: Cátedra, 2003, p. 286-7.

ção. Isto lhes confere uma dimensão política. Ao combater o que denomina um mito, de que as emoções estariam na mente do sujeito, é mesmo Solomon quem adverte que as emoções não são privadas; situam-se fora, no mundo e no espaço social, porquanto emergem, em sua maior parte, no contexto de nossas relações interpessoais.[86]

De maneira que as emoções revelam, no fim, como o sujeito compreende o mundo;[87] seria demais, porém, a tanto querermos chegar numa abordagem vocacionada ao campo do jurídico. Resta-nos a conduta, como um indicador externo ou público, dos estados privados, das crenças e dos desejos implicados nas emoções.

É este o limite de sua relevância para o Direito Penal.

3.2. Ambivalência das emoções

Quando se assinala que as emoções possuem um elemento cognitivo, uma crença ou uma certa visão das coisas, que lhes é subjacente, abre-se o campo de análise a respeito de sua perspectiva moral.[88]

Esta, todavia, não diz respeito apenas à suscetibilidade de avaliação de nossos atos por terceiros. Também somos dotados de linguagem, de modo que refletimos e pensamos acerca de nossas emoções e, mais do que isso, temos emoções sobre nossas emoções.[89] Tudo a lançar-nos no campo da ética, e isto não apenas porque as emoções já incorporam nossas valorações, mas, sobretudo, porque nós mesmos somos capazes de avaliar nossas respostas emocionais.[90] Reside, aliás, nesta capacidade de apropriação do ato como próprio – passe o pleonasmo –, no reconhecimento da conduta como sua, um requisito relevante para o juízo de culpa.

Mas há aqui uma ambivalência que não podemos desconsiderar. Se estamos desenvolvendo uma ideia de que as emoções, ademais de fornecerem explicações a propósito das condutas, também permitem a sua avaliação, não olvidamos que é de algum modo emocional a relação que estabelecemos com os *valores*.[91]

---

[86] SOLOMON, op. cit., p. 219. E assim: "podríamos decir, por tanto, que emociones son *políticas*". Noutro texto, igualmente assinala: "i would even argue that there is politics of emotion, that emotions are not individual, personal, or private. Almost all emotions, with some exceptions, have to do with our relationships with other people". SOLOMON, Robert C. *The Passions: Philosophy and the Intelligence of Emotions*. Part I. Austin: The Teaching Company, 2006, p. 42.

[87] LYONS, op. cit., p. 261; KENNY, op. cit., p. 131-142; SOLOMON, *Ética emocional...*, p. 223.

[88] CAMPS, Victoria. *El gobierno de las emociones*. Barcelona: Herder, 2011, p. 28.

[89] SOLOMON, *Ética emocional...*, p. 299.

[90] Diríamos mesmo, justificando tardiamente a extensão do primeiro item deste trabalho, que da capacidade de refletirmos sobre nossas emoções advirá uma profunda sensação de *liberdade*. E não a esconde SOLOMON, quando alude que, quando podemos questionar e compreender nossas emoções no âmbito da linguagem, estamos diante daquelas coisas que mais nos fazem humanos; é, em suas palavras: "la fuente de nuestra libertad y nuestra responsabilidad sobre nuestras emociones". SOLOMON, *Ética emocional...*, p. 314.

[91] Estivéssemos apenas a tratar de estética, ficaria simplificada a alusão de que o mundo da arte é "precisamente uma das zonas que mais se furtam a uma apreensão de tipo racional; sendo o domínio dos

E isto nos desloca ao plano da gnosiologia.

Tentemos explicar melhor: é que a captação dos valores não dispensa uma relação emocional.[92]

Em boa verdade, fôssemos seguir à risca os autores mais antigos que trataram da axiologia,[93] poderíamos dizer, com Scheler, que os valores vêm ao nosso encontro "sob a função do *sentir*, assim como as cores vêm em função do ver".[94] Com Hartmann, aludiríamos que há um apriorismo emocional do sentimento de valor.[95] Ambos, aliás, derivados de um ponto de vista já esboçado por Brentano, segundo o qual os valores seriam apreendidos mediante certos atos da vida emotiva.[96]

Mesmo Russell, situado noutra tradição, assinala que, ao afirmarmos que algo tem valor, estamos dando expressão às nossas próprias emoções, visto que as questões relativas aos valores estariam fora do domínio do conhecimento;[97] como a dizer-se, e daí a relevância das emoções, que se o homem não fosse mais que intelecto, seria destituído de toda a consciência dos valores.[98]

---

valores estéticos, mais interessam nele a sensibilidade e a identificação emocional do que a correcta aplicação dos princípios lógicos". SOVERAL, Eduardo Abranches de. *Sobre os valores e pressupostos da vida política contemporânea e outros ensaios*. Lisboa: Imprensa Nacional Casa da Moeda, 2005, p. 230. Igualmente aponta FRONDIZI que "captamos la beleza, primordialmente, por vía emocional". FRONDIZI, Risieri. *Que són los valores? Introducción a la axiología*. México-Buenos Aires: Fondo de Cultura Económica, 1958, p. 13. Segundo HESSEN, os valores estéticos não se demonstram com meios ou provas racionais; apreendem-se intuitivamente; aplica-se "aqui a palavra do poeta: se o não sentirdes, jamais o compreendereis". HESSEN, Johannes. *Filosofia dos valores*. Tradução de L. Cabral de Moncada. Coimbra: Armênio Amado Editor, 1944, p. 141.

[92] A ponto de ARTETA assinalar que, se as emoções são uma resposta inteligente à percepção do valor, bem podem ser consideradas como "sentimientos morales". ARTETA, Aurelio. *Mal consentido: la complicidad del espectador indiferente*. Madrid: Alianza Editorial, 2010, p. 104.

[93] Voltando à estética, e tentando uma metáfora, não poderíamos dizer que certas expressões da arte moderna, tão desfocadas do valor da *beleza*, são quase uma representação do que, no plano ético, tem vindo a ser uma espécie de diluição dos valores? Ou do próprio ceticismo com que se os tem abordado na atualidade? Para esta discussão, Cf. GOUX, Jean-Joseph. *Hacia una frivolidad de los valores?* In: Adónde van los valores: coloquios del siglo XXI. Tradução de Begoña Eladí y Cristina Gilbert. Barcelona: Ediciones Unesco, 2005, p. 91-4. Criticando a fragmentação dos valores na estética, MASSUH adverte que a "arte hoy nos muestra, en todas sus ramas, una sucesión de aventuras dispares que hacen difícil la contemplación y, aún más, el juicio estético. La complejidad caótica del arte contemporáneo vuelve dudoso el esfuerzo de definirlo en los términos tradicionales del valor belleza". MASSUH, Victor. El alma de los valores. In: *Adónde van los valores*: coloquios del siglo XXI. Tradução de Begoña Eladí y Cristina Gilbert. Barcelona: Ediciones Unesco, 2005, p. 111.

[94] SCHELER, Max. *Da reviravolta dos valores: ensaios e artigos*. Tradução de Marco Antônio dos Santos Casanova. Petrópolis: Vozes, 1994, p. 154.

[95] O que significaria dizer que a captação dos valores não decorre de atos puros do conhecimento, e sim de "actos del sentimiento; no intelectuales, sino emocionales". HARTMANN, Nicolai. *Ética*. Tradução de Javier Palacios. Madrid: Ediciones Encuentro, 2011, p. 155. Trata-se, como assinala HARTMANN noutra obra, de que "l'atto diretto del cogliere non è per nulla un atto conoscitivo vero e proprio, non è un atto teoretico, ma *emozionale*, un *atto della presa di posizione*, un atto del sentimento: *sentimento assiologico*". HARTMANN, Nicolai. *Ontologia dei valori*. Tradução de Nadia Moro. Brescia: Morcelliana, 2011, p. 78.

[96] BRENTANO, Franz. *El origen del conocimiento moral*. Tradução de Manuel G. Morente. Madird: Revista de Occidente, 1927, p. 31-8.

[97] RUSSELL, Bertrand. *Religión y ciencia*. Tradução de Samuel Ramos. México: Fondo de Cultura Económica, 1935, p. 142.

[98] HESSEN, *Filosofia...*, p. 128. Nesta obra, aliás, HESSEN dá conta de diversos aspectos que, para o efeito deste texto, vão omitidos a respeito da axiologia. Entre eles, o de saber-se se há uma ontologia dos valores ou se eles prendem-se necessariamente aos objetos, o de se há ou não uma tábua ou hierarquia de valores, bem assim o concernente à sua mutabilidade ou perenidade. O que se pode dizer, já explicando uma

E nem é preciso lucubrar sobre a perspectiva diversa, que faz situar no que seria um âmbito exclusivo da razão o conhecimento da dimensão valorativa; não somos tributários daquilo que Hessen, com acerto, qualifica de preconceito em matéria de gnosiologia, no sentido de fazer apartar a razão da sensibilidade, como seja, a racionalidade das emoções.[99] Será, pois, já nesta perspectiva, em que ambas se incluem mutuamente, que se dará, no sujeito, a dimensão valorativa.[100] A qual, porém, situa-se num espaço diverso, seja do que se poderia conceber como um mundo apartado de valores como sustenta Hartmann, sabidamente um defensor do ontologismo extremado da dimensão valorativa,[101] seja de uma subjetividade em que coubesse ao indivíduo, pura e simplesmente, decidir do que é valioso ou não valioso, para assim orientar o seu agir.[102]

Não pretenderemos repetir essa ideia quando nos for dado abordar a situação do indivíduo a que designaremos por *indiferente*, e de que maneira se afigura idôneo tratar-se de sua *culpa*. Mas será uma evidência a de que, situado que seja o problema numa espécie de deficiência emocional, isto retumbará na potencial incapacidade de apreensão dos valores. Em ordem a deslocar a análise do plano psicológico – a que em geral se circunscreve, e que por isso não olvidaremos –, para a filosofia.

Mas antes disso, falaremos da indiferença.

---

omissão que se faz notar em nossa abordagem, é que "o conceito de valor não pode rigorosamente definir-se". IDEM, p. 35. E isto se diz porque, na síntese de MORENTE e BENGOECHEA: "los valores no *son*, sino que *valen*. Una cosa es valer y otra cosa es ser", ou seja, os valores "no son cosas ni elementos de las cosas, entonces los valores son impresiones subjetivas de agrado o desagrado que las cosas nos producen a nosotros y que nosotros proyectamos sobre las cosas". MORENTE, Manuel Garcia; BENGOECHEA, Juan Zaragüeta. *Fundamentos de filosofía e historia de los sistemas filosóficos*. Madrid: Espasa-Calpe, S.A, 1967, p. 268-271. Para essa análise mais geral, que não temos condições de aqui desenvolver, também Cf. FRONDIZI, Risieri. *Qué són los valores? Introducción a la axiologia*. México-Buenos Aires: Fondo de Cultura Económica, 1958, p. 07-30; RESWEBER, Jean-Paul. *A filosofia dos valores*. Tradução de Marina Ramos Themudo. Lisboa: Almedina, 2002, p. 71-89; NAGEL, Thomas. *Value*. In: The view from nowhere. Oxford: Oxford University Press, 1986, p. 138-163.

[99] HESSEN, op. cit., p. 149.

[100] Que terá, deste modo, uma profundidade e um significado mais intensos do que uma visão puramente intelectualista. SOLOMON, *Ética emocional...*, p. 280.

[101] HARTMANN, op. cit., p. 158-166. Do mesmo autor, ainda Cf. HARTMANN, *Ontologia...*, p. 67-70.

[102] Na expressiva asserção de HESSEN: "o sujeito não é a medida dos valores". HESSEN, op. cit., p. 44. A referência de FORNDIZI fala por si: "si se midiera el valor estético por la intensidad de la emoción individual o colectiva, mayor valor tendría el melodrama radial o cinematográfico – que ha hecho derramar tantas lágrimas – que *Hamlet* o *El Rey Lear*", o que torna pertinente a indagação: "como podría evitar-se el caos si no hay pautas de valoración ni normas de conducta?". FRONDIZI, op. cit., p. 18. Isto é, parece indispensável distinguir a *valoração* do *valor*; e, se bem que este anteceda aquela, a referência a um sujeito é também da essência do valor – HESSEN, op. cit., p. 52 –, com a observação, todavia, de que "o sujeito dos valores não é o do solipsismo. Só existe, efectivamente, por referência a uma ordem objectiva de representações, que expressam crenças e instituem fins"; que os valores, assim, apareçam em primeiro lugar como representações, que "servindo de elo intersubjectivo", constroem o lugar de um mesmo mundo habitável, delimitando um espaço comunicacional, no sentido de que "sem valor não há comunicação possível; pois o elo social existe, apenas, quando se reactivam os valores implícitos, aceitando-os e propondo-os para reinterpretação" – RESWEBER, *A filosofia...*, p. 38. – já é algo que, cremos, lançar-nos-ia na dimensão hermenêutica, que aqui não pretendemos desenvolver. Não a este respeito, mas sobre os desafios e potenciais conflitos que as sociedades plurais da atualidade revelam em termos axiológicos, Cf. MORIN, Edgar. *La Ética de la complejidad y el problema de los valores en el siglo XXI*. In: Adónde van los valores: coloquios del siglo XXI. Tradução de Begoña Eladí y Cristina Gilbert. Barcelona: Ediciones Unesco, 2005, p. 85-88.

4. A indiferença como emoção

> "Hoje mamãe morreu. Ou talvez ontem,
> não sei bem. Recebi um telegrama do asilo:
> 'Sua mãe falecida. Enterro amanhã. Sinceros sentimentos'.
> Isso não quer dizer nada. Talvez tenha sido ontem".
>
> (Camus, *O estrangeiro*).

Seja-nos consentida uma síntese, para dizer que (a) as emoções implicam juízos acerca de certos objetos ou situações;[103] (b) é a avaliação a respeito destes objetos ou situações, isto é, uma espécie de crença, o que as ativa; (c) portanto, as emoções possuem um conteúdo significativo, de modo que são intencionais; (d) o juízo ou crença pode estar ou não justificado, de maneira que as emoções podem, elas mesmas, serem avaliadas,[104] (e) as emoções são suscetíveis, em alguma medida, de educação,[105] isto é, são num certo sentido, controláveis.

Isto não significa que haja um condicionamento das ações pelas emoções. Com efeito, não obstante estejamos longe de qualquer pretensão tendente a uma *teoria da ação*, é preciso dizer que não se cuida, aqui, de assinalar-se que haveria uma explicação causal das ações, a partir das razões que a ensejam.[106] Para além de potencializar um cientificismo exacerbado,[107] a só *explicação* das ações não nos conduziria, necessariamente, à possibilidade de *avaliá-las*, tornando a difícil separação entre razão e ação – pois a razão para se explicar uma ação somente se apresenta através da própria ação – de restrita aplicação ao plano da moral e do Direito.[108] Tanto mais quando alu-

---

[103] Trata-se de conceber as emoções como formas de juízos avaliativos, que atribuem a objetos exteriores uma importância radicada na falta de autossuficiência do agente e na sua necessidade de avaliar o mundo exterior a partir da perspectiva de seu próprio florescimento. NUSSBAUM, Martha C. *Upheavals of Thought*. Cambridge, UK: Cambridge University Press, p. 21-30. Ainda mais se poderia dizer, na linha do que já exposto, dado que uma pretensa racionalidade, sem emoção, seria cega em relação a valores, porquanto perderia a capacidade avaliativa-valorativa contida nas emoções. NUSSBAUM, Martha. *Poetic Justice: the literary imagination and public life*. Boston: Beacon Press Books, 1995, p. 67-70.

[104] NUSSBAUM, El ocultamiento..., p. 46.

[105] NUSSBAUM, *Poetic Justice*..., p. 63. Em outros termos, as emoções podem ser alteradas pela mudança lenta e gradual do conteúdo das crenças em que se fundam. NUSSBAUM, *Upheavals*..., p. 232-3. Neste sentido ainda, Cf. POLLASTRI, Di Neri. *Martha Nussbaum, L'intelligenza delle emozioni*. In: Phronesis, Ano 3, n. 04, Abril de 2005. Firenze: Associazione Italiana per la Consulenza Filosofica, 2005, p. 161-2 e, ainda: CAMPS, Victoria. *El gobierno de las emociones*. Barcelona: Herder, 2011, p. 266, que não deixa de assinalar que "la educación de las emociones no puede ser una cuestión solo psicológica; es sobre todo, una cuestión moral".

[106] O que nos afastaria sobretudo de DAVIDSON. Cf. DAVIDSON, Donald. *Actions, Reasons and Causes*. In: Essays on Actions and Events. 2 ed. Oxford: Clarendon Press, 2001, p. 03-20.

[107] E que revelaria um certo "empeño de configurar la psicología según el modelo de las ciencias naturales". VIVES ANTÓN, *Fundamentos*..., p. 198.

[108] Em outros termos: "sólo las razones, no las causas, pueden ser buenas o malas, defendibles o indefendibles". VIVES ANTÓN, op. cit., p. 339. Preferimos, portanto – e não temos condições de dar maiores explicações a respeito – uma concepção pela qual a ação venha a ser entendida como um evento que faz parte da realidade, e assim "which only has meaning within said reality, and that helps to explain and understand that reality by taking into account the context surrounding the event. Thus, the theory of action should not be centered on a priori ontological abstractions that have nothing to do with the eminently social nature of human beings". MUÑOZ CONDE, Francisco; CHIESA, Luis Ernesto. *The Act*

dimos à indiferença, que, de algum modo, se poderia conceber como uma ausência. Seria essa ausência *causa* de comportamentos? E como explicar as omissões?

Trazidas essas questões para o âmbito do Direito Penal, se parece necessário responder à indagação sobre se de determinado estado emotivo pode derivar a responsabilidade penal e se não é idôneo cogitar-se de uma espécie de culpa pelo que o agente carrega dentro de si – nem se está a extrair a possibilidade d´alguma culpa pelo caráter, tema sobre o qual se falará mais à frente e que se nos afigura o maior risco de equívoco nesta temática –, cuida-se de saber se a modulação da intervenção do Direito Penal poderá, em alguma medida, decorrer da avaliação das emoções do agente.[109] Isto, ainda que se trate da verificação de algo como a carência de um estado afetivo, como seja não estar presente o *importar-se com o outro*, a que conceberemos como indiferença e a que se poderia aludir mais radicalmente como uma espécie de ausência de emoção.

Invertendo nosso raciocínio, também poder-se-ia afirmar que a indiferença é, em si, um estado afetivo, que, entretanto, culmina em revelar a apatia, a insensibilidade moral, ou, para usar a reconhecidamente má expressão de Lima Lins, o "dar de ombros", consistente numa passividade em relação aos afetos dos outros.[110]

Com efeito, na expressiva asserção de CAMPS, tratar-se-ia de o sujeito revelar-se carente de "moral en el sentido de entusiasmarse por lo que merece la pena",[111] de maneira que, em suas palavras, ainda: "vive en la indiferencia porque no ha hecho suya, no ha incorporado a su manera de ser, la diferencia que existe entre el bien y el mal".[112]

De algum modo, entretanto, trata-se de uma característica dos nossos tempos,[113] isto de o sujeito não possuir disposição para mergulhar nas dificuldades alheias, ainda que se mostrem agudas;[114] o que não esconde um sintoma de isolamento, em que o indivíduo se aparta dos demais, ocultando-os

---

Requirement as a Basic Concept of Criminal Law. In: Cardozo Law Review, vol. 28:6. New York: Pace Law Faculty Publications, 2007, p. 2470.

[109] Ao contrário do que sustenta GONZÁLEZ LAGIER, não se trata de inviabilizar a análise às situações em que as emoções não se manifestem a partir de atos externos, sem produção de ofensas e lesões. GONZÁLEZ LAGIER, Daniel. *Emociones...*, p. 126. Se bem que, deveras, não se possa cogitar de uma responsabilidade pela emoção em si, nalguns casos os estados afetivos podem conduzir justamente à uma ausência de ação, quando essa era devida, ou mesmo à uma ausência de diligência, ou a uma despreocupação quanto à potencial lesão a terceiros, não causada pelo agente, mas que, digamos por ora assim, era-lhe possível, quando não exigível, evitar.

[110] LIMA LINS, Ronaldo. *A indiferença pós-moderna*. Rio de Janeiro: Editora UFRJ, 2006, p. 07.

[111] CAMPS, Victoria. *El gobierno de las emociones*. Barcelona: Herder, 2011, p. 17.

[112] CAMPS, op. loc. cit.

[113] Para LIPOVETSKY a sociedade atual caracteriza-se por nela reinar a "indiferença de massa, em que domina o sentimento de saciedade e estagnação, em que a autonomia privada é óbvia, em que o novo é acolhido do mesmo modo que o antigo, em que a inovação se banalizou, em que o futuro deixou de ser assimilável a um progresso inelutável". LIPOVETSKY, Gilles. *A era do vazio*. Tradução de Miguel Serras Pereira e Ana Luísa Faria. Lisboa: Antropos, 2007, p. 10-1.

[114] LIMA LINS, Op. cit., p. 08.

diante da proeminência de si mesmo.[115] Radicalmente, numa paráfrase, poder-se-ia assentar que, em variados graus, *somos todos indiferentes*.

Paradoxalmente, porém, neste modo de ser indiferente expressa-se uma forma de relação.[116]

Dito de outro modo, quer-se assinalar que isoladamente a indiferença[117] poderia ser tomada simplesmente como ausência de emoção. Porém – e nisto reside o paradoxo –, o papel da indiferença é, em realidade, emocional, pois as emoções, procuramos afirmar, indicam em que termos estabelecemos nosso processo de interação, de modo que quando "si afferma di non essere emozionati si indica sempre una forma dell´essere emozionati".[118]

Ou seja, como qualquer outra emoção, a indiferença assinala o tipo de relação que estabelecemos com as demais pessoas,[119] e com o mundo.[120]

Que se a possa lamentar, entretanto, é sinal confirmador de que, deveras, não são contrapostas a emoção à racionalidade; ou será que uma forma de interação social sem aquela[121] ostenta qualquer riqueza? Seria, assim, *racional*?

Seja como for, há, pois, em termos sociológicos uma espécie de desmobilização do espaço público, uma *desafetação* diante daquilo que lhe não é próprio, a partir de um investimento mais intenso naquilo que, visto ser pertencente ao mundo privado do sujeito, não engloba como critério a repercussão para os demais.[122] Haveria o Direito de, diante disso, permanecer *indiferente*?

A indagação, que não resiste ao trocadilho, supõe já que não haveria sentido em cogitar-se da influência das emoções ou dos estados afetivos se

---

[115] Que disto decorra um tipo de contrato de *mútua indiferença*, notou-o ARTETA, porquanto se não daremos conta do outro, poderemos razoavelmente esperar que os outros não nos levem em conta nas situações parecidas: "nadie está obligado con nadie, la mayoría de la gente no nos debe nada: estamos solos". ARTETA, Aurelio. *Mal consentido: la complicidad del espectador indiferente*. Madrid: Alianza Editorial, 2010, p. 72.

[116] Confirme ZAMPERINI, a indiferença não se situa na esfera daquilo que se tem, mas, sim, na esfera daquilo que se é. Não se diz que uma pessoa *tem indiferença*, mas que *é indiferente*. ZAMPERINI, Adriano. *L´indifferenza: conformismo del sentire e dissenso emozionale*. Torino: Giulio Einaudi Editore, 2007, p. 11.

[117] Não estamos, bem se vê, a tratar da indiferença sob uma perspectiva de medida de uma tábua de valores abstrata, como o faz HARTMANN, que alude ao *ponto de indiferença* entre o valor e o desvalor, embora nem sempre situado, na escala de que se cuide, no intermédio de ambos. HARTMANN, Nicolai. *Ética*. Tradução de Javier Palacios. Madrid: Ediciones Encuentro, 2011, p. 650-7.

[118] ZAMPERINI, op. cit., p. 71.

[119] Isto significaria dizer que: "quanto anche l´indifferenza sia – come tutte le emozioni – un modo di disporci con gli altri". ZAMPERINI, op. cit., p. 168.

[120] Com, sem dúvida, uma notável redução da carga emocional investida no espaço público ou nas esferas transcendentes, aumentando correlativamente as prioridades da esfera privada. LIPOVETSKY, op. cit., p. 14.

[121] Que haja um certo convite do sistema ao desprendimento emocional, ao desconectar-se o desejo das composições coletivas, é algo que o constatou LIPOVETSKY, que, ademais, assinala os limites do *Deus está morto* de Nietzsche, porquanto o vazio do sentido e a derrocada dos ideais sequer levaram a mais angústia, a mais absurdo; esta "maneira de ver ainda religiosa e trágica é desmentida pelo surto da apatia de massa(...) A indiferença e não a infelicidade metafísica". IDEM, p. 35-6.

[122] Isto é, trata-se de que, na atualidade, é a própria intersubjetividade que se encontra desinvestida; é a relação "com o Outro que, seguindo a mesma lógica, sucumbe ao processo de desafecção". IBIDEM, p. 45.

não se consentisse com a possibilidade de um certo controle sobre elas. Trata-se de dizer mais do que assinalar a possibilidade de controle, ainda que parcial, das ações concebidas a partir das emoções, para afiançar que uma certa educação emocional faz possível *aprender-se* a ter as emoções adequadas e afastar as inconvenientes.[123] [124] O que em outros termos poderia indicar que, para efeitos de culpa, e de uma culpa que não olvide a liberdade, a *indiferença não é indiferente*. Mas há modos de lidar com ela.

Vejamos alguns casos.

5. Tratamentos jurídicos possíveis à indiferença

5.1. Apelo normativo contra a indiferença:
a questão da omissão de auxílio

> "Quando eu te encarei frente a frente não vi o meu rosto (...)
> É que Narciso acha feio o que não é espelho".
> (Caetano Veloso, *Sampa*).

Que a indiferença, no sentido de uma abdicação de afetação por outrem, é, de algum modo, um critério de desvalor jurídico, parece não haver dúvida, se tomada em conta a quase generalizada previsão do crime de omissão de auxílio, nas legislações da atualidade. Haveria um fundamento ético a essa incriminação? A resposta, aqui, passa por uma tentativa de algo de substantivo na formulação deste juízo de desvalor. Porém, se partirmos da ideia de que é apenas a violação de bens jurídicos aquilo que busca evitar o Direito Penal, não ficaríamos sem razão idônea para fazer típicos esses casos de omissão?

É uma questão ética profunda a invocada por Levinas, quanto à responsabilidade por outrem, a partir do *rosto*.[125] A face desnuda e desprotegida do

---

[123] Para NUSSBAUM, as emoções, na concepção aristotélica, seriam parte importante e necessária da racionalidade, fazendo-se adequadas ao processo de tomada de decisões – as emoções bem treinadas e cultivadas seriam verdadeiros guias da razão –, sem se configurarem em obstáculos à boa deliberação. NUSSBAUM, Martha. *The fragility of goodness: luck and ethics in Greek tragedy and philosophy*. Cambridge: Cambridge University Press, 1994, p. 307. Dito de forma simplificada, tal qual o orador da Retórica aristotélica influi em seu auditório, a partir da reavaliação de nossas crenças podemos modelar ou suprimir nossas emoções. ARISTÓTELES. *Retórica*, 1378a. Lisboa: Imprensa Nacional Casa da Moeda, 2005, p. 159.
[124] Segundo GONZÁLEZ LAGIER, é plausível pensar que podemos "ampliar nuestro conocimiento para modificar ciertas creencias o confirmarlas, que podemos examinarlas críticamente y someterlas a juicio". GONZÁLEZ LAGIER, op. cit., p. 130.
[125] Assim: "O modo como o Outro se apresenta, ultrapassando a ideia do Outro em mim, chamamo-lo, de fato, rosto. Esta maneira não consiste em figurar como tema sob o meu olhar, em expor-se como um conjunto de qualidades que formam uma imagem. O rosto de Outrem destrói em cada instante e ultrapassa a imagem plástica que ele me deixa (...)". LEVINAS, Emmanuel. *Totalidade e infinito*. Tradução de José Pinto Ribeiro. Lisboa: Edições 70, 1988, p. 38.

outro, que se nos apresenta sem contexto – o rosto é significação sem contexto –, tem o efeito radical de instaurar a subjetividade.[126]

Em verdade, e tendo em conta não se cuidar de uma relação a que se exija a reciprocidade, afirmar-se que o *eu* é sujeição a outrem significa que somos *sujeitos* exatamente neste sentido.[127] Rejeitar, portanto, essa condição pela qual somos, em alguma medida, responsáveis pelos outros, seria o mesmo que recusar a nossa própria condição de sujeitos.[128] [129]

Em termos jurídicos, não é difícil perceber que uma tal questão poderia ser reunida. A relevância moral do atuar em favor de terceiro não encontrou sempre correspondência no Direito,[130] sob o fundamento de que socorrer uma pessoa é fazer-lhe um *bem*, e a justiça penal haveria de ocupar-se apenas do *neminem laedere*.

Mesmo a abrangência de exclusão do crime, em virtude da situação daquele cuja atuação se exige, também ostenta certas particularidades – é importante apontar que no ordenamento italiano a circunstância de potencial perigo contra o socorrista não está prevista no artigo 593 do Código Penal, para o efeito de afastar a sua responsabilidade. Isto, segundo aponta Cadoppi, porque o projeto de lei indicava que essa exceção na prática acabaria por favorecer falsos e imorais pretextos, não correspondentes à "più elevata concezione dei doveri di solidarietà umana, che è própria della nostra civilità".[131]

De todo modo, parece correto dizer-se que o fundamento legitimador do dever geral de auxílio é a solidariedade humana, que "deve vincular todo

---

[126] Com efeito, a responsabilidade não é "um simples atributo da subjetividade, como se esta existisse já em si mesma, antes da relação ética. A subjetividade não é um para si: ela é, mais uma vez, inicialmente para outro". LEVINAS, Emmanuel. *Ética e infinito*. Tradução de João Gama. Lisboa: Edições 70, 2010, p. 80.

[127] Trata-se de afirmar a própria identidade do *eu* humano a partir da responsabilidade, isto é, "a responsabilidade é o que exclusivamente me incumbe e que, *humanamente*, não posso recusar. Esse encargo é uma suprema dignidade do único". LEVINAS, *Ética...*, p. 84. Não deixou ARTETA de assinalar, sobre tal ponto de vista, que "el yo depone su narcisista soberania e interrumpe su incessante preocupación de ser-para-sí (...) para responder primero del outro". ARTETA, *Mal consentido...*, p. 209.

[128] Aqui não se está a, simplesmente, cogitar-se de *compaixão*, que, segundo tradicionalmente concebida, relacionar-se-ia com um reconhecimento da vulnerabilidade do sujeito de atravessar a mesma situação daquele por quem se afeta; mesmo a compreensão de NUSSBAUM, neste ponto, não atinge a profundidade do pensamento de Levinas, que dispensa o requisito solicitado pela americana, de que a emoção compassiva dá-se quando "la persona en cuestión es importante para quien tiene la emoción". NUSSBAUM, *El ocultamiento...*, p. 68. Igualmente aludindo a que a compaixão postula uma espécie de identificação, no sentido de que o sujeito venha a acreditar que suas possibilidades são de alguma maneira semelhantes às daquele que sofre, Cf. NUSSBAUM, *Poetic Justice...*, p. 65.

[129] E já aí numa tentativa de antagonizar com a promoção de um individualismo puro, desembaraçado de enquadramento coletivo, que, segundo LIPOVETSKY, orienta-se para a valorização generalizada do sujeito, na medida em que o "rosto humano" funcionaria apenas " à força do prazer, bem-estar", ou seja, em favor do híper-investimento do *Eu*. LIPOVETSKY, Gilles. *A era do vazio*. Tradução de Miguel Serras Pereira e Ana Luísa Faria. Lisboa: Antropos, 2007, p. 50.

[130] Sobre as descontinuidades históricas da incriminação da omissão de auxílio, Cf. CADOPPI, Alberto. *Il reato di omissione di soccorso*. Padova: Cedam, 1993, p. 05-13.

[131] CADOPPI, op. cit., p. 16. Como se sabe, o artigo 200, n. 3, do Código Penal Português assinala não ser punível a omissão, quando se verificar grave risco para a vida ou integridade física do omitente.

e qualquer membro da sociedade".[132] [133] E tal afirmação encontra amparo mesmo para aqueles que não identificam neste dever de solidariedade exatamente a condição de bem jurídico-penal. Com efeito, não seria descabido cogitar-se de que a solidariedade, leia-se aqui a ausência de *indiferença*, cuida-se de um valor pré-jurídico, situado no plano da ética, e que, deveras, a proteção penal destinar-se-ia fundamentalmente à vida ou integridade física daquele que carece de auxílio ou socorro.[134]

Não será, porém, o caso de se discutir a imensa problemática que envolve a omissão, enquanto estruturada à revelação de uma conduta típica. Mas é certo poder-se dizer que a incriminação da omissão está em pressupor a possibilidade de atuação, ou seja, de conceber o sujeito como portador de liberdade de decisão, que inclui necessariamente o âmbito de decidir-se por si mesmo em favor de um comportamento requerido pelo ordenamento jurí-

---

[132] TAIPA DE CARVALHO, Américo. *Comentário Conimbricense do Código Penal*, parte especial, Tomo I. Dirigido por Jorge de Figueiredo Dias. Coimbra: Coimbra Editora, 1999, p. 846. Não foi trivial a discussão travada em Portugal sobre se a incriminação da omissão de auxílio haveria de estender-se a ponto de exigir-se atuação tendente a evitar a prática de crimes, em vista da situação política existente na época de elaboração do Código Penal. O tema, porém, não cabe neste trabalho, podendo-se ao menos dizer que, se bem não haja tal exigência na legislação portuguesa, tem-se como relevante o aspecto de que há, inequivocamente, uma causa de justificação da conduta daquele que, em defesa de outrem, atua, evitando a comissão de um crime. Em Espanha, contudo, a incriminação geral da omissão de auxílio já se deu de maneira diferente – Artigo 195, n.1 do Código Penal Espanhol – incluindo, ademais, tipo próprio, e de consectário mais gravoso, nos casos de omissão do dever de impedir delitos ou de promover sua persecução – Artigo 450 do Código Penal espanhol.

[133] Todo e qualquer membro da sociedade, o que estaria em incluir, segundo a jurisprudência, inclusive aquele que praticou crime doloso de lesão à integridade física de outrem e, surgindo risco à vida deste, não lhe presta auxílio. Neste sentido, já decidiu o Supremo Tribunal de Justiça – Processo 03P3202, relator Rodrigues da Costa, julgado em 12/02/2004 – que aquele que atropela dolosamente uma pessoa e a abandona à própria sorte, mostra-se suscetível de responder pela omissão de auxílio, uma vez que *"se qualquer cidadão está onerado com o dever geral de assistência em relação a qualquer pessoa que se encontre em grave necessidade que ponha em perigo a sua vida, integridade física ou liberdade, mesmo que esse cidadão não tenha contribuído minimamente para tal situação, e se sobre aquele que tiver criado ou contribuído para criar, sem culpa, a situação geradora de perigo para bens pessoais, recai um dever qualificado de auxílio, em virtude do qual a omissão da conduta é mais gravemente punida do que no primeiro caso, em relação ao agente de um ilícito típico, que dolosamente tenha criado a situação, configura-se o especial dever jurídico de evitar a produção do resultado (...) como tal, responde pela realização do crime a que a omissão da sua conduta deu lugar, eventualmente em concurso real com o crime que colocou o ofendido em grave necessidade"*. Igualmente já se decidiu que, em se tratando de acidente viário, ter-se-ia a responsabilidade pela omissão de auxílio mesmo se para o efeito do acidente tenha dado causa somente a vítima. Neste sentido, no processo 0344756, julgado pelo Supremo Tribunal de Justiça, em 25/02/2004, relator António Gama, afirmou-se que *"O artigo 200 n.2 do Código Penal de 1995, ao falar na ´criação´ da situação que obriga ao auxílio, refere-se aos casos em que o agente, por si só ou conjuntamente com o lesado, teve intervenção no processo causal de tal situação. Assim, no caso de acidente de viação, pode verificar-se o crime agravado de omissão de auxílio, mesmo que o arguido seja absolvido, por se reconhecer que a culpa do acidente foi da vítima"*.

[134] Este é, por exemplo, o entendimento de RODRIGUEZ MOURULLO, que, embora em análise ao antigo artigo 489 do Código Penal Espanhol – atualmente, depois da reforma penal, o crime de *omisión del deber de socorro* vem previsto no artigo 195 do Código Penal da Espanha – assinalava destinar-se a proteção penal à vida ou integridade física, projetadas embora no dever de solidariedade. RODRIGUEZ MOURULLO, Gonzalo. *La omisión de socorro en el Código Penal*. Madrid: Tecnos, 1966, p. 138. De outro modo, segundo JAKOBS: "un ordenamiento social no tiene por qué limitarse a generar Personas que no se perturben entre ellas, sino que puede contener también el deber de proporcionar ayuda a otra Persona, de edificar con ella – de forma parcial – un mundo en común y, de esta forma, de asumir respecto a ella una relación positiva". JAKOBS, Günther. *La omisión: estado de la cuestión*. In: Sobre el estado de la teoría del delito (seminario en la Universität Pompeu Fabra). Edición a cargo de Jesús María Silva Sánchez. Madrid: Civitas, 2000, p. 131.

dico-penal.[135] Noutros termos, tem-se como revelada uma imposição jurídica de atuação em favor de terceiro, a partir de um critério ético, segundo o qual o ser indiferente com relação a uma situação de risco à vida ou integridade por que passe uma outra pessoa é tido como desvalioso pelo Direito.

E nem há de importar os motivos que a tanto deram o seu contributo, porque, parafraseando Comte-Sponville, partilhar o sofrimento do outro não é aprová-lo e nem partilhar as suas razões; trata-se de recusar considerar "um sofrimento, seja ele qual for, como um facto indiferente, e um ser vivo, seja ele qual for, como uma coisa".[136]

Ainda que numa extremada abordagem voltada apenas às consequências, entretanto, pudesse-se postular uma equiparação da realização de algum mal à ausência de ação tendente a evitá-lo[137] – no sentido de que o corolário não seria diverso quando se causa um mal ou se priva do bem que o impede –, não será o advento de um prejuízo o critério tomado pelo Direito quando, no geral, e excluídos os deveres específicos de agir, pune a omissão de maneira menos severa.[138] Aqui, a visibilidade do *fazer* é o que agrava a reprovação.

A palavra se ouve mais do que o silêncio.[139] De tal modo que a indiferença surge, assim, como uma espécie de confrontação à ordem normativa, que supondo uma liberdade de vontade em favor de uma atuação benéfica a outrem – pois "sólo es posible omitir la acción que debemos y podemos realizar"[140] –, repudia a inércia e o abandono à sorte que se podem apresentar em virtude de um não importar-se com o outro. Algo como dizer-se, com Zamperini, que o *passante* se mostra o protótipo da indiferença, no sentido

---

[135] Embora COMTE-SPONVILLE sabidamente aluda à solidariedade como demasiado interessada para constituir uma virtude, nela identificando bem mais uma espécie de "egoísmo bem compreendido ou de generosidade ignorada", a revelar algo como um solipsismo ético, naquilo que concebe como verdadeiramente uma virtude, isto é, a generosidade, não deixa de apontar que nela apresenta-se, para o sujeito, a "consciência de sua própria liberdade (ou de sim mesmo como livre e responsável) e firme resolução de a utilizar devidamente". COMTE-SPONVILLE, André. *Pequeno tratado das grandes virtudes*. Tradução de maria Bragança. Lisboa: Editorial Presença, 1995, p. 97-102.

[136] COMTE-SPONVILLE, op. cit., p. 115.

[137] Que no campo ético seja de discutir se as ações e omissões se podem equiparar, de modo que "segundo a linguagem das normas, as proibições podem integrar comandos de acções" já o assinalava PALMA. PALMA, Maria Fernanda. *Direito Penal I, parte geral*. Relatório apresentado no concurso para professor associado da Faculdade de Direito de Lisboa. Biblioteca da Faculdade de Direito de Lisboa, policopiado, 1997, p. 148. A este respeito, Cf. MOORE, Michael S. *Causalidad y responsabilidad: un ensayo sobre derecho, moral y metafísica*. Tradução de Tobías J. Schleider. Madrid-Barcelona: Marcial Pons, 2011, p. 556-565, particularmente no que sustenta a diferença, também no plano moral, entre o descumprimento de deveres negativos e positivos, sob a perspectiva da causalidade; isto é, da diferença que existe entre causar algo e deixar de evitar algo não causalmente, sendo certo que não é a relação causal que fundamenta a responsabilidade por omissão, e sim a dependência contra fática entre o dano e a conduta omissiva – tanto que se é impossível ao agente evitar o dano, não lhe advirá qualquer responsabilidade. Em sentido crítico a este respeito, Cf. MUÑOZ CONDE, Francisco; CHIESA, Luis Ernesto. *The Act Requirement as a Basic Concept of Criminal Law*. In: Cardozo Law Review, vol. 28:6. New York: Pace Law Faculty Publications, 2007, p. 2471-2473.

[138] Não deixa de ser uma questão política a relativa à excepcionalidade, em Direito Penal, de ordens e comandos positivos, quando comparados às normas de proibição. É que pelas segundas se restringe menos a esfera de liberdade dos indivíduos. Neste sentido, Cf. VON WRIGHT, Georg Henrik. *Norma y acción: una investigación lógica*. Tradução de Pedro Garcia Ferrero. Madrid: Tecnos, 1970, p. 102-3.

[139] ARTETA, *Mal consentido...*, p. 247-254.

[140] ARTETA, op. cit., p. 248.

de ser "colui che di fronte alla disgrazia altrui distoglie lo sguardo e se guarda, non vede".[141]

Claro que este critério de ordem ética não significa que a só omissão de comportamentos potencialmente benéficos a outros baste; embora Armin Kaufmann tenha razão quando indica que somente a negação de uma realização para a qual o que permaneceu inativo fosse capaz possa ser concebida como omissão,[142] em termos de Direito Penal o critério é insuficiente. Pois se mostra necessário, ademais, a determinação normativa sobre em que circunstâncias o comportamento passivo há de ser desvalorado.[143] Essa determinação já não abrangerá, na maior parte dos casos, as situações em que a pessoa carecida de auxílio esteja a ser vítima de um crime; se a ordem jurídica não está em requerer qualquer espécie de ato de *heroísmo*, porquanto seria contraditório postular do socorrista que fosse *indiferente a si próprio*, abre-lhe, todavia, acaso aja numa tal circunstância, o vasto campo da justificação de sua conduta, a partir da legítima defesa alheia ou de terceiro.[144]

Por outro lado, nem é exigível, daquele que atua em favor de outrem, um assentimento moral com o comportamento que se tem como valioso. Para não irmos tão longe, será caso de dizer que as motivações para o agir, como tal requerido, haverão de importar menos no cotejo com o resultado obtido.[145] O que importa é não ser indiferente.

Que disto se possa intuir o *quid* tendente a que a omissão possa ser uma espécie de comportamento penalmente relevante, é algo que se não pode desconsiderar. Porque há, na indiferença, o suporte por que se podem avaliar as ações e, também, as omissões. E isto convém "a um Direito Penal do facto e à negação de uma pura ordem de obediência".[146]

A indiferença, em suma, comunica e dá sentido à omissão.

---

[141] ZAMPERINI, Adriano. *L´indifferenza:* conformismo del sentiré e dissenso emozionale. Torino: Giulio Einaudi Editore, 2007, p. 07.

[142] KAUFMANN, Armin. *Dogmática de los delitos de omisión.* Madrid: Marcial Pons, 2006, p. 317. A capacidade de ação referida já indica, por si, uma concepção evidentemente não-determinista. Tanto que o autor sustenta ser, efetivamente, essa capacidade de ação o elemento comum do comportamento, ativo ou omissivo. Isto é: "la capacidad de acción no sólo es criterio de la omisión, sino que se encuentra en toda acción: quien obra, por eso mismo revela su capacidad de obrar". IDEM, p. 318 e, mais detalhadamente, p. 99-102.

[143] GIMBERNAT ORDEIG, Enrique. *Sobre los conceptos de omisión y de comportamiento.* In: Estudios de Derecho Penal. Madrid: Tecnos, 1990, p. 183. Particularmente sobre a concepção de Armin Kaufmann, assinala GIMBERNAT ORDEIG não se tratar a omissão de conceito que dispense, para efeitos penais, de uma base normativa, que indique o dever de atuar. Isto é, agrega-lhe o elemento normativo, no sentido de que a ação que se podia realizar, como preconizado por Kaufmann, deve, também, consistir numa ação que se devesse executar – aspecto normativo da omissão, em ordem a assinalar-se o seu desvalor. IDEM, p. 184.

[144] Sobre as questões relacionadas ao fundamento da defesa alheia e a problemática que lhe é própria, Cf. PALMA, Maria Fernanda. *A justificação por legítima defesa como problema de delimitação de direitos,* volume I. Lisboa: Associação Acadêmica da Faculdade de Direito de Lisboa, 1990, p. 489-503. Como visto, entretanto, tal requerimento de atuação não é estranho em determinados ordenamentos jurídicos.

[145] O exemplo de WALTON refere uma mulher que presta socorro a uma criança que se está a afogar, e o faz "a causa de las cálidas enhorabuenas que recibirá por su heroísmo – de sí misma tanto como de los padres del muchacho y de la prensa". WALTON, Stuart. *Humanidad: una historia de las emociones.* Tradução de Amado Diéguez Rodríguez. Madrid: Taurus, 2005, p. 273.

[146] PALMA, Maria Fernanda. *Direito Penal I, parte geral.* Relatório apresentado no concurso para professor associado da Faculdade de Direito de Lisboa. Biblioteca da Faculdade de Direito de Lisboa, policopiado, 1997, p. 150.

5.2. A indiferença na encruzilhada dos elementos subjetivos do tipo

> "Vivo, sou militante. Por isso odeio quem não toma partido, odeio os indiferentes".
>
> (A. Gramsci, *Os indiferentes*).

Não é apenas no apontar à configuração de um tipo, nos moldes do crime de omissão de auxílio, que a indiferença apresenta relevância penal. Nesta tentativa de transpassar nosso tema por alguns institutos não pode ficar de fora a importante recondução dos elementos subjetivos aos seus termos emocionais. Trata-se, portanto, já agora de empreender a superação de um plano meramente descritivo, de uma neutra relação entre consciência, vontade e evento, em vista de um dolo axiologicamente estruturado, o qual comporta já um juízo de desvalor. O que equivaleria a dizer que "la distorsione ínsita nel dolo è di natura non già razionale-conoscitiva, sibbene emozionale-affectiva".[147][148]

A bem da verdade, não deixa de ser discutível a própria vontade, quando se compreende, por exemplo, a hipótese do dolo necessário ou de segundo grau, considerado que seja em termos de classificação tal espécie de dolo como mais próxima do dolo direto, em que o dogma da vontade é quase um consenso.[149] Em diferentes palavras, o que se quer dizer é, já para fins de dolo necessário, da presença de um elemento de indiferença, relativo às conse-

---

[147] MORSELLI, Elio. *Il ruolo dell'atteggiamento interiore nella struttura del reato*. Padova: Cedam, 1989, p. 71.

[148] E isto não nos coloca em contradição com aquilo que tentamos estabelecer a modo de premissas, seja em termos da refutação do determinismo, seja em termos de uma compreensão das emoções que, sabidamente, deita raízes na obra de Aristóteles. Pois como salienta DEMURO, Aristóteles "sia stato il primo a postulare l'indeterminismo come presupposto di ogni giudizio etico sulle condotte umane: la volontà può costituire fondamento di un giudiziio di valore etico, solo se libera". DEMURO, Gian Paolo. *Il dolo: svolgimento storico del concetto*. Milano: Dott. A. Giuffrè Editore, 2007, p. 10-7. Entre as diversas remissões, destaca o autor passagens do Livro VI da Ética a Nicómaco, sobretudo a partir de 1139a. Assim, Cf. ARISTÓTELES. *Ética a Nicómaco*. Tradução de António de Castro Caeiro. Lisboa: Quetzal, 2009, p. 146-7. De igual modo, assinalando que "la moralidad, según Aristóteles, tiene como condición la libertad del querer", Cf. MOREAU, Joseph. *Aristóteles y su escuela*. Tradução de Marino Ayerra. Buenos Aires: Editorial Universitaria de Buenos Aires, 1979, p. 200-2. E não se tratará de um juízo que diga respeito apenas aos fins visados pelo agente. A determinação dos meios não é moralmente neutra. Neste sentido, Cf. ANGIONI, Lucas. *As relações entre 'Fins' e 'Meios' e a relevância moral da Phronesis na ética de Aristóteles*. In: Revista Filosófica de Coimbra, volume 18, n. 35, Março de 2009, p. 200-1. A este respeito, ainda: KENNY, Anthony. *Nova História da filosofia ocidental*. Vol. 1: filosofia antiga. Tradução de Maria de Fátima Carmo e Pedro Galvão. Lisboa: Gradiva, 2010, p. 269.

[149] Parece, não obstante, acertada a distinção entre o resultado desejado e certas circunstâncias já dadas, como a idade da vítima em certos crimes de violação, ou ser alheio o objeto no crime de furto. Nestes casos há, naturalmente, a necessidade do elemento cognitivo do agente, mas não que queira ou direcione a sua vontade frente àquilo que já está dado e que apenas compõe a vontade se concebido o resultado típico em sua totalidade. Como assinala ENGISCH, o objeto do querer somente pode ser o resultado a produzir e não as circunstâncias já em si mesmas consideradas. ENGISCH, Karl. *Untersuchungen über Vorsatz und Fahrlässigkeit im Strafrecht*. Reimpressão. Aalen: Scientia Verlag, 1964, p. 142-7. Sobre os mais relevantes pontos desta obra de Engisch, além disso, Cf. PALMA, Maria Fernanda. *Distinção entre dolo eventual e negligência consciente em Direito Penal: justificação de um critério de vontade*. Dissertação apresentada no curso de Pós-Graduação da Faculdade de Direito de Lisboa no ano lectivo de 1977-8. Lisboa: não publicado, 1981, p. 21-32.

quências do comportamento do agente em direção do fim pretendido.[150] Não será, pois, em sentido semelhante o que sucede com o dolo eventual?

Se bem que na distinção entre dolo eventual e negligência consciente Welzel remeta à conhecida fórmula de Frank,[151] pela qual a indiferença do autor quanto ao resultado antijurídico se mostra um critério de destrinça,[152] a verdade é que "il dolo di Welzel non è meno cieco e meno ´spechio riflettente´ di quello classico, in quanto entrambi sono privati della loro radice dinamico-emozionale".[153]

Sucede que o dolo não se estrutura em termos puramente descritivos e não deixa de revelar um certo estado de ânimo, acompanhado de uma atitude interior de adesão ao impulso antissocial. Ou seja: revela um estado de indiferença ou de desinteresse frente aos valores comportados pelo Direito.[154]

Na formulação de Morselli, entretanto, não se trata apenas de acrescentar ao dolo este elemento de ordem emocional, consistente na indiferença; pois essa, num certo sentido, é também característica da negligência, sobretudo quando relativa à falta de cuidado. No dolo, por sua vez, este elemento de indiferença apresenta um *quid* dinâmico, uma agressividade ou destrutividade, verificáveis no comportamento do agente que se não afetou pela ordem jurídico-penal.[155]

Quer dizer, se a indiferença na negligência se mostra como um "statico difetto di sensibilità sociale", no dolo cuida-se de "una componente attiva di distruttività".[156]

Como a distorção ínsita ao dolo não é de natureza racional-cognitiva, e sim emocional afetiva, é de ser esclarecido que se não está a cogitar de

---

[150] O exemplo clássico de colocação de artefato explosivo num veículo, para o fim de produzir a morte de determinada personalidade, bem revela a indiferença do agente no que concerne aos corolários decorrentes para os outros ocupantes do automóvel. Não os queria matar; isto é, aqui não atuou com vontade, mas na expressiva lição de GIMBERNAT ORDEIG, as "muertes de las otras dos personas que viajaban en el mismo vehículo le eran al autor indiferentes (...) sabia que iban necesariamente vinculadas al atentado". GIMBERNAT ORDEIG, Enrique. *Acerca del dolo eventual*. In: Estudios de Derecho Penal. Madrid: Tecnos, 1990, p. 243. A este respeito, ademais, Cf. PALMA, *Distinção...*, p. 27.

[151] Sobre este ponto, Cf. PROSDOCIMI, Salvatore. *Dolus eventualis: il dolo eventuale nella struttura delle fattispecie penali*. Milano: Dott. A. Giuffrè Editore, 1993, p. 09-14.

[152] WELZEL, Hans. *Derecho penal, parte general*. Traducción del alemán por Carlos Fontán Balestra. Buenos Aires: Roque Depalma Editor, 1956, p. 75-6.

[153] MORSELLI, *Il ruolo...*, p. 66. Na análise que estabelece sobre a evolução deste ponto de vista e de sua influência na doutrina espanhola, não deixa RAGUÉS I VALLÈS de observar que, em verdade "el elemento emocional-volitivo del dolo eventual aparece claramente desdibujado *en la segunda fórmula de Frank*". RAGUÉS I VALLÈS, Ramón. *El dolo y su prueba en el proceso penal*. Barcelona: J.M.Bosch Editor, 1999, p. 60-6.

[154] A asserção permite dizer que o dolo penal é algo como concebido pelos romanos, um *dolus malus*, no sentido de que revela uma afetação do agente, um estado emotivo, uma indiferença frente aos valores protegidos pelo Direito. Sobre o conceito de *dolus malus*, inclusive com a referência de que "l´eredità storica apportata dalle fonti romane è innanzitutto la loro nozione di *dolus malus*, che si rifà, seppur in forma meno raffinata, agli schemi mentali già elaborati dalla filosofia greca e in particolare da Aristotele nell´*Etica Nicomachea*", Cf. DEMURO, *Il dolo...*, p. 62-5.

[155] MORSELLI, op. cit., p. 69-70.

[156] IDEM, op. loc. cit. O que poderia ser dito de outro modo, seguindo-se agora PROSDOCIMI: "nel dolo eventuale, oltre all´accetazione del *rischio* (...), vi è l´accetazione, sia pure in forma eventuale, del *danno*, della *lesione*". PROSDOCIMI, *Dolus eventualis...*, p. 35.

um elemento subjetivo em cuja estrutura se mostre desde logo presente a consciência do *torto*, como seja, da antijuridicidade.[157] Antes disso, o dolo é expressão de uma "atitude pessoal contrária ou indiferente",[158] frente aos valores consagrados num tipo penal.[159]

Neste contexto, ademais, a indiferença aparece como um critério a ser tomado em conta para a sempre difícil distinção entre o dolo eventual[160] e a negligência consciente. De maneira que a antiga formulação de Engisch, segundo a qual o grau de indiferença manifestado pelo agente, na violação do bem jurídico, faz derivar como dolosa a qualificação de sua conduta[161] – porque quem age com dolo eventual manifesta sua indiferença quanto ao resultado, no sentido de que se não deixou afetar pela possibilidade de seu advento –, mantém a sua relevância, sobretudo em virtude de contribuir para afastar um excesso de discricionariedade judicial, em casos limites.[162]

---

[157] Essa parece ser a consequência, todavia, do pensamento de JAKOBS, que, portanto, apesar de postular um resgate ao *dolus malus*, fá-lo sob um enfoque normativista que deixa de lado a dinâmica emocional aqui assinalada. JAKOBS, Günther. *Dolus malus*. In: Indret- Revista para el análisis del Derecho, Outubro de 2009. Barcelona: <www.indret.com>, 2009, *passim*.

[158] FIGUEIREDO DIAS, Jorge de. *Pressupostos da punição e causas que excluem a ilicitude e a culpa*. In: Jornadas de Direito Criminal: O Novo Código Penal Português e Legislação Complementar. Centro de Estudos Judiciários. Lisboa: CEJ, 1983, p. 57; FIGUEIREDO DIAS, Jorge de. *Direito Penal: parte geral*. Tomo I. Questões fundamentais; a doutrina geral do crime. Coimbra: Coimbra Editora, 2004, p. 333; FIGUEIREDO DIAS, Jorge de. *Algumas questões no âmbito da culpa*. In: Jornadas de Direito Criminal: O Novo Código Penal Português e Legislação Complementar. Centro de Estudos Judiciários. Lisboa: CEJ, 1983, p. 71-2. Além destes, assinalando a atitude pessoal de contrariedade ou indiferença do autor, quanto ao desvalor da realização típica que nela se exprime e fundamenta e que tanto pode resultar da conexão do "dolo-do-facto com a consciência da ilicitude como com a falta censurável desta consciência". FIGUEIREDO DIAS, Jorge de. *O problema da consciência da ilicitude em Direito Penal*. 6 ed. Coimbra: Coimbra Editora, 2009, p. 376.

[159] ENGISCH, op. cit., p. 175-185. A este respeito, Cf. GIMBERNAT ORDEIG, *Acerca del dolo...*, p. 250-1.

[160] Justamente por isso, ademais, que não reputamos acertada a construção de MANRIQUE PÉREZ, que procura articular sob um mesmo problema – a atribuição de responsabilidade por consequências previstas, porém não queridas pelo agente – o tema do dolo eventual e a *doutrina do duplo efeito*, assinalando uma contradição entre a atribuição da responsabilidade, no primeiro caso, e o afastamento dela, no segundo. MANRIQUE PÉREZ, María Laura. *Acción, dolo eventual y doble efecto: un análisis filosófico sobre la atribución de consecuencias probables*. Madrid: Marcial Pons, 2012, p. 265-275. Sem que nos seja possível avançar nas controvérsias próprias da doutrina do duplo efeito, e reconhecido seja que num caso e noutro se trata de "analizar el papel que juegan las consecuencias previstas de nuestras acciones" – IDEM, p. 228 –, a verdade é que o duplo efeito não dispensa que a consequência secundária ou prejudicial, prevista é certo, seja para o agente algo mais do que indiferente, porquanto se exige que "el agente no intenta o pretende el fin colateral dañino ni como fin ni como médio para la realización de su fin". IBIDEM, p. 142. Isto para não dizer que para a doutrina do duplo efeito o ato em si mesmo há de buscar um fim valioso, e, se assim não fosse, o argumento da autora acabaria por supor uma justificação, para além do dolo eventual, até mesmo do dolo necessário. De modo amplo, sobre a doutrina do duplo efeito, com vasta bibliografia, Cf. LOURENÇO, Pedro Miguel Galvão. *Pretender o Mal: um estudo sobre a doutrina do duplo efeito*. Tese de Mestrado em Filosofia da Linguagem e da Consciência, Faculdade de Letras da Universidade de Lisboa. Policopiado. Lisboa: não publicado, 2002, *passim*. A este respeito, ainda, Cf. MOORE, Michael S. *Causalidad y responsabilidad: un ensayo sobre derecho, moral y metafísica*. Tradução de Tobías J. Schleider. Madrid-Barcelona: Marcial Pons, 2011, p. 92-103.

[161] Aderindo a este ponto de vista, Cf. FIGUEIREDO DIAS, Jorge de. *Algumas questões no âmbito da culpa*. In: Jornadas de Direito Criminal: O Novo Código Penal Português e Legislação Complementar. Centro de Estudos Judiciários. Lisboa: CEJ, 1983, p. 72.

[162] GIMBERNAT ORDEIG, *Acerca del dolo...*, p. 253, para quem, expressivamente: "lo que en verdad decide en la teoría del consentimiento es si el agente tiene aspecto de facineroso o de buena persona". Igualmente PAGLIARO, ao assentar a importância de se observar, no comportamento do agente, um "atteggiamento di disprezzo verso quel bene particolare e concreto che viene offeso dall´evento in questione" e, explicando no que há de consistir este "atteggiamento di disprezzo", refere ser "decisiva la posizione emotiva del soggeto stesso nei confronti dell´evento". PAGLIARO, Antonio. *Principi di Diritto Penale* – parte generale. 7. ed. Milano: Dott. A. Giuffrè Editore, 2000, p. 279. Se bem o lemos, assim tam-

Nem poderia ser nossa intenção, aqui, a de examinar amplamente toda a controvérsia a respeito dos critérios de distinção entre o dolo eventual e a negligência consciente. De que se cuida é mencionar que a indiferença, tema central de nosso estudo, continua sendo um dos potenciais elementos para a análise desta que é, sem dúvida, uma tormentosa questão prática. Deixando de lado, portanto, o exame das numerosas opiniões, muitas delas contraditórias entre si,[163] o importante é assinalar que a mera conformação do agente com o resultado ainda é insuficiente para o efeito de caracterizar o dolo eventual, na medida em que o agente haveria de "afrontar el resultado de forma positiva o, al menos, con indiferencia".[164] O que implica uma exigência adicional, que se manifesta no desinteresse do sujeito, no seu não afetar-se, no sentido mesmo de não manifestar afetação e de não revelar afeto, em virtude da possibilidade de produção do resultado.[165]

É verdade que isto, porém, pareceria reduzir a importância da vontade, para efeitos de configuração do dolo eventual, o que exige uma outra observação a mais.

Já dissemos que no dolo necessário, por exemplo, a presença da vontade, no que se refere às consequências do evento deveras desejado, é, no mínimo, discutível.[166] Sê-lo-á também no âmbito do dolo eventual.[167] Pois as teorias que confrontam o autor com o resultado, para fins de avaliação de seu consentimento, aprovação ou aceitação, desembocam numa avaliação de sua personalidade, sobre saber-se como se teria comportado tivesse a certeza de ocorrência do evento. Ocorre que este suposto simplesmente não ocorreu e, mesmo Engisch,[168] que defende uma culpa fundada no

---

bém entende ZAFFARONI. Cf. ZAFFARONI, Eugenio Raúl. *Manual de Derecho Penal* – parte general. 6. ed. Buenos Aires: Ediar, 1997, p. 419.

[163] ESER, Albin; BURKHARDT, Björn. *Derecho Penal*: cuestiones fundamentales de la teoría del Delito sobre la base de casos de sentencias. Tradução de Silvina Bacigalupo e Manuel Cancio Meliá. Madrid: Editorial Colex, 1995, p. 159.

[164] ESER; BURHHARDT, op. cit., p. 163.

[165] De maneira a, nas palavras de MIR PUIG, superar os estreitos limites da teoria do consentimento, porquanto se haverá de cogitar de dolo eventual não apenas naqueles casos em que a relação do agente com o tipo é positiva, no sentido de sua aprovação ou consentimento, como também quando essa relação se dá a partir da indiferença, como seja quando o sujeito não se opõe internamente ao advento do resultado. MIR PUIG, Santiago. *Conocimiento y voluntad en el dolo*. In: Cuadernos de Derecho judicial – Elementos subjetivos de los tipos penales. Madrid: CGPJ, 1995, p. 22. A este respeito, também: RAGUÉS I VALLÈS, op. cit., p. 78.

[166] De maneira enfática afirma GIMBERNAT ORDEIG que "pude haber dolo (directo de segundo grado) sin voluntad". GIMBERNAT ORDEIG, *Acerca del dolo...*, p. 256. Nem por isso, prossegue, discute-se que em tal caso não se esteja a tratar de dolo. IDEM, p. 257.

[167] O exemplo de VON WRIGHT é característico do que pretendemos dizer; o sujeito que abre a janela para escutar o canto dos pássaros, e, com isso, faz com que a temperatura do ambiente diminua, de maneira que alguém que estivesse no local adquira um resfriado, se era consciente dessa possibilidade, mesmo não a desejando – sua intenção era a de escutar os pássaros, apenas – terá agido de forma moralmente reprovável, embora a sua intenção não fosse moralmente má. Com efeito, entre as consequências da ação, há aquelas que são desejadas por si mesmas pelo agente; outras, que são indesejadas por si mesmas e, ainda, as que lhe são indiferentes e "la intención al actuar no sólo merece reproche moral cuando se pretende algún daño, sino que basta con que a la hora de actuar de prevea algún daño como consecuencia de la acción". VON WRIGHT, Georg Henrik. *La diversidad de lo bueno*. Tradução de Daniel González Lagier e Victoria Roca. Madrid: Marcial Pons, 2010, p. 132-155. No mesmo sentido, ainda: VON WRIGHT, Georg Henrik. *Explanation and Understanding*. London: Routledge&Kegan Paul, 1971, p. 90.

[168] ENGISCH, op. cit., p. 193.

caráter,[169] alerta que será, em tal concepção, a visão do juiz que acabará por assinalar o elemento subjetivo com que atuou o sujeito.

A probabilidade do resultado, entretanto, quando não tem peso suficiente para fazer com que o autor desista de seu comportamento,[170] visto que, no que concerne a este mesmo resultado, lhe é indiferente a sua ocorrência, dá conta de demarcar como doloso o comportamento, tendo-se como certo que a indiferença não se confunde com a vontade.[171]

6. Da indiferença indesculpável: tipos de sujeitos indiferentes

6.1 De que culpa não se está a cogitar: crítica à culpa do caráter e da personalidade

> "Ah, seu patife, tens culpa no meu cartório".
> (diálogo de Golyádkin, consigo mesmo. Dostoiévski, *O Duplo*).

Não deixou de mostrar-se evidente que as considerações a propósito da hipótese determinista, alvitrada por Engisch, não se fizeram completas, na

---

[169] Conforme PALMA: "Engisch rejeita a assimilação do conceito de indiferença a qualquer qualidade do carácter". PALMA, *Distinção*..., p. 31, nota (2).

[170] No ponto, em adesão ao pensamento de Engisch, Cf. GIMBERNAT ORDEIG, *Acerca del dolo*..., p. 259, nota 70.

[171] Sentimo-nos, por isso, desobrigados de assumir posição a respeito de ser ou não a presença da vontade um critério decisivo para a configuração do dolo eventual. Entre a defesa da importância de um elemento volitivo no dolo, e as suas repercussões para o dolo eventual, assentadas por PALMA – op. cit., p. 199-212 e, sobretudo, PALMA, Maria Fernanda. *A vontade no dolo eventual*. In: Estudos em Homenagem à Professora Doutora Isabel de Magalhães Collaço, volume II. Coimbra: Almedina, 2002, p. 795-833 –, e a rejeição firme da necessidade desta mesma vontade para a configuração do elemento subjetivo, que, portanto, bastar-se-ia em sua base cognitiva, desde que presente o domínio do agente, isto é, uma certa condição de controle – Cf. GRECO, Luís. *Dolo sem vontade*. In: Liber Amicorum de José de Sousa e Brito em comemoração do 70 aniversário. Lisboa: Almedina, 2009, p. 885-904 –, ficaríamos no intermédio da relevância da indiferença. E diríamos mais, para assentar que nos casos em que a proteção penal se antecipa e institui um crime de perigo, precedente ao de concretização de um dano – tenhamos em conta a incriminação autónoma da embriaguez ao volante a partir de certa quantidade de álcool ingerida, para ficarmos num exemplo – quando este dano ocorre, ou seja, na hipótese de o sujeito embriagado, que, só por isso, já violava a norma de perigo, vir a ensejar um homicídio, caminhar-se-ia mais firmemente em direção ao dolo eventual de dano do que à negligência, excluídas as particularidades de situações concretas. É que o próprio crime de perigo já requeria o dolo, no sentido da produção de situação de risco que, com o homicídio, acaba por se realizar. De modo que a realização do crime de perigo pelo agente é, em si, indicação de que o dano cuja ocorrência potenciava lhe era indiferente – e o sendo, basta; pois não se é de exigir que o dolo de perigo, que comporta um juízo assertórico positivo sobre o perigo, também o faça com relação ao dano. É bem de ver que em várias outras hipóteses o homicídio negligente no trânsito teria sua ocorrência revelada, como, por exemplo, nos casos de não verificação adequada de pneus ou peças de frenagem, casos em que, notemos, não há fatos que, de antemão, já estivessem criminalizados sob a forma de um tipo de perigo, em virtude da concepção legislativa sobre sua imensa lesividade social. De todo modo, reconhecemos que em Portugal este é alvitre não acolhido pela jurisprudência, que em geral associa ao crime do artigo 292 do Código Penal a negligência – muitas vezes a negligência grosseira – do artigo 137 da mesma legislação, se bem que no Brasil haja, a este respeito, certa instabilidade nas decisões judiciais, cuja análise, entretanto, refugiria aos objetivos mais singelos de nosso texto. Sobre o tema, em sentido semelhante ao aludido – embora sem referência à situação exemplificada –, Cf. PUPPE, Ingeborg. *A distinção entre dolo e culpa*. Tradução de Luis Greco. São Paulo: Manole, 2004, p. 123. Em sentido contrário ao aqui preconizado, com amplas referências, Cf. PEREIRA, Rui Carlos. *O dolo de perigo: contribuição para a dogmática da imputação subjetiva nos crimes de perigo concreto*. Lisboa: LEX, 1995, p. 64-82.

medida em que o corolário de sua exposição apenas foi tocado de passagem. Faltou dizer que para o autor, seguindo o critério determinista, adotado hipoteticamente, ter-se-á que a reprovação adequada verá no fato singular a raiz do caráter do agente, no sentido de que este guarda íntima relação com aquele.[172]

É inequívoca a influência do pensamento de Schopenhauer[173] nesta formulação e o próprio Engisch a evidencia em diversas passagens, entregando-lhe mesmo a palavra, pela importância conferida a sua contribuição.[174]

Sucede, entretanto, que ao fim aludirá Engisch à capacidade do caráter de "reaccionar por la pena",[175] circunstância sempre em discussão numa concepção determinista. Para o efeito, sustentará que a partir da pena o autor vê-se obrigado a analisar-se interiormente, e, como as disposições do caráter oferecem uma margem para aperfeiçoarem-se – embora também para perderem-se, como salienta –, ter-se-ia que, se o autor estiver preparado para "la ´expiación´", podemos aguardar no futuro "una conducta fiel al Derecho".[176]

Aqui já é caso de abandonar Schopenhauer. Ou de esconjurar uma pena preventiva, pois (a) a prevenção geral não faria sentido, visto que se os homens são determinados por seu caráter, não se mostrariam suscetíveis de influência por uma potencial penalização;[177] (b) a prevenção especial seria mera retórica, visto que em Schopenhauer o caráter não se deixará influenciar pela pena.[178]

---

[172] ENGISCH, Karl. *La teoría de la libertad de la voluntad en la actual doctrina filosófica del Derecho Penal*. Tradução de José Luiz Guzmán Dalbora. Montevideo-Buenos Aires: 2008, p. 108-9.

[173] Neste sentido, Cf. FIGUEIREDO DIAS, Jorge de. *Direito Penal: parte geral*. Tomo I. Questões fundamentais; a doutrina geral do crime. Coimbra: Coimbra Editora, 2004, p. 484, onde se diz que é no pensamento de Schopenhauer que Engisch faz entroncar a sua culpa do caráter. Sobre a base determinista da(s) culpa(s) pelo caráter e o reconhecimento de que o "seu antepassado mais importante, no campo da filosofia, é Schopenhauer", Cf. ROXIN, Claus. *Culpa e responsabilidade*. In: Revista Portuguesa de Ciências Criminais. Ano I, fascículo 4, Out-Dez 1991, Director Jorge de Figueiredo Dias. Lisboa: Aequitas Editorial Notícias, 1991, p. 518. Se bem que, aqui, ROXIN equipare a *culpa do caráter* à *culpa da personalidade*, que, todavia, possuem pontos de partida diversos, como reclama FIGUEIREDO DIAS. Op. cit., p. 487.

[174] ENGISCH, op. cit., p. 102. São diversas as citações, como a de que o fato entra em consideração como testemunha do caráter do autor; de que o arrependimento se manifesta quando o sujeito faz algo diverso do que aquilo que seria confirme a seu caráter; no reconhecimento de "Schopenhauer en quanto clásico de la teoria de la ´culpabilidad por el carácter´ o ´culpabilidad de la personalidad´". IDEM, p. 104.

[175] ENGISCH, op. cit., p. 110.

[176] IDEM, p. 111.

[177] Não surpreende, portanto, que o mesmo ENGISCH, embora em texto concernente a outro tema, tenha asseverado que "tampoco se puede modificar el carácter de un individuo mediante sanciones jurídicas". ENGISCH, Karl. *El ámbito de lo no jurídico*. Tradução de Ernesto Garzón Valdés. Córdoba: Universidad Nacional de Córdoba, 1960, p. 105.

[178] Vejamos algumas passagens que se afiguram relevantes para essa asserção: "quem já praticou determinado ato, tornará a praticá-lo assim que se apresentem circunstâncias idênticas, tanto no bem como no mal(...)". SCHOPENHAUER. Arthur. *O Livre Arbítrio*. Tradução de Lohengrin de Oliveira. São Paulo: Ediouro, 1985, p. 93. Ou ainda: "um homem, ainda quando tenha conhecimento claro de seus erros e imperfeições morais, quando ele os deteste, quando tome a firme resolução de corrigir-se, não se corrige jamais completamente; logo, não obstante as suas mais sérias resoluções, apesar de sinceras promessas, tudo se esvairá, assim que se apresente ocasião, no mesmo sendeiro anterior, sendo ele próprio o primeiro a admirar-se de sua recaída". IDEM, p. 96. Noutra obra, com igual sentido: "a invariabilidade do caráter e a necessidade das ações dela procedente se apresentam com clareza incomum naquele que numa oportunidade qualquer, não se comportou como devia, ao não corresponder com decisão, firmeza ou coragem ou qualquer outra propriedade requerida pelo momento. Agora, depois, ele reconhece e la-

Parece ainda discutível a legitimidade de estabelecer-se um juízo sobre o caráter do agente, cuja formação remeteria a momentos diversos do fato,[179] sem contar da inequívoca dificuldade de isso efetivar-se satisfatoriamente. Guzmán Dalbora inclusive aponta ser demasiado pretensiosa a suposição de o juiz penal poder indagar a fundo a individualidade do criminoso, ao que se alia o perigo de uma jurisprudência pedante e de cunho moralizador.[180]

No plano político se afiguram igualmente intensos os argumentos no sentido de rechaçarem-se as conclusões do autor. De início, pois é inevitável assentir sobre a semelhança da culpa do caráter à conhecida formulação anteriormente estabelecida por Mezger, à qual Engisch manifesta inescusável simpatia.[181] Formulação que, sabemos todos, degenerou em infamantes tipos de autor.[182]

---

menta sinceramente sua conduta incorreta, e provavelmente pensa: 'Se estivesse novamente nesta situação, agiria de modo diferente!' A situação novamente se lhe apresenta, o mesmo fato ocorre, e ele repete precisamente o que já fez, para seu próprio espanto. SCHOPENHAUER, Arthur. *Parerga e Paralipomena*. Coleção Os Pensadores. Tradução de Wolfang Leo Maar. São Paulo: Abril, 1974, p. 116. E, por fim: "A maldade é tão inata ao maldoso como o dente venenoso ou a glândula venenosa da serpente. Também como ela, não pode mudar". SCHOPENHAUER, Arthur. *Sobre o Fundamento da Moral*. Tradução de Maria Lúcia Cacciola. São Paulo: Martins Fontes, 1995, p. 181.

[179] E isto se pode ver em autores bastante distintos entre si. Conforme BERLIN, com efeito, se não é possível fazer do caráter ou da conduta algo diferentes do que são, mediante um ato de eleição que já não esteja determinado por antecedentes causais, de que modo se poderia considerar o sujeito moralmente responsável por este caráter ou essa conduta? De fato, nesta perspectiva, a ideia de "un ser moralmente responsable se convierte, en el mejor de los casos, en algo mitológico: esta criatura fabulosa entra en la categoría de las ninfas y los centauros". BERLIN, Isaiah. *Sobre la libertad*. Tradução de Julio Bayon e outros. Madrid: Alianza Editorial, 2009, p. 49. Já STRATENWERTH assinala que tal ponto de vista não toma em conta de onde provém o caráter a ser reprovado e nem se preocupa sobre se é possível "formulársele al autor el menor reproche por su propio carácter". STRATENWERTH, Günter. *El futuro del principio jurídico penal de culpabilidad*. Tradução de Enrique Bacigalupo. Madrid: Instituto de Criminologia de la Universidad Complutense de Madrid, 1980, p. 45.

[180] Trata-se de estudo preliminar, constante em: ENGISCH, Karl. *La teoría de la libertad...*, p. 25. Também BACIGALUPO adverte para o fato de que dificilmente a personalidade ou o caráter poderão ser conhecidos a partir de um único fato; e diz mais, no sentido de que essa abertura pode ensejar, ao fim, um "juízo moral sobre o autor no qual os fins de prevenção geral atuarão oculta e talvez inconscientemente, porém, em todo o caso, de forma a utilizar o homem concreto em função da intimidação da generalidade". BACIGALUPO, Enrique. *A personalidade e a culpabilidade na medida da pena*. Tradução de Yolanda Catão. In: Revista de Direito Penal, n. 15/16, Julho-Dezembro de 1974. Direcção de Heleno Claudio Fragoso. Rio de Janeiro: Revista dos Tribunais, 1974, p. 34-43.

[181] A nota de rodapé 21, do estudo preliminar à obra de Engisch, já citado, é, neste aspecto, eloquente, para o fim de assinalar sua concepção de que se o homem demonstra com seus atos ser portador de um caráter malvado, incontrolado ou licencioso, tem que responder por isso, sem se indagar de como adquiriu tal caráter, sendo que os exemplos fornecidos aludiam ao soldado covarde e ao homossexual. Op. cit., p. 23.

[182] Seguramente ao arrepio das ideias de Engisch, mas não tanto em relação às de Mezger. O manejo político de sua teoria da culpa e a conceituação, afinal, do homem associal, com as consequências daí decorrentes, são cediços. No ponto, por todos, Cf. MUÑOZ-CONDE, Francisco. *Edmund Mezger e o Direito Penal de seu tempo: estudos sobre o direito penal no nacional-socialismo*. Tradução de Paulo César Busato. Rio de Janeiro: Lumen Juris, 2005, p. 182-5, e *passim*. Resguardando a sua concepção, que de resto não abordaremos, do mesmo tipo de crítica, procurou BETTIOL esclarecer que o seu Direito Penal da atitude interior "non è figlio di un totalitarismo o di un autoritarismo da noi ben conosciuti, ma si afferma (...) con la rinascita di una filosofia esistenzialistico-personalistica sulla quale riposa la concezione politica democratica oggi risorta in Europa". BETTIOL, Giuseppe. *Sul Diritto Penale dell'atteggiamento interiore*. In: Rivista Italiana di Diritto e Procedura Penale. Nuova serie-anno XIV. Milano, Giuffrè Editore, 1971, p. 14. De outro modo, entretanto, em seu manual, pelo menos até a décima edição, em que assenta que "fondamento della valutazione penale deve rimanere il fatto; il diritto penale nel suo complesso deve essere un diritto penale che guarda al fatto, e tale esso effettivamente è. Solo in via eccezionale vengono in consi-

Mas não só isso. Embora já tocado alhures, o ponto parece estar em – se são mesmo indemonstráveis a liberdade e a ausência de liberdade[183] –, decidir sobre o modo como pretendemos ver as pessoas, isto é, como seres livres ou não livres, e sob qual hipótese pretendemos basear o Direito, e sobretudo o Direito Penal.[184]

Engisch elegeu como hipótese o determinismo; se bem que tanto essa, como a hipótese da liberdade, possam contar com fundamentos racionais, conforme reconhece Kaufmann,[185] entre ambas não há de conceber-se apenas uma aporia. Que o "homem, apesar das suas determinantes, possa ser livre, é portanto (logicamente) possível, dado que a liberdade não é o oposto contraditório da determinação".[186] Numa palavra, é na hipótese assumida em favor do determinismo que se há de rechaçar a culpa do caráter, como um seu corolário; pois, antes, o ordenamento jurídico, fundado na dignidade da pessoa, supõe a sua liberdade – nunca incondicionada, mas liberdade. Ademais, como já ficou assinalado, essa ideia de que dentro de certas margens somos livres está enraizada profundamente em nosso modo de atuar, de pensar e de falar.[187] É assim que nos vemos e é assim que vemos os demais.

Resta saber de que liberdade se cogita, se é a liberdade que supomos como hipótese. Se em nossa linguagem comunicamos a aceitação da liberdade de nossos semelhantes, e se é um requerimento democrático o de que o Direito nos conceba como capazes de decidirmo-nos sobre nós mesmos, é crucial saber-se se é de uma *essência* de liberdade de que se fala, quiçá, portanto, inapreensível para o sujeito, ou de uma liberdade que, em síntese,

---

derazione diretive di un diritto penale che guarda all'autore". BETTIOL, Giuseppe. *Diritto penale*. 10 ed. Padova: Cedam, 1978, p. 671.-2. Para uma crítica a essa concepção, inclusive sob o ponto de vista de uma espécie de violação à liberdade moral do indivíduo, quando a incriminação de um fato "sia assunto come dato meramente diagnostico dello stesso atteggiamento", Cf. BRICOLA, Franco. *Teoria generale del reato*. Estratto dal Nuovissimo Digesto Italiano. Torino: Editirice Torinese, 1974, p. 83 e, também, p. 68.

[183] As suposições em que se baseia a culpa do caráter também se afiguram insuscetíveis de prova. Neste sentido: ROXIN, Claus. *Culpa e responsabilidade*. In: Revista Portuguesa de Ciências Criminais. Ano I, fascículo 4, Out-Dez 1991, Director Jorge de Figueiredo Dias. Lisboa: Aequitas Editorial Notícias, 1991, p. 519. Do mesmo autor, Cf. ROXIN, Claus. *A culpabilidade e sua exclusão no Direito Penal*. In: Revista Brasileira de Ciências Criminais, vol. 46, Jan. 2004. São Paulo: Revista dos Tribunais: 2004, p. 51-2.

[184] KAUFMANN, Arthur. *Filosofia do Direito*. 4. ed. Tradução de António Ulisses Cortês. Lisboa: Fundação Calouste Gulbenkian, 2010, p. 352. Conforme HUNGRIA, tanto "é profissão de fé afirmar o livre arbítrio quanto negá-lo"; porém excluída que fosse a liberdade de vontade, estaria o Direito "esvaziado de seu conteúdo ético e nada mais seria que um corpo sem alma. A liberdade da vontade é um pressuposto sobre o qual se tece toda a trama da vida quotidiana e é um princípio de tal modo radicado na consciência individual e na consciência colectiva, que o direito deixaria de ser regra de experiência se não o acolhesse e valorizasse (...)". HUNGRIA, Nélson. *Comentários ao Código Penal*. Volume I, tomo 2. 3 edição. Rio de Janeiro: Forense, 1955, p. 320-1.

[185] KAUFMANN, *Filosofia*..., p. 352-3.

[186] KAUFMANN, op. cit., p. 355. Já foi mencionado noutra parte que não se está a cogitar de uma vontade completamente livre; como salienta KAUFMANN, mesmo onde existe uma escolha livre, ela é sempre uma escolha motivada e não sem quaisquer fundamentos. IDEM, p. 359. Disto não decorre nossa adesão ao *processo analógico de demonstração da liberdade*, sustentado pelo autor, que, entretanto, parece ter razão ao indicar que é o próprio Direito que supõe a liberdade, na medida em que fixa causas que, como a inimputabilidade, dão conta de sua exclusão.

[187] VIVES ANTÓN, *Fundamentos*..., p. 865. A partir de Wittgenstein, o espanhol aludirá que tal concepção de liberdade faz parte dos fundamentos de nossos jogos de linguagem, que não se compatibilizam com a hipótese determinista, cuja linguagem, na medida em que "aborda los acontecimientos ordinarios de nuestra vida desde un prejuicio filosófico, carece de sentido". IDEM, p. 864, particularmente nota 78.

mostre-se capaz de, como tal, ser experimentada por quem, supomo-lo, a possui.

Também Figueiredo Dias procura refundar a teoria da culpa sobre a base do caráter, *rectius*: da personalidade.[188] Fá-lo, todavia, sobre premissas diversas daquelas avançadas por Engisch. Pois, pretendendo superar a controvérsia entre o determinismo e o indeterminismo, sem prejuízo de conceber a necessidade de manutenção do princípio da culpa com conteúdo ético, lança mão de uma espécie de *liberdade existencial*, compreensiva mesmo de todo o fenômeno do existir humano.[189] Nisto, à evidência, quer distanciar-se da *hipótese determinista*, porquanto recua o passo, e procura numa liberdade anterior mesmo à querela apontada a base de suas reflexões. Assim, será efetivamente na violação do dever de conformação da personalidade segundo as exigências do Direito que residirá o fundamento da culpa.[190]

Ainda por aqui não será inidôneo aludir que, se a partir de uma decisão existencial o homem dá a si mesmo a sua própria conformação, ou seja, se a partir de uma decisão prévia o homem decide-se pelo seu próprio ser e, assim, "determina a sua acção através da livre decisão sobre si mesmo",[191] se assim o é, no momento concreto de atuação não parece resolvida a questão da liberdade, ou ainda essa, como liberdade existencial, determinando o mais, em verdade não deixaria de assumir, por paradoxal que pareça, uma espécie de determinação,[192] no sentido de que a decisão existencial pretérita

---

[188] A asserção com correção de *caráter* para *personalidade* não se fez por negligência, mas justamente para já delimitar um dos aspectos frágeis da abordagem que sucintamente será exposta. Com efeito, em diversas passagens, Figueiredo Dias trata-os ao nível da sinonímia, como, por exemplo, no ensejo em que busca em Aristóteles a raiz da concepção de ser o *caráter* ao menos em parte obra da livre vontade do homem. Cf. FIGUEIREDO DIAS, Jorge de. *Liberdade, Culpa, Direito Penal*. 3. ed. Coimbra: Coimbra Editora, 1995, p.88. Certo que o autor encetará uma tentativa de distinção, no revelar ser a personalidade a expressão da pessoa, e o caráter meramente naturalístico, no sentido do conjunto de disposições que residem no indivíduo. Quer dizer, a personalidade haveria de ser algo mais do que o caráter por englobar todos os seus elementos singulares e, ainda, todos os "actos concretos do decurso de uma vida, plasmando-os em uma forma onde está inscrita a unidade de um existir"; estaria, pois, no plano ético-existencial, ao passo que aquele, no psicológico-naturalístico. FIGUEIREDO DIAS, op. cit., p. 169-171. A distinção, entretanto, não convence totalmente e neste aspecto parece relevante a crítica de AMBOS, primeiro pela subvalorização de fatores situacionais, estudados no nível da criminologia; segundo, pela falta de clareza na delimitação entre personalidade e caráter; terceiro, pois mormente no chamado Direito Penal secundário e nos crimes negligentes, pouco relevo teria a consideração da ação como expressão da personalidade; por último, por conta de ser o alvitre de pouca aptidão para fundamentar um entendimento material da culpa, pois "em último termo a personalidade pode corresponder a tudo aquilo que um determinado autor nele queira ver de uma perspectiva normativo-transcendental". AMBOS, Kai. *A liberdade no ser como dimensão da personalidade e fundamento da culpa penal – sobre a doutrina da culpa de Jorge de Figueiredo Dias*. Separata de Ars Ivdicandi. Estudos em homenagem ao Prof. Doutor Jorge de Figueiredo Dias, volume 1. Coimbra: Coimbra Editora, 2009, p. 74-80.

[189] FIGUEIREDO DIAS, Jorge de. *O problema da consciência da ilicitude em Direito Penal*. 6 ed. Coimbra: Coimbra Editora, 2009, p. 179. No mesmo sentido, na monografia em que mais de perto examina o tema, dirá Figueiredo Dias que o lugar da liberdade vem a cobrir-se com a mais radical e originária das realidades: o existir humano. FIGUEIREDO DIAS, *Liberdade, Culpa*..., p. 136.

[190] FIGUEIREDO DIAS, *O problema*..., p. 193.

[191] IDEM, p. 197.

[192] No sentido de que após a sua "livre decisão sobre si mesmo", ou seja, após a "opção fundamental pela conformação da sua vida", resta apenas uma consequente liberdade de ter de agir assim "por ser como é". FIGUEIREDO DIAS, Jorge de. *Direito Penal: parte geral*. Tomo I. Questões fundamentais; a doutrina geral do crime. Coimbra: Coimbra Editora, 2004, p. 485.

seria condição suficiente para o atuar posterior.[193] Tudo nela se explicaria e a ela se poderia reconduzir.[194]

Esse dever de conformar a existência de modo a que, na sua atuação, não lese o homem bens juridicamente protegidos, remeterá a uma particular culpa ético-existencial, que, embora referida ao fato, há de penetrar no plano da pessoa do agente; isto é, a culpa jurídico-penal estará fundamentada na liberdade existencial que se transmuda na ação concreta. De que derivaria o seu conteúdo material, consistente em ter o agente que responder pela personalidade ética que fundamenta um fato ilícito-típico.[195] Será, portanto, a personalidade do agente, atualizada no fato praticado, que haverá de fundamentar o juízo de culpa; e será a medida da desconformidade entre o desvalor da personalidade do agente e o valor da personalidade jurídico-penalmente conformada que constituirá a medida da censura pessoal que lhe deve ser feita.[196] [197]

---

[193] Neste ponto, parece acertada a crítica de AMBOS, no que aponta não vingar a substituição do problemático poder agir de outra maneira por uma espécie de *poder ser outro*, muito mais complexo e "ainda menos susceptível de prova do que a liberdade no facto concreto". AMBOS, *A liberdade...*, p. 83. Ademais, por ser demasiado teorética, a tese da opção fundamental suscitaria mais questões ao invés de resolvê-las, como qual seja o momento da decisão fundamental sobre si; como manifesta-se essa decisão e quando e como se a pode modificar. IDEM, p. 85.

[194] Paradoxo que, aliás, não se infirma na asserção de uma "liberdade daquele que tem que agir assim por ser como é". FIGUEIREDO DIAS, *O problema...*, p. 198 e, sobretudo, a nota número 64, nesta mesma página. Mais enfaticamente, anotando-se que "se não fosse um contra-senso (...) diríamos que a acção está submetida à causalidade, não do carácter, mas da personalidade". FIGUEIREDO DIAS, *Liberdade, Culpa...*, p. 170. Em semelhante sentido a observação de PALMA, quando acentua a interrogação sobre se "existirão na formação do carácter verdadeiros momentos de decisão livre, bastantes para uma concepção de responsabilidade eticamente aceitável, ou se esbatemos no mesmo problema de inevitabilidade que o determinismo assinala à acção de acordo com a vontade". PALMA, Maria Fernanda. *O princípio da desculpa em Direito Penal*. Coimbra: Almedina, 2005, p. 66.

[195] FIGUEIREDO DIAS, *O problema...*, p. 201; FIGUEIREDO DIAS, *Liberdade, Culpa...*, p. 165; FIGUEIREDO DIAS, *Direito Penal...*, p. 486.

[196] FIGUEIREDO DIAS, *Liberdade, Culpa...*, p. 176. É verdade que Figueiredo Dias não avança na formulação de critérios para a medida da pena a partir de sua concepção, indicando inclusive que uma tentativa de o fazer seria erro metodológico. IDEM, p. 182. Não deixou de soar surpreendente tal alvitre a AMBOS, em virtude de se não retirarem consequências concretas da doutrina defendida. AMBOS, *A liberdader...*, p. 87. Seria, ainda, de perguntar-se se, em sendo a medida de censura pessoal a medida da desconformidade do desvalor da personalidade do agente e o valor de uma personalidade penalmente conformada, de onde provém essa última, isto é, se não se estaria a recair, no limite, num cotejo entre a personalidade desvaliosa do agente e uma personalidade suposta por critérios de *padrão médio*, para, à medida da desconformidade entre elas, traçar-se a medida da censura.

[197] Para uma visão crítica dos corolários da abordagem de Figueiredo Dias sobre o plano processual, no sentido de um possível risco de se tornarem incontroláveis os critérios da decisão judicial, se do julgador for cobrado uma avaliação da pessoa do agente a partir da prática de um fato típico, Cf. PALMA, Maria Fernanda. *Direito Penal I (parte geral)*. Relatório apresentado no concurso para professor associado da Faculdade de Direito de Lisboa. Biblioteca da Faculdade de Direito de Lisboa, policopiado, 1997, p. 92-3. Da mesma autora, aludindo à potencial incontrolabilidade da subjectividade judicial: Cf. PALMA, Maria Fernanda. *Do sentido histórico do ensino do Direito Penal na Universidade portuguesa à actual questão metodológica*. In: Revista Portuguesa de Ciências Criminais. Ano 9, n. 3. Direcção de Jorge de Figueiredo Dias. Lisboa: Coimbra Editora, 1999, p. 424. Também ROXIN acentua que o juiz penal não exerce a magistratura "como representante da divindade, não se podendo permitir juízos éticos com mais carácter vinculante do que possuem as concepções morais do cidadão normal, juridicamente leigo". ROXIN, Claus. *A culpabilidade e sua exclusão no Direito Penal*. In: Revista Brasileira de Ciências Criminais, vol. 46, Jan. 2004. São Paulo: Revista dos Tribunais: 2004, p. 51. Demais disso, o juiz "não só não consegue penetrar ´normalmente´ na consciência do agente, porque o foro íntimo é inacessível do exterior, como não deve socorrer-se de métodos violentos, fraudulentos ou insidiosos para aceder a esse espaço, por serem proibidos pelas leis processuais dos Estados de Direito". SILVA DIAS, Augusto. *«Delicta in se»...*, p. 726.

Embora Figueiredo Dias refute a potencial crítica de recair numa concepção pessimista do homem,[198] em razão de que o *caráter*[199] não constitui uma estrutura previamente dada e imodificável, mas antes se forma no âmbito do existir pessoal, conformando-se durante este através das ações concretas que são a sua expressão, o certo é que, decididamente, pelo menos em Schopenhauer, como antes ficou dito, e sendo correto dizer da influência de suas ideias na abordagem tratada, a perspectiva é outra.[200] [201]

De todo modo, em dois níveis relevantes podem-se sustentar as razões da inviabilidade de aceitação de uma culpa da personalidade, tal como a estabeleceu Figueiredo Dias. O primeiro deles, se bem que antecipadamente rebatido pelo autor,[202] revela-se-nos, não obstante, pertinente. É que, invertendo a resposta precocemente oferecida, pode-se dizer, isto sim, que nela há uma suposição de um Estado ideal, utópico, a-histórico, como se depreende da crítica consistente de Assis Toledo.[203] Mas não há um Estado assim e se, como ficou vincado, far-se-ia exigível uma comparação entre a desconformidade da personalidade do agente, com uma outra, suposta pela ordem jurídica como valiosa, é de se indagar qual será essa, que amanhã já não o poderá ser, sem que se possa pretender, fiquemos ainda com Assis Toledo, que cada um possua uma coleção de personalidades "para uso segundo as

---

[198] FIGUEIREDO DIAS, *Liberdade, Culpa...*, p. 172-4.

[199] FIGUEIREDO DIAS, *Liberdade, Culpa...*, p. 179. Mais uma vez a imprecisão na destrinça de caráter e personalidade não se pode olvidar, como dito alhures. Apesar de que, já adiante, afirme da possibilidade de modificação da *personalidade* ético-juridicamente relevante, na medida em que se modifique a atitude pessoal.

[200] Basta que se aluda à citação de Goethe, a que remete SCHOPENHAUER, evitando-se, assim, repetição do que já ficou dito antes: "No fim sereis sempre o que sois, por mais que os pés sobre as altas solas coloqueis, e useis perucas de milhões de anéis, haveis de ser sempre o que sois". SCHOPENHAUER, Arthur. *Sobre o fundamento da moral.* Tradução de Maria Lucia Cacciola. São Paulo: Martins Fontes, 1995, p. 190. Sobre o *aprisionamento* do homem em sua *determinação metafísica*, na obra de Schopenhauer, Cf. HARTMANN, Nicolai. *Ética.* Tradução de Javier Palacios. Madrid: Ediciones Encuentro, 2011, p. 739-741. Consoante BRITO, em Schopenhauer a "vontade se projectava nos fenómenos por um acto único. A vontade, por assim dizer, só é livre uma vez. Ela decide do seu ser e, depois, aparece, empiricamente, numa sujeição total a esse momento inicial", de maneira que fixado o carácter inteligível pela vontade do homem, de uma vez para sempre estará ditado o "carácter sensível, donde derivam todas as acções sem escolha possível". BRITO, António José de. *Valor e realidade.* Lisboa: Imprensa Nacional Casa da Moeda, 1999, p. 129. Igualmente VON WRIGHT concebe que tal ponto de vista indica que o caráter "parece innato e inmutable", de maneira que não existe possibilidade de modelá-lo segundo desígnios humanos, ou seja, apenas "en un plano transcendental, el hombre es responsable de la *elección* de su carácter". VON WRIGHT, Georg Henrik. *La diversidad de lo bueno.* Tradução de Daniel González Lagier e Victoria Roca. Madrid: Marcial Pons, 2010, p. 169.

[201] Diga-se ademais que segundo uma concepção psicanalítica, aqui apenas mencionada, é durante a infância que se modela a personalidade, a cuja remissão, para um sentido de se tentar depreender a opção fundamental do homem, para decidir-se por aquilo que é, se impõe não somente uma dificuldade prática, como um obstáculo em nível de questionar-se até onde pode ir a averiguação judicial de que depende a prolação de uma sentença. A asserção de que é "durante a infância que se definem os equilíbrios ou desequilíbrios que, com carácter duradoiro, hão-de dar origem ao comportamento desviante ou às condutas socialmente aceites" se encontra em outra obra do próprio Figueiredo Dias. Cf. FIGUEIREDO DIAS, Jorge de; COSTA ANDRADE, Manuel da. *Criminologia: o homem delinquente e a sociedade criminógena.* Coimbra: Coimbra Editora, 1984, p. 191.

[202] Está-se a falar da potencial aptidão de manejo da culpa da personalidade em Estados totalitários, que o autor afirma não ser, em si, um perigo específico de certas concepções de culpa, mas de perigos de uma certa concepção de Direito. FIGUEIREDO DIAS, *Liberdade, Culpa...*, p. 217-9.

[203] ASSIS TOLEDO, Francisco de. *Princípios Básicos de Direito Penal.* 5 ed. São Paulo: Saraiva, 1994, p. 242.

exigências ocasionais de um ordenamento jurídico extremamente sujeito a mutações".[204]

Demais disso, a liberdade inevitável, existencial, parece condenar a ser-se o que se é, esvaziando-se o conceito de liberdade de "conteúdo actual e ontológico", visto que fica submetido a uma essência coletivamente produzida "pela sociedade que define o dever ser geral".[205] Em outros termos, se o *ser* do homem não haverá de contrariar, em seus atos, a sua essência, está-se a sugerir, consoante o alvitre de Palma, que a responsabilidade do sujeito se fundamenta numa liberdade por si "não vivida e não consciencializada".[206]

Dir-se-ia, então, que é da experimentação da liberdade pelo sujeito, e não de uma liberdade como essência, por si dificilmente reconhecível, e ainda que seja para revelar-se-lhe em sua imperfeição e vulnerabilidade, que haverá de ser encontrado um fundamento da culpa jurídico-penal.[207] Fundamento que, destarte, mostra-se substantivo, material, visto que a asserção de que o caráter determina as escolhas e ações não é suficiente para ensejar no homem aquilo que "liberta no sentido que parece ser reclamado pelas noções de responsabilidade ou de louvor e culpa moral".[208]

A ausência de domínio sobre as condições ineluctáveis do caráter[209] assimilaria as nossas opiniões morais, e a culpa jurídico-penal, às nossas con-

---

[204] ASSIS TOLEDO, Op. cit., p. 248. Na apreciação da teoria de Figueiredo Dias, realizada por KAI AMBOS, aludiu-se a que, mesmo no Brasil, poucos autores referiam-se à culpa da personalidade e a maior parte dos que o faziam, não dedicavam muita tinta à sua apreciação. AMBOS, Kai. *A liberdade...*, p. 70 e particularmente a nota 125. É, com efeito, ASSIS TOLEDO quem mais de perto examinou o tema em terras brasileiras e, em razão disso, justifica-se uma maior transcrição: "essa concepção da culpabilidade não pode, a nosso ver, ser dissociada de uma indébita interferência do direito penal em uma área que é de lhe ser vedada (...) um dia, talvez, tenhamos todos (não só os criminosos) que ´responder pela personalidade total´. Mas não será, com toda certeza, perante um severo e falível juiz de carne e osso, nem segundo critérios exclusivamente jurídicos. Quando isso ocorrer estaremos provavelmente frente a um Deus-de-amor". ASSIS TOLEDO, op. loc. cit.

[205] PALMA, *O princípio da desculpa...*, p. 67.

[206] PALMA, *O princípio da desculpa...*, p. 68. Do que se poderia extrair uma "possibilidade eticamente incómoda – a de uma responsabilidade sem o necessário momento ôntico, sem a vivência subjetiva e reflectida da acção, sem o efectivo desejo e sem a representação de razões". IDEM, op. loc. cit.

[207] O que poderia ser dito de outro modo, ou seja, de que o reconhecimento de que as paixões, os desejos e os sentimentos podem ser um critério de ação livre e não sintoma de um seu obstáculo. PALMA, *O princípio da desculpa...*, p. 74.

[208] BERLIN, Isaiah. "Liberta-te da esperança e do medo". In: *A busca do ideal*: uma antologia de ensaios. Tradução de Teresa Curvelo. Lisboa: Bizâncio, 1998, p. 152.

[209] Não temos condições de desenvolver como gostaríamos o tema que se poderia denominar de *sorte constitutiva* – no sentido de por razões variadas ostentarmos certas características pessoais de modo completamente independente de nossas pretensões – seja no plano físico como no ético. Num âmbito mais geral, as discussões a respeito das influências da sorte – mais especificamente da chamada *sorte moral*, ou *moral luck* –, não deixaram de abalar a intuição de que os indivíduos não poderiam suportar juízos morais por sucessos que se devessem, em última análise, a fatores situados fora de seu controle, o que colocaria em xeque a própria idoneidade de se estabelecerem esses juízos. Os corolários dessa abordagem levar-nos-ia a um desvio de rota, do qual seria difícil escapar. Não poderíamos, por exemplo, deixar de aludir que o impacto de circunstâncias não controladas ou não controláveis pelo *agente* é, em verdade, uma dimensão da "tensão que sempre perdura na nossa condição humana (...) tensão entre a nossa vontade de comandarmos e transformarmos o mundo e a resistência que o mundo oferece, vulnerabilizando-nos". ARAÚJO, Fernando. *Sorte Moral, carácter e tragedia pessoal*. In: Estudos em memória do Prof. Doutor J.L. Saldanha Sanches. Volume I: Direito Público e Europeu, Finanças Públicas, Economia, Filosofia, História, Ensino, Vária. Coimbra: Coimbra Editora, 2011, p. 783. E que não exclui uma outra, de que nós mesmos – ou nosso modo de ser –, nossas características pessoais, em alguma medida são, também, derivadas

cepções estéticas, o que levar-nos-ia a olhar o heroísmo, a honestidade ou a justiça tal como hoje encaramos a beleza, a bondade, a força ou o gênio.[210]

E isto enseja consequências normativas que se devem profligar.

6.2. Os indiferentes e a sua culpa

> "O mais importante e bonito, do mundo, é isto: que as pessoas não estão sempre iguais, ainda não foram terminadas – mas que elas vão sempre mudando".
>
> (Guimarães Rosa, *Grande Sertão: Veredas*).

A refutação das formulações da culpa do caráter e da personalidade, tal qual aqui analisadas,[211] não enseja, todavia, a superação de problemas que, a esta altura, já é caso de considerar. A tradução para a linguagem jurídica, com efeito, de certos conceitos vinculados a outras áreas do conhecimento, mormente da psicologia ou da psiquiatria, não se faz sem dificuldades.

Suposta que foi a liberdade de vontade, e, assim, suposta que foi a possibilidade de uma atuação à conta do sujeito, se bem que, é claro, dentro de uma margem[212] decorrente de condicionamentos endógenos e exógenos – o afastamento do determinismo nunca significou uma rejeição à causalidade –,

---

de uma espécie de *sorte*. Neste sentido: ARISTÓTELES, *Retórica*, 1362a. Tradução de Manuel Alexandre Júnior e outros. Lisboa: Imprensa Nacional-Casa da Moeda, 2005, p. 112. Sobre este tema, Cf. WILLIAMS, Bernard. *Moral Luck*. In: Philosophical Papers 1973-1980. Cambridge: Cambridge University Press, 1981, p. 20-40, talvez o precursor da análise nestes termos. Discutindo seu ponto de vista, Cf. NAGEL, Thomas. *La fortuna moral*. In: Ensayos sobre la vida humana. Tradução de Héctor Islas Azaís. México: Fondo de Cultura Económica, 2000, p. 54-76 e, do mesmo: NAGEL, Thomas. *Williams: un pensamiento de más*. In: Otras mentes – ensayos críticos (1969-1994). Tradução de Sandra Girón. Barcelona: Editorial Gedisa, 2000, p. 210-7. Em sentido crítico à *moral luck*, vinculando essa análise à causalidade, mormente na denominada *sorte consequencial*, Cf. MOORE, Michael S. *Causalidad y responsabilidad: un ensayo sobre derecho, moral y metafísica*. Tradução de Tobías J. Schleider. Madrid-Barcelona: Marcial Pons, 2011, p. 67-82, em que alude ao exemplo da condução de veículo em estado de embriaguez que, num caso, leva vão atropelamento de uma criança e noutro não; segundo diz, a relevância da causalidade para a responsabilidade moral está no fato de que o agente que, em tal condição, tiver atropelado a criança, ostenta um sentimento de culpa bastante diverso – e como tal é visto pelos outros – daquele que, na mesma situação, não chegou a atropelar ninguém, pois nenhuma criança se pôs em seu caminho. E assim, sintetiza: "*somos más reprochables cuando causamos un mal que cuando sólo intentamos causarlo o aumentamos el riesgo de su ocurrencia de manera irrazonable (...) otros, sin duda, rechazan que los sentimientos puedan ser fundamento de argumentos morales, aunque no veo la manera de hacer filosofía moral si se dejan de lado las emociones*". MOORE, op. cit., p. 79.

[210] BERLIN, op. loc. cit. Isto é, louvamos ou felicitamos os detentores destas qualidades sem quaisquer implicações de que poderiam ter optado por um conjunto de características diferentes.

[211] Não desconhecemos algumas abordagens variantes dessas concepções, as quais, todavia, não comportam análise nas limitações deste texto. Para uma crítica sobre a denominada culpa pela condução da vida, em que, no fim "lo que se reprocha al autor es precisamente haberse convertido en lo que es". Cf. STRATENWERTH, Günter. *El futuro del principio jurídico penal de culpabilidad*. Tradução de Enrique Bacigalupo. Madrid: Instituto de Criminologia de la Universidad Complutense de Madrid, 1980, p. 47-8.

[212] Já reveladora de uma outra linguagem é a abordagem de DIAS CORDEIRO, que, mesmo assim, salientando embora uma certa determinação genética – o autor fornece exemplos a partir de gêmeos verdadeiros –, reconhece como idônea a afirmação de um espaço de liberdade. Metaforicamente alude a uma partitura musical, em que está definida a pauta, mas a cuja execução não se dispensam opções estéticas, e, portanto, uma certa liberdade do músico. DIAS COIRDEIRO, J.C. *Psiquiatria forense*. 3 ed., Lisboa: Fundação Calouste Gulbenkian, p. 23-7.

é hora de verificar de que culpa se há de cogitar nos casos em que o agente manifesta a sua indiferença para com a vítima ou para com os bens jurídicos de outros membros da coletividade, bem assim quando, demais disso, é-lhe indiferente potencial punição, porquanto incapaz de ser influenciado pela pena.

Nem é caso de reafirmar que, já no plano normativo, se concebe desvaliosa a revelação da indiferença, de que é exemplo a incriminação, antes referida, da omissão de auxílio, indiferença que, ademais, não se pode excluir, para a concreta verificação do elemento subjetivo, referenciado no dolo.[213]

Que sucede, porém, se essa indiferença se institui como um *padrão* do agente? Dito de outra forma, qual culpa cabe àquele que em seu ato criminoso não deixa de revelar a sua incapacidade de afetar-se pelo outro? Ou mesmo pela ameaça de punição?

Seja-nos dada uma incursão na linguagem da psicologia.[214]

Compreende-se como transtorno ou perturbação da personalidade[215] a circunstância de o agente atuar na incapacidade de nutrir emoção ou afeto

---

[213] A jurisprudência parece dar efeito próximo ao disposto no artigo 132, 2, *j*, do Código Penal português, quando reconhece como qualificado o homicídio cometido com frieza de ânimo, suscetível, portanto, de indicar maior censurabilidade ou perversidade do agente. Isto é, tratar-se-ia de *"um especial e acentuado 'desvalor de atitude', que traduz e que se traduz na especial censurabilidade ou perversidade, e que conforma o especial tipo de culpa no homicídio qualificado. A qualificação do homicídio do artigo 132 do Código Penal supõe, pois, a imputação de um especial e qualificado tipo de culpa"*, em virtude do *"processo de formação da vontade de praticar o crime, devendo reconduzir-se às situações em que se verifica calma, reflexão ou sangue frio na preparação do ilícito, insensibilidade, indiferença e persistência na sua execução"* – Acórdão 06P1913, do Supremo Tribunal de Justiça, Relator: Henriques Gaspar, julgado em 21/06/2006. Que em tal dispositivo se possa extrair um indicativo de uma concepção emocional de culpa é o que se depreende da observação de PALMA. Cf. PALMA, Maria Fernanda. *Direito Penal – Parte Especial: Crimes contra as pessoas.* Sumários desenvolvidos das aulas proferidas no 5 ano da opção jurídica em 1982/3. Policopoiado. Lisboa: não publicado, 1983, p. 45, nota 1. É, entretanto, de se observar que, na divisão das circunstâncias que qualificam o homicídio – e que aludem ao modo de ser objetivo da ação ou à implicação pessoal do agente –, quanto às últimas, embora aparentemente "só o interior do agente esteja em causa, também é verdade que elas não se referem a aspectos da personalidade do agente (...) mas só à implicação da pessoa do agente na acção". PALMA, op. cit., p. 43-4. Tudo a revelar que nestes casos – aludiríamos às letras *e, f* e *j* do artigo 132, n. 2, do Código Penal, para ficar apensas nestes –, há mesmo critérios éticos em causa, mas, não obstante isso, embora "o 'íntimo do agente' surja em primeiro plano como objecto de valoração, também o desvalor por elas indiciado – pelas circunstâncias apontadas, diríamos nós – é directamente desvalor da acção". PALMA, op. loc. cit.. Que daí a autora retire do n. 2, do artigo 132, uma função de correção descritiva do conteúdo normativo do artigo 132, n. 1, do Código Penal Português parece uma consequência lógica deste ponto de vista, em que se concebe, como deveras concebemos, que *"o desvalor pessoal do agente não fundamenta, por si, a intervenção penal"*. IDEM, p. 47. Em sentido contrário a este respeito, defendendo que o artigo 132 do Código Penal Português estaria em revelar tipos de culpa e, particularmente, no que toca à especial perversidade, ter-se-ia o juízo de culpa fundamentado "na documentação no facto de qualidades da *personalidade* do agente especialmente desvaliosas", Cf. FIGUEIREDO DIAS, Jorge de. *Comentário Conimbricense do Código Penal.* Parte especial, tomo I. Coimbra: Coimbra Editora, 1999, p. 25-9. A este respeito, entre os mais recentes, Cf. MONTEIRO, Elisabete Amarelo. *Crime de homicídio qualificado e imputabilidade diminuída.* Coimbra: Coimbra Editora, 2012, p. 37-9. Sobre as diversas controvérsias suscitadas a propósito do homicídio qualificado – e que não é caso de tratar aqui –, Cf. SERRA, Teresa. *Homicídio qualificado – tipo de culpa e medida da pena: contributo para o estudo da técnica dos exemplo-padrão no artigo 132 do Código Penal.* Coimbra: Livraria Almedina, 1990, p. 47-67.

[214] Foram diferentes os caminhos trilhados pela psicologia e pela filosofia, no estudo das emoções. Neste sentido, Cf. LYONS, William. *Emoción.* Tradução de Inés Jurado. Barcelona: Anthropos, 1993, p. 03-4.

[215] Para uma análise da evolução histórica das teorias da personalidade, Cf. RODRIGUES, Vítor Amorim; GONÇALVES, Luísa. *Patologia da personalidade; teoria, clínica, terapêutica.* 3 ed. Lisboa: Fundação Calouste Gulbenkian, p. 07-38.

frente àquele contra quem age. Nominada como personalidade antissocial, traria como características mais notáveis a inexistência de qualquer tipo de alucinação, um razoável nível de inteligência e egocentrismo, aliados à pobreza das reações afetivas, particularmente a empatia, e a incapacidade para aprender com a experiência, ou seja, inexistiria um qualquer refreamento diante da ameaça de punição.[216]

Se bem que com algumas variações,[217] pode-se dizer que tais agentes possuem total consciência dos seus atos, sem prejuízos de ordem cognitiva.[218] A deficiência está, portanto, no campo dos afetos e das emoções,[219] pois não lhes abalam as consequências de seus crimes.[220] De modo a ser correto, no geral dos casos, a afirmação de que se está no campo da imputabilidade.[221] [222]

Isto, todavia, ainda não se afigura suficiente. Pois, deveras, preservada que esteja a capacidade de inteleção do agente, é-lhe característica a propensão a novas práticas criminosas, de forma que se deve questionar sobre se tal circunstância faz-se idônea para a modulação do juízo de culpa. Não seria

---

[216] RODRIGUES; GONÇALVES, *Patologia...*, p. 133-4; KAGAN, Jerome. *Comportamento anti-social: contributos culturais, vivenciais e temperamentais*. Tradução de Luíza Nobre Lima. In: Comportamento anti-social e crime: da infância à idade adulta. Coimbra: Almedina, 2004, p. 04-6.

[217] Em geral decorrentes da conjugação deste transtorno com outros fatores, como o uso abusivo de álcool ou drogas. Neste sentido, Cf. FONSECA MORALES, Gema María. *La anomalia o alteración psíquica como eximente o atenuante de la responsabilidad criminal*. Madrid: Dykison S.L., p. 261.

[218] Aliás, aponta-se que "como el psicopata normalmente es inteligente, e incluso en ocasiones brillante, aplica esa inteligencia a la ejecución de sus fechorías y transgresiones sociales y, como no, a la comisión del delito (...) los desarrolla con gran frialdad y de forma meditada, buscando todas las ventajas de su ejecución y tratando de asegurar su impunidad". JIMÉNEZ DÍAS, María José; FONSECA MORALES, Gema María. *Trastornos de la personalidad (psicopatías): tratamiento científico y jurisprudencial*. Madrid: CESEJ, 2007, p. 18.

[219] Segundo ROMERO é na incapacidade para sentir as emoções e para importar-se com as emoções dos outros que reside a razão última da forma de ser destes delinquentes. ROMERO, José Manuel Pozueco. *Psicopatía, trastorno mental y crimen violento*. Madrid: Editorial EOS, 2011, p. 26.

[220] HERVEY CLECKLEY, M.D. *The mask of sanity*. Ebook da 5 ed, copyright Emily S. Checkley, (S/Ed), 1988, p. 348-350, onde se encontra alusão à falta de emoções e de capacidade de afetação, que subjaz à atuação de tal classe de indivíduos, os quais, deste modo, se notabilizariam pela *indiferença* ante os valores da vida colectiva.

[221] No acórdão relativo ao processo 628/07 julgado em 24/02/2010, pelo Supremo Tribunal de Justiça de Portugal, concernente a homicídio praticado mediante diversos golpes de navalha – de que resultou fosse a vítima degolada –, afirmou o relator Maia Costa: "*A personalidade revelada, concretamente o ´distúrbio de personalidade anti-social´ que lhe dificulta o controlo dos seus impulsos, constitui atenuante de escasso relevo, pois existe conservação das capacidades críticas, de discernimento e avaliação dos actos vivenciais*". Mesmo autores mais antigos, de que é exemplo DE SANCTIS, já aludiam à inadequação de se conferir àquele que, à época, era chamado "delinquente istintivo" o mesmo tratamento conferido ao "delinquente-alienato", uma vez que na conduta daquele, no geral das vezes, não se poderia negar "il carattere della volontarietà". DE SANCTIS, Sante. *Sulla psicologia del delinquente istintivo*. In: Scritti in onore di Enrico Ferri. Torino: Unione Tipografico-Editrice Torinese, 1929, p. 176.

[222] Em igual sentido: "en nuestra opinión, los Transtornos Antisociales de la Personalid (TAP) son sujetos imputables, ya que aunque en sentido estricto tendrían una anomalía psíquica, ésta no le impide comprender la ilicitud de su conducta ni tampoco el actuar conforme a dicha comprensión. El TAP sabe lo que hace y es libre para actuar en una u otra dirección. Toma precauciones, prepara deliberadamente su acción, es frío y calculador". FORNEIRO, José Cabrera; ROCAÑIN, José Carlos Fuentes. *Psiquiatría y Derecho, dos ciencias obligadas a entenderse: Manual de Psiquiatría Forense*. Madrid: Cauce Editorial, 1997, p. 35. Também ROMERO afirma que "la psicopatía ni puede ni debe considerarse como un trastorno mental propiamente dicho". ROMERO, op. cit., p. 23. A este respeito, ainda, Cf. HASSEMER, Winfried; CONDE, Francisco Muñoz. *Introducción a la criminología*. Valencia: Tirant lo Blanch, 2001, p. 295.

uma asserção em tudo equivocada a de que, estivéssemos no âmbito de uma culpa do caráter, a manifestada tendência a delinquir mostrasse-se idônea ao fundamento do juízo de censura.[223]

Mas já se afastou tal concepção, e, isto não obstante, são persistentes os questionamentos decorrentes d´algum quadro normativo.[224]

É que não se mostra consentâneo com o desenvolvimento apresentado, a propósito da personalidade antissocial, o disposto no artigo 83 do Código Penal português.[225] Nem sempre far-se-ia necessária a pluralidade de condenações, para o efeito de assinalar a incapacidade afetiva do agente, sua propensão à reincidência ou, como quer que seja, a presença do transtorno.[226] Mas isto não é só. Pois também mostra-se suscetível de incidência, em tais situações, a previsão do artigo 20, n. 3, do Código Penal de Portugal, que assenta ser índice de situação de inimputabilidade a "comprovada incapacidade do agente para ser influenciado pelas penas". Do que derivaria, veja-se bem, a consequente aplicação de medida de segurança.[227]

Não é sem razão, neste aspecto, a crítica avançada por Pizarro de Almeida, sobre ser o artigo 20, n. 3, do Código Penal uma espécie de *funcionalização* do conceito de inimputabilidade, que, ademais, ensejaria a aplicação de medida de segurança a sujeito imputável, sob o influxo de um paradigma correcionalista.[228] Tomar-se-ia o indivíduo como objeto, a ser sacrificado

---

[223] Segundo FIGUEIREDO DIAS, a culpa do imputável especialmente perigoso é uma culpa agravada; melhor dito, e seguindo-se ainda o autor, a perigosidade do agente legitimaria que este viesse a cumprir "uma sanção superior à que foi fixada em função da culpa", o que revelaria, à saciedade, que "a sanção constitui, nesta parte, uma autêntica medida de segurança". FIGUEIREDO DIAS, Jorge de. *Direito Penal Português: parte geral*, tomo II, as consequências jurídicas do crime. Lisboa: Notícias Editorial, 1993, p. 561.

[224] Sobre este ponto, é interessante a abordagem de CAMPS, ao criticar, por reducionista, o *ethos* terapêutico na situação em análise, quando "medicaliza todos los problemas de la personalidad", convertendo em transtornos ou enfermidades problemas que se lhe apresentam de um ponto de vista moral. Segundo diz, o "terapismo así entendido acaba minando el sentido de la responsabilidad". CAMPS, Victoria. *El gobierno de las emociones*. Barcelona: Herder, 2011, p. 267-9.

[225] Quanto às diversas questões suscitadas pela temática da pena relativamente indeterminada, Cf. PIZARRO DE ALMEIDA, Carlota. *Estrutura e limites da pena relativamente indeterminada*. Relatório final da disciplina de Direito Penal, do Curso de Mestrado em Ciências Jurídico Criminais da Faculdade de Direito da Universidade de Lisboa, Setembro de 1996, *passim*.

[226] Este o sentido do artigo 108 do Código Penal Italiano, ao dizer que é "dichiarato delinquente per tendenza chi, sebbene non recidivo o delinquente abituale o professionale, commette un delitto non colposo, contro la vita o l'incolumità individuale, anche non preveduto dal capo primo del titolo dodicesimo del libro secondo di questo codice, il quale, per sé e unitamente alle circostanze indicate nel capoverso dell'art. 133, riveli una speciale inclinazione al delitto, che trovi sua causa nell´indole particolarmente malvagia del colpevole". Sobre este dispositivo, que, bem se vê, pode ser aplicado mesmo em caso de agentes primários, restrito, entretanto, aos "deliti di sangue", Cf. MANTOVANI, Fernando. *Diritto Penale, parte generale*. 4 ed. Padova: CEDAM, 2001, p. 728-730; PAGLIARO, Antonio. *Principi di Diritto Penale* – parte generale. 7 ed. Milano: Dott. A. Giuffrè Editore, 2000, p. 654-5.

[227] Conforme disposto no Artigo 91 do Código Penal de Portugal.

[228] PIZARRO DE ALMEIDA, Carlota. *Modelos de Inimputabilidade: da teoria à prática*. Coimbra: Almedina, p. 99-100. É de se notar que a autora marca posição quanto à questão inicial de que nos ocupamos, isto é, sobre a discussão a respeito de uma atuação determinística ou fundada na liberdade e, inclusive com aportes do desenvolvimento da física contemporânea, com base no chamado *caos determinístico*, afirma que "presume-se que toda a pessoa é livre porque a hipótese contrária se esvaziou de conteúdo". IDEM, p. 14-15.

diante de necessidades preventivas,[229] declarando-se inimputável, para fins de tratamento, quem o não é.[230][231]

Ou, presentes os demais requisitos, se lhe atribuiria a condição prevista no artigo 83 do Código Penal, tendente a permitir venha a descontar pena que se não faça limitar em vista de sua culpa.[232]

---

[229] Numa crítica mais geral à concepção funcionalista de culpa, anota ALBUQUERQUE que a "dessubjectivação da responsabilidade penal traz consigo, no fundo, a admissão de uma punição para satisfação das necessidades sociais e em ignorância da situação concreta da pessoa". ALBUQUERQUE, Paulo Sérgio Pinto de. *Introdução à actual discussão sobre o problema da culpa em Direito Penal*. Coimbra: Almedina, 1994, p. 83-5. Ou seja, não se pune em função do caso concreto, mas das necessidades do sistema.

[230] Como salienta PIZARRO DE ALMEIDA, a personalidade antissocial não deverá ser considerada "indício de doença mental, ou sujeita a medidas de 'tratamento'. Muitos criminosos (e não só...) têm personalidades antissociais, sem que isso seja motivo de internamento". PIZARRO DE ALMEIDA, *Modelos...*, p. 102. Deveras, sob a nomenclatura de *psicopatas integrados*, ROMERO aborda os casos de indivíduos que reúnem praticamente todas as características do *psicopata criminal*, exceto a de realização de práticas de crimes. ROMERO, op. cit., p. 98-100. Sob um outro enfoque, aduzindo que a internação de tais agentes em estabelecimentos hospitalares ou congêneres é imensamente danosa aos que são deveras doentes mentais, que passam a ser *parasitados* por aqueles, Cf., de minha autoria: FACCINI NETO, Orlando. Atualidades sobre as Medidas de Segurança. In: *Revista Jurídica*, n. 37, ano 53, Novembro de 2005. Porto Alegre: Nota Dez Editora, 2005, p. 93-107.

[231] Não estaríamos, portanto, de acordo com PALMA, na solução que sugere, à luz do Direito português, ao recente *caso Breivik*, ocorrido em Oslo, consistente no homicídio de setenta e sete pessoas – Cf. PALMA, Maria Fernanda. *Breivik – Louco ou inimigo?* Jornal Correio da Manhã, 22 de Abril de 2012. Sem que tenhamos mais conhecimento dos dados concretos que envolvem o lamentável episódio, parecer-nos-ia que a remissão da autora ao artigo 20, n. 3, do Código Penal – e concordamos que Breivik se revela um *indiferente* a potencial influência pelas penas – desloca o problema do âmbito da culpa para o de uma suposta inimputabilidade que, entretanto, não a vemos. É verdade que assim poderá decidir o Tribunal norueguês – ou mesmo que o já tenha feito, considerada a data em que elaboramos essa nota –, e é verdade a existência de disparidade entre laudos realizados quanto a este arguido. Mas, diríamos nós, com ênfase: um pouco menos de psicologia; um pouco mais de filosofia! A dificuldade compreensível de entendermos como não sendo dependente de uma espécie de loucura tamanha maldade não afasta que o mal seja uma possibilidade do humano. E, para nós, é decisiva a asserção de RICOEUR, no sentido de que está no centro da ideia de imputabilidade a circunstância do sujeito considerar-se a si mesmo como o verdeiro autor dos seus próprios atos, o que parece inequívoco em Breivik. Neste sentido, Cf. RICOEUR, Paul. *Autonomia e vulnerabilidade*. In: A Justiça e o Mal. Direcção de Antoine Garapon e Denis Salas. Tradução de Maria Fernanda Oliveira. Lisboa: Instituto Piaget, 1997, p. 150. Aliás, é mesmo PALMA, no periódico apontado, que afirma que Breivik sabe o que fez e conhece o significado de seus atos para o Direito; e assim o é, tanto que o próprio vem assinalando que não recorrerá de uma eventual condenação, mas o fará acaso seja-lhe estabelecido tratamento psiquiátrico, porque *se considera responsável pelo que fez*. Que cause sobressalto a pequenez da consequência criminal para tal ignomínia – consta que a pena máxima que poderia cumprir em Noruega é de vinte e um anos – é algo que se pode discutir no âmbito de um direito penal da culpa e que pode mesmo ensejar discussão parlamentar para uma reforma das penas em certos casos; mas que não justifica a transformação do imputável numa espécie de doente mental, funcionalizando o conceito, em vista de finalidades preventivas, para o efeito de mantê-lo mais tempo segregado. Tal possibilidade, para mais da duvidosa constitucionalidade em sistemas que consagram o princípio da culpa, sempre deixará em aberto a pergunta sobre que tipo de criminoso poderá ser considerado como louco amanhã. Sobre as dificuldades enfrentadas pelos psiquiatras, quando se deparam com casos assim extremos, e dando conta das querelas periciais no assimilarem os envolvidos "ora a perversos constitucionais irredutíveis, ora a doentes mentais", Cf. ZAGURY, Daniel. O assassino em série. In: *A Justiça e o Mal*. Direcção de Antoine Garapon e Denis Salas. Tradução de Maria Fernanda Oliveira. Lisboa: Instituto Piaget, 1997, p. 13. Isto porque, segundo diz, a "noção de perversidade é muito embaraçosa para a psiquiatria; invoca-se a necessidade de delimitar rigorosamente uma perversidade normal ou patológica, sem nunca o conseguir de forma convincente". IDEM, op. cit., p. 21.

[232] A distinção que fará a "triagem entre os delinquentes que ficarão sujeitos ao regime da inimputabilidade e os que sofrerão uma pena (ainda que se trate de uma pena com características *sui generis*) dependerá assim, e apenas, do julgador. Não se fixando quaisquer referências que limitem a subjectividade, parece uma linha de fronteira demasiado frágil para a segurança e igualdade que se deseja sejam apanágio do direito em todas as suas manifestações". PIZARRO DE ALMEIDA, *Modelos...*, p. 118.

De um modo ou de outro, cremos, em afronta à sua dignidade[233] – tanto mais quando a apontada tendência a delinquir possa derivar de razão não atribuível ao agente, o que sucede no comum dos casos de transtornos de personalidade. Quer-se dizer com isso que, mesmo Figueiredo Dias, para quem é irrelevante que a "tendência tenha sido adquirida por habitualidade ou que seja disposicional, inata ou de qualquer modo incondicionada",[234] não assume o efetivo corolário que se ligaria a tal consideração, isto é, de que nada sinaliza que um maior tempo de pena lograria produzir na personalidade desvirtuada melhor efeito. Por outras palavras, faltaria ir à consequência última de adotar-se a pena relativamente indeterminada como tendente a manter a privação de liberdade pelo período concernente à subsistência da perigosidade, o que, nalguns casos, haveria de significar *todo o tempo* do sujeito, ou então reajustar a suposição preventiva – que será vã, nesta concepção –, para dizer que no fim das contas o mais de sanção em descompasso com a culpa do agente é, em verdade, punição por ser como deveras é.[235]

Ora, consentir com uma pena em medida superior à culpa do agente, sob o fundamento de uma predição de que, no futuro, poderá voltar a delinquir, parece como castigá-lo por um crime ainda não cometido.[236]

No Brasil não há dispositivo semelhante, fundado que está o sistema na concepção vicariante, pela qual as medidas de segurança se reservam apenas aos casos de inimputabilidade, em razão da perigosidade do agente. Porém, o famoso Projeto de Nelson Hungria, de 1969 – que nunca se converteu em lei –, encetava as categorias de criminoso habitual e por tendência, no último caso declaradamente a partir da influência de Eduardo Correia.[237]

---

[233] Sob este ponto de vista, a crítica de SINISCALCO à solução italiana parece adequada, e na essência aplica-se aos dispositivos do Código Penal Português, porquanto deles também se extrai que "l'autore del reato, pericoloso, venne ritenuto soprattutto un 'oggetto' da curare, e ciò comportò una attenuazione di quele garanzie che avevano caratterizzato la posizione del citadino nei confronti dello Stato". SINISCALCO, Marco. *Giustizia penale e Costituzione*. Torino: Edizione RAI, 1968, p. 94.

[234] FIGUEIREDO DIAS, Jorge de. *Direito Penal Português: parte geral*, tomo II, as consequências jurídicas do crime. Lisboa: Notícias Editorial, 1993, p. 571. Segundo o autor, em verdade mesmo alguns casos de diminuição da imputabilidade conduziriam à agravação da pena, quando "as qualidades pessoais do agente que fundamentam o facto se revelem, apesar da diminuição da imputabilidade, particularmente desvaliosas e censuráveis". FIGUEIREDO DIAS, Jorge de. *Algumas questões no âmbito da culpa*. In: Jornadas de Direito Criminal: O Novo Código Penal Português e Legislação Complementar. Centro de Estudos Judiciários. Lisboa: CEJ, 1983, p. 77.

[235] Segundo FIGUEIREDO DIAS, também "deficiências da vontade, sofrimentos ou mesmo doenças fortuitas podem estar na base da tendência a cuja perigosidade procura ocorrer-se com a aplicação da PRI". IDEM, op., loc. cit. Para uma crítica do ponto de vista criminológico, a esta prolongação da pena que se leva a cabo através de uma medida de segurança, em tempo superior ao que determinado na sentença, Cf. HASSEMER, Winfried; CONDE, Francisco Muñoz. *Introducción a la criminología*. Valencia: Tirant lo Blanch, 2001, p. 382.

[236] VON HIRSCH, Andrew. *Censurar y Castigar*. Tradução de Elena Larrauri. Valladolid: Editorial Trotta, 1998, p. 23. E que não esconde a confusão entre os conceitos de perigosidade e de culpa, sob o influxo preponderante da prevenção especial. Neste sentido, Cf. STRATENWERTH, Günter. *El futuro del principio jurídico penal de culpabilidad*. Tradução de Enrique Bacigalupo. Madrid: Instituto de Criminologia de la Universidad Complutense de Madrid, 1980, p. 46.

[237] Cujo pensamento a este respeito, para o que julgamos aqui relevante, poder-se-ia sintetizar, com o fim de pouparmo-nos de múltiplas referências, na asserção pela qual se admitiria uma medida de punição para além da moldura penal do fato, pensada "para abranger as oscilações médias da personalidade do delinquente – quando o modo de ser, revelado no crime, que o agente não dominou, como podia, permite *diagnosticar* uma especial perigosidade", que, assim, justificaria já por si "uma particular censura

Para além da referência ao jurista português na exposição de motivos respectiva, a doutrina à época também dava conta de que a legislação brasileira pretendia afastar-se do modelo italiano, pelo qual, em tais casos, impõe-se pena complementada por medida de segurança – sistema duplo binário –, adotando-se a pena relativamente indeterminada. Em importante texto daquela altura, com efeito, Munhoz Neto assinalava que a agravação da pena, mormente por tempo relativamente indeterminado, impunha que se identificasse no delinquente uma culpabilidade em ser criminoso habitual ou por tendência, o que remeteria à necessidade de se encontrar "fundamento que permita censurar o autor *nem só pelo que fez, mas, ainda, pelo que é* ".[238] Ou seja, imputar-se-ia ao criminoso habitual ou por tendência a omissão em orientar a formação ou preparação de sua personalidade, de modo a torná-la apta a respeitar os valores jurídico-penais.[239] Disso decorreria que, como o autor é punido pelo fato que praticou, a "pena mínima que deve cumprir é a correspondente a que lhe seria imposta se não fosse criminoso habitual ou por tendência", e, pela "omissão no passado do dever de preparar a personalidade de modo a respeitar o direito criminal, a pena é aumentada em retribuição a tal culpa até o prazo máximo fixado em lei".[240] Em suma, como indicava o anteprojeto, que, a rigor, pretendia estabelecer regime em tudo semelhante ao atualmente vigente em Portugal, a agravação da pena do criminoso por tendência decorreria de uma perigosidade imputável à culpa do autor.

Seja a assunção normativa de uma inimputabilidade onde não a há, com a consequência de impor-se medida de segurança, ao fundamento da perigosidade; seja o estabelecimento de uma pena – *pena?*[241] –, cujos limites não estejam vinculados à culpa, permitindo-se a sua superação em virtude de finalidade preventiva, dão a dimensão da dificuldade do Direito Penal

---

pela omissão do dever de a corrigir e, portanto, uma punição mais intensa". CORREIA, Eduardo. *Código Penal – Projecto da Parte Geral*. Separata do Boletim do Ministério da Justiça, n. 127. Lisboa: policopiado, 1963, p. 32-4.

[238] MUNHOZ NETO, Alcides. Criminosos habituais e por tendência. In: *Revista de Direito Penal*, n. 15/16, Julho-Dezembro de 1974. Direcção de Heleno Claudio Fragoso. Rio de Janeiro: Revista dos Tribunais, 1974, p. 27.

[239] Evidentemente o objetivo aqui é só o de indicar os fundamentos em que se baseia a pena relativamente indeterminada, que, não incorporada à legislação brasileira, teve todavia a pretensão de sê-lo, em sentido semelhante ao que se fez presente no Código Penal português – ainda que de modo menos amplo do que previsto no Projeto de Eduardo Correia. Neste sentido, PIZARRO DE ALMEIDA, *Modelos...*, p. 114-5.

[240] MUNHOZ NETO, op. cit., p. 31.

[241] A indagação não é supérflua. No acórdão 03P1223, do Supremo Tribunal de Justiça Português, de 05/02/2003, o relator Pereira Madeira deixou consignado o alvitre relativo à *"natureza jurídica da pena relativamente indeterminada, a qual constitui uma verdadeira medida de segurança, ao permitir que o agente possa cumprir uma pena superior à que foi fixada em função da culpa (...). Na verdade, se é certo que o grau de culpa é valorado na fixação da medida concreta da pena que seria aplicável ao crime, já o critério relevante para aplicar a pena relativamente indeterminada, é exclusivamente a persistência, no momento da condenação, da perigosidade do agente, revelada pela tal acentuada inclinação para o crime"*. Mais recentemente, no processo 2643/08, do Tribunal da Relação de Coimbra – julgado em 23/02/11 –, não deixou o relator Paulo Guerra de assinalar que a pena relativamente indeterminada é *"uma sanção criminal de natureza mista, já que é executada como pena até ao momento em que se mostrar cumprida a pena que concretamente caberia ao crime, sendo executada como medida de segurança a partir deste momento e até ao seu limite máximo"*. Sabemos, entretanto, que desde o acórdão 43/86, o que foi confirmado no acórdão 646/92, está o Tribunal Constitucional Português em reconhecer a constitucionalidade do instituto, com o que, pelo que vem sendo dito, não estamos de acordo.

em lidar com esse tipo de situação.[242] Para a qual, entretanto, não podemos ser *indiferentes*.

Isto, porém, encaminha-nos para o desfecho.

7. Conclusão

> "O que me assusta não são as ações e os gritos das pessoas más, mas a indiferença e o silêncio das pessoas boas".
> (Martin Luther King).

No que concerne à indiferença, tão como com as demais emoções, haverá modos idôneos e inidôneos de tratamento jurídico-penal, de que a doutrina não se pode alhear.

A culpa do *indiferente*, como tal entendido o sujeito que atua despido de (a) emoção ou capacidade de afeto frente a outrem, ou (b) capacidade de afetação frente à pena, é tal que, quanto ao fundamento, não lhe deve importar a perigosidade. Por isso, a culpa do indiferente encerra fundamento à aplicação de pena, e não de medida de segurança. Sendo certo que a *indiferença* é um critério de desvalor, tendente à (i) formulação de tipos de crimes omissivos, (ii) caracterização de condutas dolosas ou mesmo (iii) de tipos qualificados ao nível da culpa – o que pode em certas situações afetar a pena quanto a seus limites –, não é menos certo que ao *indiferente* não pode o Direito dedicar a *indiferença* revelada pelo potencial rebaixamento de sua dignidade em virtude de finalidades preventivas.

É, talvez, naquilo que julgamos mais diferente de nossas concepções ou modos de ser que resida o sintoma mais inequívoco da nossa *IN-DIFERENÇA*.

Bibliografia

ALBUQUERQUE, Paulo Sérgio Pinto de. *Introdução à actual discussão sobre o problema da culpa em Direito Penal*. Coimbra: Almedina, 1994.

ALEXY, Robert. *Teoria dos Direitos Fundamentais*. Tradução de Virgilio Afonso da Silva. 2. ed. São Paulo: Malheiros, 2011.

AMBOS, Kai. *A liberdade no ser como dimensão da personalidade e fundamento da culpa penal* – sobre a doutrina da culpa de Jorge de Figueiredo Dias. Separata de Ars Ivdicandi. Estudos em homenagem ao Prof. Doutor Jorge de Figueiredo Dias, v. 1. Coimbra: Coimbra Editora, 2009, p. 74-80.

AMBROSI, Andrea. *Costituizione Italiana e manifestazione di idee razziste o xenofobe*. In: Discriminazione razziale, xenofobia, odio religioso: Diritto fondamentali e tutela penale. Verona: Cedam, 2006.

ANGIONI, Lucas. As relações entre ´Fins´ e ´Meios´ e a relevância moral da Phronesis na ética de Aristóteles. In: *Revista Filosófica de Coimbra*, volume 18, n. 35, Março de 2009.

---

[242] Que não é infrequente, pois, segundo HARE, o transtorno de personalidade antissocial atinge cerca de 1% da população em geral e até 25% da população reclusa. HARE, Robert D. La naturaleza del psicópata: algunas observaciones para entender la violencia depredadora humana. In: *Violencia y psicopatía*, 2. ed. Barcelona: Ariel, 2002, p. 24.

ARAÚJO, Fernando. Sorte Moral, carácter e tragedia pessoal. In: *Estudos em memória do Prof. Doutor J. L. Saldanha Sanches.* V. I: Direito Público e Europeu, Finanças Públicas, Economia, Filosofia, História, Ensino, Vária. Coimbra: Coimbra Editora, 2011.

ARISTÓTELES. *Ética a Nicómaco.* Tradução de António de Castro Caeiro. Lisboa: Quetzal, 2009.

———. *Retórica.* Tradução de Manuel Alexandre Júnior e outros. Lisboa: Imprensa Nacional Casa da Moeda, 2005.

———. *Ética a Eudemo.* Tradução de J. A. Amaral e Artur Morão. Lisboa: Tribuna da História, 2005.

ARTETA, Aurelio. *Mal consentido:* la complicidad del espectador indiferente. Madrid: Alianza Editorial, 2010.

ASSIS TOLEDO, Francisco de. *Princípios Básicos de Direito Penal.* 5. ed. São Paulo: Saraiva, 1994.

BACIGALUPO, Enrique. A personalidade e a culpabilidade na medida da pena. Tradução de Yolanda Catão. In: *Revista de Direito Penal,* n. 15/16, Julho-Dezembro de 1974. Direcção de Heleno Claudio Fragoso. Rio de Janeiro: Revista dos Tribunais, 1974.

BERLIN, Isaiah. *Sobre la libertad.* Tradução de Julio Bayon e outros. Madrid: Alianza Editorial, 2009.

———. "Liberta-te da esperança e do medo". In: *A busca do ideal:* uma antologia de ensaios. Tradução de Teresa Curvelo. Lisboa: Bizâncio, 1998.

BERTOLINO, Marta. La crisi del conceto di imputabilità. In: *Diritto Penale In Trasformazione,* a cura di Giorgio Marinucci e Emilio Dolcini. Milano: Giuffrè Editore, 1985, p. 245 e segs.

BETTIOL, Giuseppe. *Diritto penale.* 10. ed. Padova: Cedam, 1978.

———. Estado de Direito e "Gesinnungsstrafrecht". Tradução de Luiz Alberto Machado. In: *Revista de Direito Penal,* n. 15/16, Julho-Dezembro de 1974. Direcção de Heleno Claudio Fragoso. Rio de Janeiro: Revista dos Tribunais, 1974.

———. Sul Diritto Penale dell'atteggiamento interiore. In: *Rivista Italiana di Diritto e Procedura Penale.* Nuova serie-anno XIV. Milano, Giuffrè Editore, 1971.

BRENTANO, Franz. *El origen del conocimiento moral.* Tradução de Manuel G. Morente. Madird: Revista de Occidente, 1927.

BRICOLA, Franco. *Teoria generale del reato.* Estratto dal Nuovissimo Digesto Italiano. Torino: Editirice Torinese, 1974.

BRITO, António José de. *Valor e realidade.* Lisboa: Imprensa Nacional Casa da Moeda, 1999.

BRUNO, Aníbal. *Direito Penal,* parte geral, tomo 2, Fato punível. 3. ed. Rio de Janeiro: Forense, 1967.

CADOPPI, Alberto. *Il reato di omissione di soccorso.* Padova: Cedam, 1993.

CAMPS, Victoria. *El gobierno de las emociones.* Barcelona: Herder, 2011.

CASTANHEIRA NEVES, António. Coordenadas de uma reflexão sobre o problema universal do Direito – ou as condições de emergência do Direito como Direito. In: *Estudos em homenagem à Professora Doutora Isabel de Magalhães Collaço,* volume II. Coimbra: Almedina, 2002.

———. O princípio da legalidade criminal: o seu problema jurídico e o seu critério dogmático. In: *Estudos em homenagem ao Prof. Doutor Eduardo Correia* – I. Coimbra: Boletim da Faculdade de Direito da Universidade de Coimbra, 1984.

CEREZO MIR, José. *Problemas fundamentales del Derecho Penal.* Madrid: Tecnos, 1982.

CHALLAYE, Félicien. *Filosofía Moral.* Tradução de Emilio Huidobro e Edith Tech de Huidobro. Barcelona-Madrid-Buenos Aires-Rio de Janeiro: Editorial Labor S.A, 1936.

COMTE-SPONVILLE, André. *Pequeno tratado das grandes virtudes.* Tradução de maria Bragança. Lisboa: Editorial Presença, 1995.

CORREIA, Eduardo. *Código Penal – Projecto da Parte Geral.* Separata do Boletim do Ministério da Justiça, n. 127. Lisboa: policopiado, 1963.

CURADO NEVES, João Luís Urbano. *A problemática da culpa nos crimes passionais.* Dissertação de doutoramento apresentada na Faculdade de Direito de Lisboa, 2006.

DAVIDSON, Donald. La segunda persona. In: *Subjetivo, Intersubjetivo, Objetivo.* Tradução de Olga Fernández Prat. Madrid: Cátedra, 2003.

———. Tres variedades de conocimiento. In: *Subjetivo, Intersubjetivo, Objetivo.* Tradução de Olga Fernández Prat. Madrid: Cátedra, 2003.

———. El indeterminismo y el antirrealismo. In: *Subjetivo, Intersubjetivo, Objetivo.* Tradução de Olga Fernández Prat. Madrid: Cátedra, 2003.

———. *Actions, Reasons and Causes.* In: Essays on Actions and Events. 2 ed. Oxford: Clarendon Press, 2001.

DEL VECCHIO, Giorgio. *Lezioni di filosofia del diritto.* Seconda edizione. Città di Castello: Società anonima tipográfica Leonardo da Vinci: 1932.

DEMURO, Gian Paolo. *Il dolo: svolgimento storico del concetto.* Milano: Dott. A. Giuffrè Editore, 2007.

DE SANCTIS, Sante. Sulla psicologia del delinquente istintivo. In: *Scritti in onore di Enrico Ferri.* Torino: Unione Tipografico-Editrice Torinese, 1929.

DEWEY, John. *A filosofia em reconstrução.* Tradução de Eugênio Marcondes Rocha. São Paulo: Companhia Editora Nacional, 1958.

DIAS CORDEIRO, J.C. *Psiquiatria Forense.* 3. ed. Lisboa: Fundação Calouste Gulbenkian, 2011.

DWORKIN, Ronald. *Justice for Hedgehoogs.* Cambridge-London: The Belknap Press of Harvard University Press, 2011.

ENGISCH, Karl. *La teoría de la libertad de la voluntad en la actual doctrina filosófica del Derecho Penal*. Tradução de José Luiz Guzmán Dalbora. Montevideo-Buenos Aires: 2008.

——. *El ámbito de lo no jurídico*. Tradução de Ernesto Garzón Valdés. Córdoba: Universidad Nacional de Córdoba, 1960.

——. *Untersuchungen über Vorsatz und Fahrlässigkeit im Strafrecht*. Reimpressão. Aalen: Scientia Verlag, 1964.

ESER, Albin; BURKHARDT, Björn. *Derecho Penal*: Cuestiones fundamentales de la teoría del Delito sobre la base de casos de sentencias. Tradução de Silvina Bacigalupo e Manuel cancio Meliá. Madrid: Editorial Colex, 1995.

FACCINI NETO, Orlando. Notas sobre a pena criminal e o conceito de expectativa normativa: aproximações possíveis entre Luhmann e Jakobs. In: *Revista de Direito*, volume 13, n. 18. São Paulo: Faculdade Anhanguera Editora, 2010.

——. Atualidades sobre as Medidas de Segurança. In: *Revista Jurídica*, n. 37, ano 53, Novembro de 2005. Porto Alegre: Nota Dez Editora, 2005.

——. Corolários da Lei 10792/03 no panorama da execução penal. In: *Revista da AJURIS*, ano XXIII, volume 32, n. 97, Março de 2005. Porto Alegre: Associação dos Juízes do Rio Grande do Sul, 2005

FIGUEIREDO DIAS, Jorge de. *O problema da consciência da ilicitude em Direito Penal*. 6 ed. Coimbra: Coimbra Editora, 2009.

——. *Direito Penal: parte geral*. Tomo I. Questões fundamentais; a doutrina geral do crime. Coimbra: Coimbra Editora, 2004.

——. *Comentário Conimbricense do Código Penal*. Parte especial, tomo I. Coimbra: Coimbra Editora, 1999.

——. *Liberdade, Culpa, Direito Penal*. 3. ed. Coimbra: Coimbra Editora, 1995.

——. *Direito Penal Português:* parte geral, tomo II, as consequências jurídicas do crime. Lisboa: Notícias Editorial, 1993.

——. Pressupostos da punição e causas que excluem a ilicitude e a culpa. In: *Jornadas de Direito Criminal*: O Novo Código Penal Português e Legislação Complementar. Centro de Estudos Judiciários. Lisboa: CEJ, 1983.

——. Algumas questões no âmbito da culpa. In: *Jornadas de Direito Criminal*: O Novo Código Penal Português e Legislação Complementar. Centro de Estudos Judiciários. Lisboa: CEJ, 1983.

FIGUEIREDO DIAS, Jorge de; COSTA ANDRADE, Manuel da. *Criminologia: o homem delinquente e a sociedade criminógena*. Coimbra: Coimbra Editora, 1984.

FONSECA MORALES, Gema María. *La anomalía o alteración psíquica como eximente o atenuante de la responsabilidad criminal*. Madrid: Dykison, 2009.

——; JIMÉNEZ DÍAZ, María José. *Trastornos de la personalidad* (psicopatías): tratamiento científico y jurisprudencial. Madrid: CESEJ, 2007.

FORNEIRO, José Cabrera; ROCAÑIN, José Carlos Fuentes. *Psiquiatría y Derecho, dos ciencias obligadas a entenderse*: Manual de Psiquiatría forense. Madrid: Cauce Editorial, 1997.

FLETCHER, George P. *Conceptos básicos de Derecho Penal*. Tradução de Francisco Muñoz Conde. Valencia: Tirant lo Blanch, 1997.

FRONDIZI, Risieri. *Que són los valores?* Introducción a la axiología. México-Buenos Aires: Fondo de Cultura Económica, 1958.

GARCIA, Basileu. *Instituições de Direito Penal*, volume 1, Tomo I, 3. ed. São Paulo: Max Limonad, 1956.

GIMBERNAT ORDEIG, Enrique. *Sobre los conceptos de omisión y de comportamiento*. In: Estudios de Derecho Penal. Madrid: Tecnos, 1990.

——. Acerca del dolo eventual. In: *Estudios de Derecho Penal*. Madrid: Tecnos, 1990.

GONZÁLEZ LAGIER, Daniel. *Emociones, responsabilidad y Derecho*. Madrid: Marcial Pons, 2009.

GOUX, Jean-Joseph. Hacia una frivolidad de los valores? In: *Adónde van los valores*: coloquios del siglo XXI. Tradução de Begoña Eladí y Cristina Gilbert. Barcelona: Ediciones Unesco, 2005.

GRECO, Luís. Dolo sem vontade. In: Liber *Amicorum de José de Sousa e Brito em comemoração do 70 aniversário*. Lisboa: Almedina, 2009.

GUIMARÃES OLIVA, Luís César. Graça e Livre Arbítrio em Blaise Pascal. In: *Cadernos de história e filosofia da ciência*. Série 3, volume 12, n. 1-2, Janeiro-Dezembro de 2002. Campinas: Unicamp, 2002, p. 327-338.

HARE, Robert D. La naturaleza del psicópata: algunas observaciones para entender la violencia depredadora humana. In: *Violencia y psicopatía*, 2. ed. Barcelona: Ariel, 2002.

HARTMANN, Nicolai. *Ética*. Tradução de Javier Palacios. Madrid: Ediciones Encuentro, 2011.

——. *Ontologia dei valori*. Tradução de Nadia Moro. Brescia: Morcelliana, 2011.

HASSEMER, Winfried. Neurociencias y culpabilidad en Derecho Penal. In: *Indret-Revista para el análisis del Derecho*, n. 02/2011. Barcelona, 2011.

——; CONDE, Francisco Muñoz. *Introducción a la criminología*. Valencia: Tirant lo Blanch, 2001.

HERVEY CLECKLEY, M.D. *The mask of sanity*. Ebook da 5. ed, copyright Emily S. Checkley, (S/Ed), 1988.

HESSEN, Johannes. *Filosofia dos valores*. Tradução de L. Cabral de Moncada. Coimbra: Arménio Amado Editor, 1944.

HUNGRIA, Nélson. *Comentários ao Código Penal*. Volume I, tomo 2. 3 ed. Rio de Janeiro: Forense, 1955.

JAKOBS, Günther. Dolus malus. Indret- Revista para el análisis del Derecho, Out/2009. Barcelona: <www.indret.com>, 2009.

——. La omisión: estado de la cuestión. In: *Sobre el estado de la teoría del delito* (seminario en la Universität Pompeu Fabra). Edición a cargo de Jesús María Silva Sánchez. Madrid: Civitas, 2000.

JESCHECK, Hans-Heinrich. *Tratado de derecho Penal, parte general*. v. I. Tradução de Santiago Mir Puig e Francisco Muñoz Conde. Barcelona: Bosch, casa editorial, 1981.

KAGAN, Jerome. Comportamento anti-social: contributos culturais, vivenciais e temperamentais. Tradução de Luíza Nobre Lima. In: *Comportamento anti-social e crime*: da infância à idade adulta. Coimbra: Almedina, 2004.

KAHAN, Dan M; NUSSBAUM, Martha. Two conceptions of emotion in criminal Law. In: *Columbia Law Review*, vol. 96, n. 02, Março, 1996.

KAUFMANN, Armin. *Dogmática de los delitos de omisión*. Madrid: Marcial Pons, 2006.

KAUFMANN, Arthur. *Filosofia do Direito*. 4. ed. Tradução de António Ulisses Cortês. Lisboa: Fundação Calouste Gulbenkian, 2010.

KENNY, Anthony. *Nova História da filosofia ocidental*. v. 3: ascensão da filosofia moderna. Tradução de Célia Teixeira. Lisboa: Gradiva, 2011.

——. *Nova História da filosofia ocidental*. v. 1: filosofia antiga. Tradução de Maria de Fátima Carmo e Pedro Galvão. Lisboa: Gradiva, 2010.

——. *Action, Emotion and Will*. Ebook, 2. ed. London-New York: Routledge, 2003.

KINDHÄUSER, Urs. Culpabilidad jurídico-penal en el Estado democrático de derecho. In: *Pena y culpabilidad en el Estado democrático de derecho*. Buenos Aires: B de F Editorial, 2011.

——. La fidelidad al Derecho como categoría de la culpabilidad. In: *Revista Brasileira de Ciências Criminais*, vol. 72, maio de 2008. São Paulo: Revista dos Tribunais, 2008, p. 25.

LARENZ, Karl. *Derecho Justo*: fundamentos de ética jurídica. Tradução de Luis Díez-Picazo. Madrid: Civitas, 2001.

LEVINAS, Emmanuel. *Ética e infinito*. Tradução de João Gama. Lisboa: Edições 70, 2010.

——. *Totalidade e infinito*. Tradução de José Pinto Ribeiro. Lisboa: Edições 70, 1988.

LIPOVETSKY, Gilles. *A era do vazio*. Tradução de Miguel Serras Pereira e Ana Luísa Faria. Lisboa: Antropos, 2007.

LOURENÇO, Pedro Miguel Galvão. *Pretender o Mal*: um estudo sobre a doutrina do duplo efeito. Tese de Mestrado em Filosofia da Linguagem e da Consciência, Faculdade de Letras da Universidade de Lisboa. Policopiado. Lisboa: não publicado, 2002.

LYONS, William. *Emoción*. Tradução de Inés Jurado. Barcelona: Anthropos, 1993.

MANRIQUE PÉREZ, María Laura. *Acción, dolo eventual y doble efecto*: un análisis filosófico sobre la atribución de consecuencias probables. Madrid: Marcial Pons, 2012.

MANTOVANI, Fernando. *Diritto Penale*. Parte generale. 4 ed. Padova: CEDAM, 2001.

MASSUH, Victor. El alma de los valores. In: *Adónde van los valores: coloquios del siglo XXI*. Tradução de Begoña Eladí y Cristina Gilbert. Barcelona: Ediciones Unesco, 2005.

MATEO AYALA, Eladio José. *La eximente de anomalía o alteración psíquica en el Derecho Penal comparado*. Madrid: Dykinson, 2009.

MAYER, Max Ernest. *Derecho Penal, parte general*. Tradução de Sergio Politoff Lifschitz. Montevideo-Buenos Aires: B de F, 2007.

MEZGER, Edmund. *Derecho Penal*: parte general. Tradução da 6ª edição alemã, por Conrado A. Finzi. Buenos Aires: Editorial bibliográfica Argentina, 1955.

MIR PUIG, Santiago. *Introducción a Las Bases Del Derecho Penal*. 2. ed. Montevideo: B de F, 2002.

——. Conocimiento y voluntad en el dolo. In: *Cuadernos de Derecho judicial* – Elementos subjetivos de los tipos penales. Madrid: CGPJ, 1995.

MONTEIRO, Elisabete Amarelo. *Crime de homicídio qualificado e imputabilidade diminuída*. Coimbra: Coimbra Editora, 2012.

MOORE, G.E. *Principia Ethica*. Tradução de Maria Manuela Rocheta Santos e Isabel Pedro dos Santos. Lisboa: Fundação Calouste Gulbenkian, 1999.

——. *Ethics*. London: Thornton Butterworth, 1928.

MOORE, Michael S. *Causalidad y responsabilidad*: un ensayo sobre derecho, moral y metafísica. Tradução de Tobías J. Schleider. Madrid-Barcelona: Marcial Pons, 2011.

MOREAU, Joseph. *Aristóteles y su escuela*. Tradução de Marino Ayerra. Buenos Aires: Editorial Universitaria de Buenos Aires, 1979.

MORENTE, Manuel Garcia; BENGOECHEA, Juan Zaragüeta. *Fundamentos de filosofía e historia de los sistemas filosóficos*. Madrid: Espasa-Calpe, 1967.

MORIN, Edgar. La Ética de la complejidad y el problema de los valores en el siglo XXI. In: *Adónde van los valores*: coloquios del siglo XXI. Tradução de Begoña Eladí y Cristina Gilbert. Barcelona: Ediciones Unesco, 2005.

MORSELLI, Elio. Il ruolo dell´atteggiamento interiore nella struttura del reato. Padova: Cedam, 1989.

MUNHOZ NETO, Alcides. Criminosos habituais e por tendência. In: *Revista de Direito Penal*, n. 15/16, Julho-Dezembro de 1974. Direcção de Heleno Claudio Fragoso. Rio de Janeiro: Revista dos Tribunais, 1974

MUÑOZ-CONDE, Francisco. *Edmund Mezger e o Direito Penal de seu tempo*: estudos sobre o direito penal no nacional-socialismo. Tradução de Paulo César Busato. Rio de Janeiro: Lumen Juris, 2005.

——; CHIESA, Luis Ernesto. *The Act Requirement as a Basic Concept of Criminal Law*. In: Cardozo Law Review, vol. 28:6. New York: Pace Law Faculty Publications, 2007.

NAGEL, Thomas. La fortuna moral. In: *Ensayos sobre la vida humana*. Tradução de Héctor Islas Azaís. México: Fondo de Cultura Económica, 2000.

——. Williams: un pensamiento de más. In: *Otras mentes – ensayos críticos* (1969-1994). Tradução de Sandra Girón. Barcelona: Editorial Gedisa, 2000.

——. Value. In: *The view from nowhere*. Oxford: Oxford University Press, 1986.

NUSSBAUM, Martha C. *A fragilidade da bondade: fortuna e ética na tragédia e na filosofia grega*. Tradução de Ana Aguiar Cotrim. São Paulo: Martins Fontes, 2009.

——. *El ocultamiento de lo humano: repugnancia, vergüenza y ley*. Tradução de Gabriel Zadunaisky. Buenos Aires: Katz Editores, 2006.

——. *A República de Platão*: a boa sociedade e a deformação do desejo. Tradução de Ana carolina da Costa e Fonseca e outros. Porto Alegre: Editora Bestiário, 2004.

——. *The fragility of goodness*: luck and ethics in Greek tragedy and philosophy. Cambridge: Cambridge University Press, 1994.

——. *Upheavals of Thought*. Cambridge, UK: Cambridge University Press, 2003.

——. *Poetic Justice*: the literary imagination and public life. Boston: Beacon Press Books, 1995.

OATLEY, Keith; JENKINS, Jenniffer M. *Compreender as emoções*. Tradução Aurora Narciso Rosa. Lisboa: Instituto Piaget, 2002.

PAGLIARO, Antonio. *Principi di Diritto Penale* – parte generale. 7. ed. Milano: Dott. A. Giuffrè Editore, 2000.

PALMA, Maria Fernanda. *Breivik – Louco ou inimigo?* Jornal Correio da Manhã, 22 de Abril de 2012.

——. *O princípio da desculpa em Direito Penal*. Coimbra: Almedina, 2005.

——. *Crimes de terrorismo e culpa penal*. Separata de *Liber Discipulorum* para Jorge de Figueiredo Dias. Coimbra: Coimbra Editora, 2002.

——. A vontade no dolo eventual. In: *Estudos em Homenagem à Professora Doutora Isabel de Magalhães Collaço*, volume II. Coimbra: Almedina, 2002.

——. Do sentido histórico do ensino do Direito Penal na Universidade portuguesa à actual questão metodológica. In: *Revista Portuguesa de Ciências Criminais*. Ano 9, n. 3. Direcção de Jorge de Figueiredo Dias. Lisboa: Coimbra Editora, 1999.

——. *Direito Penal I, parte geral*. Relatório apresentado no concurso para professor associado da Faculdade de Direito de Lisboa. Biblioteca da Faculdade de Direito de Lisboa, policopiado, 1997.

——. *A justificação por legítima defesa como problema de delimitação de direitos*, v. I. Lisboa: Associação académica da Faculdade de Direito de Lisboa, 1990.

——. *Direito Penal – Parte Especial: Crimes contra as pessoas*. Sumários desenvolvidos das aulas proferidas no 5 ano da opção jurídica em 1982/3. Policopoiado. Lisboa: não publicado, 1983.

——. *Distinção entre dolo eventual e negligência consciente em Direito Penal: justificação de um critério de vontade*. Dissertação apresentada no curso de Pós-Graduação da Faculdade de Direito de Lisboa no ano lectivo de 1977-8. Lisboa: não publicado, 1981.

PALOPOLI, Nicola. Le teoriche sull'imputabilità e il pressuposto del libero arbítrio. In: *Scritti in onore di Enrico Ferri*. Torino: Unione Tipografico-Editrice Torinese, 1929.

PEREIRA, Rui Carlos. *O dolo de perigo: contribuição para a dogmática da imputação subjectiva nos crimes de perigo concreto*. Lisboa: LEX, 1995.

PFÄNDER, Alexander. *Fenomenologia de la voluntad*. Tradução de Manuel G. Morente. Madrid: Revista de Occidente, 1931.

PIZARRO DE ALMEIDA, Carlota. *Modelos de inimputabilidade*. Coimbra: Almedina, 2004.

——. *Estrutura e limites da pena relativamente indeterminada*. Relatório final da disciplina de Direito Penal, do Curso de Mestrado em Ciências Jurídico Criminais da Faculdade de Direito da Universidade de Lisboa, Setembro de 1996

POLLASTRI, Di Neri. Martha Nussbaum, L'intelligenza delle emozioni. In: *Phronesis*, Ano 3, n. 04, abril de 2005. Firenze: Associazione Italiana per la Consulenza Filosofica, 2005.

PROSDOCIMI, Salvatore. *Dolus eventualis*: il dolo eventuale nella struttura delle fattispecie penali. Milano: Dott. A. Giuffrè Editore, 1993.

PUPPE, Ingeborg. *A distinção entre dolo e culpa*. Tradução de Luis Greco. São Paulo: Manole, 2004.

RAGUÉS I VALLÈS, Ramón. *El dolo y su prueba en el proceso penal*. Barcelona: J.M.Bosch Editor, 1999.

RECASÉNS SICHES, Luis. *Tratado general de filosofía del Derecho*. Sexta edición. México: Editorial Porrua, 1978.

RESWEBER, Jean-Paul. *A filosofia dos valores*. Tradução de Marina Ramos Themudo. Lisboa: Almedina, 2002.

RICOEUR, Paul. Autonomia e vulnerabilidade. In: *A Justiça e o Mal*. Direcção de Antoine Garapon e Denis Salas. Tradução de Maria Fernanda Oliveira. Lisboa: Instituto Piaget, 1997.

RODRIGUES, Vítor Amorim; GONÇALVES, Luísa. *Patologia da personalidade*: teoria, clínica e terapêutica. 3. ed. Lisboa: Fundação Calouste Gulbenkian, 2009.

RODRIGUEZ MOURULLO, Gonzalo. *La omisión de socorro en el Código Penal*. Madrid: Tecnos, 1966.

ROMANO, Orlando. *O molinismo: esboço histórico da génese de conceitos filosóficos*. Tomo I: o livre arbítrio e as virtudes naturais. Lisboa: MCMLXVIII.

ROMERO, José Manuel Pozueco. *Psicopatía, trastorno mental y crimen violento*. Madrid: Editorial EOS, 2011.

ROXIN, Claus. A culpabilidade e sua exclusão no Direito Penal. In: Revista brasileira de Ciências Criminais, vol. 46, Jan. 2004. São Paulo: Revista dos Tribunais: 2004.

——. Culpa e responsabilidade. In: *Revista Portuguesa de Ciências Criminais*. Ano I, fascículo 4, Out-Dez 1991, Director Jorge de Figueiredo Dias. Lisboa: Aequitas Editorial Notícias, 1991.

RUGGIERO, Giuseppe. *La rilevanza giuridico-penale degli stati emotivi e passional*. Napoli: Casa Editrice Dott. Eugenio Jovene, 1958.

RUSSELL, Bertrand. *Religión y ciencia*. Tradução de Samuel Ramos. México: Fondo de Cultura Económica, 1935.

SCHELER, Max. *Da reviravolta dos valores: ensaios e artigos*. Tradução de Marco Antônio dos Santos Casanova. Petrópolis: Vozes, 1994.

SCHIMITT, Carl. *La tirannia dei valori*. Tradução de Giovanni Gurisatti. Milano: Adelphi Edizioni, 2009.

SCHIO, Sonia Maria. Aristóteles e ação humana. In: *Revista Conjectura*, v. 14, n. 1, Jan/Maio 2009. Caxias do Sul: UCS, 2009.

SCHOPENHAUER, Arthur. *Sobre o Fundamento da Moral*. Tradução de Maria Lúcia Cacciola. São Paulo: Martins Fontes, 1995.

—— *O Livre Arbítrio*. Tradução de Lohengrin de Oliveira. São Paulo: Ediouro, 1985.

——. *Parerga e Paralipomena*. Coleção Os Pensadores. Tradução de Wolfang Leo Maar. São Paulo: Abril, 1974.

SCHÜNEMANN, Bernd. Libertad de voluntad y culpabilidad en Derecho Penal. Tradução de Lourdes Baza. In: *Temas actuales y permanentes del Derecho penal después del milenio*. Madrid: Tecnos, 2002.

——. Nuevas Tendencias en el concepto jurídico-penal de culpabilidad. Tradução de Mariana Sacher. In: *Temas actuales y permanentes del Derecho Penal después del milenio*. Madrid: Tecnos, 2002.

——. La culpabilidad: estado de la cuestión. In: *Sobre el estado de la teoría del delito* (seminario en la Universität Pompeu Fabra). Edición a cargo de Jesús María Silva Sánchez. Madrid: Civitas, 2000.

——. La función del principio de culpabilidad en el derecho Penal preventivo. In: *El sistema moderno del Derecho Penal*: cuestiones fundamentales. Madrid: Tecnos, 1991.

SEN, Amartya. *A ideia de Justiça*. Tradução de Nuno Castello Branco Bastos. Coimbra: Almedina, 2010.

SERRA, Teresa. *Homicídio qualificado* – tipo de culpa e medida da pena: contributo para o estudo da técnica dos exemplo-padrão no artigo 132 do Código Penal. Coimbra: Livraria Almedina, 1990.

SHERMAN, Nancy. *The Fabric of Character: Aristotle's Theory of Virtue*. Oxford: Oxford University Press, 1989.

SILVA DIAS, Augusto. *"Delicta in se" e "Delicta mere prohibita"*: uma análise das descontinuidades do ilícito penal moderno à luz da reconstrução de uma distinção clássica. Coimbra: Coimbra Editora, 2008.

SINISCALCO, Marco. *Giustizia penale e Costituzione*. Torino: Edizione RAI, 1968.

SOLOMON, Robert C. *Ética emocional*: una teoría de los sentimientos. Tradução de Pablo Hermida. Barcelona: Paidós, 2007.

——. *The passions: Philosophy and the Intelligence of Emotions*. Part I. Austin: The Teaching Company, 2006.

——. *The passions: emotions and meaning of life*. New York: Anchor Press, 1977.

SOVERAL, Eduardo Abranches de. *Sobre os valores e pressupostos da vida política contemporânea e outros ensaios*. Lisboa: Imprensa Nacional Casa da Moeda, 2005.

SOUSA, Ronald de. Emotion. In: Stanford Encyclopedia of Philosophy. Versão electrónica. Disponível em <http://plato.stanford.edu/entries/emotion/>. Acesso em 10 de Maio de 2012.

STRATENWERTH, Günter. *Qué aporta la teoría de los fines de la pena?* Tradução de Marcelo Sancinetti. Bogotá: Universidad Externado de Colombia, 1996

——. *Derecho Penal, parte general*. Tradução de Gladys Romero. Madrid: Edersa, 1982.

——. *El futuro del principio jurídico penal de culpabilidad*. Tradução de Enrique Bacigalupo. Madrid: Instituto de Criminologia de la Universidad Complutense de Madrid, 1980.

TAIPA DE CARVALHO, Américo. *Comentário Conimbricense do Código Penal*, parte especial, Tomo I. Dirigido por Jorge de Figueiredo Dias. Coimbra: Coimbra Editora, 1999.

VALLE, Bortolo. A filosofia da psicologia em Ludwig Wittgenstein: sobre o "plano de tratamento" dos conceitos psicológicos. In: *Revista AdVerbum*, n. 02, vol. 01, Jan-Jun de 2007. Curitiba: PUPR, 2007.

VIVES ANTÓN, Tomás S. *Fundamentos del sistema penal*: acción significativa y derechos constitucionales. 2. ed. Valencia: Tirant lo Blanch, 2011.

VON HIRSCH, Andrew. *Censurar y Castigar*. Tradução de Elena Larrauri. Valladolid: Editorial Trotta, 1998.

VON WRIGHT, Georg Henrik. *La diversidad de lo bueno*. Tradução de Daniel González Lagier e Victoria Roca. Madrid: Marcial Pons, 2010.
——. Of Human Freedom. In: *The Tanner Lectures on Human Values*, VI. Cambridge: Cambridge University Press, 1985.
——. *Explanation and Understanding*. London: Routledge-Kegan Paul, 1971.
——. *Norma y acción: una investigación lógica*. Tradução de Pedro Garcia Ferrero. Madrid: Tecnos, 1970.
WALTON, Stuart. *Humanidad: una historia de las emociones*. Tradução de Amado Diéguez Rodríguez. Madrid: Taurus, 2005.
WELZEL, Hans. *Derecho penal*, parte general. Traducción del alemán por Carlos Fontán Balestra. Buenos Aires: Roque Depalma Editor, 1956.
WILLIAMS, Bernard. Moral Luck. In: *Philosophical Papers 1973-1980*. Cambridge: Cambridge University Press, 1981.
WITTGENSTEIN, Ludwig. Investigações filosóficas. *Coleção Os Pensadores*. Tradução de José Carlos Bruni. São Paulo: Abril Cultural, 1975.
WOLLHEIM, Richard. *On the emotion*. New Haven: Yale University, 1999.
ZAFFARONI, Eugenio Raúl. *Manual de Derecho Penal* – parte general. 6. ed. Buenos Aires: Ediar, 1997.
ZAGURY, Daniel. O assassino em série. In: *A Justiça e o Mal*. Direcção de Antoine Garapon e Denis Salas. Tradução de Maria Fernanda Oliveira. Lisboa: Instituto Piaget, 1997.
ZAMPERINI, Adriano. *L'indifferenza: conformismo del sentire e dissenso emozionale*. Torino: Giulio Einaudi Editore, 2007.

Impressão:
Evangraf
Rua Waldomiro Schapke, 77 - POA/RS
Fone: (51) 3336.2466 - (51) 3336.0422
E-mail: evangraf.adm@terra.com.br